25 ANOS
autêntica

ESPINOSA
TRATADO DA EMENDA DO INTELECTO

TSCHIRNHAUS
MEDICINA DA MENTE

ESPINOSA, TSCHIRNHAUS E SCHULLER
CORRESPONDÊNCIA

OUTRAS CARTAS CONEXAS

Edição Bilíngue

Prefácio, preparação dos textos latinos, tradução e notas
Samuel Thimounier
Revisão técnica
Luís César Guimarães Oliva

Introdução e Posfácio
Cristiano Novaes de Rezende
Revisão técnica
Ericka Marie Itokazu

FILŌESPINOSA   autêntica

Copyright desta edição © 2023 Autêntica Editora

Título original: *Tractatus de intellectus emendatione* e *Medicina Mentis*

Todos os direitos reservados pela Autêntica Editora Ltda. Nenhuma parte desta publicação poderá ser reproduzida, seja por meios mecânicos, eletrônicos, seja via cópia xerográfica, sem a autorização prévia da Editora.

COORDENADOR DA COLEÇÃO FILÔ
Gilson Iannini

COORDENADORES DA SÉRIE FILÔ ESPINOSA
André Menezes Rocha, Ericka Marie Itokazu, Homero Santiago

CONSELHO EDITORIAL
Gilson Iannini (UFOP); Barbara Cassin (Paris); Carla Rodrigues (UFJR); Cláudio Oliveira (UFF); Danilo Marcondes (PUC-Rio); Ernani Chaves (UFPA); Guilherme Castelo Branco (UFRJ); João Carlos Salles (UFBA); Monique David-Ménard (Paris); Olímpio Pimenta (UFOP); Pedro Süssekind (UFF); Rogério Lopes (UFMG); Rodrigo Duarte (UFMG); Romero Alves Freitas (UFOP); Slavoj Žižek (Liubliana); Vladimir Safatle (USP)

EDITORAS RESPONSÁVEIS
Rejane Dias
Cecília Martins

REVISÃO
Aline Sobreira
Julia Sousa

CAPA
Alberto Bittencourt

DIAGRAMAÇÃO
Waldênia Alvarenga

Dados Internacionais de Catalogação na Publicação (CIP)
(Câmara Brasileira do Livro, SP, Brasil)

Espinosa, Bento de, 1632-1677
   Tratado da emenda do intelecto : Medicina da mente : Correspondência completa entre Espinosa, Tschirnhaus e Schuller e Outras cartas conexas / Bento de Espinosa, Ehrenfried Walther von Tschirnhaus, Georg Hermann Schuller; prefácio, preparação dos textos latinos, tradução e notas Samuel Thimounier ; introdução e posfácio Cristiano Novaes de Rezende. -- Belo Horizonte: Autêntica, 2023. -- (Filô Espinosa)

   Título original: Tractatus de intellectus emendatione e Medicina Mentis.
   ISBN 978-65-5928-238-8

   1. Ciência - Metodologia 2. Filosofia 3. Espinosa, Bento de, 1632-1677 4. Teoria do conhecimento I. Tschirnhaus, Ehrenfried Walther von, 1651-1708. I. Schuller, Georg Hermann, 1650-1679. III. Thimounier, Samuel. IV. Rezende, Cristiano Novaes de. V. Título. VI. Série.

22-134319   CDD-121

Índice para catálogo sistemático:
1. Teoria do conhecimento : Filosofia 121

Eliete Marques da Silva - Bibliotecária - CRB-8/9380

GRUPO AUTÊNTICA

Belo Horizonte
Rua Carlos Turner, 420
Silveira . 31140-520
Belo Horizonte . MG
Tel.: (55 31) 3465 4500

São Paulo
Av. Paulista, 2.073, Conjunto Nacional,
Horsa I. Sala 309 . Bela Vista
01311-940 . São Paulo . SP
Tel.: (55 11) 3034 4468

www.grupoautentica.com.br
SAC: atendimentoleitor@grupoautentica.com.br

*Aos amigos Francisco Thé e Marcus Tadeu Daniel Ribeiro,
aos quais devo parte importante de minha formação humanista.*
                                    Samuel Thimounier

Sumário

9. Prefácio
   Samuel Thimounier

17. Introdução
    Cristiano Novaes de Rezende

71. **TRATADO DA EMENDA DO INTELECTO**
    Espinosa

189. **MEDICINA DA MENTE**
     Tschirnhaus

261. **CORRESPONDÊNCIA**
     Espinosa, Tschirnhaus e Schuller

329. **OUTRAS CARTAS CONEXAS**

361. Posfácio
     Cristiano Novaes de Rezende

433. Bibliografia

Prefácio

Samuel Thimounier

> [...] *se os homens tivessem, pelo espaço de tantos anos, a via verdadeira de descobrir e cultuar as ciências, e todavia não pudessem progredir mais além, sem dúvida alguma seria audaz e temerária a opinião de poder proceder mais além. Porque, se erraram na própria via e se as obras dos homens foram consumidas em coisas que não importavam de jeito nenhum, disso se segue que a dificuldade não se origina nas próprias coisas que não estão em nosso poder, mas no intelecto humano e em sua prática e aplicação, os quais são suscetíveis de remédio e medicina.*
> Francis Bacon. *Novum organum*, I, aforismo XC

O volume que ora apresentamos é constituído por vários textos: o primeiro e que dá seu título é evidentemente o *Tratado da emenda do intelecto*, obra que está entre as primeiras de Espinosa; o segundo é uma parte do *Medicina da mente*, obra escrita por Ehrenfried Walther von Tschirnhaus; e o terceiro é a correspondência completa entre Espinosa, Tschirnhaus e Georg Hermann Schuller, seguida por um conjunto extra de cartas conexas. Nosso título, portanto, não promete tudo o que o volume apresenta, mas cuida de aludir apenas àquilo que ele tem de mais representativo e ao redor do qual orbitam os demais textos apresentados, ainda que estes, somados, resultem em mais páginas do que aquele principal.

O *Tratado da emenda do intelecto* é a obra de Espinosa mais traduzida para o português; decerto não por ser um texto fácil – com efeito, é bem o contrário –, mas possivelmente por sua pequena extensão. Ao todo, contavam-se até aqui sete traduções publicadas por editoras, todas listadas em nossa Bibliografia; dentre elas

ressaltamos aquelas não triangulares, ou seja, que não foram feitas a partir de outras, mas diretamente do latim, quais sejam: a de Lívio Teixeira, de 1966; a de António Borges Coelho, de 1971; a de Carlos Lopes de Mattos, de 1973; a de Ciro Mioranza, de 2007; e, por fim, a de Cristiano Novaes de Rezende, de 2015. Diante disso, pode-se perguntar: se a língua portuguesa já estava bem abastecida com versões da obra, por que mais uma?

Ora, sempre haverá espaço para novas traduções, sobretudo porque os critérios de trabalho e as investigações terminológicas e filológicas de cada tradutor nunca são completamente os mesmos, podendo aproximar-se ora de um ora de outro tradutor precedente. Em nosso caso, somos muito devedores das decisões adotadas por Cristiano Novaes de Rezende, último tradutor antes de nós, e certamente o maior estudioso do *Tratado da emenda do intelecto* no Brasil. Dos demais, também colhemos muitas soluções a fim de imprimir mais fluência ao texto, aspecto em que, a nosso ver, Lívio Teixeira se sobressai.

É, pois, a vantagem de ser a mais recente tradução realizada: poder considerar todas as anteriores, tomando as opções que convêm com os critérios demarcados e, é claro, com nosso próprio gosto. Mas não conclua o leitor que, por termos à mão tantas traduções em português e em outros idiomas, nosso trabalho tenha sido por isso fácil. De fato, sofre-se muito menos para traduzir um texto já palmilhado, conhecido e amplamente estudado do que para traduzir um que muito pouco o tenha sido, como são os demais textos deste volume. Mas, considerando o conteúdo do *Tratado da emenda do intelecto*, o que temos é, se não a obra mais difícil, certamente uma das mais entre aquelas de Espinosa. Por isso, sua tradução nos foi tarefa bastante árdua e requereu tenacidade. Inegavelmente, pela complexidade enfrentada, não por escolha, mas por obrigação, foi preciso apresentar uma tradução tão rigorosa quanto possível, aderindo a muitos vocábulos no português semelhantes ao latim, às vezes no limite da latinização. Foi esse, portanto, um dos critérios reguladores para que nossa tradução não se sobrepusesse, em interpretação, ao original. Outro critério foi a objetividade. Valendo-nos da proximidade terminológica da qual somente as línguas românicas poderiam servir-se, procuramos não nos

entregar à tentação de deliberar sobre significados mais específicos, sempre que fossem dispensáveis, evitando vieses e tentando deixar ao leitor um terreno semântico tão amplo quanto aquele do texto original. Em contrapartida, houve a preocupação de se evitar que o consequente rebuscamento prejudicasse o entendimento. Como saída, além de moderar a literalidade de termos e construções que, embora existentes no vernáculo, são quase ilegíveis, esforçamo-nos para que as soluções morfológicas e sintáticas adotadas refletissem na tradução um texto que se mostrasse fiel e inteligível ao leitor. Nesse sentido, foi-nos utilíssimo o cotejo incessante do texto holandês, contido nos *Nagelate Schriften*, versão holandesa das *Opera Posthuma*, um e outro volume publicados simultaneamente em 1677, ano da morte de Espinosa.

Dadas algumas divergências pontuais, perífrases e até paráfrases, não se pode asseverar que o texto latino publicado tenha sido exatamente aquele que serviu de base para a versão holandesa; e, não o sendo, também não se pode precisar qual dos dois textos, isto é, o latino das *Opera Posthuma* e o latino que supostamente embasou a versão dos *Nagelate Schriften*, é anterior ao outro. Todavia, assumindo quase como um original a tradução holandesa – possivelmente feita por Jan Hendriksz Glazemaker (*c.* 1629-1682), amigo de Espinosa e prolífico tradutor das obras de Descartes –, seu escrupuloso cotejo nos foi bastante vantajoso ainda que aqui e ali algo divergisse um pouco do latim. Foi com o apoio do holandês que, por exemplo, definimos em que ocasião empregar, no português, artigos definidos ou indefinidos – inexistentes no latim –, ou mesmo nenhum. Mais ainda, foi na esteira do holandês que, diante de vocábulos latinos dificílimos e com ampla significação, pudemos tomar aquele que fosse o mais conveniente, evitando assim opções ou que fossem muito estranhas ou que talvez ensejassem superinterpretação.

Mas, a despeito desse cuidado, também não foi nossa intenção trazer um texto com um vocabulário acessível e simplificado, pois arriscaríamos um resultado artificial. Assim, a exatidão do português nos foi sempre imperativa, o que resultou na adoção de estruturas linguísticas de época muitas vezes não tão convidativas ao leitor atual. E, diante de um texto difícil em todos os aspectos, pela linguagem

distante e pela complexidade do conteúdo, buscamos melhorar a legibilidade de nossa tradução suprindo-a também, o quanto pudemos, com um grande número de notas, das quais trataremos depois. Justificada nossa tradução e explicado nosso método, dizemos agora sobre esta edição.

Em regra, o texto latino básico em que nos apoiamos é a edição crítica de Carl Gebhardt, *Spinoza Opera* (Heidelberg, 1925), considerada canônica pelos estudiosos e tradutores, não só para o *Tratado da emenda do intelecto*, como também para as demais obras do filósofo. Não obstante, seguimos de perto as linhas de outras quatro publicações importantes anteriores, a saber, as *Opera Posthuma* (Amsterdã, 1677) e as edições críticas de Heinrich E. G. Paulus (Iena, 1802-1803), de Carl H. Bruder (Leipzig, 1843, 1844 e 1846) e de Johannes van Vloten & Jan P. N. Land (Haia, 1882-1884), a fim de verificarmos discrepâncias, correções e informações apontadas sucessivamente pelos editores. É de notar, porém, que Gebhardt não foi o último editor a propor uma edição crítica para o texto latino do *Tratado da emenda do intelecto*. Em 2009, no contexto de um projeto internacional França-Holanda-Itália para uma nova edição das obras completas de Espinosa, Filippo Mignini estabeleceu uma nova edição crítica do texto. Ora, decidir por uma das várias edições disponíveis não foi simples ou arbitrário; na verdade, isso só foi possível no próprio itinerário de nossa tradução, especificamente após um primeiro esboço completo dela. A nós certamente recaía um duplo peso favorável a Mignini: primeiro, porque era a mais recente edição; segundo, porque era resultado de um trabalho de décadas, e, por isso, pareceria demérito não aderir a ele. Ocorre que, ponderadas as justificativas para cada alteração proposta por ele, a maior parte nos pareceu desnecessária, ou arbitrária, ou insuficientemente fundamentada. Além disso, Mignini também intervém, ao próprio gosto, transformando em notas de Espinosa algumas passagens que originalmente pertencem ao corpo do texto, estabelecendo sua própria divisão de parágrafos e pontuação, e retirando todos os acentos gráficos – que são muito úteis ao tradutor e ao leitor que acompanha o original.

Por outro lado, Gebhardt, ainda que também incorra em algumas mudanças talvez impertinentes, parece-nos menos invasivo do que Mignini, levando-se em conta o texto das *Opera Posthuma*, e emenda satisfatoriamente todas as outras edições que precederam a sua. Mas também não quer dizer que, por isso, tenhamos seguido Gebhardt sem crítica. Certamente, seu texto também foi objeto de nosso escrutínio e não foi isentado de intervenção nossa em alguns poucos pontos, como indicamos em notas de tradução. Também fizemos questão de incorporar no texto, entre colchetes, a numeração dos parágrafos estabelecidos por Bruder, ainda que muitas vezes estes efetivamente não coincidam com os nossos, isto é, os de Gebhardt. E o fizemos por sua importância no meio acadêmico, já que a divisão numérica dos parágrafos de Bruder consolidou-se como a forma mais usada de referência às passagens do *Tratado da emenda do intelecto*. Em suma, para a nossa tradução, o texto latino em que nos apoiamos e que apresentamos nesta edição bilíngue é essencialmente o de Gebhardt, do qual seguimos rigorosamente a paragrafação, os itálicos e as inserções entre chevrons "< >"; em complemento, indicamos a divisão paragráfica de Bruder e fizemos algumas alterações, pouquíssimas, mas devidamente advertidas e justificadas em notas de tradução.

O estado final que apresentamos é, pois, fruto de uma inspeção minuciosa e simultânea de muitos textos, não só dos latinos já citados, mas também de várias traduções em português e em outras línguas, todas indicadas em nossa Bibliografia. Sobre as estrangeiras, além da mais importante já referida, isto é, os *Nagelate Schriften*, vale notar aqui outras duas utilíssimas: a tradução francesa de Bernard Rousset (Paris, 1992), por seus comentários e pelas exaustivas indicações no texto latino; e a espanhola de Atilano Domínguez (Madrid, 2006), por sua correção e riqueza de notas. Foi delas principalmente que colhemos a maior parte das informações que nos serviram diretamente ou ao menos nos indicaram caminhos para diversas notas de tradução que fizemos ao *Tratado da emenda do intelecto*.

Sobre tais notas, cumpre esclarecer que foram lugar de todo tipo de informação considerada relevante ao texto, mas sempre evitando discussões filosófico-interpretativas ou, se inevitáveis, expondo as

dissonâncias. Assim, conduzidos sob essa restrição, ilustramos o texto com muitas considerações filológicas e textual-comparativas, além de termos buscado, sempre que oportuno, fornecer esclarecimentos e referenciar passagens internas e externas, aduzindo e traduzindo, desde que viável, aquelas conexas pertencentes a outras obras de Espinosa ou a outros autores. Por fim, sobre a posição dessas notas, nós as colocamos ao final de cada texto, evitando misturá-las às notas do próprio Espinosa (indicadas em rodapé com letras do alfabeto), e dando à tradução uma disposição gráfica tão limpa quanto a do seu texto latino.

Falemos agora sobre aquilo que dá a este volume seu próprio selo. Primeiro, há que considerar a abundância de comentários nas já mencionadas notas de tradução, em número maior do que os de todas as traduções em português e muitas das estrangeiras a que tivemos acesso. Segundo, é a primeira tradução, entre as lusófonas, que anexa a passagem do prefácio das *Opera Posthuma* referente ao *Tratado da emenda do intelecto*. Terceiro, é também a primeira a anexar o índice elaborado por Bruder, que divide tematicamente conjuntos de parágrafos segundo a sua numeração, a qual, já dissemos, também é indicada em nosso texto. Quarto, apresentamos a tradução em português da epístola-dedicatória, do prefácio e da primeira parte do *Medicina da mente*, obra publicada por Tschirnhaus em 1687 (1. ed.) e 1695 (2. ed.); ainda que parcial, a nossa é, até onde encontramos, a quinta tradução do mundo, após a holandesa de A. Block (Amsterdã, 1687), a alemã de J. Hausleit (Leipzig, 1963), a francesa de Jean-Paul Wurtz (Paris, 1980) e a italiana de Manuela Sanna (Nápoles, 1987). Quinto, na sequência, trazemos a tradução da correspondência completa entre Espinosa, Tschirnhaus e Schuller, com o mérito de ser a primeira para o português a partir dos originais; tal conjunto, embora não represente a mais extensa troca epistolar de Espinosa, é sem dúvida aquele com maior peso filosófico, capaz de iluminar e aprofundar aspectos importantes da gênese, do debate e da formulação do pensamento de Espinosa, que culmina na *Ética*. Sexto e último, não bastasse essa correspondência, incluímos ainda a tradução de outras cinco cartas, estreitamente ligadas à redação e ao conteúdo do *Tratado da emenda do intelecto*, a saber: *Cartas* VIII, IX e X, entre

Espinosa e Simon de Vries (*c.* 1633-1667) (que também encerram uma correspondência completa), trocadas no primeiro semestre de 1663; *Carta* XXXIV, de Espinosa a Johannes Hudde (1628-1704), de 7 de janeiro de 1666; e *Carta* XXXVII, de Espinosa para Johannes Bouwmeester (1630-1680), de 10 de junho de 1666.

Quanto aos originais em que nos apoiamos e que apresentamos, para as cartas a obra básica foi novamente a edição crítica de Gebhardt, *Spinoza Opera* (Heildelberg, 1925), pelos motivos já aduzidos antes. Ela também nos serviu de referência em seus aspectos gráficos, levando-nos a reproduzir, por exemplo, a mesma paragrafação e os mesmos cabeçalhos das cartas, com seus versaletes, itálicos, caixas-altas e algarismos romanos. Para o *Medicina da mente* utilizamos a segunda edição do texto, publicada em 1695, por ter sido revisada e aumentada pelo próprio Tschirnhaus. Seu prefácio, por exemplo, é muito maior do que o da primeira edição, de 1687, que possuía uma só página.

Ademais, todos esses textos conexos foram ilustrados com muitas notas, e sua tradução seguiu, em geral, os mesmos critérios utilizados para o *Tratado da emenda do intelecto*. Cumpre apenas dizer que, para o *Medicina da mente*, permitimo-nos uma maior liberdade de traduzir, sobretudo por tratar-se da primeira tradução da obra para o português, favorecendo a legibilidade mais que o de costume, e sem o risco de corromper conceitos e sentidos. Com efeito, ainda que não integral, sua parte traduzida e apresentada é, a nosso ver, suficiente para que o leitor conheça a síntese do pensamento de Tschirnhaus, sua proximidade e suas dissonâncias (aquela mais do que estas) em relação à filosofia de Espinosa, escamoteando aqui e ali a influência deste.

Finalmente, embora este volume tenha considerável importância pelo ineditismo dos textos conexos apresentados, decerto a tradução do *Tratado da emenda do intelecto* foi aquela em que mais nos esmeramos, movidos por uma busca intensa da correção e da justeza do texto. Apesar disso, jamais pretendemos que a nossa tivesse o estatuto de melhor do que as anteriores nem que fosse a melhor que poderíamos fazer. Antes, é ela apenas o último estado de um trabalho interrompido para a publicação. Este trabalho, aliás, transcorreu

a duras penas entre os anos 2020 e 2021, fruto de um esforço expedito durante a pandemia de covid-19, mas felizmente não de maneira solitária. Por isso, aqui não poderíamos deixar de reconhecer a valiosa ajuda dos amigos em diversas pesquisas e discussões, agradecendo em especial a: Luís César Guimarães Oliva, nosso revisor técnico, sempre meticuloso, diligente e arguto; Cristiano Novaes de Rezende, pelos insignes estudos da Introdução e do Posfácio; Ericka Marie Itokazu, pelos cuidados finais de revisão; Homero Santiago, pela amizade e confiança incentivadora; e Fernando Bonadia de Oliveira, nosso interlocutor sempre presente.

Introdução
Emenda do intelecto, Medicina da mente
Cristiano Novaes de Rezende

> *pensar é para o ser humano o passeio da alma.*
> Das epidemias VI, 5,5 – *Corpus hippocraticum*, 358-348 a.C.

Curadoria de ideias

O curador de uma exposição artística ou museal realiza um trabalho criativo, mesmo sem haver produzido uma única das obras que nela serão expostas. Seu trabalho de criteriosamente reunir um conjunto preciso de obras de um ou de mais autores, períodos ou procedências, de estabelecer o arranjo e a sequência em que elas serão apreciadas, de apresentá-las sobre tais ou quais suportes, sob tais ou quais luzes, acompanhadas destes ou daqueles elementos e informações adicionais determina de maneira decisiva como cada uma das obras finalmente afetará o público. Assim, um curador engenhoso é capaz de fazer com que até mesmo as mais conhecidas peças históricas de um acervo muito visitado, ao serem situadas em um novo *contexto de apreciação*, mostrem-se como peças realmente novas, ao menos no sentido de que só então elas passam a exprimir propriedades que de fato já possuíam em si mesmas, mas que, por certas causas ou razões, haviam ficado atenuadas, passado despercebidas, sido esquecidas ou intencionalmente ocultadas. Consequentemente, as causas ou razões de tais invisibilidades pregressas também acabam por ficar, elas próprias, em exposição, já que a nova leitura das velhas obras, proporcionada pela curadoria, convida todos a se perguntarem: "mas como foi possível que não tenhamos visto isso antes?!", integrando apreciação, reflexão, crítica e denúncia. Em suma, trabalhando sobre a seleção, a ordenação e a disposição dos elementos de uma multiplicidade dada, o curador haure o novo a

partir do mesmo, dá à luz o inesperado a partir do já conhecido, revelando a inesgotabilidade que é um dos traços mais próprios das grandes obras. Por isso, essas obras não estão sujeitas à curadoria como a um poder extrínseco, mas estão, antes, como que à espera dessa maiêutica discreta que lhes permite, a cada vez e de múltiplas maneiras, reafirmar a fecundidade que as caracteriza.

Da mesma forma, o trabalho editorial de selecionar quais textos, de um ou de mais autores, conviverão entre a capa e a contracapa de um volume (eventualmente dentro de uma coleção), determinando como os textos aí estarão arranjados, acompanhados de tais ou quais prefácios, introduções, notas e outros aparatos, também constitui um trabalho criativo e de importantíssimas consequências quanto ao modo como o público poderá ler e entender tais textos. Traduzir é interpretar, sem dúvida. Mas editar também o é, como curadoria e cuidado com a intertextualidade proposta pelo conjunto, no interior do qual a apreensão do sentido de cada elemento recebe as interferências da apreensão do sentido de todos os demais, de modo que, fora desse todo, cada um deles já não mais produziria exatamente os mesmos efeitos.

O projeto da Autêntica Editora de publicar, com a devida calma e o devido cuidado, as obras completas de Bento de Espinosa, em edições bilíngues, com rigorosas traduções feitas por especialistas dotados da necessária formação acadêmica, elaboradas inegociavelmente a partir do contato direto com as edições críticas dos documentos históricos nos idiomas originais, acompanhadas de rico aparato de apoio à leitura, é um belo exemplo de excelência editorial na publicação de obras filosóficas do repertório dito canônico ou clássico em sentido amplo. Mas, no caso da presente edição do *Tratado da emenda do intelecto*, a essa excelência editorial veio somar-se também aquela virtude dos mais engenhosos curadores e editores. Afinal, esse pequeno texto de Espinosa é sua obra mais traduzida para o português e possivelmente também para outros idiomas, como se pode constatar na Bibliografia. No entanto, ao ser publicado agora juntamente à correspondência entre Espinosa, Tschirnhaus e Schuller, à qual somam-se ainda outras importantes cartas conexas, bem como a primeira parte do livro *Medicina da mente* (escrito por Tschirnhaus a partir de seu diálogo com Espinosa),

o *Tratado da emenda do intelecto* ganha um dos mais propícios contextos de apreciação que poderia receber.

Somadas as traduções portuguesas e brasileiras hoje disponíveis, já existem em nossa língua muitas introduções e apresentações, de diferentes teores, desse texto espinosano, dentre as quais se deve aqui recomendar o seminal estudo introdutório de que Lívio Teixeira fez acompanhar sua tradução do *Tratado da reforma da inteligência*, que é como o saudoso professor da Universidade de São Paulo escolheu traduzir o mesmo título.[1] Ademais, para uma visão de conjunto das partes do *Tratado da emenda do intelecto*, o leitor da presente edição terá o privilégio de poder contar, pela primeira vez em português, com o resumo que os amigos de Espinosa, editores da primeira publicação de suas *Obras póstumas*, fizeram do conteúdo desse opúsculo no prefácio geral de 1677. Consequentemente, no que se segue, cumpre oferecer ao público algo que não redunde nem com essa apresentação do conjunto do *Tratado*, nem com o que já está disponível na produção editorial em língua portuguesa.

A presente Introdução procurará, portanto, concentrar-se precisamente no inédito *contexto de apreciação* proposto neste volume, primando pelo ângulo da *copresença dos textos*. Assim, num primeiro momento, mais propriamente introdutório, será dada especial atenção a como a publicação da *Medicina da mente*, de Tschirnhaus, ao lado do *Tratado da emenda do intelecto*, de Espinosa, sugere que o contexto histórico mais propício à compreensão do lugar desse tratado na filosofia espinosana é a *reforma da lógica* que os séculos XVI e XVII tentaram empreender. Situada nesse contexto, tal *emenda* poderá ser pensada como um exercício terapêutico do intelecto, por meio do qual este último descobre em si mesmo a causalidade imanente como nexo estrutural da realidade. Ora, nessa medida, entendido como exposição da lógica de base da

---

[1] Sua tradução comentada foi publicada primeiramente em 1966, pela Cia Editora Nacional, e depois republicada pela Editora Martins Fontes, em 2004. Essa tradução forma um díptico fundamental para os estudos espinosanos no Brasil, juntamente à tese de livre-docência de Teixeira, intitulada *A doutrina dos modos de percepção e o conceito de abstração na filosofia de Espinosa*, publicada primeiramente no boletim de número 199 da própria Faculdade de Filosofia Ciências e Letras da Universidade de São Paulo (USP), em 1954, e republicada pela Editora Unesp, em 2001.

imanência, o *Tratado da emenda do intelecto* assume uma importância renovada na história das interpretações de sua função e de seu valor no sistema espinosano. E nessa mesma medida se evidencia como a quebra de paradigma editorial aqui realizada é também uma tomada de posição filosoficamente fecunda e interpretativamente ousada.

Depois, num segundo momento, a modo de Posfácio, ou seja, supondo que quem o lê já tenha percorrido, ao menos uma vez, todo o conjunto de obras aqui expostas, serão tiradas algumas últimas consequências filosóficas da *copresença* de todos os textos aqui contidos, sempre procurando salientar como a intertextualidade proposta dá a ver a consistência do *Tratado da emenda do intelecto* com a filosofia madura de Espinosa.

Ao longo dessa introdução e desse posfácio, vários outros conteúdos suplementares, de ordem histórica e filosófica, serão acrescentados; conteúdos que, somados à inédita organização editorial aqui proposta e às riquíssimas notas adicionadas aos textos pelo tradutor, contribuem para que a presente edição do *Tratado da emenda do intelecto* seja a mais completa já realizada em língua portuguesa. Espera-se, assim, oferecer aqui certa multiplicidade de elementos simultâneos, capaz de esclarecer a significação mais ampla do *Tratado da emenda do intelecto* no interior da filosofia de Espinosa, formando, a respeito dessa obra de juventude, inacabada e póstuma, uma ideia tão adequada quanto possível.

Lógica e medicina na filosofia seiscentista: a lógica está para a mente como a medicina está para o corpo[2]

O agrupamento de textos aqui oferecido possui em seu centro de convergência conceitos e problemas exemplarmente reunidos

---

[2] Nesta Introdução, assim como em nosso Posfácio, serão empregadas algumas ideias e formulações de nossa autoria, adotadas originalmente em palestras e artigos acadêmicos diversos. Não obstante, tais ideias e formulações, decantadas ao longo dos anos, ganharam aqui um arranjo e um uso significativamente novos. Ademais, houve também um especial cuidado em tornar, tanto quanto possível, a exposição acessível e prazerosa a um público bem mais amplo, interessado na filosofia de Espinosa como um todo e em sua concepção de *emenda do intelecto* em particular. Espera-se, com isso, dar continuidade e renovação à tradição das edições comentadas do *Tratado da emenda do intelecto*, iniciada no Brasil por Lívio Teixeira há mais de meio século.

já no título completo do livro de Tschirnhaus: *Medicina da mente ou Ensaio de uma Lógica genuína, na qual se disserta sobre o método de detectar verdades desconhecidas*. E a versão reduzida traz ainda algumas nuances não redundantes: *Medicina da mente ou Preceitos gerais da arte de descobrir*. De uma parte, há a explícita assimilação entre arte lógica e arte médica. De outra, a orientação dessa lógica terapêutica a uma tarefa heurística: a descoberta de verdades desconhecidas. Esse segundo aspecto será comentado no já referido Posfácio. É apenas o primeiro que a presente Introdução se propõe a abordar: qual a exata relação entre lógica e medicina aí proposta? Tal relação se manifesta, de algum modo, na filosofia de Espinosa? E ela está presente no *Tratado da emenda do intelecto*?

Para começar a responder, pouco a pouco, a essas questões, uma boa estratégia consiste em observar a primeira e a última transição entre as partes da *Ética*, obra magna de Espinosa, expressão inconteste de sua filosofia madura. Isso, porém, não quer dizer que em tais passagens Espinosa trabalhará a conexão entre lógica e medicina como um conteúdo pertencente à *Ética*. Bem ao contrário, se essa obra menciona tal conexão, é justamente para desobrigar-se de cuidar dela e, com isso, indiretamente remetê-la a alguma outra região do sistema filosófico espinosano. E essa outra região – como ficará claro ao fim e ao cabo – não é senão o *Tratado da emenda do intelecto*. Mas, se é assim, dá-se aqui, então, uma primeira oportunidade para que se perceba que, assim como o *Tratado da emenda do intelecto* faz menção, desde dentro de si, em notas e no corpo do texto, à existência de uma *Philosophia* da qual ele mesmo, assumidamente, autodistingue-se, assim também faz a *Ética*, que, mediante a menção à lógica e à medicina, indiretamente reconhece a existência daquilo que se encontra no *Tratado da emenda do intelecto*. Evidencia-se, com isso, um reconhecimento recíproco entre essas duas obras, numa diferenciação complementar que as conjuga mais estreitamente do que certa tendência interpretativa – demasiadamente focada no inacabamento do *Tratado da Emenda do Intelecto* – tem podido admitir. Aliás, como se verá na seção final da presente introdução, talvez a *Ética* reconheça o *Tratado da emenda do intelecto* em mais outra passagem e de maneira

ainda mais direta do que a que será agora examinada.[3] Sigamos, porém, pouco a pouco.

Pois bem, a primeira transição na macroestrutura da *Ética* – a que se dá na passagem da parte I ("De Deus") para a parte II ("Da natureza e origem da mente") – circunscreve um domínio restrito no interior da infinidade de coisas que se seguem da potência divina, demostrada na parte I. Tal circunscrição, feita por Espinosa no prefácio da parte II, consiste em abordar a mente humana apenas quanto ao que pode nos levar, sem desvios, ao objetivo precípuo da obra, a beatitude ou felicidade: "Passo agora a explicar o que deve seguir necessariamente da essência de Deus, ou seja, do ente eterno e infinito. Decerto não tudo, já que na prop. 16 da parte I demonstramos que dela seguem infinitas coisas em infinitos modos, mas apenas o que nos pode levar, como que pela mão, ao conhecimento da mente humana e de sua suma felicidade".[4]

Semelhantemente, no próprio título da parte V, Espinosa informa ao leitor que tratará "Da potência do intelecto, ou seja [*seu*], da liberdade humana". Com esse "ou seja", a última parte da *Ética* faz questão de deixar claro que seu movimento final não versará sobre a potência do intelecto tomada sem maiores precisões, mas sim, bem ao contrário, em consonância com o que fora prometido no prefácio da parte II, precisamente sob o aspecto ético da liberdade humana. Mais enfaticamente ainda, no início do prefácio da parte V, Espinosa adverte: "Entretanto, aqui não cabe [dizer] de que maneira e por qual via o intelecto deve perfazer-se, nem, ademais, com que arte o Corpo deve ser cuidado para cumprir corretamente seu ofício, pois isso concerne à Medicina e aquilo à Lógica".

Cumpre, então, perguntar: por que Espinosa sente necessidade de fazer tais precisões e advertências? Ora, porque está disponível na cultura filosófica seiscentista outra abordagem da potência do

---

[3] Cf. nota 56 da presente Introdução.

[4] Todas as citações da *Ética* foram traduzidas diretamente a partir da edição latina de Gebhardt, levando em consideração, porém, a tradução de Tomaz Tadeu, publicada pela Autêntica Editora pela primeira vez em 2007 (ESPINOSA, 2009a). As eventuais diferenças de soluções tradutórias devem-se justamente ao desenvolvimento das pesquisas que a tradução de Tadeu desde então estimulou nessa seara.

intelecto que, justamente sob o nome de *logica*, não está circunscrita aos domínios progressivamente delimitados pelas partes da *Ética*, e que se dedica, de forma mais abrangente, ao exame e aos cuidados gerais necessários para o bom funcionamento do trabalho de pensar. Isso não significa que não haja – na modernidade e especialmente em Espinosa – uma profunda conexão entre lógica e ética, mas sim que a primeira possui um estatuto, em certa medida, preparatório e condicionante da segunda.

Essa outra abordagem da potência do intelecto, análoga a uma abordagem médica, pode ser encontrada, por exemplo, na *Lógica antiga & nova* (1658), de Johannes Clauberg (1622-1665), teólogo e filósofo alemão, entusiasta de primeira hora do cartesianismo e um dos inauguradores das tentativas de harmonização entre filosofia cartesiana e escolástica. Nessa obra, Clauberg retoma um tópico tradicional do estoicismo, celebrizado por Cícero no livro III das *Discussões tusculanas* (III, I, 1), que é uma das principais fontes para muitas comparações entre filosofia e medicina na modernidade. No trecho inicial do terceiro livro das *Tusculanas*, diretamente citado por Clauberg,[5] Cícero se dedica a mostrar que, ao contrário do que crê o vulgo, a falta da sanidade da mente é pior que a falta da saúde do corpo. Por que – pergunta Cícero – o homem inventou, cultivou e louvou a medicina do corpo, mas preteriu a *medicina do ânimo* (*medicina animi*)? Esta última, por comparação com a medicina do corpo, não foi tão desejada antes de ser encontrada, não foi tão cultivada depois de conhecida nem foi tão aceita e aprovada, mas, ao contrário, foi mal vista e tratada com suspeita por muitos. Será que – hipotetiza Cícero – isso ocorre porque julgamos pelo ânimo o pesar e a dor do corpo, ao passo que não sentimos com o corpo as doenças relativas ao ânimo?[6] Sendo assim, isso se faz especialmente danoso, justamente porque, então, a mente, instância que julga acerca da saúde e da doença de si mesma e do corpo, acaba por ficar, ela

---

[5] CLAUBERG, 2007, p. 31-32.

[6] É adotada aqui a tradução – "*while sicknesses of the mind are not felt by the body*" – de Margaret Graver em Cicero (2002). Para o texto latino e outra tradução, em português, foi consultada a seguinte edição: Cícero (2014).

própria, descurada quanto aos seus possíveis adoecimentos. A doença *animi* é, nessa medida, uma espécie de metadoença, assim como a filosofia é uma metaterapêutica, pois cuida daquilo – o *animus* – de que depende o cuidado de tudo o mais, situado no vértice constante do leque variável dos inúmeros objetos a que se aplica.

Esse traço reflexivo – de flexão à ré, que se volta ao nível condicionante fundamental – é o que, ao que tudo indica, mais interessa a Clauberg na citação que faz de Cícero. No proêmio da primeira edição da *Lógica antiga & nova*, Clauberg enumera algumas coisas que não foram tratadas com profundidade suficiente em outros livros de lógica. Dentre elas, salienta a arte de curar as doenças da mente ocupada com o conhecimento; e, no primeiro capítulo dos prolegômenos, critica os lógicos anteriores por não iniciarem seus tratados observando as fraquezas do espírito humano e procurando sua causa. Ele opõe essa conduta à sua, que toma o exemplo dos médicos que determinam, antes de tudo, a natureza, a origem e as causas da doença que hão de tratar. Ademais, quanto ao doente e não à doença, Clauberg afirma ser necessário expurgar (*expurgare*) os humores malignos antes (*prius*) de administrar os medicamentos salutares. Caso contrário, faríamos como quem desperdiça um bom vinho derramando-o em um copo sujo, porque, como diz o poeta latino Horácio: "Se o copo não estiver limpo, tudo o que nele se derramar se azeda". Embora essa imagem poética de um copo evoque um sujeito puramente receptivo ou passivo (que não será o caso em Espinosa), pode-se perceber, no uso que dela faz Clauberg, uma afinidade com a perspectiva típica da modernidade,[7] que se concentra nas condições de uso do intelecto em geral, condições invariantes comparadas à multiplicidade dos objetos. A imagem de Horácio agora ilustra e amplifica a perspectiva ciceroniana ao enfatizar a situação da alma como sede do julgamento, de modo que tudo o que afeta a alma também afeta, distributivamente, todos os julgamentos sobre qualquer coisa. A lógica nova inspira-se, portanto, em um antigo expediente terapêutico para a purificação da alma, manutenção do

---

[7] Um primado da reflexão, segundo a fórmula de Gueroult. Cf. Gueroult (2016, p. 17, nota 1).

instrumento cognitivo, que discerne suas determinações intrínsecas e elimina as impurezas que se dispersariam por todas as suas aplicações. Assim como é necessário limpar a taça antes de servir o vinho, assim como é necessário limpar o pincel antes de carregá-lo com novas tintas para pintar novos quadros, assim como é necessário afiar as facas ou polir as lentes, assim também é necessário dispor de uma medicina que purifique, remedeie e cultive a mente.

A *Medicina mentis* (1687), de Tschirnhaus, também ilustra bastante bem essa mesma concepção moderna da lógica, que Clauberg expusera cerca de 30 anos antes. Ou seja, embora posterior à redação da *Ética*, a obra *Medicina da mente* (acompanhada inclusive de um volume sobre a *Medicina do corpo*) permite compreender do que é que o prefácio da parte V está falando quando avisa a seu leitor que não é isso que ele encontrará ali, no decorrer da última parte da *Ética*, mesmo que esta trate justamente da potência do intelecto.

Tschirnhaus não somente avalia – como Clauberg, na esteira de Cícero – que a falta da sanidade da mente é intrinsecamente pior que a falta da saúde do corpo, mas também associa tal avaliação a uma não menos célebre analogia da mente com a mão, proveniente de Aristóteles. Em *De anima*, III, 8 (431b24), Aristóteles diz que "a alma é como a mão; pois a mão é *instrumento de instrumentos*, e o intelecto é forma das formas", com isso sugerindo que, assim como a mão preside a confecção e o uso de todo e qualquer instrumento no âmbito das artes produtivas, assim também o intelecto preside a compreensão de todas as formas, no âmbito das ciências teóricas.[8] Tschirnhaus, por sua vez, faz ecoar tal analogia – colhida talvez em usos baconianos ou cartesianos da imagem originalmente aristotélica – ao sugerir que, sendo sua obra uma medicina da mente, ou seja, uma sorte de arte semelhante a outras demiurgias, ele não precisa começar explicando "a própria essência da mente e do corpo, qual é a genuína natureza da consciência, do intelecto, da vontade,

---

[8] Cf. ARISTÓTELES, 2006. Na p. 318, a tradutora sustenta essa interpretação, observando, por um lado, que ela pode ser ratificada por *De partibus animalium*, 687a7-37, muito embora, por outro lado, a sequência do texto no *De anima* seja problemática ao sugerir uma extensão da analogia para as sensações.

dos sentidos, da imaginação e das paixões".⁹ Parece-lhe suficiente, para o início do filosofar, *usar* a mente e explicar apenas aquilo que conduz mais diretamente ao fim pretendido, assim como "um mecânico que, para completar seu trabalho, constrói várias coisas com sua mão, ainda que ele ignore completamente a estrutura interior da mão, cujo conhecimento, portanto, ele não poderia expor, nem haveria precisão desse conhecimento¹⁰ para acabar seu trabalho".¹¹

Como nota J-P. Wurtz, tradutor francês da *Medicina da mente*, nessa obra, Tschirnhaus, inspirando-se naquilo que lhe parecera o traço mais marcante do espinosismo, assume para si o objetivo de:

> conduzir-nos ao máximo deleite que podemos alcançar por meios naturais (isto é, que não pela graça). E esse deleite supremo sendo aquele que nos é trazido pela descoberta da verdade por nossos próprios meios, a maior parte do livro tem como tarefa ensinar a libertarmo-nos das ideias falsas que acumulamos, permitir-nos distinguir o verdadeiro do falso e avançar o mais facilmente possível no conhecimento da verdade. Trata-se, portanto, de uma higiene do pensamento que, para o autor, é o fundamento mesmo de uma boa higiene da alma. Tschirnhaus quer nos dar os meios de prevenir um uso malsão da razão, de amenizar as fraquezas que lhe são inerentes e de a empregar segundo normas saudáveis; em uma palavra, ele quer nos ensinar a sanar nossa razão, a "aperfeiçoar ao máximo nosso entendimento". Pois, diz Tschirnhaus, *"a filosofia genuína deve prestar-se a isto: mostrar de maneira luzente quão mal, e mais do que vulgarmente se pode crer, todos os homens são destituídos não só de saúde [valetudine] do corpo, mas sobretudo de sanidade [sanitate] da mente; assim como ensinar com evidência que remédios apropriados hão de ser aplicados a estes males".*¹²

Tal caracterização da obra de Tschirnhaus é ilustrativa, portanto, daquilo que, nos próprios meios espinosanos, passou a chamar-se

---

⁹ Cf. *Medicina da mente*, neste volume, p. 209.

¹⁰ Cf. *Carta* XXXVII, de Espinosa a Bouwmeester, neste volume, p. 353: "Para entender essas coisas, ao menos até onde o método o exige, não é preciso conhecer a natureza da mente por meio de sua causa primeira". É claro que o método espinosano inclui o autoconhecimento do intelecto; o que ele não exige é que a mente se conheça, já de saída, por meio de sua causa primeira.

¹¹ Cf. *Medicina da mente*, neste volume, p. 209.

¹² Wurtz, em sua introdução a Tschirnhaus (1980, p. 19).

de *Medicina mentis* ou *Emendatio intellectus*.[13] Mas é preciso notar, desde já, que a tarefa de ampliação do conhecimento que Tschirnhaus consigna ao *filósofo real* – por oposição àqueles que chama de *filósofo verbal* e *filósofo historial* – corresponde a uma arte da descoberta que ele pretende plasmar preferencialmente sobre a análise algébrica. E mesmo que, ao longo da *Medicina da mente*, Tschirnhaus combine, como Espinosa, procedimentos algébrico-analíticos e procedimentos geométrico-sintéticos,[14] nada há nessa obra de tão enfático sobre os perigos das abstrações que na álgebra ocorrem quanto o que escreve Espinosa no *Tratado da emenda do intelecto*. Mencionando Descartes e Viète e fazendo o elogio da álgebra, o matemático Tschirnhaus parece mais palatável do que Espinosa junto aos bastiões do formalismo lógico nos Seiscentos e depois.

Em todo caso, essas duas apresentações da conexão entre lógica e medicina na cultura filosófica seiscentista – em Clauberg e em Tschirnhaus – são suficientes para esclarecer qual seja a abordagem da potência do intelecto que Espinosa deseja distinguir da que será adotada na parte V da *Ética*. Afinal, o intuito da parte V de tratar da potência do intelecto poderia induzir o leitor seiscentista a esperar que o texto se configurasse como essas lógicas que, quais medicinas da mente, empreendem o recuo crítico que examina e promove as boas condições do conhecimento formatadas já nos próprios

---

[13] VERBEEK, 1999, p. 119.

[14] LÆRKE, 2018, p. 198. Como será amplamente explicado no Posfácio, na seção "Análise e redução ao absurdo: formas válidas do inadequado", as noções de análise e de síntese têm sentido técnico e correspondem a duas ordens demonstrativas distintas: a síntese estabelece, primeiramente, uma ampla gama de princípios demonstrativos elementares e fundamentais para todo um domínio de conhecimento e, a partir deles, constrói a tese particular que se quer demonstrar; a análise, ao contrário, parte da tese particular que se quer demonstrar, assumida como um problema, e remonta, de trás para frente, somente até o grupo preciso de princípios demonstrativos de que ela depende, e não a todos os axiomas e definições constitutivos do domínio epistêmico geral a que a tese em questão pertence. Por exemplo, a ordem demonstrativa dos *Elementos*, de Euclides, é, *grosso modo*, sintética. Já a análise é a ordem demonstrativa, descrita no livro VII da *Coleção matemática*, de Pappus de Alexandria (*c*. 290–*c*. 350 d.C.), retomada na modernidade, por exemplo, pelo matemático francês François Viète (1540-1603) e, depois, aprimorada por Descartes no desenvolvimento de sua geometria analítica, destinada à descoberta de soluções algébricas gerais a partir de dados problemas geométricos ou aritméticos particulares.

instrumentos cognitivos. Assim, tendo em consideração o que acaba de ser exemplificado através da *Lógica antiga & nova* e da *Medicina da mente*, há de tornar-se bem compreensível por que, logo no início do prefácio da parte V da *Ética*, Espinosa sentiu necessidade de advertir ao leitor que não trataria ali da maneira e da via pela qual o intelecto deve perfazer-se, nem da arte pela qual o corpo deve ser cuidado.

Medicina de sãos, tornar-se o que se é: lógica e medicina no *Tratado da emenda do intelecto*

Assim como nas *Tusculanas* – em que Cícero se referia à filosofia em geral – e assim como na *Lógica antiga & nova*, de Clauberg, ou, depois, na *Medicina da mente ou Ensaio de uma Lógica genuína*, de Tschirnhaus, assim também na filosofia de Espinosa, em linhas gerais, a lógica é posta em analogia com a medicina. A *Ética* se desobriga abertamente de tratar da maneira e da via de aperfeiçoar o intelecto. Mas, uma vez que essa desobrigação da *Ética* não é necessariamente uma desobrigação da filosofia espinosana como um todo, essa tarefa da medicina da mente pode muito bem recair sobre o *Tratado da emenda do intelecto*. Mas, se é assim, então é preciso perguntar: como exatamente tal lógica medicinal se manifestaria nesse opúsculo?

Ora, pela analogia sugerida na *Ética*, a lógica há de ser uma arte com a qual a mente deve ser cuidada para que funcione retamente em seus ofícios. E tais ofícios podem muito bem ser assimilados aos três regimes cognitivos básicos de funcionamento mental – gêneros de conhecimento, modos de percepção – reconhecidos por Espinosa em todas as obras em que apresenta diretamente sua teoria do conhecimento: a imaginação, a razão e o intelecto.[15] As boas condições de funcionamento da imaginação e da razão se dão sob a determinação ou tutela do intelecto (*sc.* a experiência determinada pelo intelecto,

---

[15] No *Tratado da emenda do intelecto*, confiram-se especialmente os §§ 19-29. Todas as referências ao *Tratado da emenda do intelecto* serão feitas mediante o símbolo "§", indicando a numeração de parágrafos introduzida por Bruder em 1843, depois tornada praticamente canônica para fins de citação do *Tratado*, mesmo em edições que não adotam a exata paragrafação do texto proposta por Bruder. Tal numeração foi mantida na presente tradução, permitindo a fácil localização dos passos citados, tanto neste volume quanto em todas as edições que também a registram.

que devém experimento; as inferências racionais, que só são seguras para quem já possui a norma intelectual da adequação, como se verá no Posfácio). Mas, por isso mesmo, ainda cabe perguntar: o que, então, há de ser a *emendatio* que se realiza *sobre o intelecto*?

A etimologia do termo *"emendatio"* conduz à ideia central de eliminação (*ex-, e-*) de um *mendum*, ou seja, de uma mancha, mácula, defeito, erro, engano ou delito. Seu campo semântico se divide em, pelo menos, quatro acepções fundamentais:

a) a acepção linguística (que o próprio Espinosa por vezes adota para nomear o trabalho de correção ou revisão de um texto[16]), na qual o *mendum* é um erro de redação; por exemplo: um erro de grafia (como o deslize de um copista), um erro gramatical, retórico etc.;

b) a acepção ético-religiosa (que aparece na *Carta* LXVII, de Burgh a Espinosa), na qual a *emendatio* é uma retomada do caminho correto pelo homem decaído ou desviado;

c) a acepção jurídico-política, no uso transitivo direto, significando fazer alguém recobrar o rumo, admoestar, repreender, punir ou até mesmo castigar alguém (por exemplo, no *De Jure belli ac pacis*, de Grotius[17]);

d) e a acepção médica (curar, sanar, recuperar etc.).

Embora essas quatro acepções tenham fronteiras difusas e permeáveis entre si, é claramente a última que *predomina* no *Tratado da emenda do intelecto*. Mas, então, isso significa que o intelecto esteja doente? Isso não seria fatal para o método apresentado nessa obra, já que é a potência intelectual que forma a ideia adequada em que se encarna a norma da verdade que preside o método?[18] Para evitar isso,

---

[16] Cf. p. 50 da presente Introdução

[17] *Apud* CANONE; TOTARO, 2005, p. 74, n. 17.

[18] Cf. §§ 37-38: "[o método] é entender o que é uma ideia verdadeira, distinguindo-a das demais percepções e investigando sua natureza, para daí conhecermos nossa potência de entender e coibirmos a mente de maneira que ela entenda, conforme essa norma, tudo o que há de ser entendido […] [38] Donde se colige que o método nada outro é senão o conhecimento reflexivo ou a ideia da ideia; e porque não se

talvez se quisesse supor que o genitivo "*intellectus*" (*i.e.* "do intelecto") seja, em jargão gramatical, um genitivo-subjetivo, significando que o intelecto *faz* a emenda, em vez de um genitivo-objetivo, segundo o qual o intelecto *recebe* a emenda. Mas o texto de Espinosa não permite essa saída gramatical. Afinal, no § 16 Espinosa escreve: "Antes de tudo, porém, deve-se excogitar um modo de remediar o intelecto [*medendi intellectûs*] e, o quanto seja lícito no início, de expurgá-lo [*ipsumque expurgandi*] para que ele entenda as coisas [*ut res intelligat*] com felicidade, sem erro e da melhor maneira".

E, depois, no § 18, Espinosa repete a ideia, reunindo os procedimentos de remediar e de expurgar no de emendar, sempre colocando o intelecto como objeto direto de tais procedimentos: "Isso assim posto, cingir-me-ei à primeira coisa que, antes de tudo, deve ser feita, a saber, emendar o intelecto [*emendandum intellectum*] e torná-lo apto a entender as coisas do modo como é preciso para alcançarmos nosso fim".

Talvez se possa até admitir – o que não seria incorreto e, a bem dizer, totalmente condizente com o modelo ciceroniano da *medicina animi* – que o intelecto, enquanto médico de si mesmo, simultaneamente faz e recebe a *emendatio*, em consonância com o traço reflexivo do método e do *Tratado* como um todo. Entretanto, isso ainda não resolve o problema da profunda incerteza que se abateria sobre o método mediante a possibilidade de que o intelecto estivesse enfermo, já que ele efetivamente necessita de *medicatio*, *expurgatio* e *emendatio*.

Mas é possível solucionar o problema se, evitando aplicar concepções atuais sobre esse vocabulário médico, os procedimentos por ele designados não forem anacronicamente assumidos como formas de *eliminar a doença*, devendo ser entendidos, antes, como formas de *promover a saúde*. Aliás, foi com essa minúcia que preferimos traduzir os seguintes verbos na passagem supracitada do prefácio da *Ética* V:

---

dá uma ideia de uma ideia a não ser que primeiro se dê uma ideia, logo não se dará um método se primeiro não for dada uma ideia. Donde será bom aquele método que mostre como a mente há de ser dirigida conforme a norma da ideia verdadeira dada [...] [e] será perfeitíssimo o método que mostre como a mente há de ser dirigida conforme a norma da ideia dada do Ente perfeitíssimo".

"de que maneira e por qual via o intelecto deve *perfazer-se* [*perfici*]" e "com que arte o Corpo deve ser *cuidado* [*curandum*]". No lugar da "cura" – hoje espontaneamente pensada como o momento final de um processo que se encerra com a destruição de um antígeno –, foi introduzida a noção de "cuidado", que conota um processo contínuo de manutenção do dinamismo natural de algo, semelhante ao trabalho pelo qual, por exemplo, um jardineiro *cuida* diuturnamente de seu jardim, um pai e uma mãe *cuidam* cotidianamente de seus filhos ou um curador *cuida* da manutenção de um acervo museal ao longo do tempo. E no lugar de "aperfeiçoar-se" foi introduzida a ideia de "perfazer-se", indicando a exclusão de qualquer perfeição que se confunda com o cumprimento de uma finalidade externa ao que se aperfeiçoa ou com sua sujeição a parâmetros modelares que lhe são alheios. Trata-se, ao contrário, de deixar o intelecto em conformidade consigo mesmo, em sua identidade dinâmica, de dar-lhe condições de exercer-se plenamente, de perfazer-se como intelecto.

No *Tratado da emenda do intelecto*, os verbos "remediar" e "expurgar", do § 16, são integrados ao verbo "emendar", no § 18, e caracterizados como expedientes que deixam o *intellectus* apto a *intelligere*, ou seja, que deixam o intelecto apto a efetivamente exercer a mesma atividade intelectiva que o define. Em sentido espinosano, imanentista, *emendatio* é o processo pelo qual algo se torna o que é (em um *ser* que é ele próprio um *tornar-se*, uma *atividade*) e se esforça em perseverar tornando-se. Destarte, integrado no conceito espinosano de emenda, o procedimento de *remediar* (*medendi*) o intelecto nada mais será do que preservar "os meios de ser" que lhe são próprios, suas forças nativas, seus instrumentos inatos (§§ 30-41). Semelhantemente, *expurgar* (*expurgandi*) o intelecto será simplesmente purificá-lo de tudo que ele não é, discriminando sua atividade intelectiva das operações associativas da imaginação e das deduções abstratas da razão (§§ 19-29; §§ 50-90). Remediado, purificado e agindo segundo as leis de sua própria natureza, o intelecto "intelige" plenamente, em sua melhor forma, isto é, da melhor maneira *por comparação a si mesmo*, superlativamente (*optime*). E por isso não o faz apenas *sem erro* – negativamente, ao impedir o falso –, mas sobretudo positivamente, com felicidade, promovendo a verdade. Longe

das acepções heterônomas da *emendatio*, avizinhadas da noção de castigo (inclusive dos castigos autoinfligidos dos ascetas), emendar o intelecto, em acepção espinosana, envolve, antes, uma exortação à autonomia que o intelecto faz a si mesmo: "Emenda-te! Conserva-te *sui juris*! Não te deixes levar por ideais transcendentes de bondade e de verdade que hão de destituir-te de ti!". Portanto, a emenda do intelecto pode ser traduzida – como de fato foi em português – por "reforma" e "correção" do intelecto, mas sob a exigência de que o padrão de retidão relativamente ao qual o intelecto será tornado co-reto seja sua consistência interna, isto é, desde que a forma a ser conquistada seja sua própria forma, de modo que a forma e a norma do verdadeiro sejam as que estão efetivamente dadas no que o intelecto é e faz naturalmente. Em tal medicina, a saúde não é um dever ser, um fim extrínseco, mas o cultivo à perfeição do já dado na natureza mesma do intelecto. O traço *normativo* da norma da verdade não se opõe ao *factual*, pois essa norma prescreve que ela própria só seja tomada quando estiver efetivamente instanciada: "*norma da ideia verdadeira dada*". Essa exigência recíproca entre o que é de direito e o que é de fato é, pois, a chave para que se entenda a noção de método que daí deriva: o método não é para que adquiramos a verdade, pois não se dá método a não ser que primeiro se dê uma ideia verdadeira qualquer (§ 38); o método é para que não percamos, alienados, o verdadeiro que já está junto de nós.

Assim como, para Espinosa, a paz não é a mera ausência de guerra e a certeza não é a mera ausência de dúvidas, assim também a saúde espinosana é uma presença afirmativa, e não a mera ausência de doença. E nisso a *medicina mentis* de Espinosa é, simultaneamente, muito atual e consideravelmente antiga. É atual, porque antecipa os escrúpulos sanitários que levaram, por exemplo, a Constituição da Organização Mundial da Saúde a definir, em 1948, a saúde como não sendo a mera "ausência de doença ou enfermidade", mas sim um estado *positivo*, ambiciosamente caracterizado como "um estado de completo bem-estar físico, mental e social".[19] Mas é simultaneamente

---

[19] ORGANIZAÇÃO MUNDIAL DA SAÚDE (OMS). Constituição da Organização Mundial da Saúde. 1948.

antiga, porque, como sabem os mais cultos sanitaristas, que leram o capítulo sobre a medicina antiga na *Paideia*, de W. Jaeger,[20] a definição da OMS tem vetustas raízes na medicina hipocrática.

Espinosa possuía em sua biblioteca uma edição, de 1554, em dois volumes, dos tratados médicos hipocráticos.[21] Neles, Espinosa poderia encontrar a concepção antiga do médico mais como um médico de sãos do que de enfermos, preocupado com os cuidados que o cidadão precisa devotar a si mesmo para *promover* sua saúde individual e a de sua comunidade, para *prevenir-se* das doenças e, apenas quando eventualmente acometido por algum mal, *erradicá-lo*. E mesmo nesse último caso, o médico não se vê senão como um ajudante da natureza, a qual, a seu ver, ajuda a si mesma através dele. Tais cuidados, mais edificantes e profiláticos do que erradicadores, são os que a apropriação latina da cultura helenística chamará de *cura sui* (os cuidados de si), dos quais uma das partes mais importantes era justamente a *higiene*. Mas, diversamente do que hoje se entende por esse nome, a higiene dizia respeito também à dieta, à ginástica e, em última análise, a um são regime de vida como um todo. Ademais, nessa mesma tradição, Espinosa poderia colher noção antiga de saúde como *isomeria* (igualdade proporcional das partes do corpo) e *isonomia* (igualdade proporcional das regras de funcionamento de cada parte), contrapostas à noção de doença como *monarcheia*, isto é, poder desproporcional de uma única parte que usurpa, com suas regras privadas, o lugar do próprio todo complexo. Essa perspectiva mantém relações com a teoria da forma do verdadeiro – isto é, da adequação – no *Tratado da emenda do intelecto*: no todo da ideia adequada, suas partes se compõem sem se confundirem e sem prevalecerem uma sobre a outra, assim como – numa imagem orgânica dessa relação parte-todo, dada por Espinosa na *Carta* XXXVII – o quilo e a linfa, dentro do corpo humano, unem-se na composição do fluido complexo a que chamamos sangue, sem, no entanto, deixarem de ser quilo e linfa, com suas leis próprias

---

[20] JAEGER, 2013.
[21] VULLIAUD, 1934.

de funcionamento (ainda que devam ajustar-se um ao outro sob seu regime de coexistência no todo do sangue).[22]

E também cumpre destacar nessa concepção hipocrática de saúde e doença o papel decisivo desempenhado pela ideia de *proporção* entre os princípios constitutivos dos corpos naturais (água, ar, terra, fogo). A proporção não é uma quantidade absoluta e diretamente assinalável, mas, antes, uma quantidade de segunda ordem, uma *ratio*, ou seja, algo que só se determina secundariamente a partir das relações entre as quantidades de primeira ordem. Estas podem variar e até mesmo devem variar (*e.g.* há que beber mais ou menos água conforme a estação do ano seja de estio ou de chuvas), mas de modo que a razão entre as quantidades no corpo permaneça constante ou – nos casos mais graves – se restabeleça. Em decorrência disso, a doença não é vista como tendo algo de positivo pelo que se afirmaria como doença: ela nada mais é do que uma *desproporção* entre as partes, e nunca uma dessas partes em si mesma e por si mesma (não faria sentido supor que a água, o ar, a terra ou o fogo fossem bons ou maus em si mesmos, nem são, tampouco, antígenos). Da mesma forma, na medicina da mente espinosana, não há que extirpar, por exemplo, as associações imaginativas ou as abstrações racionais, mas,

---

[22] Segundo a *Carta* XXXII, enviada por Espinosa a Oldenburg em novembro de 1665 (ESPINOSA, 2021, p. 233), a coerência [*cohaerentia*] entre as partes de um todo consiste no fato de que "as leis ou a natureza de uma parte se acomodam [*sese accommodat*] tanto às leis ou à natureza de outra [parte] que não se contrariam de jeito algum [*ut quàm minimè sibi contrarientur*]". Mas, embora as partes [*e.g.* o quilo e a linfa], enquanto partes, verdadeiramente consintam umas às outras [*inter se consentiant*] dentro de um todo (*e.g.* o sangue), elas o fazem apenas "tanto quanto isso possa ser feito" [*quoad fieri potest*], porque, ao mesmo tempo, e sem que se perca a coerência que o próprio todo se esforça em manter em seu interior, as partes também são "discrepantes entre si" [*inter se discrepant*] na medida em que *cada parte é também um todo em si mesmo* (*e.g.* o quilo em si mesmo considerado e a linfa em si mesma considerada), que igualmente se esforça por manter sua própria coerência interna. O relevo dado à expressão "*quoad fieri potest*" salienta a existência de diferenciações internas ao todo, preservada sua coerência à maneira de uma resultante. O tipo de totalidade de que fala Espinosa não é, portanto, uma coesão maciça e internamente indiferenciada, mas, antes, o não impedimento imediato de um encontro complexo, no qual agem, umas sobre as outras, as forças de autopreservação das próprias partes enquanto totalidades e a força de autopreservação do todo mais amplo que as contém. Uma análise minuciosa da expressão "*quoad fieri potest*" pode ser encontrada em Levy (1998, p. 296-297).

antes, que buscar – numa engenhosa curadoria – um arranjo de modos de perceber e de conteúdos perceptivos, organizados por uma arte de encontrar proporções (a *moderatio*). E se é possível, nalgum sentido, falar de uma primazia do intelecto no *Tratado da emenda*, isso só será aceitável na medida em que é justamente o intelecto que pode compreender de modo adequado as conveniências, as oposições e sobretudo as diferenças entre os próprios modos de percepção (entre os quais ele mesmo se situa). Percebendo intelectualmente os próprios modos de perceber, a lógica espinosana, qual a medicina hipocrática, haverá de compreender, caso a caso, em que situações imaginação, razão e intelecto convergem, em que situações eles se opõem e em que situações suas diferenças os tornam reciprocamente complementares ou apenas não interferentes. Por outras palavras: a lógica de Espinosa – como *medicina mentis* que recebe uma importante contribuição hipocrática – é a que fará coincidir perfeitamente o primado do intelecto com a coexistência simultânea, isonômica e proporcional – por que não dizer: democrática? – dos múltiplos modos de perceber.

Causalidade do exercício: o martelo de dois malhos e a descoberta da imanência

A fim de aprofundar a compreensão da emenda do intelecto como lógica e como medicina da mente, há que trazer à consideração, sob essa antiga noção dos cuidados de si, os dois subtítulos que o *Tratado da emenda do intelecto* recebe quando de sua publicação, em 1677, nas edições latina e holandesa das *Obras póstumas* de Espinosa. Nelas, o opúsculo recebeu, respectivamente, os seguintes títulos completos: *Tractatus de intellectus emendatione, et de viâ, quâ optimè in veram rerum cognitionem dirigitur*, ou seja, *Tratado da emenda do intelecto e da via pela qual ele é mais bem dirigido ao verdadeiro conhecimento, das coisas*; e *Handeling van de Verbetering van 't Verstand en te gelijk van de Middel om het zelfde volmaakt te maken*, ou seja, *Tratado da emenda do intelecto, assim como do método para fazê-lo perfeito*.

Ora, em razão da atribuição dos dois subtítulos à mesma obra, pode-se ver claramente, em primeiro lugar, que, de fato, como era

a demonstrar, o *Tratado da emenda do intelecto* assume para si a tarefa da qual a parte V da *Ética* se desobrigava: tratar da maneira e da via de aperfeiçoar/perfazer o intelecto. Além disso, em segundo lugar, também é possível começar a compreender *como* se dá esse aperfeiçoamento ou perfazimento do intelecto: o caminho do qual fala o subtítulo latino deve conduzir o caminhante ao verdadeiro conhecimento das coisas, mas, segundo as exigências do subtítulo holandês, deve ser um caminho que, ao ser percorrido, torna-se um meio de modificação do caminhante, aperfeiçoando-o. A via é, portanto, de mão dupla: ela flui em direção ao objeto (o conhecimento *das coisas, rerum*), ao mesmo tempo que reflui sobre o sujeito; e vice-versa, uma vez que, aperfeiçoando *o intelecto*, ela também torna mais perfeito o conhecimento que ele tem das *coisas*.

Tal interpretação pode ser confirmada por diversas ocorrências desse mesmo movimento de mão dupla ao longo de todo o *Tratado da emenda do intelecto*. Os §§ 39-40, por exemplo, descrevem claramente uma circulação objetivo-subjetiva, estabelecendo a proporção direta entre o aumento na quantidade de coisas que a mente entende (*quò plura de Naturâ intelligit*) e o aperfeiçoamento do conhecimento que ela tem de si mesma (*mentem eò melius se intelligere*), e vice-versa. Essa circulação virtuosa entre o aperfeiçoamento do conhecedor e a ampliação do conhecido também pode ser encontrada na famosa analogia espinosana do martelo, nos §§ 30-32, em que, numa simetria entre o desenvolvimento do trabalho material e o do trabalho mental, pode-se constatar a conversão da força de trabalho em instrumentos de trabalho, desses instrumentos em obras e destas últimas, por sua vez, em ainda outros instrumentos e outras forças de trabalho.

> Mas, assim como no início os homens puderam fazer, com instrumentos inatos [*innatis instrumentis*], algumas coisas muito fáceis, ainda que trabalhosa e imperfeitamente, e, confeccionadas estas, confeccionaram outras mais difíceis, com menos trabalho e mais perfeição, e assim, gradativamente [*gradatim*], passando das obras mais simples [*ab operibus simplicissimis*] aos instrumentos [*ad instrumenta*], e dos instrumentos [*ab instrumentis*] a outras obras e outros instrumentos [*ad alia opera, & instrumenta*], chegaram a perfazer tantas e tão difíceis coisas com pouco trabalho; assim também o

intelecto, por sua força nativa [*vi suâ nativâ*], faz para si [*facit sibi*] instrumentos intelectuais [*instrumenta intellectualia*], com os quais adquire outras forças [*alias vires*] para outras obras intelectuais [*ad alia opera intellectualia*], e, a partir destas obras [*et ex iis operibus*], outros instrumentos [*alia instrumenta*], ou seja, o poder [*seu potestatem*] de investigar mais além, e assim continua gradativamente até atingir o cume da sabedoria.

Trata-se, sem dúvida, de uma circulação entre as dimensões subjetiva (do fazedor: os homens, o intelecto) e objetiva (do feito: instrumentos, obras) no trabalho (*labor*), mas que agora se explicita como sendo também uma circulação *práxico-poiética* – isto é, uma circulação entre o *agir* e o *produzir* – própria do *exercício*, bem expressa pelo provérbio latino "*Fabricando fit faber*": "É fabricando que se fabrica o fabricante". Por seu trabalho de produção de instrumentos e de obras (um trabalho *poiético*, que corresponde a uma arte, a uma *técnica*), o fabricante também se torna uma obra de si mesmo, na medida em que ele desenvolve um *habitus* (que corresponde à dimensão *práxica* desse mesmo trabalho e que aponta para uma ética). Essa noção de exercício, vinculada à lógica, está igualmente explicitada no subtítulo da tradução holandesa da primeira parte dos *Pensamentos metafísicos*,[23] de Espinosa, mas, nesse contexto, à maneira de uma crítica à lógica e à filosofia escolástica:

> O fim e o objetivo desta parte é mostrar que a Lógica [*Redenkonst*] e a Filosofia comuns só servem para exercitar [*oeffenen*] e fortalecer [*versterken*] a Memória [*geheugenis*], a fim de que recordemos bem as coisas que se nos mostram a cada passo, sem ordem nem conexão [*en zonder orde of t'zamenhanging*], através dos sentidos [*zinnen*], e que, por isso mesmo, só afetam nossos sentidos mas não servem para exercitar o Intelecto [*verstant*].[24]

Para Espinosa, portanto, a lógica tradicional exercita e fortalece apenas a memória, organizando, por meio de uma técnica racional, os conteúdos das percepções sensoriais, adquiridas sem ordem ou

---

[23] Subtítulo em holandês, adicionado provavelmente por P. Balling, *com a chancela de Espinosa*, à edição de 1664.
[24] ESPINOSA, 2015.

conexão. Mas essa lógica não exercita o intelecto, o que significa que ela não realiza a atividade de aperfeiçoamento intelectual que é justamente o que o *Tratado da emenda do intelecto* se propõe a realizar, segundo seu subtítulo holandês. Os *Pensamentos metafísicos* seriam, assim, a versão negativa daquilo de que o *Tratado da emenda do intelecto* é a versão positiva: o primeiro é a crítica de uma lógica da memória, o segundo, a apresentação de uma lógica do intelecto, isto é, da verdadeira lógica (e, como cada texto é, então, o complemento do outro, isso os torna profundamente ligados no interior do sistema espinosano em toda a sua amplitude).

Da mesma forma como a cultura filosófica seiscentista é devedora da antiguidade quanto à vinculação entre lógica e medicina, assim também a vinculação entre lógica e exercício encontra suas matrizes na cultura antiga e alcança Espinosa por vários flancos. Tome-se, por exemplo, a seguinte observação de W. Jaeger sobre a ginástica na medicina hipocrática: "É, pois, explicável que o ginasta, como conselheiro experiente no cuidado do corpo, fosse o precursor do médico [...]. É desta raiz que brota o uso genial de analogias materiais para interpretar o espiritual [...]: 'o esforço físico é alimento para os membros e para os músculos, o sono o é para as entranhas; pensar é para o homem o passeio da alma'".[25]

Também na tradição platônica – especialmente nos diálogos lógico-metafísicos como *Sofista* e *Parmênides*, muito valorizados pela vertente neoplatônica que chega ao jovem Espinosa – vários procedimentos que integram os cuidados de si são usados em analogias que procuram caracterizar, em contraste com o sofista, as técnicas do bom dialético.[26] A técnica purgativa ou catártica – que, propondo questões ao presunçoso, leva-o a entrar em contradição e, assim, a se abrir conciliatoriamente ao aprendizado – é associada àquilo que, no diálogo *Parmênides*,[27] o velho filósofo que empresta seu nome à obra recomenda como uma ginástica (*gymnasia*) mental necessária a todo aquele que almeje sinceramente a verdade. Tal ginástica consistiria

---

[25] JAEGER, 2013, p. 1051.
[26] PLATÃO, 1979; PLATO, 1996.
[27] PLATÃO, 1974.

numa *antilogia*, isto é, num exercício de contradizer e refutar todos os desdobramentos combinatórios de uma tese, a fim de treinar o estudante na defesa de toda e qualquer posição, de modo que ele se *habitue* à argumentação filosófica.

No *Organon*, de Aristóteles, também ocorre certa noção de ginástica ou exercício lógico, ligada especialmente aos *Tópicos*.[28] Estes, com efeito, prestam-se, entre outras coisas, a exercitar, qual numa ginástica (*gymnasia*) mental, a arte dialética. A lógica, nesse nível, figura como um exercício preparatório, mantenedor e fortalecedor das habilidades mentais requeridas nos debates filosóficos. E os *topoi* – lugares-comuns dos debates dialéticos – são como os movimentos argumentativos básicos, os *golpes* ou *passos* fundamentais que devem ser treinados para um preparo espiritual, análogo ao exercício físico feito pelo lutador ou por outros esportistas a fim de preparar-lhes o corpo e os reflexos para sua aplicação nas competições efetivas.

Pode-se encontrar um eco moderno dessa concepção antiga da lógica como exercício reflexivo[29] do pensamento num dos mais famosos manuais pós-cartesianos de lógica, a *Lógica ou arte de pensar* (1662),[30] de autoria do padre e filósofo Antoine Arnauld (1612-1694) e do professor e escritor Pierre Nicole (1625-1695), manual também conhecido como a *Lógica de Port-Royal*, em referência à abadia de Port-Royal des Champs, nas proximidades de Paris, que sediava o movimento jansenista de que participavam os autores. Espinosa possuía esse livro em sua biblioteca,[31] e – como se verá no Posfácio do presente volume – é extremamente provável que o tenha lido e usado na elaboração de suas próprias ideias a propósito dos temas contidos no *Tratado da emenda do intelecto*, na correspondência com Tschirnhaus e nas cartas conexas. Uma passagem exemplar da compreensão da lógica como exercício reflexivo do pensamento encontra-se no "Primeiro discurso" da *Lógica ou arte de pensar*, mais precisamente na passagem em que os *messieurs* de Port-Royal consignam à lógica objetivos

---

[28] ARISTÓTELES, 1960.
[29] PEIXOTO, 2017.
[30] ARNAULD; NICOLE, 1965.
[31] VULLIAUD, 1934.

concernentes antes à modificação do sujeito que a pratica do que aos objetos aos quais ela se aplica: "Usamos a razão como instrumento para adquirir as ciências, mas devemos usar, ao contrário, as ciências como instrumento para aperfeiçoar a razão".[32] Em contraste com esse tipo de instrumento, desponta nessa frase outro tipo, bastante desejável, que, ao ser usado, em vez de se gastar, torna-se mais e mais forte e afiado e transforma tanto o objeto quanto o trabalhador, como o martelo de Espinosa: faca de dois gumes, martelo de dois malhos. Detalhe interessante: logo após a passagem da *Logique* citada, seus autores aconselham as pessoas sábias a se envolverem com as ciências, não para *empregar* (*faire l'emploi de*) as forças de sua mente, mas para ensaiá-las (*en faire un essai*). Mas, na primeira edição de 1662, a palavra "ensaio" era originalmente "exercício" ("*exercice*"). E o interesse desse detalhe é justamente que ele permite caracterizar o uso instrumental da razão, criticado por essa tradição, como um uso da razão que a *emprega*, mas não a *exerce* nem *exercita*.

Um trabalho da razão sem o exercício de si – entregue aos resultados produzidos, sem refluir sobre o agente – é justamente o que, antes dos *messieurs* de Port-Royal, o próprio Descartes já censurara na lógica escolástica. Veja-se, a propósito, o final da regra X, nas *Regras para a direção do engenho*,[33] em que Descartes justifica sua omissão das regras silogísticas da lógica aristotélico-escolástica (*vulgaris Dialectica*), explicando que, nelas, a razão se apoia sobre a força da necessidade formal da dedução e se *exime do trabalho* (*ferietur*) de uma consideração evidente e atenta da própria inferência (*ipsa illatio*). É necessário, insiste Descartes, estarmos particularmente cautelosos (*praecipue caventes*) para que nossa razão não cesse de trabalhar, ficando *ociosa* (*ne ratio nostra ferietur*). Pois há sempre o risco de ficarmos seduzidos pela capacidade dos mecanismos formais de nos levar

---

[32] ARNAULD; NICOLE, 1965, p. 15. Convém perceber aqui, já no início da *Lógica de Port-Royal*, a mesma crítica que, na quarta parte do livro, dedicada ao método, Arnauld dirigirá ao *uso instrumental da razão*, que, por exemplo, efetivamente resolve problemas matemáticos, mas não esclarece quem acompanha a demonstração. Esse ponto será detalhadamente comentado em nosso Posfácio, ao final do presente volume.

[33] DESCARTES, 2010.

ao resultado correto, delegando, então, a eles a autoridade sobre a conclusão (mesmo que, na realidade, a *confiança* nesses mecanismos não tenha vindo deles mesmos, mas de uma primeira aferição de sua eficácia a partir de verdades intuitivamente conhecidas de antemão). E esse mesmo tipo de crítica a uma dedução cega é elaborado por Descartes, no *Discurso do método*,[34] contra a maneira como a própria álgebra – da qual Descartes é um entusiasta! – era costumeiramente ensinada, a saber, com uma tal submissão do pensamento a certas regras e cifras, que essa ciência fica impedida de cultivar o intelecto.

A filosofia de Espinosa recolhe, intensifica e faz um uso próprio dessas matrizes históricas, encontrando na estrutura do exercício uma causalidade em que o resultado do trabalho (o efeito) não se separa do trabalhador (a causa), formando um todo com ele, bem de acordo com a reversibilidade entre obra e força, ilustrada pela analogia do martelo. Entre a força e a obra está o instrumento, que tanto pode ser o puro nexo que as reúne e as faz fluírem e refluírem uma na outra quanto um intermediário interposto que as separa e distancia. Tal ambivalência da instrumentalidade[35] torna compreensível que o jovem Espinosa insista muito nos limites do modo raciocinativo de conhecer. Porque o mais terrível das inferências racionais é precisamente que elas não erram! E por isso podemos – se não dispusermos de outra norma de verdade – nos contentar em meramente acertar, sem nada entender. No *Breve tratado* (II, XXVI, § 6), Espinosa diz que o raciocínio não é o mais importante, mas apenas uma escada (*trap*) que nos alça ao lugar almejado. Ora, maduro ao ponto de pressentir os riscos latentes nas promessas de emancipação vindas da cientificidade moderna que acabava de nascer, o jovem Espinosa, no *Breve tratado* e no *Tratado da emenda do intelecto*, alerta-nos quanto ao perigo de que, fetichistas, entretenhamo-nos mais com a escada do que com aquilo e aqueles a que ela deveria servir. Nessa chave interpretativa, ganha

---

[34] DESCARTES, 2018.
[35] Essa ambivalência do instrumento é a mesma que – como explicará nosso Posfácio – se verifica na matemática, a qual pode se organizar tanto como propiciadora de um conhecimento emancipatório quanto como reles atividade de cálculo, que não exercita, cultiva ou esclarece quem a pratica, embora chegue eficazmente à solução correta de um problema matemático posto.

toda relevância a seguinte declaração, feita no § 16 do *Tratado da emenda do intelecto*, logo depois de haverem sido prescritas a *medicatio* e a *expurgatio*: "qualquer um já poderá ver que quero dirigir todas as ciências para um só fim e escopo: chegar à suma perfeição humana".

Não por acaso, nos §§ 1-18, ou seja, no proêmio de nosso *Tratado*, o sumo bem (*summum bonum*) a que se orienta toda a filosofia de Espinosa não será uma obra que se realiza de uma vez por todas, reificada, mas a fruição de certa natureza humana (§ 14), isto é, uma *forma de vida*, ou, como Espinosa prefere dizer, um *institutum vitae* (§ 3). E tal fruição será tanto maior quanto mais inclusivo ou *comunicável de si* for tal bem, isto é, tal forma de vida:

> Depois que a experiência me ensinou serem vãs e fúteis todas as coisas que frequentemente ocorrem na vida comum, e como via que todas as coisas pelas quais e as quais eu temia não tinham em si nada de bom nem de mau senão enquanto o ânimo era movido por elas, finalmente resolvi inquirir se se daria algo que fosse um bem verdadeiro e comunicável de si [*sui comunicabile*], e só pelo qual, rejeitados todos os demais [*rejectis caeteris omnibus*], o ânimo fosse afetado; mais ainda, se se daria algo pelo qual, descoberto e adquirido, eu fruísse, pela eternidade, de uma alegria contínua e suprema.

Essa comunicabilidade quer dizer, por certo, que muitas pessoas[36] devem poder fruir conjuntamente dessa vida, tendo seus intelectos emendados e seus desejos em complexa e dinâmica concórdia. Mas há ainda outro aspecto dessa comunicabilidade que diferencia ao extremo o sumo bem frente àqueles que ordinariamente são buscados na vida comum. E a compreensão desse aspecto, que não é senão sua vivência, trouxe ao narrador – sinédoque da humanidade[37] – uma "outra norma da bondade". Ora, para que se compreenda esse segundo aspecto, mais profundo, da comunicabilidade do bem, juntamente à norma libertadora que ele traz consigo, há que considerar o seguinte: a limitação fundamental dos bens ordinários – sua finitude enquanto bens – consistia no fato de que, quando desejados

---

[36] "[…] formar tal sociedade, como se deve desejar, para que muitíssimos [*quamplurimi*] cheguem a isso da maneira mais fácil e segura" (§ 14).

[37] Cf. Machado-Filho (2002).

por si mesmos, eles suprimiam todo outro objeto do desejo (*"quo maximè impeditur, ne de alio cogitet"*, § 4). Se, em certo sentido, a vida comum deve ser deixada para trás e seus bens devem ser *rejeitados*, *é porque a relação com tais bens já promovia uma sorte de rejeição primeira*, uma vez que neles o ânimo quedava fixado a tal ponto que – como se dá na inversão fetichista – *já não era mais possível saber quem possuía e quem era possuído* (§ 7). Fixação, sim, conquanto turbulenta; pois a obsessão típica da vida comum incitava a buscar sempre mais e mais (*magis ac magis*) do mesmo (§ 5), num estado de inconstâncias constantes em que não vigora a diferença, mas sim a repetição.[38] Ora, de modo radicalmente diferente, o narrador descreve, no decisivo § 11, uma dinâmica na qual quanto mais a mente perfazia o ato de pensar num bem realmente infinito, tanto mais ela vivia uma abertura inclusiva à alteridade, e, mais uma vez, quanto mais ela se abria à alteridade, mais pensava naquele infinito.

> Eu via unicamente isto: enquanto a mente se ocupava desses pensamentos, ela se afastava daqueles e pensava seriamente sobre o novo instituto, o que me foi de grande consolo. Pois via que aqueles males não eram de tal condição que não admitissem ceder aos remédios. E, embora no início esses intervalos fossem raros e durassem por um espaço de tempo bastante curto, eles foram mais frequentes e mais longos depois que o verdadeiro bem se fez mais e mais conhecido a mim [*postquam verum bonum magis ac magis mihi innotuit*]; especialmente depois de eu ter visto que a aquisição de dinheiro ou o prazer lascivo e a glória são obstáculos enquanto são buscados em vista de si mesmos, e não como meios para outras coisas; porém, se são buscados como meios [*si tanquam media quaeruntur*], então terão moderação [*modum tunc habebunt*] e de jeito nenhum serão obstáculos, mas, ao contrário, muito conduzirão para o fim [*ad finem multum conducent*] em vista do qual são buscados, como mostraremos no seu devido lugar.

A outra norma da bondade – assim vivencialmente descoberta, porque concretamente praticada – consistiu na compreensão de que

---

[38] Isso se passa exatamente como na dinâmica interna da vida supersticiosa, narrada em escala social no Apêndice da *Ética* I. Cf. nota 46 do Posfácio.

só há de ser infinita e paradigmaticamente bom algo que, ao ser desejado por si mesmo, restitua, ou melhor, *emende* tudo mais que, sem ele, não permitia nada mais. Por isso, a vivência descrita no § 11 não consiste em *rejeitar* os bens ordinários, mas em recolocá-los como meios, condição em que terão *moderação*. O sumo bem, por ser realmente *summum*, não vai isolar-se da vida comum da mesma maneira como esta tendia a se isolar dele (armadilha na qual cai o asceta, que, afinal, nada mais é do que um fetichista às avessas). O asceta, em nome de um supremo bem transcendente, extramundano, oposto à finitude, nega esta última, isola-se da vida social e recusa o mundo. No fundo de sua segregação moral está a cisão metafísica entre o mundano e o divino, ao passo que em toda parte do sistema espinosano está a continuidade integradora entre o finito e o infinito.

Mas, a fim de concluir este comentário mostrando também o vínculo entre a medicina da mente espinosana e a lógica de base da causalidade imanente, é preciso sublinhar o fato de que o § 11 não descreve senão a realização de um *exercício*, que apresenta, a partir de um contexto ético, aquele mesmo círculo virtuoso que a analogia do martelo apresenta a partir de um contexto técnico. Lá e cá, dá-se o mesmo círculo virtuoso do exercício, pois exercício é a própria articulação entre a *poiésis*, a produção, e a *praxis*, a ação. E essa articulação está no cerne dos debates escolásticos sobre a causalidade imanente e sua especificidade frente à causalidade transitiva. Tomás de Aquino parece ter sido o responsável pela introdução de tais designações para esses dois tipos de causalidade ao comentar direta e indiretamente o livro IX da *Metafísica*, de Aristóteles.[39] A causalidade transitiva, segundo Tomás,[40] tem esse nome porque transita (*transit*) do agente, que é a causa, para o paciente, que recebe uma perfeição, a qual é propriamente o efeito. Por exemplo: o fogo (agente/causa) esquenta uma pedra (paciente), que ganha calor (efeito). Nesse tipo de relação causal, o agente não adquire algo (*aliquid*), ao passo que o paciente, sim. Já no tipo imanente de causalidade, exemplificada por ações como entender (*intelligere*), o efeito permanece (*manet*) na

---

[39] ARISTÓTELES, *Met.* Θ.8 1050a23-b2 *apud* ZYLSTRA, 2018, p. 14.
[40] AQUINO, T. de. *De Potentia* 10.1 *apud* ZYLSTRA, 2018, p. 13.

causa, isto é, no próprio agente (*in ipso operante*), modificando-o, isto é, dotando-o de uma perfeição que corresponde àquele *aliquid*. Quem entende ganha algo que não tinha e aumenta sua inteligência; entender muda aquele que entendeu. A causalidade transitiva produz uma perfeição no paciente (aperfeiçoa-o); a causalidade imanente instaura uma perfeição no próprio agente (aperfeiçoa-o). E todo o debate escolástico sobre a causa imanente girará em torno de saber se essa perfeição, esse *aliquid* que se instaura no agente ao agir, (a) nada seria além da pura ação, que não estava no agente antes que ele a executasse, ou se (b) aquilo que o agente conquista quando age inclui também algum produto além da execução da ação. A história desse debate é longa e cheia de nuances, tanto entre os que defendem a posição (a), que corresponderia à ortodoxia aristotélica, quanto entre os que defendem a posição (b), defendida justamente por Tomás em certas fases de sua produção, dando origem a variadas estratégias de apoio entre escolásticos tomistas posteriores. Mas o que importa aqui é que, consultando-se o texto aristotélico de origem, encontra-se um breve parêntese sobre o exercício (1050a13), no qual se diz que aqueles que se exercitam (*meletôntes*) subvertem a teleologia que Aristóteles considera natural para as produções, de modo que, por exemplo, não possuem a arte de construir para construir, mas, ao contrário, constroem para possuir a arte, de maneira que algo se produz *de ambos os lados*: no agente (um poder ativo de construir) e no paciente (um estudo de casa, talvez ainda rudimentar, mas que, para Espinosa ao menos, já poderá começar a abrigar o construtor, permitindo-lhe, depois, construir mais e melhores casas).

Ora, o método, em Espinosa, desempenha essa função. As definições de figuras geométricas – dadas ao longo do texto como exemplos de ideias adequadas – não importam *por si mesmas*. O círculo, a esfera e outros exemplos matemáticos são *estudos* em que o intelecto se exercita na causalidade imanente. Ou seja, o exercício intelectual de pensá-los, além de resultar em uma real intensificação da força de entender, permite, justamente, entender mais e melhor a estrutura dessa causalidade praticada pelo intelecto ao produzi-los. Dá-se, pois, a ocasião para que o intelecto medite – que é uma das traduções possíveis do verbo grego *"meletáô"* – sobre sua própria

relação causal com seus conceitos, bem como sobre a relação causal de seus conceitos com as propriedades que deles se deduzem e que se seguem de seus ideados, esclarecendo-se a si mesmo acerca da imbricação entre inerência e consequência, bem como sobre o todo e a parte em uma mereologia causal.[41] Como já dito, o método – definido como reflexão e conduta a partir da norma de uma *ideia verdadeira dada*[42] – não é para nos levar à verdade, mas para que não a percamos. Mas agora é possível acrescentar: o método é proposto para que não a percamos, reconhecendo em nós mesmos a forma do verdadeiro em sua estrutura causal, dissipando, destarte, preconceitos e mal-entendidos sobre a causalidade e que poderiam prejudicar a compreensão do tipo de nexo que conecta a causa primeira com todas as coisas. Fazendo-o, simultaneamente fortalecemos e ampliamos a presença de ideias verdadeiras em nós (segunda parte do método) e reordenamos a *fabrica* de nossa mente (terceira parte do método) rumo à ideia da causa primeira de todas as coisas, ideia que será, ela própria, a causa primeira de todas as nossas ideias:

> o método deve prestar estas coisas: primeiro, distinguir a ideia verdadeira de todas as demais percepções e coibir a mente a afastar-se das demais percepções. Segundo, dar regras para que coisas desconhecidas sejam percebidas conforme tal norma. Terceiro, <e finalmente,> constituir uma ordem para não nos cansarmos com inutilidades.

Questões sobre o inacabamento do *Tratado da emenda do intelecto*

Tomado como lógica de base da causalidade imanente, que é como o *Tratado da emenda do intelecto* se apresenta no *contexto de apreciação* aqui proposto, compreende-se que esse opúsculo de juventude, inacabado e póstumo, não fica, porém, desalojado na madura filosofia espinosana.

---

[41] Formada a partir da palavra grega para "parte" ("*meros*"), "mereologia" significa, em filosofia, o estudo das relações das partes com o todo e das partes entre si na formação ou no interior do todo. Em Espinosa, tais relações assumem também um estatuto causal.

[42] Cf., neste volume, nota 18 da Introdução.

Entretanto, não poucos intérpretes pensam o contrário. Por exemplo, comentando o inacabamento do *Tratado da emenda do intelecto*, F. Alquié – para quem tal inacabamento foi, isso sim, uma renúncia definitiva – escreve: "se Espinosa renunciou a escrever um tratado sobre o método, é porque seu sistema exclui todo método no sentido exato dessa palavra, ou seja, toda via, todo caminho que conduz, como que por etapas, o homem à verdade [...] É necessário instalar-se, desde o início, no nível da Realidade suprema [...] e o único método aceitável consistirá na leitura da *Ética* seguindo a ordem que ela propõe".[43]

Mas o que leituras desse jaez atenuam, fazem passar despercebido, deixam esquecido ou encobrem é que o *Tratado da emenda do intelecto* justamente não trata de um caminho que conduz, como que por etapas, o homem a uma verdade *que ele não tem*. O "cume da sabedoria" (*culmen sapientiae*) nada mais é do que o reconhecimento da presença constante da potência de Deus em nós, da qual nossa potência de pensar ideias adequadas e de agir como causas adequadas é uma expressão finita.

Colocado – como no presente volume – ao lado da correspondência entre Espinosa, Tschirnhaus e Schuller, das outras cartas conexas, da *Medicina da mente* e dos elementos complementares trazidos por esta Introdução, o *Tratado da emenda do intelecto* pode ser entendido como uma exposição – ética e epistêmica – sobre a vivência da imanência contida na causalidade do exercício, no âmbito de uma ontologia das ideias desenvolvida pelos esforços quinhentistas e seiscentistas de reforma da lógica. Um texto juvenil e inacabado, mas que, por tudo que já foi dito, estaria em plenas condições de ser o objeto da descrição definida através da qual Espinosa – na *Carta* VI, a Oldenburg, no início de 1662 – se refere a um misterioso opúsculo sobre a gênese de todas as coisas e seu nexo com a causa primeira... e também sobre a emenda do intelecto.

A *Carta* VI integra a correspondência completa entre Espinosa e o teólogo, diplomata e secretário da Royal Society of London for Improving Natural Knowledge Henry Oldenburg, publicada em

---

[43] ALQUIÉ, 1998, p. 82-86.

2021 pela Autêntica Editora, também com introdução e tradução primorosas de Samuel Thimounier. Como a referida passagem dessa carta é de menção obrigatória quando se trata da história de composição do *Tratado da emenda do intelecto*, Ferreira a recupera, muito brevemente, no presente volume, na nota em que comenta o título do tratado,[44] deixando à conclusão desta Introdução a tarefa de comentá-la com um pouco mais de vagar.

Em agosto de 1661, pouco depois de retornar de Rijnsburg, onde visitara Espinosa e com ele conversara sobre Deus, a extensão e o pensamento infinitos, a alma e o corpo, Oldenburg – alemão radicado na Inglaterra – dá início, desde Londres, à mais volumosa troca de cartas do epistolário espinosano. Oldenburg está interessado na articulação de temas teológicos e metafísicos com a questão dos fundamentos mecanicistas da nova ciência experimental praticada no grupo que daria origem à Royal Society – o chamado Colégio Invisível, de Robert Boyle (1627-1691), considerado o pai da química moderna – e, por conseguinte, também está interessado nas diversas estratégias teóricas mais recentes de superação do animismo e das formas substanciais da tradição escolástica. Ele pede que Espinosa lhe explique, por exemplo, como entende "a verdadeira discrepância entre a extensão e o pensamento" e que se posicione quanto às filosofias de Descartes e de Bacon. Nesse espírito, os missivistas, ao longo das seis primeiras cartas, também trocam textos de metafísica e de filosofia natural, e, ao comentá-los, começam a perceber suas próprias diferenças quanto ao uso de conceitos centrais nessas áreas.

Os dois textos intercambiados são, da parte de Espinosa, um anexo com axiomas, definições e proposições que viriam a ser recuperados e reorganizados na *Ética* até a altura da quarta proposição, enviado por Espinosa a Oldenburg por ocasião da *Carta* II (setembro de 1661), e, da parte de Oldenburg, *Certos ensaios filosóficos*, concernentes à filosofia natural, de autoria do futuro presidente da Royal Society, Robert Boyle, enviados por Oldenburg a Espinosa por ocasião da *Carta* V (outubro de 1661).

---

[44] Cf., neste volume, nota de tradução 1 ao *Tratado da emenda do intelecto*.

Na *Carta* VI, Espinosa comenta longamente os experimentos de Boyle sobre o nitro, descritos nos *Ensaios* e refeitos pelo próprio Espinosa, e discute criticamente o estatuto epistêmico desses experimentos, especialmente no que diz respeito ao uso que Boyle aí faz do conceito de *demonstração*. Quase ao final da carta, Espinosa menciona uma "nova questão" trazida por Oldenburg, mas que, a bem dizer, já vinha sendo posta de maneira mais ou menos indireta pelo missivista – e evitada por Espinosa – nas cartas anteriores, qual seja, a pergunta pelas consequências da validade irrestrita da versão espinosana do princípio de razão suficiente. Tal princípio, em sua formulação tradicional, afirma que, do nada, nada se faz e que, portanto, tudo que está no efeito já deveria estar disponível – suficiente ou mais abundantemente – na causa, donde se segue, agora nas palavras de Espinosa, que "coisas que nada têm em comum não podem ser causa uma da outra" (que era o quarto axioma contido no referido anexo). Ora, objetava Oldenburg, formalmente Deus nada tem em comum com as coisas criadas, mas, mesmo assim, é tido por quase todos nós como causa delas. O axioma da causalidade, tal como empregado por Espinosa, parecia, portanto, ou impedir essa causalidade sem comunidade pressuposta pela transcendência do Criador, ou simplesmente ser desmentido por ela. Pior ainda: se, como defendido no anexo, uma substância nada pode ter em comum com outra substância, então, em razão do axioma, uma substância não poderia ser causada por outra nem por Deus, e, consequentemente, todas, ao existirem, teriam existências independentes de tudo mais, como causas de si mesmas, como se elas próprias fossem deuses. Portanto, concluía Oldenburg, a filosofia espinosana parecia colocar a perder a conexão da causa primeira com todas as coisas criadas, bem como a conexão das próprias criaturas entre si, numa total desarticulação ontológica da realidade.

Em um primeiro momento,[45] Espinosa se limitara a reconhecer que, de fato, sua filosofia recusa abertamente que Deus nada tenha em comum com todas as coisas criadas. Mas, como Oldenburg insistisse em que tudo continuaria mal amarrado – qual vassouras

---

[45] *Carta* IV: "Quanto ao que alegas depois, que Deus formalmente nada tem em comum com as coisas criadas etc., eu afirmei inteiramente o contrário em minha definição".

soltas – enquanto não lhe fosse explicado "por qual causa e de que modo" ("à *quâ causa et quomodò*") as coisas começaram a ser e "com que nexo elas dependem da causa primeira" ("*et quo nexu à primâ causa dependeant*"), Espinosa finalmente escreve, na *Carta* VI, o trecho que interessa ao estudo da gênese do *Tratado da emenda do intelecto*:

> No que atina à tua nova questão, a saber, como as coisas começaram a ser [*quomodo res coeperint esse*] e com que nexo dependem da causa primeira [*quo nexu a prima causa dependeant*], compus [*composui*] sobre esse assunto e também sobre a emenda do intelecto [*et etiam de emendatione intellectus*] um opúsculo inteiro [*integrum opusculum*], em cuja descrição e emenda [*descriptione et emendatione*] estou ocupado [*occupatus sum*]. Mas às vezes desisto [*desisto*] da obra, porque ainda não tenho nenhuma decisão certa acerca de sua publicação. De fato, temo [*timeo*] que os teólogos de nosso tempo se ofendam e invistam contra mim, que tenho completo horror a rixas, o ódio com que estão acostumados. Esperarei teu conselho acerca desse assunto, e para saberes o que está contido nessa minha obra [*in meo hoc opere*] que possa ser um empecilho aos pregadores, direi que considero como criaturas muitos atributos que, por eles e pelo menos por todos os conhecidos por mim, são atribuídos a Deus; e, ao contrário, outros que, por causa de preconceitos, são considerados por eles como criaturas, eu sustento que são atributos de Deus e que foram mal entendidos por eles; e também não separo Deus da natureza [*Deum a natura non ita separem*], tal como fizeram todos de que tenho notícia.

A pergunta pelo *nexus* que liga todas as coisas à causa primeira – pergunta que leva Espinosa a explicitar o núcleo potencialmente ofensivo de sua metafísica junto aos teólogos de seu tempo: Deus e a natureza são uma só e mesma substância – não é propriamente respondida aqui, em que nosso filósofo apenas informa que já compusera (note-se o pretérito perfeito: "*composui*") um opúsculo inteiro (*integrum*), que trata também (*et etiam*) da emenda do intelecto. Como puderam saber, depois de 1677, todos os leitores das *Obras póstumas*, o nome do nexo causal solicitado por Oldenburg é *causalidade eficiente imanente*.

Seria o *Tratado da emenda do intelecto* o tratado aludido na *Carta* VI? Não há ponto pacífico quanto a isso entre os pesquisadores.

Para os que adotam uma perspectiva como a de Alquié,[46] a teoria desse nexo causal não é contemplada pelo texto que ficou conhecido como *Tratado da emenda do intelecto*, o qual, além disso, não teve sua composição concluída, ao contrário do que é conotado pelo pretérito perfeito – "compus" – anteriormente destacado.

Ademais, como se não bastassem essas dificuldades, o problema da associação entre o *integrum opusculum* e o *Tratado da emenda do intelecto* aumenta ainda mais quando, no século XIX, é redescoberto o *Breve tratado*, que ficara de fora das edições de 1677, talvez por ter um conteúdo muito semelhante ao da *Ética*, porém, sob um tratamento menos amadurecido e elaborado do que nesta última. Entretanto, justamente porque o *Breve tratado* contempla muitos dos mesmos conteúdos da *Ética*, entre eles a causalidade imanente, abriu-se, desde então, a possibilidade de que talvez fosse esse outro texto, e não o *Tratado da emenda do intelecto*, o verdadeiro referente do *integrum opusculum* mencionado em 1662 a Oldenburg na *Carta* VI.

A história das hipóteses sobre quais seriam as relações entre o *integrum opusculum*, o *Tratado da emenda do intelecto*, o *Breve tratado* e a *Ética* divide-se resumidamente em três fases principais[47]:

- *Final do século XIX*: anterioridade do *Breve tratado*, equivalência do *integrum opusculum* ao *Tratado da emenda do intelecto* e caracterização deste como uma introdução à *Ética*.
  É sobretudo com a primeira edição das obras completas de Espinosa a incorporar o *Breve tratado* – a edição de J. Van Vloten e J. P. N. Land, de 1882-1883 – que surge o problema da

---

[46] Cf. Alquié (1998, p. 84): "E, como vimos [na *Carta* VI], [Espinosa] afirma ter composto uma obra em que trata da reforma do entendimento. Mas, sem dúvida, esse trabalho não se limitava à exposição que designamos hoje por esse título. Porque, diz Espinosa, trata-se ali 'da origem das coisas e do vínculo que as liga à causa primeira'. Sobre esse problema, Espinosa declara que teme os ataques dos teólogos, porque ele não estabelece, 'entre Deus e a Natureza, a mesma separação' que eles. No entanto, essas questões, que serão tratadas na *Ética*, não são abordadas no *Tratado da reforma do entendimento*".

[47] Essa divisão, feita a seguir, das três principais fases da história editorial do *Tratado da emenda do intelecto* baseia-se na introdução de Mignini a Espinosa (2009b, p. 21-57).

determinação do arranjo editorial e do lugar relativo do *Breve tratado* e do *Tratado da emenda do intelecto* no desenvolvimento do *corpus spinozanum*. Van Vloten e Land procedem de acordo com a hipótese, predominante no final do século XIX, de que o *Breve tratado* seria o mais antigo texto de Espinosa, e que o *Tratado da emenda do intelecto* corresponderia a um estágio mais desenvolvido na elaboração do sistema, situando-se como uma introdução metodológica à ordem geométrica da *Ética*. D acordo com isso, a edição de Van Vloten e Land situa o *Tratado da emenda do intelecto* antes da *Ética*, compondo uma unidade no volume I da edição, ao passo que o *Breve tratado* fica situado em outro volume, como um complemento.

- *Início do século XX*: anterioridade do *Breve tratado*, equivalência do *integrum opusculum* à conjunção do *Tratado da emenda do intelecto* com o *Breve tratado* e caracterização do *Tratado da emenda do intelecto* como uma introdução ora à *Ética*, ora ao *Breve tratado*. Já numa segunda fase, no início do século XX, Carl Gebhardt – responsável pela edição das obras completas de Espinosa que se tornou canônica desde então (a *Spinoza Opera*, de 1925) – aventou uma relação mais complexa entre *Tratado da emenda do intelecto*, *Breve tratado* e *Ética*, que melhor responderia às dificuldades emergidas da *Carta* VI. Gebhardt introduziu e refinou a hipótese que ficou conhecida como a do *opusculum bipartitum*, ou seja, a hipótese de que o *integrum opusculum* mencionado na *Carta* VI uniria em seu interior tanto o *Breve tratado* quanto o *Tratado da emenda do intelecto*. Numa monografia de 1905, Gebhardt apresenta uma primeira versão dessa hipótese, considerando que, na unidade do suposto díptico, o *Breve tratado* seria a parte inicial, e o *Tratado da emenda do intelecto*, mais maduro, seria a parte final, a qual, por sua vez, levaria o leitor ao pórtico da *Ética*, encadeando as três obras conceitual e cronologicamente. Mas, 20 anos depois, em sua edição das *Spinoza Opera*, Gebhardt refina essa hipótese e passa a considerar que, na ordem interna do opúsculo bipartido, o *Tratado da emenda do intelecto* seria, na verdade, a parte inicial, constituindo uma introdução não à *Ética*, mas sim ao *Breve*

tratado, só que uma introdução escrita posteriormente ao texto a que ela introduz, de acordo com o consenso vigente de que o *Tratado da emenda do intelecto* exprimiria um estágio mais maduro da filosofia espinosana. Consequentemente, de acordo com essa interpretação, todas as referências que o *Tratado da emenda do intelecto* faz àquilo que amiúde Espinosa aí denomina como sua *Philosophia* remeteriam ao *Breve tratado*, e não à *Ética*. Não obstante, quanto ao lugar editorial do *Tratado da emenda do intelecto* no interior das *Spinoza Opera*, Gebhardt o conserva antes da *Ética*, no volume II, e situa o *Breve tratado* – sempre assumido como o mais antigo e incipiente texto filosófico de Espinosa – logo no início do volume I.

- *Final do século XX*: anterioridade do *Tratado da emenda do intelecto*, equivalência do *integrum opusculum* exclusivamente ao *Breve tratado* e caracterização do *Tratado da emenda do intelecto* como uma obra de menor maturidade conceitual.

É apenas numa terceira fase, no início da década de 1980, com as pesquisas de Filippo Mignini, que se desfaz a preponderância da opinião de que o *Breve tratado* seria anterior ao *Tratado da emenda do intelecto*. Com diversos artigos e uma portentosa tradução comentada do *Breve tratado* para o italiano, Mignini tenta demonstrar que, também do ponto de vista conceitual, essa obra estaria mais afinada com a filosofia madura de Espinosa do que o *Tratado da emenda do intelecto*, que seria, portanto, incipiente do ponto de vista não só cronológico, como também sistemático. Coerentemente, na mais recente edição das obras completas de Espinosa – a edição francesa bilíngue organizada pela PUF em 2009, com ampla participação de Mignini[48] – encontram-se, no volume I, apenas o *Tratado da emenda do intelecto* e o *Breve tratado*, nessa ordem precisa. Mignini, porém, vai ainda mais longe e defende que seria o *Breve tratado*, e apenas ele, sem o *Tratado da emenda do intelecto*, o referente do *integrum opusculum* mencionado na *Carta* VI. E,

---

[48] ESPINOSA, 2009b.

entre os inúmeros argumentos que Mignini levanta em favor dessa última hipótese, cabe destacar aqui sua observação de que o prefácio do manuscrito seiscentista do *Breve tratado* – o chamado *Manuscrito A*[49] – afirma que essa obra fora escrita "para que os enfermos do intelecto sejam curados pelo espírito da doçura e da tolerância". Ora, como o termo latino *"emendatio"* tem um forte sentido médico ou terapêutico, esse prefácio daria margem para que o *Breve tratado* também pleiteasse a alcunha de "emenda do intelecto", dando plausibilidade à hipótese de que seria esta obra, e não o *Tratado da emenda do intelecto*, o opúsculo mencionado na *Carta* VI.

A partir dessa terceira fase, é possível detectar uma espécie de perda relativa de prestígio do *Tratado da emenda do intelecto* entre alguns especialistas. É certo que, já antes de Mignini, existiam interpretações da filosofia de Espinosa que consideravam que o *Tratado da emenda do intelecto* não ficara inacabado por razões extrassistemáticas, mas sim pela obsolescência de seu projeto próprio – demasiadamente cartesiano – ao longo do desenvolvimento do pensamento autenticamente espinosano.[50] A *Carta* VI falava de desistências ocasionais

---

[49] Por ser bastante intrincada a história dos manuscritos do *Breve tratado*, cumpre aqui remeter quem nos lê ao prefácio de Marilena Chaui ao volume do *Breve tratado* publicado pela Autêntica Editora, em que essa história é pormenorizadamente reconstruída.

[50] Já em 1868, Avenarius, em *Über die beiden ersten Phasen des spinozistisches Pantheismus*, supõe ter sido uma mudança de fase filosófica no desenvolvimento do pensamento espinosano a causa da incompletude do *Tratado da emenda do intelecto*. A esse respeito, cf. Alquié (1998, p. 84), em que são mencionadas ainda outras conhecidas hipóteses sobre a interrupção da redação desse tratado: "a falta de tempo, se crermos nos [primeiros] editores de Espinosa; a dificuldade de codificar o método experimental, se seguirmos Lagneau; a urgência de outras tarefas, segundo Appuhn; a mudança de doutrina, segundo Avenarius". Alquié não está de acordo com Avenarius e Lagneau quanto às razões conceituais do inacabamento do texto, mas, à semelhança deles e à diferença dos primeiros editores, amigos de Espinosa, e de C. Appuhn, também atribui o inacabamento do texto a razões intrínsecas à perspectiva filosófica nele contida (como já dito: uma suposta obsolescência da própria ideia de *método* proposta no *Tratado da emenda do intelecto*). A partir de Alquié, Münchow (2007) faz uma excelente revisão do tema, adicionando ainda a posição de Deleuze (2013) – segundo quem o *Tratado da emenda do intelecto* teria ficado aquém do posterior desenvolvimento da doutrina das "noções comuns" por Espinosa – e defendendo, finalmente, um aprofundamento da posição de Teixeira (ESPINOSA, 2004).

e incertezas quanto à publicação do *integrum opusculum* e as atribuía apenas ao temor das retaliações dos teólogos. Mas, se a obra aí referida for apenas o *Breve tratado*, então o inacabamento do *Tratado da*

> Segundo esta última, a análise das propriedades do intelecto, empreendida ao final do *Tractatus de intellectus emendatione* (§§ 105-108), supostamente nos conduziria à conclusão de que "a essência do [intelecto], a essência que explica e justifica todas as suas propriedades por ser a causa delas, é a ideia de Deus" (TEIXEIRA *apud* MÜNCHOW, 2007, p. 17). Por outras palavras, o método deveria conduzir o intelecto à ideia de Deus, mas, de certa forma, terminaria por pressupor essa mesma ideia, pecando por petição de princípio. Münchow aprofunda a posição de Teixeira, assumindo que o método do *Tratado da emenda do intelecto* teria sido desenvolvido por Espinosa desde a perspectiva da *Razão*, isto é, do terceiro modo de percepção, identificável ao raciocínio de tipo *analítico*, preferido por Descartes, que vai do efeito para a causa e das propriedades para a essência. Ora, para Espinosa, esse raciocínio é verdadeiro, mas não propriamente adequado, ao contrário do quarto modo de percepção, conhecimento *Intelectual* ou ciência intuitiva, verdadeira e adequada. Logo, no entender de Münchow: "por ser um discurso da razão, o *TIE* [*Tractatus de intellectus emendatione*] não pode alcançar o que se propõe, a saber, alcançar o sumo bem. À razão cabe somente indicar o que é o sumo bem, mas não alcançá-lo" (p. 18); "a razão dirige e nos dá um conhecimento verdadeiro, mas o intelecto é que conhece verdadeira e adequadamente, porque ele consegue apreender a coisa a partir da causa […] A partir disso, é preciso repensar a questão sobre o inacabamento do *TIE*; seria ele inacabado ou, por ser um discurso da razão, chegou ao seu limite?" (p. 19). Matheron (1987), por seu turno, singularmente agudo, defende que o tratado cessa no ponto preciso em que foi interrompido, por causa não de uma aporia teórica, mas de um impasse pedagógico: escrito como um texto propedêutico, para que um público leitor cartesiano pudesse adentrar o sistema de Espinosa, o tratado, no entanto, parece esperar que seus leitores aceitem uma tese que eles só aceitariam se já houvessem saído do cartesianismo e adentrado no espinosismo. Tal tese, muito resumidamente, seria que as ideias que concebem o infinito (como as que concebem a quantidade infinita, § 108) também são – elas próprias, enquanto modos do pensamento (enquanto essências formais) – realidades infinitas. Para os cartesianos, ao contrário, as ideias só se diferenciam quanto ao que representam (enquanto essências objetivas), mas não quanto ao que são em si mesmas, como modos do pensamento, idênticos entre si, todos tão finitos quanto a mente individual, substância pensante finita, que as concebe. Para aceitar tal tese, um cartesiano deveria aceitar que uma mente humana fosse uma modificação finita de uma substância infinita dotada do atributo pensamento, ou seja, deveria já ser espinosano. De nossa parte, reconhecendo as muitas dificuldades que o *Tratado da emenda do intelecto* traz consigo, alinhamo-nos, porém, com a perspectiva dos primeiros editores do texto, amigos pessoais de Espinosa: este último nunca desistiu de seu *Tratado*, e a *emenda* não requer uma tomada de partido arbitrária e dogmática, mas convida à experiência de um exercício intelectual, capaz de proporcionar a vivência concreta da causalidade imanente nas relações entre o intelecto, suas ideias, seus ideados e a causa primeira de todas as coisas, uma vivência intelectual e afetivamente mais forte do que a adesão teórica a tais ou quais teses abstratas do cartesianismo.

emenda do intelecto não poderá mais ter por álibi essas causas externas. E se a isso somarem-se as leituras que creem ter havido não só alguma mudança, mas também uma ruptura ou uma refundamentação no pensamento de nosso filósofo, provocadas pelas crises políticas holandesas que teriam desencadeado a necessidade de redação do *Tratado teológico-político* (publicado em 1670),[51] completar-se-á, então, um quadro interpretativo abrangente que tende a relegar o *Tratado da emenda do intelecto* a uma espécie de etapa juvenil, de pendor cartesiano, superada dentro da evolução do pensamento de Espinosa.

Ora, como é possível perceber a partir desse quadro, o fato de que o *Tratado da emenda do intelecto* não compareça, no presente volume da coleção da Autêntica Editora, nem acompanhado do *Breve tratado*, nem acompanhado da *Ética*, nem *sozinho*, configura uma efetiva quebra de paradigma editorial na história das edições das obras completas de Espinosa, com consequências conceituais importantes. A presente Introdução procurou explicitar, nas páginas anteriores, algumas dessas consequências, fazendo um primeiro passeio por partes dos textos aqui reunidos e adicionando-lhes excertos de outras obras – do próprio Espinosa e de outros autores – juntamente a alguns comentários e análises. Nas páginas que se seguem, serão dados apenas mais uns poucos argumentos suplementares em favor da tese histórica de que o *Tratado da emenda do intelecto* não foi um texto a que Espinosa teria renunciado. Primeiro, serão comentados alguns aspectos da própria *Carta* VI, e, depois, na última seção, outra passagem que, mais diretamente do que o prefácio da parte V da *Ética*, poderia talvez constituir um reconhecimento, na obra magna, do lugar previsto para a ideia de um *Tratado da emenda do intelecto* – com seu trabalho diacrítico, higiênico e fortalecedor – na complexidade do sistema filosófico espinosano como um todo.

Verdadeiro, quer a construção exista, quer não

A bem dizer, a *Carta* VI não incompatibilizava o uso do *pretérito perfeito* do verbo "compor" com a afirmação da permanência

---

[51] NEGRI, 2018.

de um trabalho *em andamento* (*occupatus sum*), especificado pelos substantivos latinos "*descriptio*" ("dar forma", "transcrever", "traçar", "esboçar", "escrever", "anotar") e "*emendatio*" (em sentido linguístico: "retocar", "corrigir", "passar a limpo", "melhorar"). Uma obra pode, portanto, estar composta e, mesmo assim, continuar submetida a tais processos. Para que se possa entender como um trabalho pode já estar composto e ao mesmo tempo estar em andamento, basta considerar que o próprio verbo "*compono*" – que, em sentido literal, significa apenas "*pôr conjuntamente vários elementos*" – também pode significar "*compor em pensamento*" (semelhantemente ao que se diz na *Carta* IX[52]). Assim, o que Espinosa poderia estar dizendo a Oldenburg em abril ou maio de 1662 é que, nessa data, ele já havia terminado de *planejar* uma obra que, quando ele também viesse a terminar de colocar no papel, com todas as partes previstas, na devida ordem e com a devida revisão, acabaria por versar tanto sobre o nexo da causa primeira com todas as coisas quanto sobre a emenda do intelecto. Embora composta em pensamento, essa obra também poderia estar parcialmente redigida e, por isso mesmo, seguiria recebendo aqueles cuidados para que o texto parcial pouco a pouco fosse se identificando ao que fora concebido. E isso é compatível tanto com as duas hipóteses de *opusculum bipartitum* conjecturadas por Gebhardt, quanto com a hipótese de uma nova versão ampliada do *Tratado da emenda do intelecto* que viesse a incluir os "avanços" sobre os fundamentos de física que, em janeiro de 1675, Tschirnhaus diz saber que Espinosa havia feito. Ora, em 1674, Tschirnhaus já dispunha da *Ética* e, portanto, da chamada *Pequena física*, isto é, do breve compêndio de física geral contido entre as proposições XIII e XIV da obra magna. Logo, tais avanços consistiriam plausivelmente de ideias não redundantes com a *Pequena física* e de alguma forma articulados com o método espinosano de descoberta. "Quando conseguiremos teu método de dirigir corretamente a razão para adquirir o conhecimento das verdades desconhecidas, assim como

---

[52] "Mas se compus na mente um templo que desejo edificar... [*Sed si ego templum aliquod in mente concinnavi*]."

as generalidades na física? Eu soube que recentemente fizeste grandes progressos nesses assuntos [*Novi te jam modò magnos in iis fecisse progressûs*]."

A hipótese de uma outra obra, prevista mas não completamente escrita, da qual o texto do *Tratado da emenda do intelecto* seria o estudo para a primeira parte, uma obra que versasse sobre a *medicina da mente* e – por assim dizer, mantendo a analogia – sobre a *lógica do corpo*, ou seja, que realizasse essa reunião entre lógica e física, sugerida pelas palavras de Tschirnhaus, encontra mais algum amparo em frases das últimas cartas de Espinosa, meses antes de morrer:

> O que perguntas, se a variedade das coisas pode ser demonstrada *a priori* a partir só do conceito [cartesiano] de extensão, creio já ter mostrado com suficiente clareza que isso é impossível; e por isso a matéria é mal definida por Descartes por meio da extensão; mas ela deve ser explicada necessariamente por um atributo que exprima uma essência eterna e infinita. Mas talvez um dia [*Sed forsan aliquando*], se tiver vida suficiente [*si vita suppetit*], eu trate mais claramente dessas coisas [*de his, clariùs tecum agam*]. Pois até aqui [*Nam huc usque*] nada sobre elas me foi permitido dispor ordenadamente [*nihil de his ordine disponere mihi licuit*].

Uma vez que no já citado prefácio da *Ética* V, Espinosa remeteu a lógica e a medicina para outra parte de seu sistema, não é fácil entender por que, estando de posse de um manuscrito da *Ética*, conseguido em sua visita à Holanda, em 1674,[53] Tschirnhaus declara a Leibniz, em Paris, entre o verão de 1675 e o verão de 1676, que essa obra de Espinosa seria "sobre Deus, a mente e a beatitude, ou seja, a ideia do homem perfeito, sobre a Medicina da Mente e sobre a Medicina do corpo".[54] Tschirnhaus, nessa data, não possuía *o texto* do *Tratado da emenda do*

---

[53] Tschirnhaus encontrou-se pessoalmente com Espinosa na Holanda ao menos uma vez entre outubro e dezembro de 1674. Cf., neste volume, nota de tradução 2 ao *Medicina da mente*.

[54] "[...] *de Deo, mente, beatitudine seu perfecti hominis idea, de Medicina mentis, de Medicina corporis*" (apud FRIEDMAN, 1962, p. 289, nota 4).

intelecto,⁵⁵ e a conversa com Leibniz parecia girar, antes, em torno da *Ética*, cujo manuscrito Espinosa pedira, por prudência, que Tschirnhaus não mostrasse ou entregasse a Leibniz. Não havendo recebido tal autorização de Espinosa, Tschirnhaus limita-se a falar sobre o manuscrito, descrevendo-o, por fim, com essas palavras que as anotações de Leibniz tornaram conhecidas. Então, por que Tschirnhaus diz que a *Ética* versa, entre outras coisas, sobre a medicina da mente e a medicina do corpo, se o próprio livro, no prefácio da parte V, renuncia a esses conteúdos? Não há, para essa pergunta, uma resposta incontroversa. É possível até mesmo que Leibniz tenha misturado coisas que Tschirnhaus lhe dissera sobre a *Ética*, livro que Tschirnhaus não tinha autorização de mostrar, com outras coisas que ele lhe dissera acerca de certo tratado sobre a emenda do intelecto, livro de que Tschirnhaus não dispunha na ocasião, mas cujo teor ele conhecia desde seu encontro pessoal com Espinosa e que, à luz do que soubera acerca dos avanços de Espinosa nas *generalia* sobre a física, ele poderia presumir que estaria de algum modo articulado com um estudo sobre os corpos e sua gênese a partir de uma extensão corretamente concebida. Mas, obviamente, tanto a hipótese de uma obra sobre a medicina da mente (a lógica) articulada com a lógica do corpo (as generalidades da física) quanto a hipótese sobre as causas que levaram Leibniz a anotar sua conversa com Tschirnhaus naqueles termos precisos não passam aqui de conjecturas plausíveis. Entretanto, quando são consultados os prefácios e as advertências ao leitor nas *Obras póstumas* de 1677, a ideia de um persistente e duradouro trabalho de composição do *Tratado da*

---

⁵⁵ Lærke (2018, p. 196-197) considera problemático que se faça uma associação muito estreita entre a expressão "medicina da mente", contida na declaração a Leibniz, e a ideia de "cura do intelecto" contida no *Tractatus de intellectus emendatione*, simplesmente porque Tschirnhaus ainda não estava de posse do manuscrito do *Tratado* quando essa declaração foi feita a Leibniz. Não obstante, que o *Tratado da emenda do intelecto* tenha sido a principal obra de Espinosa a contribuir para *a ideia* do livro *Medicina mentis*, de Tschirnhaus, é algo que se comprova tanto pelo fato de que, em carta a Leibniz, de 10 de abril de 1678, Tschirnhaus reconhece seu débito para com os preceitos de formação de definições "que o Sr. Espinosa tem no *Da emenda do intelecto*", quanto pelo fato de que, em 1682, numa carta a Christiaan Huygens, Tschirnhaus refere-se à sua própria obra como "*tractatum quem conscripsi de Emendatione Intellectus*" (tratado que escrevi sobre a Emenda do Intelecto).

emenda do intelecto impõe-se inequivocamente. Os editores, amigos de longa data de Espinosa e membros do seu círculo mais próximo de estudos filosóficos, afirmam que, sim, o *Tratado da emenda do intelecto* está entre as primeiras obras do nosso filósofo e que isso se confirma tanto no plano estilístico quanto no plano conceitual do texto. Não obstante, eles insistem em que Espinosa sempre (*semper*) quis levar esse tratado a termo. Mais ainda, atestam a lentidão (*lento gradu*) com que seu trabalho de composição – fosse de maneira contínua, fosse de maneira intermitente – avançara vida adentro para Espinosa, pois o correlato de uma pequena velocidade é um *grande tempo* transcorrido relativamente ao pouco produzido. As causas dessa lentidão e da incompletude derradeira não teriam sido, dessa vez, o medo de retaliações e a ambivalência quanto à publicação, mas sim "o peso da obra, as profundas meditações e a vasta ciência das coisas que eram requeridas para a sua conclusão". E essa também seria a causa de haver o autor adicionado anotações ao texto, indicando que "aquilo de que trata há de ser mais cuidadosamente demonstrado e mais amplamente explicado, seja em sua Filosofia, seja algures". Ora, tais anotações sugerem justamente a existência de diversas camadas de redação, sobrepostas ao longo dessa composição lenta, reforçando a percepção do *Tratado da emenda do intelecto* como um projeto que não ficara abandonado na pré-história juvenil do espinosismo. E esse é o mesmo tom da "Advertência ao leitor", que – pedindo benevolência a este último quanto à falta de polimento final e quanto às incompletudes dispersas ao longo do texto – garante, porém, que Espinosa sempre teve a intenção de concluir o *Tratado da emenda do intelecto*, "mas, impedido por outras ocupações e, finalmente, arrebatado pela morte, não o pôde conduzir ao fim desejado".

O tratado sem nome: noções comuns, emenda da generalidade e física do universal concreto

A própria *Ética* também fornece alguns indícios de que uma obra como o *Tratado da emenda do intelecto* era prevista no conjunto do sistema. Já foi comentada a referência, um tanto indireta, que se

estabelece por meio da noção de *lógica*, a qual o prefácio da parte V situava em um alhures (*non huc*) indeterminado. Mas, como já foi antecipado,[56] também é admissível que talvez haja ao menos mais outra referência da *Ética* ao *Tratado da emenda do intelecto*. Tal referência estaria situada na parte II, logo depois da dedução do que Espinosa chama de *noções comuns* (nas proposições 37 a 40) e imediatamente antes da introdução da doutrina dos *gêneros de conhecimento* (no segundo escólio da proposição 40). Esse contexto preciso da parte II da *Ética* é bastante significativo para uma menção ao nosso tratado, uma vez que essas duas doutrinas — a dos gêneros de conhecimento e a das noções comuns[57] — são partilhadas por ambas as obras, muito embora com diferenças nada negligenciáveis, oferecendo balizas de semelhanças e diferenças que ajudam a situar tais obras, uma em relação à outra.

As noções comuns, na *Ética*, são ideias das estruturas relacionais que presidem ubiquamente as interações das partes no todo da natureza, segundo o princípio causal de comunidade já comentado a propósito da correspondência com Oldenburg: coisas que nada têm em comum não podem interagir causalmente. Elas não versam, portanto, sobre a essência desta ou daquela coisa singular, mas sim sobre os elementos comuns que constituem os vínculos da rede em que se dá — para usar uma expressão do *Tratado da emenda do intelecto* (§ 41, nota *p*) — o *commercium* causal entre as partes da natureza. Tais elementos vinculares ou articuladores são chamados, na proposição 37, de "aquilo que é comum a todas as coisas", mas, remetendo-se ao lema 2 da mesma parte, que reconduz cada elemento comum ao seu próprio atributo substancial (ou pensamento ou extensão), o texto permite entender que se trata aí daquilo que é comum a todas as coisas extensas e daquilo que é comum a todas as coisas pensantes, mas não de algo supostamente comum entre o pensamento

---

[56] Cf., no presente volume, nota 3 desta Introdução.

[57] Os "gêneros de conhecimento", na *Ética*, correspondem, em linhas gerais, aos "modos de percepção" do *Tratado da emenda do intelecto*. Quanto às noções comuns da *Ética*, muito se discute sobre a possibilidade de que elas já estivessem prefiguradas nos últimos 10 parágrafos do *Tratado* (Cf. nota 50, *supra*). O lugar preciso em que essa plausível referência ao *Tratado da emenda do intelecto* ocorre na parte II da *Ética* parece favorecer tal possibilidade.

e a extensão. Aliás, tais noções não são comuns *imediatamente* no sentido de estarem presentes na mente de todos os seres humanos, mas apenas *na medida em que* seus ideados estão presentes em todos os corpos, humanos ou não. Por outras palavras: é somente por versarem acerca de propriedades presentes em todos os corpos que tais noções podem se fazer presentes na mente de todos os seres humanos. Espinosa explica como isso se dá, demonstrando, na proposição 39, que a ideia dos elementos ou propriedades que o corpo humano tem em comum com todos os corpos que lhe afetam (propriedades igualmente presentes no todo e em cada parte do corpo humano e do corpo afetante) é necessariamente adequada na mente que tem por objeto esse corpo humano, visto não haver a mínima chance de que essa ideia conheça seu ideado apenas parcial e incompletamente. E a mesma adequação necessária cabe, como ensina a proposição 40, às ideias que se seguem dessas primeiras, assim como às que se seguem dessas segundas, e assim por diante; de sorte que, como conclui o início do primeiro escólio da mesma proposição, "as noções comuns são os fundamentos de nosso raciocínio [*ratiotinii nostri fundamenta*]". Consequentemente, tais noções também são chamadas por Espinosa de *axiomas*.

É por isso que, na *Ética*, a teoria das noções comuns da razão exprime uma confiança bem maior na autonomia do conhecimento racional. Parece não haver grande necessidade de cautela, como nas obras de juventude. Entretanto, há sim, na obra magna, o esboço de todo um programa *profilático* – diacrítico e, no sentido já exposto, *higiênico* – relativo ao funcionamento da razão no heteróclito território das *noções gerais*, território no qual há muito mais do que apenas aquelas noções comuns sempre adequadas, deduzidas entre a proposição 37 e a 40. Com efeito, imediatamente depois de tratar destas últimas, na proposição 40, e tendo em vista introduzir sua teoria dos gêneros de conhecimento, no escólio 2 da mesma proposição, Espinosa dedica o escólio 1 inteiro para evitar que *outras noções*, também de perfil axiomático, sejam confundidas com os fundamentos seguros de nosso raciocínio e lhes usurpem o posto.

Esse primeiro escólio seria, então, uma espécie de limpeza de terreno, esboçada a fim de distinguir e separar as ideias verdadeiras

da razão das demais percepções semelhantes, garantindo um contexto conceitualmente seguro, livre de equívocos, para a introdução dos gêneros de conhecimento no escólio seguinte. É nesse contexto – muito semelhante ao da primeira parte do método no *Tratado da emenda do intelecto*[58] – que Espinosa confessa, lateralmente e de passagem, que teria sido interessante submeter também essas outras noções axiomáticas, diferentes das demonstradas nas proposições 37-40, ao método específico usado na *Ética* a propósito destas últimas e explicar, dedutivamente e pela causa, seu modo de produção. Sob o método da *Ética*, teria sido possível julgar a utilidade dessas outras noções e diferenciar as que são comuns, as que são claras e distintas apenas para quem não cultiva preconceitos (*praejudiciis non laborant*) e as que são simplesmente mal fundadas. Além disso, sob o método da *Ética*, também teria sido permitido demonstrar causalmente a origem das chamadas *Noções Segundas* da tradição aristotélico-escolástica (universais de segundo grau, conceitos de conceitos, como *Gênero* em relação ao universal *Animal*, ou *Espécie* em relação ao universal *Homem*) e dos axiomas que nelas se fundam [*axiomata quae in iisdem fundantur*]. E Espinosa termina sua enumeração do que se teria podido deduzir nessa mesma linha, dizendo que ainda há "outras coisas que acerca disso outrora meditei" ["*et alia quæ circa hæc aliquando meditatus sum*"], sinalizando, portanto, todo um programa de investigação diacrítica sobre o campo das noções ou axiomas diversos das noções comuns apresentadas nas proposições anteriores. Mas a *Ética* não empreenderá tal programa, diz Espinosa, "porque dediquei outro Tratado a elas [*haec alii dedicavi Tractatui*], e também para não produzir fastio por causa da excessiva prolixidade do assunto". Por isso, o escólio limita-se a explicar o modo de produção dos chamados termos *Transcendentais* (*e.g.* Ser, Coisa, Algo etc.) e dos chamados termos *Universais* (*e.g.* Homem, Cavalo, Cão etc.). Esses transcendentais são designados

---

[58] "[...] o método deve prestar estas coisas: primeiro, distinguir a ideia verdadeira de todas as demais percepções e coibir a mente a afastar-se das demais percepções" (§ 49). "Comecemos, pois, pela primeira parte do método, que é, como dissemos, distinguir e separar a ideia verdadeira das demais percepções e coibir a mente para que ela não confunda as falsas, fictícias e duvidosas com as verdadeiras" (§ 50).

todos como *termos*, e não como *noções*, possivelmente para já sinalizar o tratamento nominalista a que serão submetidos. E tal tratamento revelará que – diversamente das noções comuns da razão – os transcendentais e os universais resultam, em última análise, dos processos de indiferenciação ligados às insuperáveis limitações perceptivas da imaginação, que associa e, literalmente, *con-funde* distintas singularidades, isto é, funde-as umas com as outras em amálgamas perceptivos que, justamente por serem confusos, são indistintamente predicáveis de muitas coisas.

Uma vez apresentado o contexto de aparecimento da menção da *Ética* a esse tratado sem nome, não será de estranhar que importantes comentadores tenham considerado que ele corresponderia ao *Tratado da emenda do intelecto*. S. Nadler, seguindo E. Curley, afirma que nessa passagem da *Ética* "colhem-se motivos para julgar que Espinosa ainda pensava em trabalhar sobre o *Tratado da emenda do intelecto*, ou pelo menos numa sua última versão".[59] G. Deleuze considera que a referência versa "evidentemente" sobre o *Tratado da emenda do intelecto*, ou melhor, sobre "um remanejamento [desse] *Tratado*".[60] A respeito da mesma passagem, M. Gueroult escreve que "há aqui a apresentação de um vasto programa de estudos, que Espinosa declara, no entanto, querer reservar para outro tratado (talvez uma versão melhorada e completa do *De intellectus emendatione*, que ficara inacabado)".[61] E especificamente quanto às noções claras e distintas apenas para quem está livre de preconceitos, o mesmo Gueroult conjectura que talvez elas correspondam aos "princípios da verdadeira lógica [*les principes de la vraie logique*] [tais como] a noção de verdadeira definição"[62] (que é o núcleo da doutrina da ideia verdadeira e adequada no *Tratado da emenda do intelecto*). Macherey,[63] por seu turno, embora não identifique imediatamente esse "outro

---

[59] Cf. Curley (ESPINOSA, 1985, p. 574, nota 64) *apud* NADLER, 2013, p. 387 (nota 9).
[60] DELEUZE, 2013, p. 570.
[61] GUEROULT, 1974, p. 363.
[62] GUEROULT, 1974, p. 363.
[63] MACHEREY, 1997, p. 302-305.

tratado" ao *Tratado da emenda do intelecto*, entende a propositura desse programa – *sc.* o exame exaustivo das causas de todos os tipos de noções axiomáticas universalizantes – como expressão da necessidade de se discriminarem diversos *"usos da razão"*, usos que, a depender de inúmeras condições, tais como o cultivo ou não de preconceitos, podem ser úteis, inúteis ou até mesmo nocivos (eventualmente mais nocivos do que processos puramente imaginativos, facilmente reconhecíveis como tais). E essa interpretação se coaduna muito bem às restrições que o *Tratado da emenda do intelecto* faz ao conhecimento racional, terceiro modo de percepção, quando diz que as inferências da razão são certas, mas não são intrinsecamente adequadas nem suficientemente protegidas dos perigos das abstrações, a não ser aos maximamente cautelosos (*"nisi maxime caventibus"*, § 21 e nota *h*). E Macherey ainda reconhece, na atenção dada por Espinosa às noções segundas e aos axiomas que nelas se fundam, o indício dos perigos de um sistema paralelo da abstração – a lógica tradicional da Escola? – ao lado do sistema das noções comuns da concretude. Assim como são sempre adequadas as ideias que se seguem racionalmente das noções comuns, assim também são sempre abstratas as noções, como as noções segundas e as que delas se seguem, que são formadas de noções abstratas, configurando uma espécie de versão perversa e fantasmagórica da proposição 40, versão na qual as ficções das lógicas formalistas é que embasariam e limitariam a si mesmas (numa problemática análoga à do § 59 do *Tratado da emenda do intelecto*).

E, de fato, ao iniciar a exposição da parte do método concernente à ordenação do pensamento, entre os §§ 99-105, Espinosa distingue várias maneiras pelas quais a mente encadeia suas ideias, procurando identificar qual delas seria apta a conectá-la – ou melhor, a fazê-la saber-se conectada – ao Ente perfeitíssimo, causa primeira de todas as coisas. São elas: (i) aquela em que a mente parte de "coisas físicas" ou "entes reais" e, na medida de sua capacidade, progride articulando e conjugando ente real com ente real no seio do comércio das causas; (ii) aquela em que a mente se envolve com universais abstratos, deles partindo, a eles chegando ou ficando truncada por incluí-los em seus entremeios; e (iii) aquela em que a mente finita tenta em vão partir da série infinita das "coisas singulares

mutáveis", inabarcável para ela. Apenas a primeira é por si mesma útil aos propósitos do método, permitindo um movimento mental feliz e contínuo, que não se afasta da concretude e que, como tal, acaba por dar a conhecer – pelo *bom método*, analítico, mas tutelado pela norma intelectual do verdadeiro – a conexão que a mente tem com a causa primeira de todas as coisas, causa cuja ideia, uma vez alcançada, passará a funcionar, ela própria, segundo o *método perfeitíssimo* (sintético), como causa primeira de todas as ideias, fazendo com que a ordem do conhecimento tenha em si a mesma união que a ordem do ser. Esses entes físicos reais – que fundam a contínua comunicação causal entre nossa mente finita e a ideia de Deus – são chamados, no § 101, de "coisas fixas e eternas", detentoras da mesma fixidez e ubiquidade dos universais abstratos, mas também da mesma concretude das coisas singulares mutáveis.

Acaso essas coisas fixas e eternas não poderiam ser um protótipo, no *Tratado da emenda do intelecto*, das noções comuns da concretude examinadas na *Ética*? Ou seriam os próprios atributos? Ou, quem sabe, os modos infinitos imediatos? A discussão entre os intérpretes quanto aos correspondentes dessas coisas fixas e eternas na metafísica madura de Espinosa prossegue ainda hoje sem chegar a qualquer consenso. Seja como for, a explicação, dada pelo próprio Espinosa, a seu respeito é suficiente para que se defenda aqui ao menos a plausibilidade da identificação do *Tratado da emenda do intelecto* ao tratado sem nome evocado pela obra magna no primeiro escólio da proposição 40 da *Ética* II. Com efeito, Espinosa explica, ao final do § 101, que nessas coisas fixas e eternas estão inscritas, como em seus verdadeiros códices, as leis segundo as quais todas as coisas singulares se fazem e são ordenadas. Ou seja, elas não são regras formais ou entidades abstratas, mas sim estruturas nomológicas existentes como realidades concretas. Ainda assim, elas possuem alguma semelhança com as mencionadas noções segundas, pois, para elucidar minimamente o que elas sejam, Espinosa lança mão de uma analogia com a noção de *gênero*: "essas coisas fixas e eternas, ainda que sejam singulares [*quamvis sint singularia*], serão para nós, pela presença delas em toda parte e pela amplíssima potência delas, como universais [*tamquam universalia*], ou seja, gêneros das definições

[*genera definitionum*] das coisas singulares mutáveis e causas próximas [*causae proximae*] de todas as coisas" (§ 101).

Como se pode ver, dá-se aqui uma rápida – mas aguda – comparação distintiva entre a noção de *gênero* e as coisas fixas e eternas da filosofia espinosana. As leituras que, minimizando a importância da filosofia aristotélico-escolástica na formação de Espinosa, tendem a acentuar excessivamente sua ruptura com a tradição podem ver nessa tolerância do *Tratado da emenda do intelecto* com a noção de gênero justamente um indício corroborativo de sua suposta obsolescência. Entretanto, tais leituras teriam, então, a dificuldade recíproca de imputar o mesmo problema à *Ética*, uma vez que também nesta última comparece uma noção espinosana de gênero – sempre como universal concreto – conceitualmente ligada aos atributos substanciais e aos modos infinitos, pois que, em contraste com a coisa finita,[64] de um lado, e com o ente absolutamente infinito, de outro, a explicação da definição 6 da *Ética* I,[65] reserva ao atributo[66] justamente o lugar de um *infinito em seu gênero*.

O final do *Tratado da emenda do intelecto* (§ 108), ao examinar as propriedades do intelecto, dará a entender que esses gêneros sejam coisas tais como a quantidade infinita. Como se explicará com mais detalhes no Posfácio, a ideia simples da quantidade – que não se concebe como uma identidade tautológica, infinitamente pobre de tão abstrata – é simples porque não depende de *outros* pensamentos que tivessem por ideados quaisquer coisas *quantitativamente determináveis* fora da *quantidade infinita*. Mas a quantidade infinita não ficaria

---

[64] "Def. 2. É dita finita em seu gênero [*in suo genere finita*] essa coisa que pode ser delimitada por outra de mesma natureza [*alia ejusdem naturae*]. P. ex., um corpo é dito finito porque concebemos outro sempre maior. Assim, um pensamento é delimitado por outro pensamento. Porém, um corpo não é delimitado por um pensamento, nem um pensamento por um corpo."

[65] "Def. 6. Por Deus entendo o ente absolutamente infinito, isto é, a substância que consiste em infinitos atributos, cada um dos quais exprime uma essência eterna e infinita. Explicação: Digo absolutamente infinito [*infinitum*], não porém em seu gênero [*in suo genere*]; pois, disso que é infinito apenas em seu gênero, podemos negar infinitos atributos; porém, ao que é absolutamente infinito, à sua essência pertence tudo o que exprime uma essência e não envolve nenhuma negação."

[66] "Def. 4. Por atributo entendo isso que o intelecto percebe da substância como constituindo a essência dela."

absurdamente privada de coisa alguma pelo fato de haver, fora dela, qualquer determinação que não pressupusesse a quantidade, tal como, por exemplo, uma ideia, que "é algo diverso do seu ideado, pois uma coisa é o círculo, outra é a ideia do círculo. Com efeito, a ideia do círculo não é algo que tenha periferia e centro, como o círculo, nem a ideia do corpo é o próprio corpo".

Destarte, tratando dos gêneros que são universais concretos – tais como a quantidade – e contrastando-os com o campo das ideias abstratas, o *Tratado da emenda do intelecto* parece cumprir razoavelmente a intenção do tratado sem nome mencionado no primeiro escólio da proposição 40 da *Ética* II. E, se o programa delineado de passagem nesse escólio também lembra bastante o que foi efetivamente realizado na primeira parte dos *Pensamentos metafísicos* em chave crítica, cumpre, então, relembrar o que já foi dito anteriormente: o *Tratado da emenda do intelecto* possui certa irmandade complementar com essa parte dos *Pensamentos metafísicos*, sendo uma sorte de versão positiva desse texto. E, se assim é, a afinidade temática do tratado sem nome com os *Pensamentos metafísicos* não enfraquece – ao contrário, reforça – a conjectura de que, em uma obra que a morte o impediu de redigir, Espinosa haveria de desenvolver uma versão emendada do *Tratado da emenda do intelecto*, entendido como a medicina da mente espinosana, ao lado de seus avanços nas generalidades da física, entendidas como uma lógica do corpo, diferenciando as coisas infinitas e eternas, concernentes a esta última, das *abstrações*, presentes tanto na lógica de base da filosofia escolástica da natureza quanto em certos usos dos instrumentos matemáticos da física moderna.

*

É claro que as duas últimas seções desta Introdução estão eivadas de conjecturas que não seria o caso de tentar demonstrar plenamente na presente ocasião. Mas elas, ao menos, ajudam a fortalecer a compreensão do *Tratado da emenda do intelecto* como uma obra não renegada por Espinosa, mas sim, bem ao contrário, como uma parte de seu sistema filosófico multifacetado, prevista e mencionada por

outras partes de maturidade filosófica inconteste. Espera-se apenas que, com o exercício deste passeio histórico e conceitual, tenham sido aqui desenvolvidos alguns instrumentos intelectuais, com os quais quem nos lê adquira outras forças para outras obras interpretativas sobre o pensamento de nosso filósofo e, a partir dessas obras, outros instrumentos, ou seja, mais forças para continuar investigando.

TRACTATUS
De
INTELLECTUS EMENDATIONE

Et de viâ, quâ optimè in veram rerum cognitionem dirigitur.

Benedictus de Spinoza

TRATADO
da
EMENDA DO INTELECTO,
e da via pela qual ele é mais bem dirigido
ao verdadeiro conhecimento das coisas[1]

Bento de Espinosa

ADMONITIO
Ad
LECTOREM.

Tractatus, quem de Intellectûs Emendatione, etc. imperfectum hîc tibi damus, Benevole Lector, jam multos ante annos ab Auctore fuit conscriptus. In animo semper habuit eum perficere: At, aliis negotiis praepeditus, et tandem morte abreptus, ad optatum finem perducere non potuit. Cùm verò multa praeclara, atque utilia contineat, quae Veritatis sincero indagatori non parùm è re futura esse, haudquaquam dubitamus, te iis privare noluimus; et, ut etiam multa obscura, rudia adhuc, et impolita, quae in eo hinc inde occurrunt, condonare non graveris, horum ne inscius esses, admonitum te quoque esse voluimus. Vale.

ADVERTÊNCIA
ao
LEITOR[2]

O Tratado da emenda do intelecto etc., que aqui, benévolo leitor, nós te apresentamos inacabado, foi escrito já há muitos anos pelo autor. Este sempre teve a intenção de acabá-lo, mas, impedido por outras ocupações e, finalmente, arrebatado pela morte, não o pôde conduzir ao fim desejado. Porém, como contém muitas coisas excelentes e úteis, as quais de jeito nenhum duvidamos de que serão de não pouco proveito ao sincero indagador da verdade, não quisemos privar-te delas; e a fim de que não te acanhasses em perdoar muitas coisas obscuras, ainda rudes e impolidas que volta e meia ocorrem, também quisemos advertir-te para que não estivesses desavisado delas. Passa bem.

TRACTATUS
De
INTELLECTUS
EMENDATIONE,

Et de viâ, quâ optimè in veram
rerum Cognitionem dirigitur.

[1] Postquam me Experientia docuit, omnia, quae in communi vitâ frequenter occurrunt, vana, et futilia esse: cùm viderem omnia, à quibus, et quae timebam, nihil neque boni, neque mali in se habere, nisi quatenus ab iis animus movebatur, constitui tandem inquirere, an aliquid daretur, quod verum bonum, et sui communicabile esset, et à quo solo, rejectis caeteris omnibus, animus afficeretur; imò an aliquid daretur, quo invento, et acquisito, continuâ, ac summâ in aeternum fruerer laetitiâ. [2] Dico, *me tandem constituisse:* primo enim intuitu inconsultum videbatur, propter rem tunc incertam certam amittere velle: videbam nimirùm commoda, quae ex honore, ac divitiis acquiruntur, et quòd ab iis quaerendis cogebar abstinere, si seriam rei alii novae operam dare vellem: et si fortè summa felicitas in iis esset sita, perspiciebam, me eâ debere carere; si verò in iis non esset sita, eisque tantùm darem operam, tum etiam summâ carerem felicitate. [3] Volvebam igitur animo, an fortè esset possibile ad novum institutum, aut saltem ad ipsius certitudinem pervenire, licet ordo, et commune vitae meae institutum non mutaretur; quod saepe frustrà tentavi. Nam quae plerumque in vitâ occurrunt, et apud homines, ut ex eorum operibus colligere licet, tanquam summum bonum aestimantur, ad haec tria rediguntur; divitias scilicet, honorem, atque libidinem. His tribus adeò distrahitur mens, ut minimè possit de alio aliquo bono cogitare. [4] Nam quod ad libidinem attinet, eâ adeò suspenditur animus, ac si in aliquo bono quiesceret; quo maximè impeditur, ne de alio cogitet; sed post illius fruitionem summa sequitur tristitia, quae, si non suspendit mentem, tamen perturbat, et hebetat.

TRATADO
da
EMENDA
DO INTELECTO,

e da via pela qual ele é mais bem dirigido
ao verdadeiro conhecimento das coisas

[1] Depois que a experiência me ensinou serem vãs e fúteis todas as coisas que frequentemente ocorrem na vida comum, e como via que todas as coisas pelas quais e as quais eu temia[3] não tinham em si nada de bom nem de mau senão enquanto o ânimo[4] era movido por elas, finalmente resolvi[5] inquirir se se daria algo que fosse um bem verdadeiro e comunicável de si, e só pelo qual, rejeitados todos os demais, o ânimo fosse afetado; mais ainda, se se daria algo pelo qual, descoberto e adquirido, eu fruísse, pela eternidade, de uma alegria contínua e suprema. [2] Digo *finalmente resolvi*; com efeito, à primeira vista, parecia insensato querer deixar uma coisa certa por outra então incerta. De fato, via as comodidades que são adquiridas pela honra e pelas riquezas, e que seria forçado a abster-me de buscá-las se quisesse trabalhar sério para outra coisa nova; e percebia que, se talvez a suma felicidade se situasse nelas, eu dela deveria carecer; porém, se ela não se situasse nelas e eu trabalhasse apenas para elas, então eu também careceria da suma felicidade. [3] Pensava comigo, portanto, se talvez não seria possível chegar ao novo instituto,[6] ou ao menos à certeza dele, ainda que não mudasse a ordem e o instituto comum de minha vida, o que frequentemente tentei em vão. Pois as coisas que comumente ocorrem na vida e que são estimadas pelos homens como o sumo bem, tal como é lícito coligir a partir das suas obras, reduzem-se a estas três: riquezas, honras e prazer lascivo.[7] Com estas três a mente se distrai tanto que de jeito nenhum pode pensar em outro bem. [4] Pois, no que atina ao prazer lascivo, por este o ânimo é de tal maneira suspenso, como se repousasse em algum bem, que é maximamente impedido de pensar sobre outro; mas, após a fruição daquele, segue-se a suma tristeza,[8] que, se não suspende a mente, ao menos a perturba e a embota.

Honores, ac divitias persequendo non parùm etiam distrahitur mens, praesertim, ubi[a] hae non nisi propter se quaeruntur, quia tum supponuntur summum esse bonum; [5] honore verò multò adhuc magis mens distrahitur: supponitur enim semper bonum esse per se, et tanquam finis ultimus, ad quem omnia diriguntur. Deinde in his non datur, sicut in libidine, poenitentia; sed quò plus utriusque possidetur, eò magis augetur laetitia, et consequenter magis ac magis incitamur ad utrumque augendum: si autem spe in aliquo casu frustremur, tum fumma oritur tristitia.

Est denique honor magno impedimento, eò quòd, ut ipsum assequamur, vita necessariò ad captum hominum est dirigenda, fugiendo scilicet, quod vulgò fugiunt, et quaerendo, quod vulgò quaerunt homines.

[6] Cùm itaque viderem, haec omnia adeò obstare, quominùs operam novo alicui instituto darem, imò adeò esse opposita, ut ab uno, aut altero necessariò esset abstinendum, cogebar inquirere, quid mihi esset utilius; nempe, ut dixi, videbar bonum certum pro incerto amîttere velle. Sed postquam aliquantulùm huic rei incubueram, inveni primò, si, hisce omissis, ad novum institutum accingerer, me bonum suâ naturâ incertum, ut clarè ex dictis possumus colligere, omissurum pro incerto, non quidem suâ naturâ (fixum enim bonum quaerebam), sed tantùm quoad ipsius consecutionem: [7] Assiduâ autem meditatione eò perveni, ut viderem, quòd tum, modò possem penitùs deliberare, mala certa pro bono certo omitterem. Videbam enim me in summo versari periculo, et me cogi, remedium, quamvis incertum, summis viribus quaerere; veluti aeger lethali morbo laborans, qui ubi mortem certam praevidet, ni adhibeatur remedium, illud ipsum, quamvis incertum, summis viribus cogitur quaerere,

---

[a] *Potuissent haec latiùs et distinctiùs explicari, distinguendo scilicet divitias, quae quaeruntur vel propter se, vel propter honorem, vel propter libidinem, vel propter valetudinem, et augmentum scientiarum et artium; sed hoc ad suum locum reservatur, quia hujus loci non est, haec adeò accuratè inquirere.*

Perseguindo honras e riquezas, a mente também não pouco se distrai, especialmente quando estas [as riquezas][a,9] não são buscadas senão em vista delas mesmas, porque então se supõe que sejam um sumo bem. [5] Porém, a mente é ainda mais distraída pela honra; com efeito, sempre se supõe que esta seja um bem por si e como o fim último a que tudo se dirige. Ademais, nestas [na honra e nas riquezas] não se dá, como no prazer lascivo, o arrependimento; mas quanto mais se possui de ambas, tanto mais aumenta a alegria e, consequentemente, mais e mais somos incitados a aumentá-las. Por outro lado, se em algum caso nos frustramos nessa esperança, origina-se então a suma tristeza.

Enfim, a honra é um grande impedimento pelo fato de que, para alcançá-la, necessariamente a vida deve ser dirigida conforme a compreensão dos homens, a saber, fugindo do que os homens vulgarmente fogem e buscando o que eles vulgarmente buscam.[10]

[6] Portanto, como eu via que todas essas coisas de tal maneira obstavam a que eu me dedicasse a algum[11] novo instituto, e, mais ainda, que elas se lhe opunham de tal maneira que eu haveria necessariamente de abster-me dele ou delas, fui forçado a inquirir o que me seria mais útil; de fato, como eu disse,[12] parecia-me querer deixar um bem certo por um incerto. Mas, depois de me haver debruçado um pouco sobre esse assunto, descobri primeiro que, se, deixadas de lado essas coisas, eu me cingisse ao novo instituto, deixaria um bem por sua natureza incerto – como podemos coligir claramente do que foi dito – por outro também incerto, embora não por sua natureza (pois eu buscava um bem fixo), mas apenas quanto à sua obtenção. [7] Todavia, com uma assídua meditação cheguei a ver que, desde que eu pudesse[13] deliberar profundamente, então deixaria males certos por um bem certo.[14] Com efeito, via que eu estava em sumo perigo e forçado a buscar com sumas forças um remédio,[15] ainda que incerto, tal como um doente sofrendo de uma doença letal, que, quando prevê a morte certa se não lhe for aplicado um remédio, é

---

[a] *Essas coisas poderiam ser explicadas mais ampla e distintamente, a saber, distinguindo as riquezas que se buscam ou em vista delas mesmas ou em vista da honra ou em vista do prazer lascivo ou em vista da saúde e do aumento das ciências e artes; mas se reserva isso ao seu devido lugar, porque este não é o lugar de inquirir tão cuidadosamente essas coisas.*

nempe in eo tota ejus spes est sita; illa autem omnia, quae vulgus sequitur, non tantùm nullum conferunt remedium ad nostrum esse conservandum, sed etiam id impediunt, et frequenter sunt causa interitûs eorum, qui ea possidènt <(indien men dus mag spreken)>,[b] et semper causa interitûs eorum, qui ab iis possidentur. [8] Permulta enim exstant exempla eorum, qui persecutionem ad necem usque passi sunt propter ipsorum divitias, et etiam eorum, qui, ut opes compararent, tot periculis sese exposuerunt, ut tandem vitâ poenam luerent suae stultitiae. Neque eorum pauciora sunt exempla, qui, ut honorem assequerentur, aut defenderent, miserrimè passi sunt. Innumeranda denique exstant exempla eorum, qui prae nimiâ libidine mortem sibi acceleraverunt. [9] Videbantur porrò ex eo haec orta esse mala, quòd tota felicitas, aut infelicitas in hoc solo sita est; videlicet, in qualitate objecti, cui adhaeremus amore. Nam propter illud, quod non amatur, nunquam orientur lites, nulla erit tristitia, si pereat, nulla invidia, si ab alio possideatur, nullus timor, nullum odium, et, ut verbo dicam, nullae commotiones animi; quae quidem omnia contingunt in amore eorum, quae perire possunt, uti haec omnia, de quibus modò locuti sumus. [10] Sed amor erga rem aeternam, et infinitam solâ laetitiâ pascit animum, ipsaque omnis tristitiae est expers; quod valdè est desiderandum, totisque viribus quaerendum. Verùm non absque ratione usus sum his verbis: *modò possem seriò deliberare*. Nam quamvis haec mente adeò clarè perciperem, non poteram tamen ideò omnem avaritiam, libidinem, atque gloriam deponere.

[11] Hoc unum videbam, quòd, quamdiu mens circa has cogitationes versabatur, tamdiu illa aversabatur, et seriò de novo cogitabat instituto; quod magno mihi fuit solatio. Nam videbam illa mala non esse talis conditionis, ut remediis nollent cedere. Et quamvis in initio haec intervalla essent rara, et per admodùm exiguum temporis spatium durarent, postquam tamen verum bonum magis ac magis mihi innotuit, intervalla ista frequentiora,

---

[b] *Haec accuratiùs sunt demonstranda.*

forçado a buscá-lo, ainda que incerto, com sumas forças, pois nele está situada toda a sua esperança. Porém, todas as coisas que o vulgo segue não apenas não dão nenhum remédio para conservar o nosso ser, mas também impedem isso, e frequentemente são a causa da ruína daqueles que as possuem[b] e <(se se pode falar assim)> sempre a causa da ruína daqueles que são possuídos por elas.[16] [8] Com efeito, existem muitos exemplos daqueles que, por causa de suas riquezas, sofreram perseguição até a morte, e também daqueles que, para acumular recursos, expuseram-se a tantos perigos que, no fim, pagaram com a vida a pena de sua tolice. E não há menos exemplos daqueles que, para alcançar ou defender a honra, sofreram miseravelmente. Enfim, existem inúmeros exemplos daqueles que, pelo excesso de prazer lascivo apressaram a sua morte. [9] Além disso, esses males pareciam ter-se originado[17] de que toda a felicidade ou infelicidade situa-se nisto só: a qualidade do objeto ao qual aderimos por amor. Pois, por causa daquilo que não é amado, nunca se originarão litígios, nenhuma tristeza haverá se ele perece, nenhuma inveja, se ele é possuído por outro, nenhum temor, nenhum ódio; e, para dizer em uma só palavra, nenhuma das comoções do ânimo, todas as quais decerto acontecem no amor àquilo que pode perecer, como todas essas de que há pouco falamos.[18] [10] Mas o amor em relação a uma coisa eterna e infinita alimenta o ânimo só de alegria, e esta[19] é isenta de todas as tristezas, o que muito se deve desejar e buscar com todas as forças. Porém, não é sem razão que usei estas palavras: *desde que eu pudesse*[20] *deliberar seriamente*.[21] Pois, embora com a mente eu percebesse essas coisas de maneira tão clara, nem por isso podia depor toda avareza, prazer lascivo e glória.

[11] Eu via unicamente isto: enquanto a mente se ocupava desses pensamentos, ela se afastava daqueles e pensava seriamente sobre o novo instituto, o que me foi de grande consolo. Pois via que aqueles males não eram de tal condição que não admitissem ceder aos remédios. E, embora no início esses intervalos fossem raros e durassem por um espaço de tempo bastante curto, eles foram mais frequentes e mais longos depois que o verdadeiro bem se fez mais e mais conhecido a

---

[b] *Essas coisas hão de ser mais cuidadosamente demonstradas.*

et longiora fuerunt; praesertim postquam vidi nummorum acquisitionem, aut libidinem, et gloriam tamdiu obesse, quamdiu propter se, et non, tanquam media ad alia, quaeruntur; si verò tanquam media quaeruntur, modum tunc habebunt, et minimè oberunt, sed contrà ad finem, propter quem quaeruntur, multùm conducent, ut suo loco ostendemus.

[12] Hîc tantùm breviter dicam, quid per verum bonum intelligam, et simul quid sit summum bonum. Quod ut rectè intelligatur, notandum est, quòd bonum, et malum non, nisi respectivè, dicantur; adeò ut una, eademque res possit dici bona, et mala secundùm diversos respectûs, eodem modo ac perfectum, et imperfectum. Nihil enim, in suâ naturâ spectatum, perfectum dicetur, vel imperfectum; praesertim postquam noverimus, omnia, quae fiunt, secundùm aeternum ordinem, et secundùm certas Naturae leges fieri. [13] Cùm autem humana imbecillitas illum ordinem cogitatione suâ non assequatur, et interim homo concipiat naturam aliquam humanam suâ multò firmiorem, et simul nihil obstare videat, quominùs talem naturam acquirat, incitatur ad media quaerendum, quae ipsum ad talem ducant perfectionem: et omne illud, quod potest esse medium, ut eò perveniat, vocatur verum bonum; summum autem bonum est eò pervenire, ut ille cum aliis individuis, si fieri potest, tali naturâ fruatur. Quaenam autem illa sit natura, ostendemus suo loco, nimirùm esse[c] cognitionem unionis, quam mens cum totâ Naturâ habet. [14] Hic est itaque finis, ad quem tendo, talem scilicet naturam acquirere, et, ut multi mecum eam acquirant, conari, hoc est, de meâ felicitate etiam est operam dare, ut alii multi idem, atque ego intelligant, ut eorum intellectus, et cupiditas prorsùs cum meo intellectu, et cupiditate conveniant; utque hoc fiat,[d] necesse est <Vooreerst> tantum de Naturâ intelligere, quantum sufficit, ad talem naturam acquirendam; deinde formare talem societatem, qualis est desideranda, ut quamplurimi quàm facillimè, et securè

---

[c] *Haec fusiùs suo loco explicantur.*

[d] *Nota, quòd hîc tantùm curo enumerare scientias ad nostrum scopum necessarias, licet ad earum seriem non attendam.*

mim; especialmente depois de eu ter visto que a aquisição de dinheiro ou o prazer lascivo e a glória são obstáculos enquanto são buscados em vista de si mesmos, e não como meios para outras coisas; porém, se são buscados como meios, então terão moderação e de jeito nenhum serão obstáculos, mas, ao contrário, muito conduzirão para o fim em vista do qual são buscados, como mostraremos no seu devido lugar.

[12] Aqui, apenas direi brevemente o que entendo por verdadeiro bem e, em simultâneo, o que é o sumo bem. Para que isso seja corretamente entendido, é de notar que "bom" e "mau" não são ditos senão relativamente, de tal maneira que uma só coisa pode ser dita boa ou má segundo diversas relações, do mesmo modo que "perfeito" e "imperfeito". Pois nada considerado em sua natureza será dito perfeito ou imperfeito, especialmente depois de sabermos que tudo que ocorre se faz segundo uma ordem eterna e segundo leis certas da Natureza.[22] [13] Ora, como a debilidade humana não alcança aquela ordem com o seu pensamento, e como, nesse ínterim, o homem concebe uma natureza humana muito mais firme que a sua, e, em simultâneo, vê que nada obsta a que adquira tal natureza, é ele então incitado a buscar os meios que o conduzam a tal perfeição; e tudo aquilo que pode ser meio para chegar aí se chama verdadeiro bem; por outro lado, o sumo bem é chegar aí de modo que ele [o homem] frua de tal natureza com outros indivíduos, se possível. Porém, mostraremos no seu devido lugar qual é essa natureza, a saber, que é o conhecimento da união que a mente tem com a Natureza toda.[c] [14] Aqui está, portanto, o fim a que tendo, a saber, adquirir tal natureza e esforçar-me para que muitos a adquiram comigo; isto é, também pertence à minha felicidade trabalhar para que muitos entendam o mesmo que eu, para que o intelecto e o desejo deles convenham totalmente com o meu intelecto e o meu desejo;[23] e, para que isso ocorra,[d] é necessário <primeiro> entender sobre a Natureza tanto quanto é suficiente para adquirir semelhante natureza; depois, formar tal sociedade, como se deve desejar, para que muitíssimos cheguem a isso da maneira mais

---

[c] *Essas coisas são explicadas mais amplamente no seu devido lugar.*

[d] *Nota que aqui apenas cuido de enumerar as ciências necessárias ao nosso escopo, ainda que eu não me atente à série delas.*

eò perveniant. [15] Porrò <, ten darden,> danda est opera Morali Philosophiae, ut et Doctrinae de puerorum Educatione; et, quia Valetudo non parvum est medium ad hunc finem assequendum, concinnanda est <, ten vierden,> integra Medicina; et quia arte multa, quae difficilia sunt, facilia redduntur, multumque temporis, et commoditatis in vitâ eâ lucrari possumus, ideò <ten vijfden,> Mechanica nullo modo est contemnenda. [16] Sed ante omnia excogitandus est modus medendi intellectûs, ipsumque, quantum initio licet, expurgandi, ut feliciter res absque errore, et quàm optimè intelligat. Unde quisque jam poterit videre, me omnes scientias ad unum finem,[e] et scopum velle dirigere, scilicet, ut ad summam humanam, quam diximus, perfectionem perveniatur; et sic omne illud, quod in scientiis nihil ad finem <et scopum> nostrum nos promovet, tanquam inutile erit rejiciendum, hoc est, ut uno verbo dicam, omnes nostrae operationes, simul et cogitationes ad hunc sunt dirigendae finem. [17] Sed quia, dum curamus eum consequi, et operam damus, ut intellectum in rectam viam redigamus, necesse est vivere, propterea ante omnia cogimur quasdam vivendi regulas, tanquam bonas, supponere, has scilicet.

I. Ad captum vulgi loqui, et illa omnia operari, quae nihil impedimenti adferunt, quominùs nostrum scopum attingamus. Nam non parùm emolumenti ab eo possumus acquirere, modò ipsius captui, quantum fieri potest, concedamus; adde, quòd tali modo amicas praebebunt aures ad veritatem audiendam.

II. Deliciis in tantum frui, in quantum ad tuendam valetudinem sufficit.

III. Denique tantum nummorum, aut cujuscunque alterius rei quaerere, quantum sufficit ad vitam, et valetudinem sustentandam, et ad mores civitatis, qui nostrum scopum non oppugnant, imitandos.

[18] Hisce sic positis, ad primum, quod ante omnia faciendum est, me accingam, ad emendandum scilicet intellectum, eumque aptum reddendum ad res tali modo intelligendas, quo opus est, ut nostrum finem assequamur. Quod ut fiat, exigit ordo, quem

---

[e] *Finis in scientiis est unicus, ad quem omnes sunt dirigendae.*

fácil e segura. [15] Além disso, <em terceiro lugar> deve-se trabalhar para a filosofia moral, bem como para a doutrina da educação das crianças;²⁴ e, porque a saúde não é um meio pequeno para alcançar esse fim, deve-se <em quarto lugar> compor uma medicina inteira; e, porque muitas coisas que são difíceis tornam-se fáceis pela arte,²⁵ além de por esta podermos ganhar muito tempo e muita comodidade na vida, por isso <em quinto lugar> não se deve de modo nenhum desprezar a mecânica.²⁶ [16] Antes de tudo, porém, deve-se excogitar um modo de remediar o intelecto²⁷ e, o quanto seja lícito no início,²⁸ de expurgá-lo para que ele entenda as coisas com felicidade, sem erro e da melhor maneira. Donde qualquer um já poderá ver que quero dirigir todas as ciências para um só fimᵉ e escopo: chegar à suma perfeição humana de que falamos; e, assim, deverá ser rejeitado como inútil tudo aquilo que, nas ciências, nada nos faz avançar para o nosso fim <e escopo²⁹>; isto é, para dizer em uma só palavra, todas as nossas operações e, em simultâneo, nossos pensamentos devem ser dirigidos para esse fim. [17] Mas, porque é necessário viver enquanto cuidamos de consegui-lo e trabalhamos para reconduzir o intelecto à via correta, somos forçados, antes de tudo, a supor como boas algumas regras de viver, a saber, estas:

I. Falar conforme a compreensão do vulgo e fazer³⁰ todas aquelas coisas que nenhum impedimento trazem para atingirmos nosso escopo. Pois não pouca vantagem podemos adquirir disso, desde que, o quanto possível, façamos concessões à sua compreensão; acresce que, de tal modo, os ouvidos se farão amigos para ouvir a verdade.

II. Fruir dos deleites tanto quanto seja suficiente para proteger a saúde.

III. Por fim, buscar o dinheiro ou qualquer outra coisa tanto quanto seja suficiente para sustentar a vida e a saúde e para imitar os costumes da cidade que não se oponham ao nosso escopo.³¹

[18] Isso assim posto, cingir-me-ei à primeira coisa que, antes de tudo, deve ser feita, a saber, emendar o intelecto e torná-lo apto a entender as coisas do modo como é preciso para alcançarmos nosso fim. Para que isso ocorra, a ordem que naturalmente temos exige

---

ᵉ É único o fim nas ciências para o qual todas devem dirigir-se.

naturaliter habemus, ut hîc resumam omnes modos percipiendi, quos hucusque habui ad aliquid indubiè affirmandum, vel negandum, quò omnium optimum eligam, et simul meas vires, et naturam, quam perficere cupio, noscere incipiam.

[19] Si accuratè attendo, possunt omnes ad quatuor potissimùm reduci.

I. Est Perceptio, quam ex auditu, aut ex aliquo signo, quod vocant ad placitum, habemus.

II. Est Perceptio, quam habemus ab experientiâ vagâ, hoc est, ab experientiâ, quae non determinatur ab intellectu; sed tantùm ità dicitur, quia casu sic occurrit, et nullum aliud habemus experimentum, quod hoc oppugnat, et ideò tanquam inconcussum apud nos manet.

III. Est Perceptio, ubi essentia rei ex aliâ re concluditur, sed non adaequatè; quod fit,[f] cùm vel ab aliquo effectu causam colligimus, vel cùm concluditur ab aliquo universali, quod semper aliqua proprietas concomitatur.

IV. Denique Perceptio est, ubi res percipitur per solam suam essentiam, vel per cognitionem suae proximae causae.

[20] Quae omnia exemplis illustrabo. Ex auditu tantùm scio meum natalem diem, et quòd tales parentes habui, et similia; de quibus nunquam dubitavi. Per experientiam vagam scio me moriturum: hoc enim ideò affirmo, quia vidi alios mei similes obiisse mortem, quamvis neque omnes per idem temporis spatium vixerint, neque ex eodem morbo obierint. Deinde per experientiam vagam etiam scio, quòd oleum sit aptum alimentum ad nutriendam flammam, quòdque aqua ad eam extinguendam apta sit; scio etiam, quòd canis sit animal latrans, et homo animal rationale, et sic ferè omnia novi, quae ad usum vitae faciunt. [21] Ex aliâ verò re hoc modo concludimus:

---

[f] Hoc cùm fit, nihil de causâ intelligimus praeter id, quod in effectu consideramus: quod satis apparet ex eo, quòd tum causa non nisi generalissimis terminis explicetur, nempe his, Ergo datur aliquid, Ergo datur aliqua potentia, etc. *Vel etiam ex eo, quòd ipsam negativè exprimant,* Ergo non est hoc, vel illud, etc. *In secundo casu aliquid causae tribuitur propter effectum, quod clarè concipitur, ut in exemplo ostendemus; verùm nihil praeter propria; non verò rei essentia particularis.*

que aqui eu resuma todos os modos de perceber que tive até agora para afirmar ou negar algo sem dúvida, a fim de eleger o melhor de todos e, em simultâneo, começar a conhecer minhas forças e a natureza que desejo aperfeiçoar.

[19] Se atento cuidadosamente, todos podem ser reduzidos principalmente a quatro.[32]

I. Há uma percepção que temos a partir do ouvir dizer ou a partir de algum signo que chamam arbitrário.[33]

II. Há uma percepção que temos por experiência vaga,[34] isto é, pela experiência que não é determinada pelo intelecto, mas que apenas é dita assim porque ocorre por acaso e porque não temos nenhum outro experimento que se oponha a ela, e por isso permanece para nós como inconcussa.[35]

III. Há uma percepção em que a essência de uma coisa é concluída a partir de outra, mas não adequadamente, o que ocorre[f,36] quando coligimos a causa a partir de algum efeito ou quando [a essência] é concluída a partir de algum universal, o qual é sempre acompanhado de alguma propriedade.

IV. Por fim, há uma percepção em que a coisa é percebida por sua essência sozinha ou pelo conhecimento de sua causa próxima.

[20] Ilustrarei tudo isso com exemplos. A partir do ouvir dizer, apenas sei o meu dia de nascimento e que tive tais pais, e coisas semelhantes das quais nunca duvidei. Por experiência vaga sei que morrerei; com efeito, afirmo isso porque vi morrerem outros semelhantes a mim, ainda que nem todos tenham vivido pelo mesmo espaço de tempo nem morrido da mesma doença. Ademais, por experiência vaga também sei que o óleo é um alimento apto a nutrir a chama, e que a água é apta a extingui-la; sei também que o cão é um animal que late, e que o homem é um animal racional,[37] e assim conheço quase todas as coisas que servem para o uso da vida. [21] Porém, a partir de outra coisa concluímos deste modo: depois de percebermos

---

[f] *Quando isso ocorre, nada entendemos sobre a causa além daquilo que consideramos no efeito, o que aparece suficientemente a partir do fato de que, então, a causa não é explicada senão em termos muito gerais, a saber, estes: logo, dá-se algo; logo, dá-se alguma potência etc. Ou também a partir do fato de que a exprimem negativamente: Logo, não é isto ou aquilo etc. No segundo caso, atribui-se algo à causa devido ao efeito que é claramente concebido, como mostraremos no exemplo; porém, nada além de próprios, e não a essência particular da coisa.*

postquam clarè percipimus, nos tale corpus sentire, et nullum aliud, inde, inquam, clarè concludimus animam unitam[g] esse corpori, quae unio est causa talis sensationis; sed[h] quaenam sit illa sensatio, et unio, non absolutè inde possumus intelligere.

Vel postquam novi naturam visûs, et simul, eum habere talem proprietatem, ut unam, eandemque rem ad magnam distantiam minorem videamus, quàm si eam cominus intueamur, inde concludimus Solem majorem esse, quàm apparet, et alia his similia. [22] Per solam denique rei essentiam res percipitur; quando ex eo, quòd aliquid novi, scio, quid hoc sit aliquid nosse, vel ex eo, quòd novi essentiam animae, scio eam corpori esse unitam. Eâdem cognitione novimus duo et tria esse quinque, et, si dentur duae lineae uni tertiae parallelae, eas etiam inter sese parallelas, etc. Ea tamen, quae hucusque tali cognitione potui intelligere, perpauca fuerunt.

[23] Ut autem haec omnia meliùs intelligantur, unico tantum utar exemplo, hoc scilicet. Dantur tres numeri: quaerit quis, quartum, qui sit ad tertium, ut secundus ad primum. Dicunt hîc passim mercatores, se scire, quid sit agendum, ut quartus inveniatur, quia nempe eam operationem nondum oblivioni tradiderunt, quam nudam sine demonstratione à suis magistris audiverunt; alii verò ab experientiâ simplicium faciunt axioma universale, scilicet ubi quartus numerus per se patet, ut in his 2, 4, 3, 6, ubi experiuntur, quòd ducto secundo in tertium, et producto deinde per primum diviso fiat quotiens 6; et cùm vident eundem numerum produci, quem sine hac operatione noverant esse proportionalem,

---

[g] *Ex hoc exemplo clarè videre id est, quod modò notavi. Nam per illam unionem nihil intelligimus praeter sensationem ipsam, effectus scilicet, ex quo causam, de quâ nihil intelligimus, concludebamus.*

[h] *Talis conclusio, quamvis certa sit, non tamen satis tuta est, nisi maximè caventibus. Nam nisi optimè caveant sibi, in errores statim incident: ubi enim res ità abstractè concipiunt, non autem per veram essentiam, statim ab imaginatione confunduntur. Nam id, quod in se unum est, multiplex esse imaginantur homines. Nam iis, quae abstractè, seorsim, et confuse concipiunt, nomina imponunt, quae ab ipsis ad alia magis familiaria significandum usurpantur; quo fit, ut haec imaginentur eodem modo ac eas res imaginari solent, quibus primum haec nomina imposuerunt.*

claramente que sentimos tal corpo e nenhum outro, daí, digo, concluímos claramente que a alma está unida[g,38] ao corpo, união que é a causa de tal sensação, mas[h] não podemos entender, em absoluto, o que são essa sensação e essa união.

Ou, depois que conheço a natureza da visão e, em simultâneo, que ela tem a propriedade de vermos uma só e mesma coisa, a uma grande distância, menor do que se a observarmos de perto, daí concluímos que o Sol é maior do que aparece, e outras coisas semelhantes a essa.[39] [22] Por fim, a coisa é percebida pela essência sozinha da coisa quando, do fato de conhecer algo, sei o que é conhecer algo, ou, do fato de conhecer a essência da alma, sei que ela está unida ao corpo. Pelo mesmo conhecimento, conhecemos que dois e três são cinco, e que, se se dão duas linhas paralelas a uma terceira, elas também são paralelas entre si.[40] Todavia, foram muito poucas as coisas que pude entender até aqui por tal conhecimento.

[23] Ora, para que todas essas coisas sejam mais bem entendidas, usarei apenas um único exemplo: dados três números, alguém pergunta por um quarto que esteja para o terceiro como o segundo está para o primeiro. Aqui, volta e meia os comerciantes dizem saber o que se deve fazer para descobrir o quarto, porque de fato ainda não se esqueceram daquela operação nua, sem demonstração, que ouviram de seus mestres. Outros, porém, fazem um axioma universal a partir da experiência dos simples, a saber, quando o quarto número é patente por si, como 2, 4, 3, 6, em que experimentam que, multiplicando-se o segundo pelo terceiro e, depois, dividindo-se o produto pelo primeiro, resulta o quociente 6; e, como veem que se produz o mesmo número que, sem essa operação, conheciam ser proporcional, concluem daí que a operação é boa para

---

g *A partir desse exemplo vê-se claramente o que notei há pouco. Pois por aquela união nada entendemos além da própria sensação, a saber, o efeito a partir do qual concluímos a causa, da qual nada entendemos.*

h *Tal conclusão, ainda que seja certa, não é suficientemente segura a não ser para os maximamente cautelosos; com efeito, se não se acautelarem muito bem, incidirão imediatamente em erro; com efeito, quando concebem as coisas tão abstratamente, e não pela verdadeira essência, são imediatamente confundidos pela imaginação. Pois os homens imaginam ser múltiplo aquilo que em si é uno. Pois às coisas que concebem de maneira abstrata, separada e confusa impõem nomes que são usados por eles para significar outras coisas mais familiares, o que faz com que as imaginem do mesmo modo como costumam imaginar as coisas a que primeiro impuseram esses nomes.*

inde concludunt operationem esse bonam ad quartum numerum proportionalem semper inveniendum. [24] Sed Mathematici vi demonstrationis Prop. 19. lib. 7. Euclidis sciunt, quales numeri inter se sint proportionales, scilicet ex naturâ proportionis, ejusque proprietate, quòd nempe numerus, qui fit ex primo, et quarto aequalis sit numero, qui fit ex secundo, et tertio; attamen adaequatam proportionalitatem datorum numerorum non vident, et si videant, non vident eam vi illius Propositionis, sed intuitivè, <of> nullam operationem facientes. [25] Ut autem ex his optimus eligatur modus percipiendi, requiritur, ut breviter enumeremus, quae sint necessaria media, ut nostrum finem assequamur, haec scilicet.

I. Nostram naturam, quam cupimus perficere, exactè nosse, et simul tantum de rerum naturâ, quantum sit necesse.

II. Ut inde rerum differentias, convenientias, et oppugnantias rectè colligamus.

III. Ut rectè concipiatur, quid possint pati, quid non.

IV. Ut hoc conferatur cum naturâ, et potentiâ hominis. Et ex istis facilè apparebit summa, ad quam homo potest pervenire, perfectio.

[26] His sic consideratis videamus, quis modus percipiendi nobis sit eligendus.

Quod ad primum attinet. Per se patet, quòd ex auditu, praeterquam quòd sit res admodùm incerta, nullam percipiamus essentiam rei, sicuti ex nostro exemplo apparet; et cùm singularis existentia alicujus rei non noscatur, nisi cognitâ essentiâ, uti postea videbitur: hinc clarè concludimus omnem certitudinem, quam ex auditu habemus, à scientiis esse secludendam. Nam à simplici auditu, ubi non praecessit proprius intellectus, nunquam quis poterit affici.

[27][i] Quoad secundum. Nullus etiam dicendus est, quòd habeat ideam illius proportionis, quam quaerit. Praeterquam quòd sit res admodùm incerta, et sine fine, nihil tamen unquam tali modo quis

---

[i] *Hic aliquantò prolixiùs agam de experientiâ; et Empiricorum, et recentium Philosophorum procedendi Methodum examinabo.*

sempre descobrir o quarto número proporcional. [24] Mas os matemáticos sabem, pela força da demonstração da prop. 19 do livro 7 de Euclides, quais números são proporcionais entre si, a saber, pela natureza da proporção e por sua propriedade de que o número que resulta do primeiro e do quarto é igual ao número que resulta do segundo e do terceiro;[41] todavia, não veem a proporcionalidade adequada dos números dados, e, se veem, não veem pela força daquela proposição, mas intuitivamente, <ou> sem fazer nenhuma operação. [25] Ora, para eleger dentre esses o melhor modo de perceber,[42] requer-se enumerarmos brevemente quais os meios necessários para alcançar nosso fim,[43] a saber, estes:

I. Conhecer exatamente nossa natureza, a qual desejamos aperfeiçoar, e, em simultâneo, conhecer tanto sobre a natureza das coisas quanto é necessário.[44]

II. Para daí coligirmos corretamente as diferenças, conveniências e oposições das coisas.

III. Para que se conceba corretamente o que elas podem sofrer e o que não.

IV. Para que isso seja comparado à natureza e à potência do homem. E, a partir disso, aparecerá facilmente a suma perfeição a que o homem pode chegar.

[26] Assim consideradas essas coisas, vejamos qual modo de perceber havemos de eleger.

No que atina ao primeiro, é patente por si que, a partir do ouvir dizer, além de ser uma coisa bastante incerta, não percebemos nenhuma essência da coisa, como aparece a partir do nosso exemplo; e, visto que não se conhece a existência singular de uma coisa a não ser que se conheça a essência, como depois se verá,[45] daí concluímos claramente que toda certeza que temos a partir do ouvir dizer deve ser excluída das ciências. Pois, pelo simples ouvir dizer, quando o próprio intelecto não o precede, nunca alguém poderá ser afetado.

[27][i,46] Quanto ao segundo, também se deve dizer que ninguém tem a ideia daquela proporção que ele busca. Além de ser uma coisa bastante incerta e sem fim, ninguém nunca perceberá por tal

---

[i] *Aqui tratarei um pouco mais prolixamente da experiência e examinarei o método de proceder tanto dos empíricos quanto dos filósofos recentes.*

in rebus naturalibus percipiet praeter accidentia, quae nunquam claré intelliguntur, nisi praecognitis essentiis. Unde etiam et ille secludendus est.

[28] De tertio autem aliquo modo dicendum, quòd habeamus ideam rei, deinde quòd etiam absque periculo erroris concludamus; sed tamen per se non erit medium, ut nostram perfectionem acquiramus.

[29] Solus quartus modus comprehendit essentiam rei adaequatam, et absque erroris periculo; ideoque maximè erit usurpandus. Quomodò ergo sit adhibendus, ut res incognitae tali cognitione à nobis intelligantur, simulque, ut hoc quàm compendiosè fiat, curabimus explicare. [30] Postquam novimus, quaenam Cognitio nobis sit necessaria, tradenda est Via, et Methodus, quâ res, quae sunt cognoscendae, tali cognitione cognoscamus. Quod ut fiat, venit prius considerandum, quòd hic non dabitur inquisitio in infinitum; scilicet, ut inveniatur optima Methodus verum investigandi, non opus est aliâ Methodo, ut Methodus veri investigandi investigetur; et, ut secunda Methodus investigetur, non opus est aliâ tertiâ, et sic in infinitum: tali enim modo nunquam ad veri cognitionem, imò ad nullam cognitionem perveniretur. Hoc verò eodem modo se habet, ac se habent instrumenta corporea, ubi eodem modo liceret argumentari. Nam, ut ferrum cudatur, malleo opus est, et ut malleus habeatur, eum fieri necessum est; ad quod alio malleo, aliisque instrumentis opus est, quae etiam ut habeantur, aliis opus erit instrumentis, et sic in infinitum; et hoc modo frustrà aliquis probare conaretur, homines nullam habere potestatem ferrum cudendi. [31] Sed quemadmodum homines initio innatis instrumentis quaedam facillima, quamvis laboriosè, et imperfectè, facere quiverunt, iisque confectis alia difficiliora minori labore, et perfectiùs confecerunt, et sic gradatim ab operibus simplicissimis ad instrumenta, et ab instrumentis ad alia opera, et instrumenta pergendo, eò pervenerunt, ut tot, et

modo, nas coisas naturais, nada além de acidentes,[47] os quais nunca são claramente entendidos a não ser que antes sejam conhecidas as essências. Por isso, este [modo] também há de ser excluído.

[28] Já do terceiro deve-se dizer que, de alguma maneira, temos uma ideia da coisa e, ademais, que também concluímos sem perigo de erro; mas não será por si um meio para adquirirmos nossa perfeição.

[29] O quarto modo sozinho compreende a essência adequada da coisa e sem perigo de erro, e por isso ele haverá de ser maximamente usado. Logo, cuidaremos de explicar como ele há de ser aplicado para que as coisas desconhecidas nos sejam entendidas por tal conhecimento, e para que, em simultâneo, isso ocorra da maneira mais resumida possível.[48] [30] Depois que conhecemos qual conhecimento nos é necessário, deve-se apresentar a via e o método pelos quais conheceremos as coisas que hão de ser conhecidas por tal conhecimento. Para que isso se faça, cumpre primeiro considerar que aqui não se dará uma inquirição ao infinito. Com efeito, para descobrir o melhor método de investigar o verdadeiro, não é preciso outro método para investigar o método de investigar o verdadeiro; e, para investigar esse segundo método, não é preciso um terceiro, e assim ao infinito; com efeito, de tal modo nunca se chegaria ao conhecimento do verdadeiro, mais ainda, a conhecimento nenhum.[49] Na verdade, isso se comporta do mesmo modo como se comportam os instrumentos corpóreos, sobre os quais seria lícito argumentar do mesmo modo. Pois, para forjar o ferro, é preciso um martelo, e, para ter um martelo, é necessário fazê-lo, para o que é preciso outro martelo e outros instrumentos, e, para ter estes, será preciso ter outros instrumentos, e assim ao infinito; e, desse modo, em vão alguém se esforçaria em provar que os homens nenhum poder têm de forjar o ferro. [31] Mas, assim como no início os homens puderam fazer, com instrumentos inatos, algumas coisas muito fáceis, ainda que trabalhosa e imperfeitamente, e, confeccionadas estas, confeccionaram outras mais difíceis, com menos trabalho e mais perfeição, e assim, gradativamente, passando das obras mais simples aos instrumentos, e dos instrumentos a outras obras e outros instrumentos, chegaram a perfazer tantas e tão difíceis coisas com pouco trabalho;[50] assim

tam difficilia parvo labore perficiant; sic etiam intellectus[k] vi suâ nativâ facit sibi instrumenta intellectualia, quibus alias vires acquirit ad alia opera[l] intellectualia, et ex iis operibus alia instrumenta, seu potestatem ulteriùs investigandi, et sic gradatim pergit, donec sapientiae culmen attingat. [32] Quòd autem intellectus ita sese habeat, facile erit videre, modò intelligatur, quid sit Methodus verum investigandi, et quaenam sint illa innata instrumenta, quibus tantùm eget ad alia ex iis instrumenta conficienda, ut ulteriùs procedat. Ad quod ostendendum sic procedo.

[33] Idea[m] vera (habemus enim ideam veram) est diversum quid à suo ideato: Nam aliud est circulus, aliud idea circuli. Idea enim circuli non est aliquid, habens peripheriam, et centrum, uti circulus, nec idea corporis est ipsum corpus: et cùm sit quid diversum à suo ideato, erit etiam per se aliquid intelligibile; hoc est, idea, quoad suam essentiam formalem, potest esse objectum alterius essentiae objectivae, et rursus haec altera essentia objectiva erit etiam in se spectata quid reale, et intelligibile, et sic indefinitè. [34] Petrus ex. gr. est quid reale; vera autem idea Petri est essentia Petri objectiva, et in se quid reale, et omninò diversum ab ipso Petro. Cùm itaque idea Petri sit quid reale, habens suam essentiam peculiarem, erit etiam quid intelligibile, id est, objectum alterius ideae, quae idea habebit in se objectivè omne id, quod idea Petri habet formaliter, et rursus idea, quae est ideae Petri, habet iterum suam essentiam, quae etiam potest esse objectum alterius ideae, et sic indefinitè. Quod quisque potest experiri, dum videt se scire, quid sit Petrus, et etiam scire se scire, et rursùs scit se scire, quòd scit, etc. Unde constat, quòd, ut intelligatur essentia Petri, non sit necesse ipsam ideam Petri intelligere, et

---

[k] *Per vim nativam intelligo illud, quod in nobis à causis externis <non> causatur, quodque postea in meâ Philosophiâ explicabimus.*

[l] *Hîc vocantur opera: in meâ Philosophiâ, quid sint, explicabitur.*

[m] *Nota, quòd hîc non tantùm curabimus ostendere id, quod modò dixi, sed etiam nos hucusque rectè processisse, et simul alia scitu valdè necessaria.*

também o intelecto, por sua força nativa,[k,51] faz para si instrumentos intelectuais,[52] com os quais adquire outras forças para outras obras[l] intelectuais,[53] e, a partir destas obras, outros instrumentos, ou seja, o poder de investigar mais além, e assim continua gradativamente até atingir o cume da sabedoria. [32] Ora, será fácil ver que o intelecto se comporta assim, desde que sejam entendidos o que é o método de investigar o verdadeiro e quais são aqueles instrumentos inatos dos quais, apenas, ele precisa para confeccionar, a partir destes, outros instrumentos, a fim de proceder mais além. Para mostrar isso, procedo assim.

[33] A ideia verdadeira[m] (com efeito, temos uma ideia verdadeira) é algo diverso do seu ideado, pois uma coisa é o círculo, outra é a ideia do círculo. Com efeito, a ideia do círculo não é algo que tenha periferia[54] e centro, como o círculo, nem a ideia do corpo é o próprio corpo; e, como é algo diverso de seu ideado, será também, por si, algo inteligível; isto é, a ideia, quanto à sua essência formal,[55] pode ser objeto de outra essência objetiva, e, outra vez, essa outra essência objetiva, considerada em si, será também algo real e inteligível, e assim indefinidamente. [34] Por ex., Pedro é algo real; contudo, a ideia verdadeira de Pedro é a essência objetiva de Pedro e é algo real em si e totalmente diverso do próprio Pedro. Portanto, como a ideia de Pedro é algo real, que tem sua essência peculiar, será também algo inteligível, isto é, objeto de outra ideia, a qual terá em si objetivamente tudo o que a ideia de Pedro tem formalmente, e, outra vez, a ideia que é da ideia de Pedro tem de novo a sua essência, a qual também pode ser objeto de outra ideia, e assim indefinidamente. Isso qualquer um pode experimentar ao ver que sabe o que é Pedro e também que sabe que sabe e, outra vez, que sabe que sabe que sabe. Donde consta que, para entender a essência de Pedro, não é necessário entender a própria ideia de Pedro, e muito menos a ideia da ideia de Pedro, o que é o

---

[k] *Por força nativa entendo aquilo que em nós <não> é causado por causas externas, e que depois explicaremos em minha Filosofia.*

[l] *Aqui, chamam-se "obras"; em minha Filosofia, será explicado o que são.*

[m] *Nota que aqui cuidaremos de mostrar não apenas aquilo que acabo de dizer, mas também que até agora procedemos corretamente, e, em simultâneo, outras coisas muito necessárias de saber.*

multò minùs ideam ideae Petri; quod idem est, ac si dicerem, non esse opus, ut sciam, quòd sciam me scire, et multò minùs esse opus scire, quòd sciam me scire; non magis, quàm ad intelligendam essentiam trianguli opus sit essentiam circuli[n] intelligere. Sed contrarium datur in his ideis. Nam ut sciam me scire, necessariò debeo priùs scire. [35] Hinc patet, quòd certitudo nihil sit praeter ipsam essentiam objectivam; id est, modus, quo sentimus essentiam formalem, est ipsa certitudo. Unde iterùm patet, quòd ad certitudinem veritatis nullo alio signo sit opus, quàm veram habere ideam: Nam, uti ostendimus, non opus est, ut sciam, quòd sciam me scire. Ex quibus rursùm patet, neminem posse scire, quid sit summa certitudo, nisi qui habet adaequatam ideam, aut essentiam objectivam alicujus rei; nimirùm, quia idem est certitudo, et essentia objectiva. [36] Cùm itaque veritas nullo egeat signo, sed sufficiat habere essentias rerum objectivas, aut, quod idem est, ideas, ut omne tollatur dubium, hinc sequitur, quòd vera non est Methodus signum veritatis quaerere post acquisitionem idearum, sed quòd vera Methodus est via, ut ipsa veritas, aut essentiae objectivae rerum, aut ideae (omnia illa idem significant) debito ordine[o] quaerantur. [37] Rursùs Methodus necessariò debet loqui de Ratiocinatione, aut de intellectione; id est, Methodus non est ipsum ratiocinari ad intelligendum causas rerum, et multò minùs est τὸ intelligere causas rerum; sed est intelligere, quid sit vera idea, eam à caeteris perceptionibus distinguendo, ejusque naturam investigando, ut inde nostram intelligendi potentiam noscamus, et mentem ità cohibeamus, ut ad illam normam omnia intelligat, quae sunt intelligenda; tradendo, tanquam auxilia, certas regulas, et etiam faciendo, ne mens inutilibus defatigetur. [38] Unde colligitur, Methodum nihil aliud esse, nisi cognitionem reflexivam, aut ideam ideae; et quia non datur

---

[n] Nota, quòd hic non inquirimus, quomodò prima essentia obiectiva nobis innata sit. Nam id pertinet ad investigationem naturae, ubi haec fusiùs explicantur, et simul ostenditur, quòd praeter ideam nulla datur affirmatio, neque negatio, neque ulla voluntas.

[o] Quid quarere in animâ sit, explicatur in meâ Philosophiâ.

mesmo que se eu dissesse que, para que eu saiba, não é preciso que eu saiba que sei, e muito menos é preciso saber que sei que sei, não mais do que, para entender a essência do triângulo, é preciso entender a essência do círculo.[n] Mas nessas ideias se dá o contrário. Pois, para saber que sei, devo necessariamente primeiro saber. [35] Daí é patente que a certeza não é nada além da própria essência objetiva, isto é, o modo como sentimos a essência formal é a própria certeza. Donde de novo é patente que, para a certeza da verdade, nenhum outro signo é preciso senão ter uma ideia verdadeira. Pois, como mostramos, não é preciso, para que eu saiba, que eu saiba que sei. Disso é outra vez patente que ninguém pode saber o que é a suma certeza a não ser quem tem uma ideia adequada ou a essência objetiva de alguma coisa, porque, de fato, a certeza e a essência objetiva são o mesmo. [36] Portanto, como a verdade não precisa de nenhum signo, mas é suficiente ter as essências objetivas das coisas, ou, o que é o mesmo, as ideias, para suprimir toda dúvida, daí se segue que o verdadeiro método não é buscar o signo da verdade depois da aquisição das ideias,[56] mas que o verdadeiro método é a via para que a própria verdade, ou as essências objetivas das coisas, ou as ideias (todas essas significam o mesmo) sejam buscadas na devida ordem.[o] [37] O método, outra vez, deve necessariamente falar de raciocínio ou de intelecção; isto é, o método não é o próprio raciocinar para entender as causas das coisas, e muito menos é o[57] entender as causas das coisas, mas é entender o que é uma ideia verdadeira, distinguindo-a das demais percepções e investigando sua natureza, para daí conhecermos nossa potência de entender e coibirmos a mente de maneira que ela entenda, conforme essa norma, tudo o que há de ser entendido; dando como auxílios regras certas e também fazendo com que a mente não se canse com inutilidades. [38] Donde se colige que o método nada outro é senão o conhecimento reflexivo ou a ideia da ideia; e, porque não se dá uma ideia de uma ideia a não ser que primeiro se dê uma ideia, logo

---

[n] Nota que aqui não inquirimos como a primeira essência objetiva é inata em nós. Pois isso pertence à investigação da natureza, em que essas coisas são mais amplamente explicadas e, em simultâneo, é mostrado que, além da ideia, não se dá nenhuma afirmação, nem negação, nem vontade alguma.

[o] O que é buscar na alma é explicado em minha Filosofia.

idea ideae, nisi priùs detur idea, ergo Methodus non dabitur, nisi priùs detur idea. Unde illa bona erit Methodus, quae ostendit, quomodò mens dirigenda sit ad datae verae ideae normam. Porrò cùm ratio, quae est inter duas ideas, sit eadem cum ratione, quae est inter essentias formales idearum illarum, inde sequitur, quòd cognitio reflexiva, quae est ideae Entis perfectissimi, praestantior erit cognitione reflexiva caeterarum idearum; hoc est, perfectissima ea erit Methodus, quae ad datae ideae Entis perfectissimi normam ostendit, quomodò mens sit dirigenda.

[39] Ex his facilè intelligitur, quomodò mens, plura intelligendo, alia simul acquirat instrumenta, quibus faciliùs pergat intelligere. Nam, ut ex dictis licet colligere, debet ante omnia in nobis existere vera idea, tanquam innatum instrumentum, quâ intellectâ intelligatur simul differentia, quae est inter talem perceptionem, et caeteras omnes. Quâ in re consistit una Methodi pars. Et cùm per se clarum sit, mentem eò melius se intelligere, quò plura de Naturâ intelligit, inde constat, hanc Methodi partem eò perfectiorem fore, quò mens plura intelligit, et tum fore perfectissimam, cum mens ad cognitionem Entis perfectissimi attendit, sive reflectit. [40] Deinde, quò plura mens novit, eò meliùs et suas vires, et ordinem Naturae intelligit: quò autem meliùs suas vires intelligit, eò faciliùs potest seipsam dirigere, et regulas sibi proponere; et quò meliùs ordinem Naturae intelligit, eò faciliùs potest se ab inutilibus cohibere; in quibus tota consistit Methodus, uti diximus. [41] Adde quòd idea eodem modo se habet objectivè, ac ipsius ideatum se habet realiter. Si ergo daretur aliquid in Naturâ, nihil commercii habens cum aliis rebus, ejus etiam si daretur essentia objectiva, quae convenire omninò deberet cum formali, nihil etiam[p] commercii haberet cum aliis ideis, id est, nihil de ipsâ poterimus <verstaan noch> concludere; et contrà, quae habent commercium cum aliis rebus, uti sunt omnia, quae in Naturâ existunt, intelligentur, et ipsorum etiam essentiae

---

[p] *Commercium habere cum aliis rebus est produci ab aliis, aut alia producere.*

não se dará um método se primeiro não for dada uma ideia. Donde será bom aquele método que mostre como a mente há de ser dirigida conforme a norma da ideia verdadeira dada. Além disso, como a razão que há entre duas ideias é a mesma que a razão que há entre as essências formais dessas ideias, daí se segue que o conhecimento reflexivo que é da ideia do Ente perfeitíssimo será mais excelente que o conhecimento reflexivo das demais ideias; isto é, será perfeitíssimo o método que mostre como a mente há de ser dirigida conforme a norma da ideia dada do Ente perfeitíssimo.

[39] A partir disso entende-se com facilidade como a mente, entendendo mais coisas, em simultâneo adquire outros instrumentos, com os quais continua mais facilmente a entender. Pois, como é lícito coligir do que foi dito, antes de tudo deve existir em nós, tal como um instrumento inato, uma ideia verdadeira pela qual, entendida, entende-se simultaneamente a diferença que há entre tal percepção e todas as demais. Nisso consiste uma parte do método. E, como é claro por si que a mente tanto melhor entende a si mesma quanto mais coisas ela entende sobre a Natureza, consta daí que essa parte do método será tanto mais perfeita quanto mais coisas a mente entender, e então será perfeitíssima quando a mente atentar, ou seja, refletir sobre o conhecimento do Ente perfeitíssimo. [40] Ademais, quanto mais coisas a mente conhece, melhor ela entende tanto as suas forças como a ordem da Natureza; ora, quanto melhor ela entende as suas forças, mais facilmente pode dirigir a si própria e propor regras para si; e quanto melhor ela entende a ordem da Natureza, mais facilmente pode coibir-se a afastar-se de inutilidades; nisso consiste, como dissemos, o método todo. [41] Acresce que a ideia se comporta objetivamente do mesmo modo como o seu ideado se comporta realmente. Logo, se se desse na Natureza algo que nenhum comércio[58] tivesse com as outras coisas, e se também se desse[59] sua essência objetiva, a qual deveria convir totalmente com a formal, então ela também não teria nenhum comércio[p] com as outras ideias; isto é, nada poderíamos concluir <nem entender> sobre ela; e, ao contrário, as coisas que têm comércio com outras coisas, tal como todas as que existem na Natureza, serão entendidas, e suas essências

---

[p] Ter comércio com outras coisas é ser produzido por outras ou produzir outras.

objectivae idem habebunt commercium, id est, aliae ideae ex eis deducentur, quae iterum habebunt commercium cum aliis, et sic instrumenta, ad procedendum ulteriùs, crescent. Quod conabamur demonstrare. [42] Porrò ex hoc ultimo, quod diximus, scilicet quòd idea omninò cum suâ essentiâ formali debeat convenire, patet iterum, quòd, ut mens nostra omninò referat Naturae exemplar, debeat omnes suas ideas producere ab eâ, quae refert originem, et fontem totius Naturae, ut ipsa etiam sit fons caeterarum idearum.

[43] Hîc fortè aliquis mirabitur, quòd nos, ubi diximus, bonam Methodum eam esse, quae ostendit, quomodò mens sit dirigenda ad datae verae ideae normam, hoc ratiocinando probemus: id quod ostendere videtur, hoc per se non esse notum. Atque adeò quaeri potest, utrùm nos bene ratiocinemur? Si bene ratiocinamur, debemus incipere à datâ ideâ, et cùm incipere à datâ ideâ egeat demonstratione, deberemus iterum nostrum ratiocinium probare, et tum iterum illud alterum, et sic in infinitum. [44] Sed ad hoc respondeo: quòd si quis fato quodam sic processisset, Naturam investigando, scilicet ad datae verae ideae normam alias acquirendo ideas debito ordine, nunquam de suâ veritate[q] dubitasset, eò quòd veritas, uti ostendimus, se ipsam patefacit, et etiam sponte omnia ipsi affluxissent. Sed quia hoc nunquam, aut rarò contingit, ideò coactus fui illa sic ponere, ut illud, quod non possumus fato, praemeditato tamen consilio acquiramus, et simul, ut appareret, ad probandam veritatem, et bonum ratiocinium, nullis nos egere instrumentis, nisi ipsâ veritate, et bono ratiocinio: Nam bonum ratiocinium bene ratiocinando comprobavi, et adhuc probare conor. [45] Adde, quòd etiam hoc modo homines assuefiant meditationibus suis internis. Ratio autem, cur in Naturae inquisitione rarò contingat, ut debito ordine ea investigetur, est propter praejudicia, quorum causas postea in nostrâ Philosophiâ explicabimus. Deinde quia opus est magnâ, et accuratâ distinctione, sicut postea

---

[q] *Sicut etiam hîc non dubitamus de nostrâ veritate.*

objetivas também terão o mesmo comércio, isto é, a partir delas serão deduzidas outras ideias, as quais, de novo, terão comércio com outras, e assim crescerão os instrumentos para proceder mais além. Era o que nos esforçávamos em demonstrar. [42] Ademais, a partir disso que dissemos por último, a saber, que a ideia deve convir totalmente com sua essência formal, é patente de novo que,[60] para que a nossa mente reproduza[61] totalmente o modelo da Natureza, deve produzir todas as suas ideias a partir daquela que reproduz a origem e a fonte da Natureza toda, para que ela própria[62] também seja a fonte das demais ideias.[63]

[43] Aqui talvez se admire alguém de que nós, quando dissemos que um bom método é aquele que mostra como a mente há de ser dirigida conforme a norma da ideia verdadeira dada,[64] provamo-lo raciocinando, o que parece mostrar que isso não é conhecido por si. E pode-se perguntar até mesmo se raciocinamos bem. Se raciocinamos bem, devemos começar pela ideia dada, e, como se precisa de demonstração para começar pela ideia dada, deveríamos provar de novo o nosso raciocínio, e então outra vez este outro, e assim ao infinito. [44] Mas a isso respondo que se, por um acaso, alguém procedesse assim ao investigar a Natureza, a saber, adquirindo, conforme a norma da ideia verdadeira dada, outras ideias na devida ordem, ele nunca duvidaria[q] de sua verdade, porque a verdade, tal como mostramos, faz-se patente a si mesma,[65] e também porque todas as coisas lhe afluiriam espontaneamente. Mas, porque isso nunca ou raramente acontece, fui forçado a pôr essas coisas assim, a fim de que aquilo que não podemos adquirir por acaso, adquiramo-lo, contudo, por plano premeditado, e, em simultâneo, a fim de que aparecesse que, para provar a verdade e o bom raciocínio, não precisamos de nenhum instrumento senão da própria verdade e do bom raciocínio. Pois, raciocinando bem, comprovei o bom raciocínio, e ainda me esforço em prová-lo. [45] Acresce que, também desse modo, os homens se acostumam às suas meditações internas. Ora, a razão por que, na inquirição da Natureza, raramente acontece de esta ser investigada na devida ordem são os preconceitos, cujas causas explicaremos depois[66] em nossa Filosofia.[67] Ademais, porque é preciso, tal como mostraremos depois, uma grande e cuidadosa distinção, e isso

---

[q] *Assim como aqui também não duvidamos de nossa verdade.*

ostendemus; id quod valdè est laboriosum. Denique propter statum rerum humanarum, qui, ut jam ostensum est, prorsus est mutabilis. Sunt adhuc aliae rationes, quas non inquirimus.

[46] Si quis fortè quaerat, cur ipse statim ante omnia veritates Naturae isto ordine ostenderim: nam veritas se ipsam patefacit? Ei respondeo, simulque moneo, ne propter Paradoxa, quae fortè passim occurrent, ea velit tanquam falsa rejicere; sed priùs dignetur ordinem considerare, quo ea probemus, et tum certus evadet, nos verum assequutos fuisse, et haec fuit causa, cur haec praemiserim.

[47] Si postea fortè quis Scepticus et de ipsâ primâ veritate, et de omnibus, quas ad normam primae deducemus, dubius adhuc maneret, ille profectò aut contra conscientiam loquetur, aut nos fatebimur, dari homines penitùs etiam animo occaecatos à nativitate, aut à praejudiciorum causâ, id est, aliquo externo casu. Nam neque seipsos sentiunt; si aliquid affirmant, vel dubitant, nesciunt se dubitare, aut affirmare: dicunt se nihil scire; et hoc ipsum, quod nihil sciunt, dicunt se ignorare; neque hoc absolutè dicunt: nam metuunt fateri, se existere, quamdiu nihil sciunt; adeò ut tandem debeant obmutescere, ne fortè aliquid supponant, quod veritatem redoleat. [48] Denique cum ipsis non est loquendum de scientiis: nam quod ad vitae, et societatis usum attinet, necessitas eos coëgit, ut supponerent, se esse, et ut suum utile quaererent, et jurejurando multa affirmarent, et negarent. Nam, si aliquid ipsis probetur, nesciunt, an probet, aut deficiat argumentatio. Si negant, concedunt, aut opponunt; nesciunt se negare, concedere, aut opponere; adeoque habendi sunt tanquam automata, quae mente omninò carent.

[49] Resumamus jam nostrum propositum. Habuimus hucusque primò finem, ad quem omnes nostras cogitationes dirigere studemus. Cognovimus secundò, quaenam sit optima perceptio, cujus ope ad nostram perfectionem pervenire possimus. Cognovimus tertiò, quaenam sit prima via, cui mens insistere debeat, ut bene incipiat; quae est, ut ad normam datae cujuscunque verae ideae pergat, certis legibus inquirere.

é muito trabalhoso. Por fim, por causa do estado das coisas humanas, que, como já foi mostrado,[68] é inteiramente mutável. Há ainda outras razões que não inquirimos.

[46] Se alguém talvez perguntar por que eu mesmo mostrei,[69] imediatamente e antes de tudo, as verdades da Natureza nesta ordem, já que a verdade se faz patente por si mesma,[70] respondo-lhe e em simultâneo o advirto a não querer rejeitar essas coisas como falsas por causa dos paradoxos que talvez ocorrerão aqui e ali, mas que ele primeiro se digne a considerar a ordem pela qual as provamos, e ele então ficará certo de que alcançamos a verdade; e esse foi o motivo por que coloquei essas coisas antes.

[47] Se depois talvez algum cético ainda permanecer em dúvida tanto sobre a própria primeira verdade quanto sobre todas as coisas que deduzimos conforme a norma dessa primeira, ou ele de fato falará contra a consciência, ou confessaremos darem-se homens profundamente cegos do ânimo, de nascença ou por causa dos preconceitos, isto é, por alguma situação externa. Pois nem a si mesmos sentem: se afirmam ou duvidam de algo, não sabem que duvidam ou afirmam; dizem que nada sabem, e mesmo isso, o fato de nada saberem, dizem ignorar; e não o dizem absolutamente, pois têm medo de confessar que existem enquanto nada sabem, de tal maneira que, por fim, devem emudecer, para não suporem algo que talvez cheire a verdade. [48] Finalmente, não se há de falar com eles sobre as ciências, pois, no que atina ao uso da vida e da sociedade, a necessidade forçou-os a supor que são, a buscar o seu útil e a afirmar ou negar muitas coisas sob juramento. Pois, se algo lhes é provado, não sabem se a argumentação prova ou se é deficiente. Se eles negam, concedem ou se opõem, não sabem eles que negam, concedem ou se opõem, de tal maneira que hão de ser tidos por autômatos,[71] que carecem por completo de mente.

[49] Resumamos agora nosso propósito. Até aqui tivemos, em primeiro lugar, o fim ao qual nos empenhamos em dirigir todos os nossos pensamentos. Em segundo lugar, conhecemos qual é a melhor percepção, por cujo auxílio podemos chegar à nossa perfeição. Em terceiro lugar, conhecemos qual é a primeira via na qual a mente deve insistir para começar bem, qual seja, inquirir com leis certas para que ela continue conforme a norma de qualquer ideia verdadeira dada.

Quod ut recte fiat, haec debet Methodus praestare: Primò veram ideam à caeteris omnibus perceptionibus distinguere, et mentem à caeteris perceptionibus cohibere. Secundò tradere regulas, ut res incognitae ad talem normam percipiantur. Tertiò <en eindelijk> ordinem constituere, ne inutilibus defatigemur. Postquam hanc Methodum novimus, vidimus quartò hanc Methodum perfectissimam futuram, ubi habuerimus ideam Entis perfectissimi. Unde initio illud erit maximè observandum, ut quantò ociùs ad cognitionem talis Entis perveniamus.

[50] Incipiamus itaque à primâ parte Methodi, quae est, uti diximus, distinguere, et separare ideam veram à caeteris perceptionibus, et cohibere mentem, ne falsas, fictas, et dubias cum veris confundat: quod utcunque fusè hîc explicare animus est, ut Lectores detineam in cogitatione rei adeò necessariae, et etiam, quia multi sunt, qui vel de veris dubitant ex eo, quòd non attenderunt ad distinctionem, quae est inter veram perceptionem, et alias omnes. Adeò ut sint veluti homines, qui, cum vigilarent, non dubitabant se vigilare; sed postquam semel in somniis, ut saepe fit, putârunt se certò vigilare, quod postea falsum esse reperiebant, etiam de suis vigiliis dubitarunt: quod contingit, quia nunquam distinxerunt inter somnum, et vigiliam. Interim moneo, me hîc essentiam uniuscujusque perceptionis, eamque per proximam suam causam non explicaturum, quia hoc ad Philosophiam pertinet, sed tantùm traditurum id, quod Methodus postulat, id est, circa quae perceptio ficta, falsa, et dubia versetur, et quomodò ab unâquâque liberabimur. Sit itaque prima inquisitio circa ideam fictam.

[52] Cùm omnis perceptio sit vel rei, tanquam existentis consideratae, vel solius essentiae, et frequentiores fictiones contingant circa res, tanquam existentes, consideratas, ideò priùs de hâc loquar; scilicet ubi sola existentia fingitur, et res, quae in tali actu fingitur, intelligitur, sive supponitur intelligi. Ex. gr. fingo Petrum, quem novi, ire domum, eum me

Para que isso se faça corretamente, o método deve prestar estas coisas: primeiro, distinguir a ideia verdadeira de todas as demais percepções e coibir a mente a afastar-se das demais percepções.[72] Segundo, dar regras para que coisas desconhecidas sejam percebidas conforme tal norma.[73] Terceiro, <e finalmente,> constituir uma ordem para não nos cansarmos com inutilidades.[74] Depois que conhecemos esse método,[75] vimos, em quarto lugar, que esse método será perfeitíssimo quando tivermos a ideia do Ente perfeitíssimo. Donde, desde o início, isso haverá de ser maximamente observado, a fim de chegarmos o mais rápido possível ao conhecimento de tal Ente.[76]

[50] Comecemos, pois, pela primeira parte do método, que é, como dissemos, distinguir e separar a ideia verdadeira das demais percepções e coibir a mente para que ela não confunda as falsas, fictícias e duvidosas com as verdadeiras, o que, de qualquer maneira, é minha intenção explicar aqui amplamente, para que os leitores se detenham no pensamento de uma coisa tão necessária, e também porque há muitos que duvidam até mesmo das verdadeiras, por não se haverem atentado à distinção que há entre a percepção verdadeira e todas as outras. De tal maneira que são como homens que, quando estavam em vigília, não duvidavam estar em vigília, mas depois que, uma vez em sonhos – como frequentemente ocorre –, acharam estar certamente em vigília, o que depois descobriam ser falso, também duvidaram de suas vigílias; o que acontece porque nunca distinguiram entre o sono[77] e a vigília.[78] [51] Nesse ínterim, advirto que não explicarei aqui a essência de cada percepção, nem esta por sua causa próxima,[79] porque isso pertence à Filosofia, mas apenas trarei aquilo que o método postula, isto é, acerca de que coisas versam a percepção fictícia, a falsa e a duvidosa, e de como nos libertaremos de cada uma.[80] Seja, pois, a primeira inquirição acerca da ideia fictícia.

[52] Como toda percepção ou é de uma coisa considerada como existente ou é da essência sozinha, e como são mais frequentes as ficções acerca de coisas consideradas como existentes, então falarei primeiro desta, a saber, quando se finge[81] a existência sozinha, e a coisa que se finge em tal ato é entendida ou supõe-se ser entendida. Por ex., finjo que Pedro, que conheço, vai para casa, visita-me e

invisere, et[r] similia. Hîc quaero, circa quae talis idea versetur? Video eam tantùm versari circa possibilia, non verò circa necessaria, neque circa impossibilia. [53] Rem impossibilem voco, cujus natura implicat contradictionem, ut ea existat; necessariam, cujus natura implicat contradictionem, ut ea non existat; possibilem, cujus quidem existentia, ipsâ suâ naturâ, non implicat contradictionem, ut existat, aut non existat, sed cujus existentiae necessitas, aut impossibilitas pendet à causis nobis ignotis, quamdiu ipsius existentiam fingimus; ideoque si ipsius necessitas, aut impossibilitas, quae à causis externis pendet, nobis esset nota, nihil etiam de eâ potuissemus fingere. [54] Unde sequitur, si detur aliquis Deus, aut omniscium quid, nihil prorsùs eum posse fingere. Nam, quod ad Nos attinet, postquam[s] novi me existere, non possum fingere me existere, aut non existere; nec etiam possum fingere elephantem, qui transeat per acûs foramen; nec possum, postquam[t] naturam Dei novi, fingere eum existentem, aut non existentem: idem intelligendum est de Chimaerâ, cujus natura existere implicat. Ex quibus patet id, quod dixi, scilicet quòd fictio, de quâ hic loquimur, non contingit circa aeternas[u] veritates. Statim etiam ostendam, quòd nulla fictio versetur circa aeternas veritates. [55] Sed antequam ulteriùs pergam, hîc obiter notandum est, quòd illa differentia, quae est inter essentiam unius rei, et essentiam alterius, ea ipsa sit inter actualitatem, aut existentiam ejusdem

---

[r] *Vide ulteriùs id, quod de hypothesibus notabimus, quae à nobis clarè intelliguntur; sed in eo est fictio, quòd dicamus, eas tales in corporibus coelestibus existere.*

[s] *Quia res, modò ea intelligatur, se ipsam manifestat, ideò tantùm egemus exemplo sine aliâ demonstratione. Idemque erit hujus contradictoria, quae ut appareat esse falsa, tantùm opus recenseri, uti statim apparebit, quum de fictione circa essentiam loquemur.*

[t] *Nota. Quamvis multi dicant se dubitare, an Deus existat, illos tamen nihil praeter nomen habere, vel aliquid fingere, quod Deum vocant: id quod cum Dei naturâ non convenit, ut postea suo loco ostendam.*

[u] *Statim etiam ostendam, quod nulla fictio versetur circa aeternas veritates. Per aeternam veritatem talem intelligo, quae, si est affirmativa, nunquam poterit esse negativa. Sic prima, et aeterna veritas est,* Deum esse, *non autem est aeterna veritas,* Adamum cogitare. Chimaeram non esse, *est aeterna veritas, non autem,* Adamum non cogitare.

coisas semelhantes.[r,82] Aqui pergunto: acerca de que coisas versa tal ideia? Vejo que ela versa apenas acerca das possíveis, e não acerca das necessárias nem acerca das impossíveis. [53] Chamo de impossível uma coisa cuja natureza decerto implica contradição em que ela exista;[83] de necessária, cuja natureza implica contradição em que ela não exista; de possível, cuja existência, por sua própria natureza, não implica contradição em que ela exista ou não exista, mas cuja necessidade ou impossibilidade de existência depende de causas desconhecidas por nós enquanto fingimos sua existência; e, por isso, se sua necessidade ou impossibilidade, que depende de causas externas, fosse conhecida por nós, nada também poderíamos fingir sobre ela. [54] Donde se segue que, se se dá algum Deus ou algo onisciente, ele[84] não pode fingir absolutamente nada. Pois, no que nos atina, depois que conheço[s,85] que existo, não posso fingir que existo ou não existo, nem mesmo posso fingir um elefante que passe pelo buraco de uma agulha,[86] nem posso, depois que conheço a natureza[t,87] de Deus, fingir que ele existe ou não existe; o mesmo há de ser entendido sobre a quimera, cuja natureza implica contradição[88] em existir.[89] A partir dessas coisas, é patente aquilo que eu disse, a saber, que a ficção de que falamos aqui não acontece acerca das verdades eternas.[u,90] [55] Mas, antes de continuarmos mais além, aqui se deve notar, de passagem, que aquela diferença que há entre a essência de uma coisa e a essência de outra é aquela mesma que há entre a atualidade ou existência dessa coisa e a atualidade ou existência de outra coisa.

---

[r] Vê adiante *aquilo que notaremos sobre as hipóteses que são entendidas por nós claramente; mas a ficção consiste em dizermos que elas existem assim nos corpos celestes.*

[s] *Porque a coisa, desde que seja entendida, manifesta-se a si mesma, precisamos apenas de um exemplo, sem outra demonstração. E será o mesmo com a contraditória dela, a qual, para aparecer como falsa, é preciso apenas ser recenseada, tal como logo aparecerá quando falarmos da ficção acerca da essência.*

[t] *Nota: ainda que muitos digam duvidar de que Deus exista, eles não têm nada mais que um nome, ou fingem algo que chamam de Deus; o que não convém com a natureza de Deus, como mostrarei depois em seu devido lugar.*

[u] *E logo a seguir também mostrarei que nenhuma ficção versa acerca de verdades eternas. Entendo por verdade eterna uma tal que, se for afirmativa, nunca poderá ser negativa. Assim, a verdade primeira e eterna é que* Deus é; *todavia, não é verdade eterna que* Adão pensa. *É uma verdade eterna que* a quimera não é; *todavia, não que* Adão não pensa.

rei, et inter actualitatem, aut existentiam alterius rei. Adeò ut si existentiam ex. gr. Adami tantùm per generalem existentiam concipere velimus, idem futurum sit, ac si, ad concipiendam ipsius essentiam, ad naturam entis attendamus, ut tandem definiamus, Adamum esse ens. Itaque quò existentia generaliùs concipitur, eò etiam confusiùs concipitur, faciliusque unicuique rei potest affingi: econtra, ubi particulariùs concipitur, clariùs tum intelligitur, et difficiliùs alicui, nisi rei ipsi, ubi non attendimus ad Naturae ordinem, affingitur. Quod notatu dignum est.

[56] Veniunt jam hîc ea consideranda, quae vulgò dicuntur fingi, quamvis clarè intelligamus, rem ità sese non habere, uti eam fingimus. Ex. gr. quamvis sciam terram esse rotundam, nihil tamen vetat, quominùs alicui dicam terram medium globum esse, et tanquam medium pomum auriacum in scutellâ, aut solem circùm terram moveri, et similia. Ad haec si attendamus, nihil videbimus, quod non cohaereat cum jam dictis, modò priùs advertamus, nos aliquando potuisse errare, et jam errorum nostrorum esse conscios; deinde quòd possumus fingere, aut ad minimum putare, alios homines in eodem esse errore, aut in eum, ut nos antehac, posse incidere. Hoc, inquam, fingere possumus, quamdiu nullam videmus impossibilitatem, nullamque necessitatem: Quando itaque alicui dico, terram non esse rotundam, etc., nihil aliud ago, quàm in memoriam revoco errorem, quem fortè habui, aut in quem labi potui, et postea fingo, aut puto eum, cui hoc dico, adhuc esse, aut posse labi in eundem errorem. Quod, ut dixi, fingo, quamdiu nullam video impossibilitatem, nullamque necessitatem: hanc verò si intellexissem, nihil prorsùs fingere potuissem, et tantùm dicendum fuisset, me aliquid operatum esse.

[57] Superest jam, ut ea etiam notemus, quae in Quaestionibus supponuntur; id quod passim etiam contingit circa impossibilia. Ex. gr. quum dicimus: supponamus hanc candelam ardentem jam non ardere, aut supponamus eam ardere in aliquo spatio imaginario, sive ubi nulla dantur corpora: Quorum similia passim supponuntur, quamvis hoc ultimum clarè intelligatur impossibile esse; sed quando hoc fit, nil prorsùs

De tal maneira que, se quisermos, por ex., conceber a existência de Adão apenas pela existência geral, será o mesmo que se, para conceber a essência dele, atentarmos à natureza do ente, para enfim definirmos que Adão é um ente. Portanto, quanto mais geralmente a existência é concebida, tanto mais confusamente ela também é concebida, e mais facilmente pode ser fingida[91] em cada coisa; ao contrário, quando ela é concebida mais particularmente, então é entendida mais claramente, e é fingida mais dificilmente em algo que não seja a própria coisa, mesmo quando não atentamos à ordem da Natureza. Isso é digno de ser notado.

[56] Agora, cumpre considerar aqui as coisas que vulgarmente se diz que são fingidas, embora claramente entendamos que a coisa não se comporta tal como a fingimos. Por ex., ainda que eu saiba que a Terra é redonda, nada me veta dizer a alguém que a Terra é uma meia esfera e tal como uma meia laranja em um prato, ou que o Sol se move ao redor da Terra, e coisas semelhantes. Se atentarmos a essas coisas, nada veremos que não seja coerente com aquelas já ditas,[92] desde que primeiro advirtamos que um dia pudemos errar e que agora estamos cônscios de nossos erros; que, ademais, podemos fingir ou no mínimo achar que outros homens estão no mesmo erro ou que podem cair nele, como nós antes. Isso, digo, podemos fingir enquanto não vemos nenhuma impossibilidade e nenhuma necessidade; portanto, quando digo a alguém que a Terra não é redonda, nada outro faço senão chamar à memória o erro que eu talvez tenha cometido ou no qual pude cair, e depois finjo ou acho que aquele a quem digo isso ainda está ou pode cair no mesmo erro. Finjo isso, como eu disse, enquanto não vejo nenhuma impossibilidade e nenhuma necessidade; porém, se eu as houvesse entendido, não poderia fingir absolutamente nada, e se haveria de dizer apenas que fiz algo.

[57] Resta agora também notarmos as coisas que se supõem nas questões,[93] o que volta e meia também acontece acerca das coisas impossíveis. Por ex., quando dizemos: suponhamos que esta vela ardente não arda agora, ou suponhamos que ela arda em algum espaço imaginário, ou seja, onde nenhum corpo se dá. Volta e meia supõem-se coisas semelhantes a essas, ainda que se entenda claramente que este último caso é impossível; mas, quando isso ocorre,

fingitur. Nam primò nihil aliud egi, quam quòd[x] in memoriam revocavi aliam candelam non ardentem (aut hanc eandem concepi sine flammâ), et, quod cogito de eâ candelâ, id ipsum de hâc intelligo, quamdiu ad flammam non attendo. In secundo nihil aliud fit, quàm abstrahere cogitationes à corporibus circumjacentibus, ut mens se convertat ad solam candelae, in se solâ spectatae, contemplationem, ut postea concludat candelam nullam habere causam ad sui ipsius destructionem. Adeò ut si nulla essent corpora circumjacentia, candela haec, ac etiam flamma manerent immutabiles, aut similia: Nulla igitur datur hic fictio, sed[y] verae, ac merae assertiones.

[58] Transeamus jam ad fictiones, quae versantur circa essentias solas, vel cum aliquâ actualitate, sive existentiâ simul. Circa quas hoc maximè venit considerandum: quòd, quò mens minùs intelligit, et tamen plura percipit, eò majorem habeat potentiam fingendi, et quò plura intelligit, eò magis illa potentia diminuatur. Eodem ex. gr. modo, quo suprà vidimus, nos non posse fingere, quamdiu cogitamus, nos cogitare, et non cogitare, sic etiam, postquam novimus naturam corporis, non possumus fingere muscam infinitam; sive postquam novimus naturam[z] animae, non possumus fingere eam esse quadratam, quamvis omnia verbis possimus effari. Sed, uti

---

[x] *Postea cùm de fictione, quae versatur circa essentias, loquemur, clarè apparebit, quòd fictio nunquam aliquid novi faci, aut menti praebet; sed quòd tantùm ea, quae sunt in cérebro, aut in imaginatione, revocantur ad memoriam, et quòd confusè ad omnia simul mens attendit. Revocantur ex. gr. in memoriam loquela, et arbor; et cùm mens confusè attendit sine distinctione, putat arborem loqui, Idem de existentiâ intelligitur, praesertim, uti diximus cùm adeò generaliter, ac ens, concipitur: quia tum facilè applicatur omnibus, quae simul in memoriâ occurrunt. Quod notatu valdè dignum est.*

[y] *Idem etiam de hypothesibus intelligendum, quae fiunt ad certos motûs explicandum, qui conveniunt cum coelorum phoenomenis, nisi quòd ex iis, si motibus coelestibus applicentur, naturam coelorum concludant, quae tamen alia potest esse, praesertim cùm ad explicandum tales motûs multae aliae causae possint concipi.*

[z] *Saepe contingit, hominem hanc vocem* anima *ad suam memoriam revocare, et simul aliquam corpoream imaginem formare. Cùm verò haec duo simul repraesentantur, facilè putat se imaginari, et fingere animam corpoream: quia nomen à re ipsa non distinguit. Hîc postulo, ut lectores non sint praecipites ad hoc refutandum, quod, ut spero, non facient, modò ad exempla quàm accuratè attendant, et simul ad ea, quae sequuntur.*

não se finge absolutamente nada. Pois, no primeiro caso, nada outro fiz senão chamar à memória[x,94] outra vela não ardente (ou conceber aquela mesma sem a chama), e o que penso daquela vela também o entendo desta enquanto não me atenho à chama. No segundo, nada outro se faz senão abstrair os pensamentos dos corpos circunjacentes, a fim de que a mente se volte somente à contemplação da vela, considerada em si só, para depois concluir que a vela não tem nenhuma causa para a destruição de si mesma. De tal maneira que, se não houvesse nenhum corpo circunjacente, essa vela bem como sua chama permaneceriam imutáveis; ou coisas semelhantes. Portanto, não se dá aqui nenhuma ficção, mas verdadeiras[y] e meras asserções.

[58] Passemos agora às ficções que versam acerca das essências sozinhas ou em simultâneo com alguma atualidade, ou seja, existência. Acerca delas cumpre considerar maximamente isto: que, quanto menos a mente entende e, contudo, mais coisas percebe, tanto maior potência ela tem de fingir; e, quanto mais coisas ela entende, tanto mais essa potência diminui. Por ex., do mesmo modo que, como vimos anteriormente, não podemos fingir, enquanto pensamos, que pensamos e não pensamos, assim também, após conhecermos a natureza do corpo, não podemos fingir uma mosca infinita; ou seja, após conhecermos a natureza da alma,[z] não podemos fingir que ela seja quadrada, ainda que possamos dizer todas essas coisas com palavras. Mas, tal como dissemos,

---

[x] *Depois, quando falarmos da ficção que versa acerca das essências, aparecerá claramente que a ficção nunca faz ou apresenta algo de novo à mente, mas que apenas são chamadas à memória as coisas que estão no cérebro ou na imaginação, e que a mente atenta de maneira confusa a todas em simultâneo. Por ex., chamam-se à memória a fala e a árvore; e, como a mente atenta a elas de maneira confusa e sem distinção, acha que a árvore fala. O mesmo se entende da existência, especialmente, como dissemos, quando é concebida tão geralmente como ente; porque então é facilmente aplicada a todas as coisas que ocorrem simultaneamente na memória. Isso é muito digno de nota.*

[y] *O mesmo se há de entender também sobre as hipóteses que são feitas para explicar movimentos certos que convêm com os fenômenos celestes; a não ser que delas, se forem aplicadas aos movimentos celestes, concluam a natureza dos céus, a qual, todavia, pode ser outra, especialmente quando, para explicar tais movimentos, podem-se conceber muitas outras causas.*

[z] *Frequentemente acontece de o homem chamar à memória este vocábulo alma e simultaneamente formar alguma imagem corpórea. Porém, como essas duas coisas são representadas simultaneamente, ele facilmente acha que imagina e finge a alma corpórea, porque não distingue da própria coisa o nome. Aqui, peço que os leitores não se precipitem a refutar isso, o que, espero, não farão desde que atentem cuidadosamente aos exemplos e simultaneamente às coisas que se seguem.*

diximus, quò minùs homines norunt Naturam, eò faciliùs multa possunt fingere; veluti, arbores loqui, homines in momento mutari in lapides, in fontes, apparere in speculis spectra, nihil fieri aliquid, etiam Deos in bestias, et homines mutari, ac infinita ejus generis alia.

[59] Aliquis fortè putabit, quòd fictio fictionem terminat, sed non intellectio; hoc est, postquam finxi aliquid, et quâdam libertate volui assentiri, id sic in rerum naturâ existere, hoc efficit, ut postea non possimus id alio modo cogitare. Ex. gr. postquam finxi (ut cum iis loquar) naturam corporis talem, mihique ex meâ libertate persuadere volui, eam sic realiter existere, non ampliùs licet muscam v. g. infinitam fingere, et postquam finxi essentiam animae, eam quadrare non possum, etc. [60] Sed hoc examinandum. Primò: vel negant, vel concedunt nos aliquid posse intelligere. Si concedunt, necessariò id ipsum, quod de fictione dicunt, etiam de intellectione dicendum erit. Si verò hoc negant, videamus nos, qui scimus, nos aliquid scire, quid dicant. Hoc scilicet dicunt, animam posse sentire, et multis modis percipere non se ipsam, neque res, quae existunt, sed tantùm ea, quae nec in se, nec ullibi sunt, hoc est, animam posse solâ suâ vi creare sensationes, aut ideas, quae non sunt rerum; adeò ut ex parte eam, tanquam Deum, considerent. Porrò dicunt, nos, aut animam nostram talem habere libertatem, ut nosmet, aut se, imò suam ipsam libertatem cogat: Nam postquam ea aliquid finxit, et assensum ei praebuit, non potest id alio modo cogitare, aut fingere, et etiam eâ fictione cogitur, ut etiam tali modo cogitetur, ut prima fictio non oppugnetur; sicut hîc etiam coguntur absurda, quae hic recenseo, admittere propter suam fictionem; ad quae explodenda non defatigabimur ullis demonstrationibus. [61] Sed eos in suis deliriis linquendo, curabimus, ut ex verbis, quae cum ipsis fecimus, aliquid veri ad nostram rem hauriamus, nempe hoc[a]: Mens, cùm ad

---

[a] *Quamvis hoc experientiâ videar concludere, et quis dicat id nil esse, quia deficit demonstratio, eam, si quis desiderat, sic habeat. Cùm in naturâ nihil possit dari, quod*

quanto menos os homens conhecem a Natureza, tanto mais facilmente podem fingir muitas coisas, tais como que as árvores falam, que num instante os homens mudam-se em pedras ou fontes, que espectros[95] aparecem em espelhos, que o nada se faz algo,[96] que também os deuses mudam-se em bestas e homens, e infinitas outras coisas desse gênero.[97]

[59] Alguém talvez achará que é a ficção, e não a intelecção, que limita a ficção; isto é, depois que fingi algo e quis, com alguma liberdade, assentir que ele existe assim na natureza das coisas, isso faz com que, em seguida, não possamos pensá-lo de outro modo. Por ex., depois que fingi (para falar com eles) uma tal natureza do corpo e quis, pela minha liberdade, persuadir-me de que ela existe assim realmente, não me é mais lícito fingir, por ex., uma mosca infinita, e, depois que fingi a essência da alma, não posso quadrá-la etc. [60] Mas isso deve ser examinado. Primeiro, ou negam ou concedem que possamos entender algo. Se concedem, isso mesmo que dizem da ficção também se deverá necessariamente dizer da intelecção. Porém, se o negam, vejamos nós, que sabemos que sabemos algo, o que eles dizem. A saber, dizem isto: a alma pode sentir e perceber de muitos modos, não a si própria nem as coisas que existem, mas apenas aquelas que não estão nem nela nem em parte alguma, isto é, a alma pode, por sua força sozinha, criar sensações ou ideias que não são de coisas;[98] de tal maneira que, em parte, eles a consideram como Deus. Além disso, dizem que nós, ou nossa alma, temos uma tal liberdade que coage a nós mesmos, ou a ela, e, mais ainda, que coage sua própria liberdade.[99] Porque, depois que ela fingiu algo e deu a isso seu assentimento, não pode pensá-lo ou fingi-lo de outro modo, e também ela é forçada, por essa ficção, a que isso também seja pensado[100] de tal modo a não se atacar a primeira ficção; assim eles também são forçados, por causa de sua ficção, a admitir as coisas absurdas que aqui recenseio; e, para rejeitá-las, não nos cansaremos com demonstração alguma. [61] Mas, deixando-os em seus delírios, cuidaremos de haurir, a partir do que falamos com eles, algo de verdadeiro para o nosso assunto, a saber, isto[a,101]: a mente, quando se atém a uma coisa fictícia e falsa por sua

---

[a] *Ainda que eu pareça concluir isso por experiência e alguém diga não valer de nada, porque falta demonstração, esta, se alguém a deseja, assim se comporta. Como na Natureza nada*

rem fictam, et suâ naturâ falsam attendit, ut eam pensitet, et intelligat, bonoque ordine ex eâ deducat, quae sunt deducenda, facilè falsitatem patefaciet; et si res ficta suâ naturâ sit vera, cùm mens ad eam attendit, ut eam intelligat, et ex eâ bono ordine incipit deducere, quae inde sequuntur, feliciter perget sine ullâ interruptione, sicut vidimus, quòd ex falsâ fictione, modò allatâ, statim ad ostendendam ejus absurditatem, et alias inde deductas, praebuit se intellectus.

[62] Nullo ergo modo timendum erit, nos aliquid fingere, si modò clarè, et distinctè rem percipiamus: nam si fortè dicamus homines in momento mutari in bestias, id valdè generaliter dicitur; adeò ut nullus detur conceptus, id est, idea, sive cohaerentia subjecti, et praedicati in mente: si enim daretur, simul videret medium, et causas, quo, et cur tale quid factum sit. Deinde nec ad naturam subjecti, et praedicati attenditur.

[63] Porrò, modò prima idea non sit ficta, et ex eâ caeterae omnes ideae deducantur, paulatim praecipitantia fingendi evanescet; deinde cùm idea ficta non possit esse clara, et distincta, sed solummodò confusa, et omnis confusio inde procedat, quòd mens rem integram, aut ex multis compositam, tantùm ex parte noscat, et notum ab ignoto non distinguat: praeterea quòd ad multa, quae continentur in unâquâque re, simul attendat sine ullâ distinctione, inde sequitur primò, quòd si idea sit alicujus rei simplicissimae, ea non nisi clara, et distincta poterit esse: Nam res illa non ex parte, sed tota, aut nihil ejus innotescere debebit. [64] Sequitur secundò, quòd si res, quae componitur ex multis, in partes omnes simplicissimas cogitatione dividatur, et ad unamquamque seorsim attendatur, omnis tum confusio evanescet. Sequitur tertiò, quòd fictio non possit esse simplex, sed quòd fiat ex compositione diversarum idearum confusarum, quae sunt

---

ejus leges oppugnet, sed cùm omnia secundùm certas ejus leges fiant, ut certos, certis legibus, suos producant effectûs irrefragabili concatenatione: hinc sequitur, quod anima, ubi rem verè concipit, perget obiectivè eosdem effectûs formare. Vide infrà, ubi de ideâ falsâ loquor.

natureza, a fim de ponderá-la e entendê-la e dela deduzir em boa ordem as coisas que hão de ser deduzidas, com facilidade fará patente a falsidade; e, se a coisa fictícia for verdadeira por sua natureza, quando a mente se atém a ela a fim de entendê-la, e começa a deduzir dela, em boa ordem, as coisas que daí se seguem, continuará felizmente sem interrupção alguma,[102] assim como vimos que, a partir da falsa ficção, há pouco referida, o intelecto prestou-se imediatamente a mostrar a absurdidade dela e outras coisas daí deduzidas.[103]

[62] Logo, de nenhum modo se haverá de temer que finjamos algo, desde que percebamos a coisa clara e distintamente; pois, se talvez dissermos que os homens, em um instante, mudam-se em bestas, isso é dito de maneira muito geral, de tal modo que não se dá na mente nenhum conceito, isto é, ideia, ou seja, coerência do sujeito e do predicado; com efeito, se se desse, ela veria simultaneamente o meio[104] pelo qual e as causas por que algo assim ocorreu. Ademais, não se atenta à natureza do sujeito e do predicado.

[63] Além disso, desde que a primeira ideia não seja fictícia e dela se deduzam todas as demais ideias, desvanece paulatinamente a precipitação de fingir; depois, como a ideia fictícia não pode ser clara e distinta, mas tão somente confusa, e como toda confusão procede de a mente conhecer apenas em parte a coisa inteira ou composta de muitas, e não distinguir o conhecido do desconhecido, além de ela atentar simultaneamente, sem nenhuma distinção, às muitas coisas que estão contidas em cada coisa, daí se segue primeiro que, se a ideia é de alguma coisa simplíssima, ela não poderá ser senão clara e distinta; pois essa coisa não deverá fazer-se conhecida em parte, mas toda ou nada dela. [64] Segundo, segue-se que, se a coisa que é composta de muitas for dividida pelo pensamento em todas as suas partes simplíssimas, e se se atentar a cada uma separadamente, então desvanecerá toda confusão.[105] Terceiro, segue-se que a ficção não pode ser simples, mas que ela se faz a partir da composição de diversas ideias confusas,

---

pode ser dado que se oponha às suas leis, mas todas as coisas ocorrem conforme suas leis certas para que produzam, por leis certas, seus efeitos certos com uma concatenação irrefutável, daí se segue que a alma, quando concebe a coisa verdadeiramente, continuará a formar objetivamente os mesmos efeitos. Vê adiante, onde falo da ideia falsa.

diversarum rerum, atque actionum, in Naturâ existentium; vel meliùs ex attentione[b] simul sine assensu ad tales diversas ideas: Nam si esset simplex, esset clara, et distincta, et per consequens vera. Si ex compositione idearum distinctarum, esset etiam earum compositio clara, et distincta, ac proinde vera. Ex. gr. postquam novimus naturam circuli, ac etiam naturam quadrati, jam non possumus ea duo componere, et circulum facere quadratum, aut animam quadratam, et similia.

[65] Concludamus iterum breviter, et videamus, quomodò fictio nullo modo sit timenda, ut ea cum veris ideis confundatur. Nam quoad primam, de quâ priùs locuti sumus, ubi scilicet res clarè concipitur, vidimus, quòd si ea res, quae clarè concipitur, et etiam ipsius existentia sit per se aeterna veritas, nihil circa talem rem poterimus fingere; sed si existentia rei conceptae non sit aeterna veritas, tantùm est curandum, ut existentia rei cum ejus essentiâ conferatur, et simul ad ordinem Naturae attendatur. Quoad secundam fictionem, quam diximus esse simul attentionem sine assensu ad diversas ideas confusas, quae sunt diversarum rerum, atque actionum, in Naturâ existentium; vidimus etiam rem simplicissimam non posse fingi, sed intelligi, et etiam rem compositam, modò ad partes simplicissimas, ex quibus componitur, attendamus; imò nec ex ipsis ullas actiones, quae verae non sunt, nos posse fingere: Nam simul cogemur contemplari, quomodò, et cur tale quid fiat.

[66] His sic intellectis, transeamus jam ad inquisitionem ideae falsae, ut videamus, circa quae versetur, et quomodò nobis possimus cavere, ne in falsas perceptiones incidamus. Quod utrumque non erit nobis jam difficile post inquisitionem ideae fictae: Nam inter ipsas nulla alia datur differentia, nisi quòd haec supponat assensum, hoc est (uti jam notavimus),

---

[b] NB. *Quod fictio in se spectata non multùm differat à somnio, nisi quòd in somniis non offerantur causae, quae vigilantibus ope sensuum offeruntur: ex quibus colligunt illa repraesentamina illo tempore non repraesentari à rebus extra se constitutis. Error autem, ut statim apparebit, est vigilando somniare; et, si sit admodum manifestus, delirium vocatur.*

que são de diversas coisas e ações existentes na Natureza, ou melhor, a partir da atenção[b] em simultâneo, sem assentimento, a tais diversas ideias; pois, se ela fosse simples, seria clara e distinta e, por conseguinte, verdadeira. Se ela fosse a partir da composição de ideias distintas, a composição destas também seria clara e distinta e, por conseguinte, verdadeira. Por ex., depois de conhecermos a natureza do círculo, bem como a do quadrado, já não podemos compor essas duas e fazer um círculo quadrado, ou uma alma quadrada, e coisas semelhantes.[106]

[65] Concluamos de novo, brevemente, e vejamos como de nenhum modo se deve temer que a ficção seja confundida com as ideias verdadeiras. Pois, quanto à primeira de que falamos antes, a saber, quando a coisa é concebida claramente, vimos que, se essa coisa que é concebida claramente, bem como a existência dela, forem por si uma verdade eterna, nada poderemos fingir acerca de tal coisa; mas, se a existência da coisa concebida não for uma verdade eterna, há que se cuidar apenas de comparar a existência da coisa com a sua essência e, em simultâneo, atentar à ordem da Natureza. Quanto à segunda ficção, que dissemos ser a atenção em simultâneo, sem assentimento, a diversas ideias confusas, que são de diversas coisas e ações existentes na Natureza, vimos também que uma coisa simplíssima não pode ser fingida, mas sim entendida, e também uma coisa composta, desde que atentemos às partes simplíssimas de que ela se compõe; mais ainda, nem sequer podemos a partir delas fingir ação alguma que não seja verdadeira, pois em simultâneo somos forçados a contemplar como e por que algo assim ocorre.

[66] Entendidas assim essas coisas, passemos agora à inquirição da ideia falsa, para que vejamos acerca de que coisas ela versa e como podemos precaver-nos de incidir em falsas percepções. Esses dois pontos já não nos serão difíceis depois da inquirição da ideia fictícia, pois entre elas não se dá nenhuma diferença senão que aquela [falsa] supõe o assentimento, isto é (como já notamos), que, enquanto as

---

[b] Nota bem: *a ficção considerada em si não difere muito do sonho, exceto porque não se oferecem nos sonhos as causas que, com o auxílio dos sentidos, oferecem-se àqueles em vigília, a partir das quais estes coligem que aquelas representações não são, naquele momento, representadas como constituídas pelas coisas fora deles. O erro, porém, como logo aparecerá, é sonhar estando em vigília, e, se ele é bastante manifesto, chama-se delírio.*

quòd nullae offeruntur causae, dum repraesentamina ipsi offeruntur, quibus, sicut fingens, possit colligere, ea non oriri à rebus extra se, et quòd ferè nihil aliud sit, quàm oculis apertis, sive dum vigilamus, somniare. Versatur itaque idea falsa, vel (ut meliùs loquar) refertur ad existentiam rei, cujus essentia cognoscitur, sive circa essentiam eodem modo, ac idea ficta. [67] Quae ad existentiam refertur, emendatur eodem modo, ac fictio: nam si natura rei notae supponat existentiam necessariam, impossibile est, ut circa existentiam illius rei fallamur; sed si existentia rei non sit aeterna veritas, uti est ejus essentia, sed quòd necessitas, aut impossibilitas existendi pendeat à causis externis, tum cape omnia eodem modo, quo diximus, cùm de fictione sermo esset: nam eodem modo emendatur.

[68] Quod attinet ad alteram, quae ad essentias refertur, vel etiam ad actiones, tales perceptiones necessariò semper sunt confusae, compositae ex diversis confusis perceptionibus rerum in Naturâ existentium, ut cùm hominibus persuadetur, in silvis, in imaginibus, in brutis, et caeteris adesse numina; dari corpora, ex quorum solâ compositione fiat intellectus; cadavera ratiocinari, ambulare, loqui; Deum decipi, et similia; sed ideae, quae sunt clarae, et distinctae, nunquam possunt esse falsae: Nam ideae rerum, quae clarè, et distinctè concipiuntur, sunt vel simplicissimae, vel compositae ex ideis simplicissimis, id est, à simplicissimis ideis deductae. Quòd verò idea simplicissima non queat esse falsa, poterit unusquisque videre, modò sciat, quid sit verum, sive intellectus, et simul quid falsum.

[69] Nam, quod id spectat, quod formam veri constituit, certum est, cogitationem veram à falsâ non tantùm per denominationem extrinsecam, sed maximè per intrinsecam distingui. Nam si quis faber ordine concepit fabricam aliquam, quamvis talis fabrica nunquam exstiterit, nec etiam unquam exstitura sit, ejus nihilominùs cogitatio vera est, et cogitatio eadem est, sive fabrica existat, sive minùs; et contrà si aliquis dicit, Petrum ex. gr. existere, nec tamen scit, Petrum existere, illa cogitatio respectu illius falsa est, vel, si mavis, non est

representações são oferecidas a alguém, não se oferece nenhuma causa pela qual ele – assim como aquele que finge – possa coligir que elas não se originam das coisas fora dele, o que quase não é nada outro senão sonhar de olhos abertos, ou seja, enquanto estamos em vigília. Portanto, a ideia falsa, do mesmo modo que a ideia fictícia, versa ou (para melhor dizer) refere-se à existência da coisa cuja essência é conhecida, ou versa acerca da essência. [67] Aquela que se refere à existência emenda-se do mesmo modo que a ficção, pois, se a natureza da coisa conhecida supõe existência necessária, é impossível nos enganarmos acerca de sua existência; mas, se a existência da coisa não for uma verdade eterna como é sua essência, e[107] a necessidade ou impossibilidade de existir depende de causas externas, então compreenda-se tudo do mesmo modo que dissemos quando se falou da ficção, pois se emenda do mesmo modo.

[68] No que atina à outra [ideia falsa], que se refere às essências ou também às ações, tais percepções sempre são necessariamente confusas, compostas de diversas percepções confusas das coisas existentes na Natureza, como quando os homens são persuadidos de que há divindades nas florestas, nas imagens, nos animais etc.; de que se dão corpos de cuja composição sozinha se faz o intelecto; de que cadáveres raciocinam, andam e falam; de que Deus se engana, e coisas semelhantes; mas as ideias que são claras e distintas nunca podem ser falsas, pois as ideias das coisas que são concebidas clara e distintamente são ou simplíssimas ou compostas de ideias simplíssimas, isto é, deduzidas de ideias simplíssimas. Porém, que uma ideia simplíssima não possa ser falsa qualquer um poderá ver, desde que saiba o que é o verdadeiro, ou seja, o intelecto, e simultaneamente o que é o falso.[108]

[69] Pois, no que respeita àquilo que constitui a forma do verdadeiro, é certo que o pensamento verdadeiro se distingue do falso não apenas por uma denominação extrínseca, mas maximamente por uma intrínseca.[109] Pois, se algum construtor concebeu uma construção ordenadamente, embora tal construção nunca tenha existido nem mesmo venha a existir, não obstante seu pensamento é verdadeiro, e é o mesmo pensamento, quer a construção exista, quer não;[110] e, ao contrário, se alguém diz, por ex., que Pedro existe, e todavia não sabe que Pedro existe, esse pensamento é falso a respeito daquele

vera, quamvis Petrus reverâ existat. Nec haec enunciatio, Petrus existit, vera est, nisi respectu illius, qui certò scit, Petrum existere. [70] Unde sequitur in ideis dari aliquid reale, per quod verae à falsis distinguuntur: quod quidem jam investigandum erit, ut optimam veritatis normam habeamus (ex datae enim verae ideae normâ nos nostras cogitationes debere determinare diximus, methodumque cognitionem esse reflexivam), et proprietates intellectûs noscamus; nec dicendum hanc differentiam ex eo oriri, quòd cogitatio vera est res cognoscere per primas suas causas, in quo quidem à falsâ valdè differret, prout eandem suprà explicui: Cogitatio enim vera etiam dicitur, quae essentiam alicujus principii objectivè involvit, quod causam non habet, et per se, et in se cognoscitur. [71] Quare forma verae cogitationis in eâdem ipsâ cogitatione sine relatione ad alias debet esse sita; nec objectum tanquam causam agnoscit, sed ab ipsâ intellectûs potentiâ, et naturâ pendˆre debet. Nam si supponamus, intellectum ens aliquod novum percepisse, quod nunquam exstitit, sicut aliqui Dei intellectum concipiunt, antequam res crearet (quae sanè perceptio à nullo objecto oriri potuit), et ex tali perceptione alias legitimè deducere, omnes illae cogitationes verae essent, et à nullo objecto externo determinatae, sed à solâ intellectûs potentiâ, et naturâ dependerent. Quare id, quod formam verae cogitationis constituit, in ipsâ eâdem cogitatione est quaerendum, et ab intellectûs naturâ deducendum. [72] Hoc igitur ut investigetur, ideam aliquam veram ob oculos ponamus, cujus objectum maximè certò scimus à vi nostrâ cogitandi pendêre, nec objectum aliquod in Naturâ habere: in tali enim ideâ, ut ex jam dictis patet, faciliùs id, quod volumus, investigare poterimus. Ex. gr. ad formandum conceptum globi fingo ad libitum causam, nempe semicirculum circa centrum rotari, et ex rotatione globum quasi oriri. Haec sanè idea vera est, et quamvis sciamus nullum in Naturâ globum sic unquam ortum fuisse, est haec tamen vera perceptio, et facillimus modus formandi globi conceptum. Jam notandum hanc perceptionem affirmare

[que diz], ou, se preferes, não é verdadeiro, ainda que Pedro exista realmente. Nem este enunciado, "Pedro existe", é verdadeiro a não ser a respeito daquele que sabe com certeza que Pedro existe.[111] [70] Donde se segue que se dá nas ideias algo real pelo qual as verdadeiras se distinguem das falsas; o que decerto haverá de ser agora investigado para termos a melhor norma da verdade (com efeito, dissemos que devemos determinar nossos pensamentos a partir da norma da ideia verdadeira dada,[112] e que o método é o conhecimento reflexivo) e conhecermos as propriedades do intelecto; e não se diga que essa diferença se origina de que o pensamento verdadeiro seja conhecer as coisas por suas causas primeiras, no que de fato ele diferiria muito do falso, conforme o expliquei anteriormente;[113] com efeito, também se diz conhecimento verdadeiro aquele que envolve objetivamente a essência de algum princípio que não tem causa e que é conhecido por si e em si. [71] Por isso, a forma do pensamento verdadeiro deve situar-se nesse próprio pensamento, sem relação com outros, e não reconhece o objeto como causa, mas deve depender da própria potência e natureza do intelecto. Pois, se supuséssemos que o intelecto percebeu algum ente novo, que nunca existiu, assim como alguns concebem o intelecto de Deus antes de criar as coisas (percepção esta que, certamente, não pôde originar-se de nenhum objeto), e que a partir de tal percepção deduz[114] legitimamente outras, todos esses pensamentos seriam verdadeiros e não determinados por nenhum objeto externo, mas dependeriam da potência e natureza do intelecto sozinhas. Por isso, aquilo que constitui a forma do pensamento verdadeiro há de ser buscado nesse próprio pensamento e deduzido da natureza do intelecto. [72] Portanto, para investigar isso, ponhamos ante os olhos alguma ideia verdadeira cujo objeto sabemos com a máxima certeza que depende de nossa força de pensar, e não tem objeto algum na Natureza; com efeito, em tal ideia, como é patente a partir das coisas já ditas, poderemos investigar mais facilmente o que queremos. Por ex., para formar o conceito de esfera, finjo a meu bel-prazer uma causa, a saber, que um semicírculo é rotacionado em torno do centro, e dessa rotação como que se origina uma esfera.[115] Certamente, essa ideia é verdadeira, e, embora saibamos que nenhuma esfera nunca se originou assim na Natureza, essa percepção é verdadeira e é o modo mais fácil

semicirculum rotari, quae affirmatio falsa esset, si non esset juncta conceptui globi, vel causae talem motum determinantis, sive absolutè, si haec affirmatio nuda esset. Nam tum mens tantùm tenderet ad affirmandum solum semicirculi motum, qui nec in semicirculi conceptu continetur, nec ex conceptu causae motum determinantis oritur. Quare falsitas in hoc solo consistit, quod aliquid de aliquâ re affirmetur, quod in ipsius, quem formavimus, conceptu, non continetur, ut motus, vel quies de semicirculo. Unde sequitur simplices cogitationes non posse non esse veras, ut simplex semicirculi, motûs, quantitatis, etc. idea. Quicquid hae affirmationis continent, earum adaequat conceptum, nec ultra se extendit; quare nobis licet ad libitum sine ullo erroris scrupulo ideas simplices formare. [73] Superest igitur tantùm quaerere, quâ potentiâ mens nostra eas formare possit, et quousque ea potentia se extendat: hoc enim invento facilè videbimus summam, ad quam possumus pervenire, cognitionem. Certum enim est hanc ejus potentiam se non extendere in infinitum: Nam cùm aliquid de aliquâ re affirmamus, quod in conceptu, quem de eâ formamus, non continetur, id defectum nostrae perceptionis indicat, sive quòd mutilatas quasi, et truncatas habemus cogitationes, sive ideas. Motum enim semicirculi falsum esse vidimus, ubi nudus in mente est, eum ipsum autem verum, si conceptui globi jungatur, vel conceptui alicujus causae talem motum determinantis. Quòd si de naturâ entis cogitantis sit, uti primâ fronte videtur, cogitationes veras, sive adaequatas formare, certum est, ideas inadaequatas ex eo tantùm in nobis oriri, quòd pars sumus alicujus entis cogitantis, cujus quaedam cogitationes ex toto, quaedam ex parte tantùm nostram mentem constituunt.

[74] Sed quod adhuc venit considerandum, et quod circa fictionem non fuit operae pretium notare, et ubi maxima datur deceptio, est, quando contingit, ut quaedam, quae in imaginatione offeruntur, sint etiam in intellectu, hoc est, quòd clarè, et distinctè concipiantur, quòd tum, quamdiu distinctum à confuso non distinguitur, certitudo,

de formar o conceito de esfera. Agora, é de notar que essa percepção afirma que um semicírculo é rotacionado, afirmação que seria falsa se não fosse juntada ao conceito de esfera ou à causa que determina tal movimento, ou seja, absolutamente, se essa afirmação estivesse nua. Pois então a mente tenderia apenas a afirmar o movimento sozinho do semicírculo, o qual não está contido no conceito de semicírculo nem se origina do conceito da causa que determina o movimento. Por isso, a falsidade consiste nisto só: afirmar sobre alguma coisa algo que não está contido no conceito dela que formamos, como [se afirma sobre] o movimento ou o repouso do semicírculo. Donde se segue que os pensamentos simples não podem deixar de ser verdadeiros, como a ideia simples de semicírculo, de movimento, de quantidade etc. Tudo o que estas contêm de afirmação adéqua-se ao conceito delas e não se estende além; por isso, é-nos lícito formar ideias simples a nosso bel-prazer, sem receio algum de erro. [73] Resta, portanto, apenas perguntar por qual potência nossa mente pode formá-las e até onde essa potência se estende; pois, descoberto isso, veremos facilmente o sumo conhecimento a que podemos chegar. Com efeito, é certo que essa sua potência não se estende ao infinito, pois, quando afirmamos de alguma coisa algo que não está contido no conceito que dela formamos, isso indica uma deficiência da nossa percepção, ou seja, que temos pensamentos ou ideias como que mutilados e truncados. Com efeito, vimos que o movimento do semicírculo é falso quando está nu na mente, contudo ele próprio é verdadeiro se se junta ao conceito de esfera ou ao conceito de alguma causa que determina tal movimento. Porque, se é da natureza do ente pensante, como parece à primeira vista, formar pensamentos verdadeiros, ou seja, adequados, é certo que as ideias inadequadas se originam em nós apenas do fato de sermos parte de algum ente pensante, cujos pensamentos, alguns no todo, alguns em parte, constituem nossa mente.

[74] Mas o que ainda cumpre considerar – e que não valeu a pena notar acerca da ficção – e onde se dá o máximo engano é quando acontece de certas coisas que se oferecem na imaginação estarem também no intelecto, isto é, de serem concebidas clara e distintamente; porque então, enquanto não se distingue o distinto do confuso, mistura-se a certeza, ou seja, a ideia verdadeira, com as não distintas. Por ex.,

hoc est, idea vera cum non distinctis commiscetur. Ex. gr. quidam Stoicorum fortè audiverunt nomen animae, et etiam quòd sit immortalis, quae tantùm confusè imaginabantur; imaginabantur etiam, et simul intelligebant corpora subtilissima caetera omnia penetrare, et à nullis penetrari. Cùm haec omnia simul imaginabantur, concomitante certudine hujus axiomatis, statim certi reddebantur, mentem esse subtilissima illa corpora, et subtilissima illa corpora non dividi, etc. [75] Sed ab hoc etiam liberamur, dum conamur ad normam datae verae ideae omnes nostras perceptiones examinare cavendo, uti initio diximus, ab iis, quas ex auditu, aut ab experientiâ vagâ habemus. Adde quòd talis deceptio ex eo oritur, quòd res nimis abstractè concipiunt: nam per se satis clarum est, me illud, quod in suo vero objecto concipio, alteri non posse applicare. Oritur denique etiam ex eo, quòd prima elementa totius Naturae non intelligunt; unde sine ordine procedendo, et Naturam cum abstractis, quamvis sint vera axiomata, confundendo, se ipsos confundunt, ordinemque Naturae pervertunt. Nobis autem, si quàm minimè abstractè procedamus, et à primis elementis, hoc est, à fonte, et origine Naturae, quàm primùm fieri potest, incipiamus, nullo modo talis deceptio erit metuenda.

[76] Quod autem attinet ad cognitionem originis Naturae, minimè est timendum, ne eam cum abstractis confundamus: nam cùm aliquid abstractè concipitur, uti sunt omnia universalia, semper latiùs comprehenduntur in intellectu, quàm reverâ in Naturâ existere possunt eorum particularia. Deinde cùm in naturâ dentur multa, quorum differentia adeò est exigua, ut ferè intellectum effugiat, tum facilè (si abstractè concipiantur) potest contingere, ut confundamur; at cùm origo Naturae, ut postea videbimus, nec abstractè, sive universaliter concipi possit, nec latiùs possit extendi in intellectu, quàm reverâ est, nec ullam habeat similitudinem cum mutabilibus, nulla circa ejus ideam metuenda est confusio, modò normam veritatis (quam jam ostendimus) habeamus: est nimirum hoc

alguns estoicos talvez tenham ouvido o nome de alma e também que ela é imortal, coisas que imaginavam apenas confusamente; também imaginavam e em simultâneo entendiam que corpos sutilíssimos penetravam todos os demais e que por nenhum outro eram penetrados. Como imaginavam todas essas coisas em simultâneo, concomitantemente à certeza desse axioma, ficavam imediatamente certos de que a mente é esses corpos sutilíssimos e que esses corpos sutilíssimos não se dividem etc. [75] Mas disso também nos libertamos quando nos esforçamos em examinar todas as nossas percepções conforme a norma de uma ideia verdadeira dada, precavendo-nos, tal como dissemos no início, das que temos a partir do ouvir dizer ou por experiência vaga. Acresce que tal engano se origina do fato de conceberem as coisas de maneira demasiado abstrata, pois é suficientemente claro por si que aquilo que concebo em seu verdadeiro objeto não posso aplicar a outro. Por fim, ele também se origina do fato de não entenderem os primeiros elementos da Natureza toda; donde, procedendo sem ordem e confundindo a Natureza com as coisas abstratas, ainda que sejam axiomas verdadeiros, confundem a si mesmos e pervertem a ordem da Natureza. Ora, tal engano de modo nenhum haverá de ser temido por nós se procedermos o menos abstratamente possível e começarmos, tão logo se possa, pelos primeiros elementos, isto é, pela fonte e origem da Natureza.

[76] Ora, no que atina ao conhecimento da origem da Natureza, de jeito nenhum se deve temer que a confundamos com abstrações, pois, quando se concebe algo abstratamente, como são todos os universais, estes sempre são compreendidos mais amplamente no intelecto do que seus particulares podem de fato existir na Natureza. Ademais, como na Natureza se dão muitas coisas cuja diferença é tão pouca que quase foge ao intelecto, então facilmente (se são concebidas abstratamente) pode acontecer de nos confundirmos;[116] mas, porque a origem da Natureza, como veremos depois,[117] não pode ser concebida abstratamente, ou seja, universalmente, nem pode estender-se mais amplamente no intelecto do que é de fato, nem tem semelhança alguma com as coisas mutáveis, não se deve temer nenhuma confusão acerca de sua ideia, desde que tenhamos a

ens, unicum,^z infinitum, hoc est, est omne esse, et praeter quod^a nullum datur esse.

[77] Hucusque de ideâ falsâ. Superest, ut de ideâ dubiâ dubiâ inquiramus, hoc est, ut inquiramus, quaenam sint ea, quae nos possunt in dubium pertrahere, et simul quomodò dubitatio tollatur. Loquor de verâ dubitatione in mente, et non de eâ, quam passim videmus contingere, ubi scilicet verbis, quamvis animus non dubitet, dicit quis se dubitare: non est enim Methodi hoc emendare; sed potiùs pertinet ad inquisitionem pertinaciae, et ejus emendationem. [78] Dubitatio itaque in animâ nulla datur per rem ipsam, de quâ dubitatur, hoc est, si tantùm unica sit idea in animâ, sive ea sit vera, sive falsa, nulla dabitur dubitatio, neque etiam certitudo: Sed tantùm talis sensatio. Est enim in se nihil aliud nisi talis sensatio; sed dabitur per aliam ideam, quae non adeò clara, ac distincta est, ut possimus ex eâ aliquid certi circa rem, de quâ dubitatur, concludere, hoc est, idea, quae nos in dubium conjicit, non est clara, et distincta. Ex. gr. siquis nunquam cogitaverit de sensuum fallaciâ, sive experientiâ, sive quomodocunque sit, nunquam dubitabit, an sol major, aut minor sit, quàm apparet. Inde Rustici passim mirantur, cùm audiunt solem multò majorem esse, quàm globum terrae, sed^b cogitando de fallaciâ sensuum oritur dubitatio, et si quis post dubitationem acquisiverit veram cognitionem sensuum, et quomodò per eorum instrumenta res ad distantiam repraesententur, tum dubitatio iterum tollitur. [79] Unde sequitur, nos non posse veras ideas in dubium vocare ex eo, quòd fortè aliquis Deus deceptor existat, qui vel in maximè certis nos fallit, nisi quamdiu nullam habemus claram, et distinctam <Dei> ideam; hoc est, si

---

^z *Haec non sunt attributa Dei, quae ostendunt ipsius essentiam, ut in Philosophiâ ostendam.*

^a *Hoc suprà jam demonstratum est. Si enim tale ens non existeret, nunquam posset produci; adeoque mens plus posset intelligere, quàm Natura praestare, quod suprà falsum esse constitit.*

^b *Id est, scit sensûs aliquando se decepisse; sed hoc tantùm confusè scit: Nam nescit quomodò sensûs fallant.*

norma da verdade (a qual já mostramos); decerto, este ente é único, infinito,[z,118] isto é, é todo o ser, e além dele nenhum ser se dá.[a]

[77] Até aqui, sobre a ideia falsa. Resta inquirirmos sobre a ideia duvidosa, isto é, inquirirmos quais são aquelas coisas que nos podem levar à dúvida, e em simultâneo como se suprime o duvidar.[119] Falo do verdadeiro duvidar na mente, e não daquele que vemos ocorrer volta e meia, a saber, quando alguém, ainda que o ânimo não duvide, diz com palavras que duvida; com efeito, não cabe ao método emendar isso, mas antes pertence à inquirição da pertinácia e à sua emenda. [78] Portanto, não se dá na alma nenhum duvidar pela própria coisa de que se duvida, isto é, se houver apenas uma ideia na alma, seja ela verdadeira, seja ela falsa, não se dará nenhum duvidar, nem mesmo certeza, mas apenas tal sensação. Com efeito, [a ideia] em si não é nada outro senão tal sensação; mas [o duvidar] se dará por outra ideia que não é tão clara e distinta a ponto de podermos, a partir dela, concluir algo de certo acerca da coisa de que se duvida, isto é, a ideia que nos lança na dúvida não é clara e distinta. Por ex., se alguém nunca pensou sobre os erros dos sentidos, seja por experiência, seja do modo como for, nunca duvidará que o Sol seja maior ou menor do que aparece.[120] Daí que os rústicos[121] volta e meia se admirem quando ouvem que o Sol é maior que a esfera da Terra, mas, pensando sobre os erros dos sentidos, origina-se o duvidar,[b,122] e se, depois do duvidar, alguém houver adquirido o verdadeiro conhecimento dos sentidos, e de como, pelos instrumentos destes, as coisas são representadas à distância, então o duvidar é de novo suprimido. [79] Donde se segue que, a não ser enquanto não temos nenhuma ideia clara e distinta <de Deus>,[123] não podemos chamar à dúvida as ideias verdadeiras a partir do fato de talvez existir algum Deus enganador, que nos engana até nas coisas maximamente certas;[124]

---

[z] *Esses não são atributos de Deus que mostram sua essência, como mostrarei na Filosofia.*

[a] *Isso já foi demonstrado anteriormente. Com efeito, se tal ente não existisse, nunca poderia ser produzido; de tal maneira que a mente poderia entender mais coisas do que a Natureza poderia apresentar, o que anteriormente constou ser falso.*

[b] *Isto é, alguém sabe que às vezes os sentidos se enganam. Mas o sabe apenas confusamente, pois não sabe como os sentidos enganam.*

attendamus ad cognitionem, quam de origine omnium rerum habemus, et nihil inveniamus, quod nos doceat, eum non esse deceptorem eâdem illâ cognitione, quâ, cum attendimus ad naturam trianguli, invenimus ejus tres angulos aequales esse duobus rectis <, zo blijft de twijffeling>; sed si talem cognitionem Dei habemus, qualem habemus trianguli, tum omnis dubitatio tollitur. Et eodem modo, quo possumus pervenire ad talem cognitionem trianguli, quamvis non certò sciamus, an aliquis summus deceptor nos fallat, eodem etiam modo possumus pervenire ad talem Dei cognitionem, quamvis non certò sciamus, an detur quis summus deceptor, et, modò eam habeamus, sufficiet ad tollendam, uti dixi, omnem dubitationem, quam de ideis claris, et distinctis habere possumus. [80] Porrò si quis rectè procedat investigando, quae priùs sunt investiganda, nullâ interruptâ concatenatione rerum, et sciat, quomodò quaestiones sint determinandae, antequam ad earum cognitionem accingamur, nunquam nisi certissimas ideas, id est, claras, et distinctas habebit: Nam dubitatio nihil aliud est, quàm suspensio animi circa aliquam affirmationem, aut negationem, quam affirmaret, aut negaret, nisi occurreret aliquid, quo ignoto cognitio ejus rei debet esse imperfecta. Unde colligitur, quòd dubitatio semper oritur ex eo, quòd res absque ordine investigentur.

[81] Haec sunt, quae promisi tradere in hâc primâ parte Methodi. Sed ut nihil omittam eorum, quae ad cognitionem intellectûs, et ejus vires possunt conducere, tradam etiam pauca de memoriâ, et oblivione; ubi hoc maximè venit considerandum, quòd memoria corroboretur ope intellectûs, et etiam absque ope intellectûs. Nam quoad primum, quò res magis est intelligibilis, eò faciliùs retinetur, et contrà, quò minùs, eò faciliùs eam obliviscimur. Ex. gr. si tradam alicui copiam verborum solutorum, ea multò difficiliùs retinebit, quàm si eadem verba in formâ narrationis tradam. [82] Corroboratur etiam absque ope intellectûs, scilicet à vi, quâ imaginatio, aut sensus, quem vocant communem, afficitur ab aliquâ re singulari corporeâ. Dico *singularem*: imaginatio

isto é, <o duvidar permanece> se, pelo mesmo conhecimento com que, ao atentarmos à natureza do triângulo, descobrimos que seus três ângulos são iguais a dois retos, atentamos ao conhecimento que temos da origem de todas as coisas e não descobrimos nada que nos ensine que ele não é enganador;[125] porém, se temos um conhecimento de Deus tal qual temos do triângulo, então todo duvidar é suprimido. E, do mesmo modo como podemos chegar a tal conhecimento do triângulo, ainda que não saibamos ao certo se algum sumo enganador nos engana, também podemos chegar a tal conhecimento de Deus, ainda que não saibamos ao certo se se dá ou não algum sumo enganador; e, desde que o tenhamos, será suficiente para suprimir, como eu disse, todo duvidar que podemos ter sobre as ideias claras e distintas. [80] Além disso, se alguém proceder corretamente, investigando as coisas que devem ser investigadas primeiro, sem que nenhuma concatenação das coisas seja interrompida, e se souber como se devem determinar as questões antes de nos cingirmos ao conhecimento delas, nunca terá senão ideias certíssimas, isto é, claras e distintas. Com efeito, o duvidar nada outro é senão a suspensão do ânimo acerca de alguma afirmação ou negação que ele afirmaria ou negaria se não ocorresse algo que, sendo desconhecido, faz com que o conhecimento dessa coisa deva ser imperfeito. Donde se colige que o duvidar sempre se origina de serem as coisas investigadas sem ordem.

[81] Essas são as coisas que prometi trazer nesta primeira parte do método. Mas, para não deixar de lado nenhuma daquelas que podem conduzir ao conhecimento do intelecto e às suas forças, trarei ainda umas poucas coisas sobre a memória e o esquecimento, em que cumpre considerar maximamente que a memória é corroborada com o auxílio do intelecto e também sem o auxílio do intelecto. Com efeito, no primeiro caso, quanto mais uma coisa é inteligível, tanto mais facilmente é retida, e, ao contrário, quanto menos, tanto mais facilmente a esquecemos. Por ex., se eu der a alguém uma porção de palavras soltas, ele as reterá muito mais dificilmente do que se eu der as mesmas palavras em forma de narração. [82] [A memória] também é corroborada sem o auxílio do intelecto, a saber, pela força com que a imaginação – ou o sentido que chamam de "comum"[126] – é afetada

enim tantùm à singularibus afficitur: Nam si quis legerit ex. gr. unam tantùm Fabulam amatoriam, eam optimè retinebit, quamdiu non legerit plures alias ejus generis, quia tum sola viget in imaginatione: sed si plures sint ejusdem generis, simul omnes imaginamur, et facilè confunduntur. Dico etiam *corpoream*: nam à solis corporibus afficitur imaginatio. Cùm itaque memoria ab intellectu corroboretur, et etiam sine intellectu, inde concluditur, eam quid diversum esse ab intellectu, et circa intellectum in se spectatum nullam dari memoriam, neque oblivionem. [83] Quid ergo erit memoria? Nihil aliud, quàm sensatio impressionum cerebri, simul cum cogitatione ad determinatam durationem[d] sensationis; quod etiam ostendit reminiscentia. Nam ibi anima cogitat de illâ sensatione; sed non sub continuâ duratione; et sic idea istius sensationis non est ipsa duratio sensationis, id est, ipsa memoria. An verò ideae ipsae aliquam patiantur corruptionem, videbimus in Philosophiâ. Et si hoc alicui valdè absurdum videatur, sufficiet ad nostrum propositum, ut cogitet, quòd, quò res est singularior, eò faciliùs retineatur, sicut ex exemplo Comoediae modò allato patet. Porrò quò res intelligibilior, eò etiam faciliùs retinetur. Unde maximè singularem, et tantummodò intelligibilem non poterimus non retinere.

[84] Sic itaque distinximus inter ideam veram, et caeteras perceptiones, ostendimusque, quòd ideae fictae, falsae, et caeterae habeant suam originem ab imaginatione, hoc est, à quibusdam sensationibus fortuitis, atque (ut sic loquar) solutis, quae non oriuntur ab ipsâ mentis potentiâ, sed à causis externis, prout corpus, sive somniando, sive vigilando varios accipit motûs. Vel si placet, hîc per imaginationem, quicquid velis, cape, modò sit

---

[d] *Si verò duratio sit indeterminata, memoria ejus rei est imperfecta, quod quisque etiam videtur à naturâ didicisse. Saepe enim, ut alicui meliùs credamus in eo, quod dicit, rogamus, quando et ubi id contigerit. Quamvis etiam ideae ipsae suam habeant durationem in mente, tamen cùm assueti simus durationem determinare ope alicujus mensurae motûs, quod etiam ope imaginationis fit, ideò nullam adhuc memoriam observamus, quae sit purae mentis.*

por alguma coisa singular corpórea. Digo *singular*, pois a imaginação é afetada apenas por singulares; com efeito, se alguém tiver lido, por ex., apenas uma fábula[127] de amor, retê-la-á muito bem enquanto não ler muitas outras desse gênero, porque então vigora sozinha na imaginação; mas, se são muitas do mesmo gênero, imaginamos todas em simultâneo, e elas se confundem facilmente. Digo também *corpórea*, pois a imaginação é afetada só por corpos. Portanto, como a memória é corroborada pelo intelecto e também sem o intelecto, conclui-se daí que ela é algo diverso do intelecto e que, acerca do intelecto considerado em si, não se dá nenhuma memória nem esquecimento. [83] Então o que será a memória? Nada outro senão a sensação das impressões do cérebro simultaneamente com o pensamento em uma determinada[d] duração da sensação, o que a reminiscência também mostra. Pois nesta última a alma pensa sobre essa sensação, mas não sob uma duração contínua; e assim a ideia dessa sensação não é a própria duração da sensação, isto é, a própria memória. Porém, se as próprias ideias sofrem alguma corrupção, vê-lo-emos na Filosofia. E se a alguém isso parece muito absurdo, será suficiente para nosso propósito que ele pense que, quanto mais singular é a coisa, tanto mais facilmente ela será retida, como é patente a partir do exemplo da comédia há pouco aduzido. Além disso, quanto mais inteligível a coisa, tanto mais facilmente ela também é retida. Donde não poderemos não reter uma coisa maximamente singular e tão somente inteligível.

[84] Portanto, distinguimos assim entre a ideia verdadeira e as demais percepções, e mostramos que as ideias fictícias, as falsas e as demais têm sua origem na imaginação, isto é, em certas sensações fortuitas e (por assim dizer)[128] soltas, que não se originam da própria potência da mente, mas de causas externas, conforme o corpo, seja sonhando, seja em vigília, recebe movimentos variados. Ou, se te apraz, compreende aqui por imaginação o que quiseres, desde

---

[d] *Porém, se a duração é indeterminada, é imperfeita a memória dessa coisa, o que também parece que cada um aprendeu da natureza. Com efeito, frequentemente, para darmos mais crédito a alguém quanto àquilo que ele diz, perguntamos quando e onde aconteceu. Embora as próprias ideias também tenham a sua duração na mente, ainda não observamos, por estarmos acostumados a determinar a duração com o auxílio de alguma medida de movimento – o que também ocorre com o auxílio da imaginação –, nenhuma memória que seja da mente pura.*

quid diversum ab intellectu, et unde anima habeat rationem patientis; perinde enim est, quicquid capias, postquam novimus eandem quid vagum esse, et à quo anima patitur, et simul etiam novimus, quomodò ope intellectûs ab eâdem liberamur. Quare etiam nemo miretur, me hic nondum probare, dari corpus, et alia necessaria, et tamen loqui de imaginatione, de corpore, et ejus constitutione. Nempe, ut dixi, est perinde, quid capiam, postquam novi esse quid vagum, etc.

[85] At ideam veram simplicem esse ostendimus, aut ex simplicibus compositam, et quae ostendit, quomodò, et cur aliquid sit, aut factum sit, et quòd ipsius effectûs objectivi in animâ procedunt ad rationem formalitatis ipsius objecti; id, quod idem est, quod veteres dixerunt, nempe veram scientiam procedere à causâ ad effectûs; nisi quòd nunquam, quod sciam, conceperunt, uti nos hîc, animam secundùm certas leges agentem, et quasi aliquod automa spirituale. [86] Unde, quantum in initio licuit, acquisivimus notitiam nostri intellectûs, et talem normam verae ideae, ut jam non vereamur, ne vera cum falsis, aut fictis confundamus; nec etiam mirabimur, cur quaedam intelligamus, quae nullo modo sub imaginationem cadunt, et alia sint in imaginatione, quae prorsùs oppugnant intellectum; alia denique cum intellectu conveniant; quandoquidem novimus operationes illas, à quibus imaginationes producuntur, fieri secundùm alias leges, prorsùs diversas à legibus intellectûs, et animam circa imaginationem tantùm habere rationem patientis. [87] Ex quo etiam constat, quàm facilè ii in magnos errores possunt delabi, qui non accuratè distinxerunt inter imaginationem, et intellectionem. In hos ex. gr. quòd extensio debeat esse in loco, debeat esse finita, cujus partes ab invicem distinguuntur realiter, quòd sit primum, et unicum fundamentum omnium rerum, et uno tempore majus spatium occupet, quàm alio, multaque ejusmodi alia, quae omnia prorsùs oppugnant veritatem, ut suo loco ostendemus.

[88] Deinde cùm verba sint pars imaginationis, hoc est, quòd, prout vagè ex aliquâ dispositione corporis componuntur

que ela seja algo diverso do intelecto e onde a alma tenha razão de paciente;[129] com efeito, o que quer que compreendas é indiferente depois de conhecermos que ela é algo vago e pelo qual a alma padece, e de também sabermos em simultâneo como nos libertamos dela com o auxílio do intelecto. Por isso, que também ninguém se admire de eu ainda não ter provado aqui que se dá o corpo, e outras coisas necessárias, e que, todavia, eu tenha falado da imaginação, do corpo e de sua constituição. Como eu disse, o que compreendo é indiferente depois que conheci que é algo vago etc.

[85] Mas mostramos que a ideia verdadeira é simples ou composta de simples, e que ela mostra como e por que algo é ou foi feito; e que seus efeitos objetivos na alma procedem conforme a razão de formalidade[130] do seu objeto; o que é o mesmo que os antigos disseram, a saber, que a verdadeira ciência procede da causa para os efeitos, senão pelo fato de nunca, que eu saiba, terem concebido, como nós aqui, que a alma age segundo leis certas e como que um autômato espiritual.[131] [86] Donde, o quanto foi lícito no início, adquirimos a notícia[132] de nosso intelecto e uma norma da ideia verdadeira tal que já não receamos confundir o verdadeiro com o falso ou o fictício; nem mesmo nos admiraremos por entendermos algumas coisas que de modo nenhum caem sob a imaginação, e por estarem na imaginação outras que se opõem totalmente ao intelecto e enfim outras que convêm com o intelecto, uma vez que conhecemos que aquelas operações pelas quais as imaginações são produzidas ocorrem segundo outras leis totalmente diversas das leis do intelecto, e que a alma, acerca da imaginação, tem apenas razão de paciente. [87] A partir disso consta também o quão facilmente podem cair em grandes erros aqueles que não distinguiram cuidadosamente entre imaginação e intelecção. Por ex., nestes: que a extensão deve estar em um lugar, que deve ser finita, que suas partes se distinguem realmente umas das outras, que ela é o primeiro e único fundamento de todas as coisas, que em um momento ocupa um espaço maior do que em outro, e muitas outras coisas desse tipo, todas as quais se opõem totalmente à verdade, como mostraremos no seu devido lugar.

[88] Ademais, como as palavras são parte da imaginação, isto é, porque fingimos muitos conceitos conforme elas vagamente se

in memoriâ, multos conceptûs fingamus, ideò non dubitandum, quin etiam verba aequè, ac imaginatio, possint esse causa multorum, magnorumque errorum, nisi magnopere ab ipsis caveamus. [89] Adde quòd sint constituta ad libitum, et captum vulgi; adeò ut non sint nisi signa rerum, prout sunt in imaginatione, non autem prout sunt in intellectu; quod clarè patet ex eo, quòd omnibus iis, quae tantùm sunt in intellectu, et non in imaginatione, nomina imposuerunt saepe negativa, uti sunt, incorporeum, infinitum, etc. et etiam multa, quae sunt reverâ affirmativa, negativè exprimunt, et contrà, uti sunt increatum, independens, infinitum, immortale, etc. quia nimirùm horum contraria multò faciliùs imaginamur; ideoque priùs primis hominibus occurrerunt, et nomina positiva usurpârunt. Multa affirmamus, et negamus, quia natura verborum id affirmare, et negare patitur, non verò rerum natura; adeoque hâc ignoratâ facilè aliquid falsum pro vero sumeremus.

[90] Vitamus praeterea aliam magnam causam confusionis, et quae facit, quominùs intellectus ad se reflectat: nempe, cùm non distinguimus inter imaginationem, et intellectionem, putamus ea, quae faciliùs imaginamur, nobis esse clariora, et id, quod imaginamur, putamus intelligere. Unde quae sunt postponenda, anteponimus, et sic verus ordo progrediendi pervertitur, nec aliquid legitimè concluditur.

[91][e] Porrò, ut tandem ad secundam partem hujus Methodi perveniamus, proponam primò nostrum scopum in hâc Methodo, ac deinde media, ut eum attingamus. Scopus itaque est claras, et distinctas habere ideas, tales videlicet, quae ex purâ mente, et non ex fortuitis motibus corporis factae sint. Deinde, omnes ideae ad unam ut redigantur, conabimur eas tali modo concatenare, et ordinare, ut mens nostra, quoad ejus fieri potest, referat objectivè formalitatem naturae, quoad totam, et quoad ejus partes.

---

[e] *Praecipua hujus partis Regula est, ut ex primâ parte sequitur, recensere omnes ideas, quas ex puro intellectu in nobis invenimus, ut eae ab iis, quas imaginamur, distinguantur; quod ex proprietatibus uniuscujusque, nempe imaginationis, et intellectus, erit eliciendum.*

compõem na memória a partir de alguma disposição do corpo, não se há de duvidar que também as palavras, tanto como a imaginação, possam ser a causa de muitos e grandes erros se não nos precavermos delas com grande empenho. [89] Acresce que elas são constituídas ao bel-prazer e conforme a compreensão do vulgo, de tal maneira que não são senão signos das coisas conforme estão na imaginação, e não conforme estão no intelecto; o que é patente com clareza a partir do fato de que impuseram a todas aquelas coisas que estão apenas no intelecto, e não na imaginação, nomes frequentemente negativos, como são "incorpóreo", "infinito" etc., e de que também exprimem negativamente muitas coisas que são deveras afirmativas, e ao contrário, como são "incriado", "independente", "infinito", "imortal" etc., porque de fato imaginamos muito mais facilmente os contrários delas, e por isso ocorreram primeiro aos primeiros homens e usurparam os nomes positivos. Afirmamos e negamos muitas coisas porque é a natureza das palavras que admite afirmá-las ou negá-las, e não a natureza das coisas; e, por isso, ignorada esta, facilmente assumimos algo falso por verdadeiro.[133]

[90] Em seguida, evitamos outra grande causa de confusão e que faz com que o intelecto não reflita sobre si mesmo, a saber, quando não distinguimos entre imaginação e intelecção, achamos que aquelas coisas que mais facilmente imaginamos nos são mais claras, e achamos entender aquilo que imaginamos. Donde antepomos aquelas que devem ser pospostas, e assim se perverte a verdadeira ordem de progredir e não se conclui algo legitimamente.

[91][e,134] Além disso, para enfim chegarmos à segunda parte deste método,[135] proporei primeiro nosso escopo nesse método e depois os meios para o atingirmos. O escopo, portanto, é ter ideias claras e distintas, a saber, tais que sejam feitas a partir da mente pura, e não de movimentos fortuitos do corpo. Em seguida, para que todas as ideias sejam reduzidas a uma, esforçar-nos-emos em concatená-las e ordená-las de tal modo que nossa mente, o quanto possível, reproduza objetivamente a formalidade[136] da natureza, tanto no todo quanto em suas partes.

---

[e] *A regra principal desta parte é, como se segue da primeira, recensear todas as ideias que, a partir do puro intelecto, descobrimos em nós, para que sejam distinguidas daquelas que imaginamos; o que há de ser eliciado a partir das propriedades de cada uma, a saber, da imaginação e do intelecto.*

[92] Quoad primum, ut jam tradidimus, requiritur ad nostrum ultimum finem, ut res concipiatur vel per solam suam essentiam, vel per proximam suam causam. Scilicet si res sit in se, sive, ut vulgò dicitur, causa sui, tum per solam suam essentiam debebit intelligi; si verò res non sit in se, sed requirat causam, ut existat, tum per proximam suam causam debet intelligi: Nam reverâ[f] cognitio effectûs nihil aliud est, quàm perfectiorem causae cognitionem acquirere. [93] Unde nunquam nobis licebit, quamdiu de Inquisitione rerum agimus, ex abstractis aliquid concludere, et magnopere cavebimus, ne misceamus ea, quae tantùm sunt in intellectu, cum iis, quae sunt in re. Sed optima conclusio erit depromenda ab essentiâ aliquâ particulari affirmativâ, sive à verâ et legitimâ definitione. Nam ab axiomatibus solis universalibus non potest intellectus ad singularia descendere, quandoquidem axiomata ad infinita se extendunt, nec intellectum magis ad unum, quàm ad aliud singulare contemplandum, determinant. [94] Quare recta inveniendi via est ex datâ aliquâ definitione cogitationes formare: quod eò feliciùs et faciliùs procedet, quò rem aliquam meliùs definiverimus. Quare cardo totius hujus secundae Methodi partis in hoc solo versatur, nempe in conditionibus bonae definitionis cognoscendis, et deinde in modo eas inveniendi. Primò itaque de conditionibus definitionis agam.

[95] Definitio ut dicatur perfecta, debebit intimam essentiam rei explicare, et cavere, ne ejus loco propria quaedam usurpemus; ad quod explicandum, ut alia exempla omittam, ne videar aliorum errores velle detegere, adferam tantùm exemplum alicujus rei abstractae, quae perinde est, quomodocunque definiatur, circuli scilicet: quòd si definiatur, esse figuram aliquam, cujus lineae, à centro ad circumferentiam ductae, sunt aequales, nemo non videt talem definitionem minimè explicare essentiam circuli; sed tantùm ejus aliquam proprietatem. Et quamvis, ut dixi, circa figuras, et caetera

---

[f] *Nota, quòd hinc appareat nihil nos de Naturâ posse <wettelijk, of behorelijk> intelligere, quin simul cognitionem primae causae, sive Dei ampliorem reddamus.*

[92] Quanto ao primeiro ponto, como já dissemos, requer-se para nosso fim último[137] que a coisa seja concebida ou por sua essência sozinha ou por sua causa próxima.[138] A saber, se a coisa é em si, ou seja, como vulgarmente se diz, causa de si, então deve ser entendida por sua essência sozinha; porém, se a coisa não é em si, mas requer uma causa para que exista, então deve ser entendida por sua causa próxima; pois, de fato, o conhecimento[f] do efeito não é nada outro senão adquirir um conhecimento mais perfeito da causa. [93] Donde nunca nos será lícito, enquanto tratamos da inquirição das coisas, concluir algo a partir de abstrações; e nos precaveremos com grande empenho em não misturar aquilo que está apenas no intelecto com aquilo que está na coisa. Mas a melhor conclusão haverá de ser tirada de alguma essência particular afirmativa,[139] ou seja, de uma verdadeira e legítima definição. Pois o intelecto não pode, a partir dos axiomas universais sozinhos, descer aos singulares, visto que os axiomas se estendem a coisas infinitas e não determinam o intelecto a contemplar um singular mais do que outro. [94] Por isso, a via correta de descobrir é formar os pensamentos a partir de alguma definição dada, o que procederá tanto mais feliz e facilmente quanto melhor definirmos alguma coisa. Por isso, o ponto cardeal de toda esta segunda parte do método versa sobre isto somente: conhecer as condições de uma boa definição e, depois, o modo de descobri-las. Portanto, tratarei primeiro das condições da definição.

[95] A definição, para ser dita perfeita, deverá explicar a essência íntima da coisa, e cuidar para que não usemos em seu lugar alguns próprios.[140] Para explicar isso, deixando de lado outros exemplos para que eu não pareça querer revelar os erros dos outros, aduzirei apenas um exemplo de alguma coisa abstrata, acerca da qual tanto faz o modo como seja definida, a saber, o exemplo do círculo; pois, se ele é definido como sendo uma figura cujas linhas traçadas do centro para a circunferência são iguais, ninguém deixa de ver que tal definição de jeito nenhum explica a essência do círculo, mas apenas alguma propriedade sua. E embora, como eu disse, isso pouco importe acerca

---

[f] *Nota que aqui aparece que não podemos entender <legítima ou devidamente> nada sobre a Natureza sem que, em simultâneo, tornemos mais amplo o conhecimento da causa primeira, ou seja, de Deus.*

entia rationis hoc parùm referat, multùm tamen refert circa entia Physica, et realia: nimirùm, quia proprietates rerum non intelliguntur, quamdiu earum essentiae ignorantur; si autem has praetermittimus, necessariò concatenationem intellectûs, quae Naturae concatenationem referre debet, pervertemus, et à nostro scopo prorsùs aberrabimus. [96] Ut itaque hoc vitio liberemur, erunt haec observanda in Definitione.

I. Si res sit creata, definitio debebit, uti diximus, comprehendere causam proximam. Ex. gr. circulus secundùm hanc legem sic esset definiendus: eum esse figuram, quae describitur à lineâ quâcunque, cujus alia extremitas est fixa, alia mobilis, quae definitio clarè comprehendit causam proximam.

II. Talis requiritur conceptus rei, sive definitio, ut omnes proprietates rei, dum sola, non autem cum aliis conjuncta, spectatur, ex eâ concludi possint, uti in hâc definitione circuli videre est. Nam ex eâ clarè concluditur omnes lineas à centro ad circumferentiam ductas aequales esse; quodque hoc sit necessarium requisitum definitionis, adeò per se est attendenti manifestum, ut non videatur operae pretium in ipsius demonstratione morari, nec etiam ostendere ex hoc secundo requisito omnem definitionem debere esse affirmativam. Loquor de affirmatione intellectivâ, parùm curando verbalem, quae propter verborum penuriam poterit fortasse aliquando negativè exprimi, quamvis affirmativè intelligatur.

[97] Definitionis verò rei increatae haec sunt requisita.

I. Ut omnem causam secludat, hoc est, objectum nullo alio praeter suum esse egeat ad sui explicationem.

II. Ut datâ ejus rei definitione nullus maneat locus Quaestioni, An sit?

III. Ut nulla, quoad mentem, habeat substantiva, quae possint adjectivari, hoc est, ne per aliqua abstracta explicetur.

IV. Et ultimò (quamvis hoc notare non sit valdè necessarium) requiritur, ut ab ejus definitione omnes ejus proprietates concludantur. Quae etiam omnia attendenti accuratè fiunt manifesta.

de figuras e demais entes de razão,[141] importa muito acerca de entes físicos e reais;[142] porque, de fato, as propriedades das coisas não são entendidas enquanto suas essências são ignoradas; todavia, se deixarmos estas de lado, necessariamente perverteremos a concatenação do intelecto, a qual deve reproduzir a concatenação da Natureza, e nos afastaremos totalmente do nosso escopo.[143] [96] Portanto, para nos libertarmos desse vício, eis o que cumpre observar na definição[144]:

I. Se a coisa é criada, a definição deverá, como dissemos, compreender a causa próxima. Por ex., o círculo, segundo essa lei, haveria de ser definido assim: ele é uma figura que se descreve por uma linha qualquer, da qual uma extremidade é fixa e a outra é móvel, definição que claramente compreende a causa próxima.[145]

II. Requer-se um conceito da coisa, ou seja, uma definição, tal que todas as propriedades da coisa, enquanto é considerada sozinha e não conjugada com outras, possam ser concluídas a partir da definição, como se vê nessa do círculo. Pois, a partir dela, conclui-se claramente que todas as linhas traçadas do centro para a circunferência são iguais; e que isso seja um requisito necessário da definição é, por si, tão manifesto a quem atenta que não parece valer a pena demorar em sua demonstração, nem mesmo mostrar, a partir desse segundo requisito, que toda definição deve ser afirmativa. Falo da afirmação intelectiva, pouco me preocupando com a verbal, que, por causa da penúria de palavras, talvez possa ser, às vezes, expressa negativamente, embora seja entendida afirmativamente.[146]

[97] Por outro lado, os requisitos da definição da coisa incriada são estes:

I. Que exclua toda causa, isto é, que o objeto, para sua explicação, não precise de nada outro além do seu ser.[147]

II. Que, dada a definição dessa coisa, nenhum lugar permaneça para a questão "se ela é".[148]

III. Que não tenha substantivos que, quanto à mente, possam ser adjetivados, isto é, que ela não seja explicada por abstrações.

IV. E, por último (embora não seja muito necessário notar isto), requer-se que todas as suas propriedades sejam concluídas a partir da sua definição. Todas essas coisas também se fazem manifestas a quem atenta com cuidado.[149]

[98] Dixi etiam, quòd optima conclusio erit depromenda ab essentiâ aliquâ particulari affirmativâ: Quò enim specialior est idea, eò distinctior, ac proinde clarior est. Unde cognitio particularium quàm maximè nobis quaerenda est.

[99] Quoad ordinem verò, et ut omnes nostrae perceptiones ordinentur, et uniantur, requiritur, ut, quàmprimum fieri potest, et ratio postulat, inquiramus, an detur quoddam ens, et simul quale, quod sit omnium rerum causa, ut ejus essentia objectiva sit etiam causa omnium nostrarum idearum, et tum mens nostra, uti diximus, quàm maximè referet Naturam: Nam et ipsius essentiam, et ordinem, et unionem habebit objectivè. Unde possumus videre, apprimè nobis esse necessarium, ut semper à rebus Physicis, sive ab entibus realibus omnes nostras ideas deducamus, progrediendo, quoad ejus fieri potest, secundùm seriem causarum ab uno ente reali ad aliud ens reale, et ità quidem, ut ad abstracta, et universalia non transeamus, sive ut ab iis aliquid reale non concludamus, sive ut ea ab aliquo reali non concludantur: Utrumque enim verum progressum intellectûs interrumpit. [100] Sed notandum, me hîc per seriem causarum, et realium entium non intelligere seriem rerum singularium mutabilium, sed tantummodò seriem rerum fixarum, aeternarumque. Seriem enim rerum singularium mutabilium impossibile foret humanae imbecillitati assequi, cùm propter earum omnem numerum superantem multitudinem, tum propter infinitas circumstantias in unâ et eâdem re, quarum unaquaeque potest esse causa, ut res existat, aut non existat; quandoquidem earum existentia nullam habet connexionem cum earundem essentiâ, sive (ut jam diximus) non est aeterna veritas. [101] Verumenimverò neque etiam opus est, ut earum seriem intelligamus: siquidem rerum singularium mutabilium essentiae non sunt depromendae ab earum serie, sive ordine existendi; cùm hic nihil aliud nobis praebeat praeter denominationes extrinsecas, relationes, aut ad summum circumstantias; quae omnia longè absunt ab intimâ essentiâ rerum. Haec verò tantùm est petenda à fixis, atque aeternis rebus, et simul à legibus in iis rebus, tanquam in suis veris codicibus, inscriptis, secundùm quas omnia singularia, et

[98] Eu disse também que a melhor conclusão há de ser retirada de alguma essência particular afirmativa; pois, quanto mais especial é a ideia, tanto mais distinta e, por conseguinte, mais clara ela é. Donde o conhecimento dos particulares há de ser buscado por nós ao máximo.

[99] Porém, quanto à ordem,[150] e para que todas as nossas percepções sejam ordenadas e unidas, requer-se que – tão logo quanto possível, e a razão o exige – inquiramos se se dá algum ente, e simultaneamente qual ele é, que seja a causa de todas as coisas, de modo que sua essência objetiva seja também a causa de todas as nossas ideias; e então nossa mente, como dissemos,[151] reproduzirá a Natureza ao máximo, pois terá objetivamente tanto sua essência, quanto sua ordem e união.[152] Donde podemos ver que nos é necessário, em primeiro lugar, sempre deduzirmos todas as nossas ideias a partir das coisas físicas, ou seja, dos entes reais, progredindo, o quanto possível, segundo a série das causas, de um ente real para outro ente real, de tal maneira que não passemos a coisas abstratas e universais, seja para não concluirmos algo real a partir delas, seja para elas não serem concluídas a partir de algo real. Com efeito, um e outro caso interrompem o verdadeiro progresso do intelecto. [100] Mas é de notar que por série das causas e dos entes reais não entendo aqui a série das coisas singulares mutáveis, mas tão somente a série das coisas fixas e eternas. Com efeito, seria impossível para a debilidade humana alcançar a série das coisas singulares mutáveis, tanto por causa de sua multidão, que supera todo número, quanto por causa das infinitas circunstâncias em uma só e mesma coisa, das quais cada uma pode ser a causa de a coisa existir ou não existir, já que a existência delas não tem conexão nenhuma com a essência delas, ou seja (como já dissemos), não é uma verdade eterna.[153] [101] Mas, na verdade, nem mesmo é preciso entendermos a série delas, visto que as essências das coisas singulares mutáveis não hão de ser tiradas da sua série, ou seja, da sua ordem de existir, porque isso nada outro nos dá além de denominações extrínsecas, relações ou, no máximo, circunstâncias, todas as quais estão longe da essência íntima das coisas. Esta, porém, há de ser tirada das coisas fixas e eternas e, em simultâneo, das leis, inscritas nessas coisas como em seus verdadeiros códices, segundo as quais todas as coisas singulares

fiunt, et ordinantur; imò haec mutabilia singularia adeò intimè, atque essentialiter (ut sic dicam) ab iis fixis pendent, ut sine iis nec esse, nec concipi possint. Unde haec fixa, et aeterna, quamvis sint singularia, tamen ob eorum ubique praesentiam, ac latissimam potentiam erunt nobis, tanquam universalia, sive genera definitionum rerum singularium mutabilium, et causae proximae omnium rerum.

[102] Sed, cùm hoc ità sit, non parùm difficultatis videtur subesse, ut ad horum singularium cognitionem pervenire possimus: nam omnia simul concipere res est longè supra humani intellectûs vires. Ordo autem, ut unum ante aliud intelligatur, uti diximus, non est petendus ab eorum existendi serie, neque etiam à rebus aeternis. Ibi enim omnia haec sunt simul naturâ. Unde alia auxilia necessariò sunt quaerenda praeter illa, quibus utimur ad res aeternas, earumque leges intelligendum; attamen non est hujus loci ea tradere, neque etiam opus est, nisi postquam rerum aeternarum, earumque infallibilium legum sufficientem acquisiverimus cognitionem, sensuumque nostrorum natura nobis innotuerit.

[103] Antequam ad rerum singularium cognitionem accingamur, tempus erit, ut ea auxilia tradamus, quae omnia eò tendent, ut nostris sensibus sciamus uti, et experimenta certis legibus, et ordine facere, quae sufficient ad rem, quae inquiritur, determinandam, ut tandem ex iis concludamus, secundùm quasnam rerum aeternarum leges facta sit, et intima ejus natura nobis innotescat, ut suo loco ostendam. Hîc, ut ad propositum revertar, tantùm enitar tradere, quae videntur necessaria, ut ad cognitionem rerum aeternarum pervenire possimus, earumque definitiones formemus conditionibus suprà traditis.

[104] Quod ut fiat, revocandum in memoriam id, quod suprà diximus, nempe quòd, ubi mens ad aliquam cogitationem attendit, ut ipsam perpendat, bonoque ordine ex eâ deducat, quae legitimè sunt deducenda, si ea falsa fuerit, falsitatem deteget; sin autem vera, tum feliciter perget sine ullâ interruptione res veras inde deducere; hoc, inquam, ad

ocorrem e são ordenadas; mais ainda, essas coisas singulares mutáveis dependem tão íntima e essencialmente (por assim dizer) das fixas, que sem estas não podem nem ser nem ser concebidas. Donde essas coisas fixas e eternas, ainda que sejam singulares, serão para nós, por sua presença em toda parte e amplíssima potência, como universais, ou seja, gêneros das definições das coisas singulares mutáveis e causas próximas de todas as coisas.

[102] Mas, como isso é assim, não pouca dificuldade parece subsistir para podermos chegar ao conhecimento desses singulares, pois conceber todos simultaneamente é coisa muito acima das forças do intelecto humano. Ora, a ordem para que um seja entendido antes do outro não há de ser tirada, como dissemos, da sua série de existir, e tampouco das coisas eternas. Nestas, com efeito, todas elas são simultaneamente por natureza. Donde necessariamente hão de ser buscados outros auxílios além daqueles que utilizamos para entender as coisas eternas e suas leis; entretanto, este não é o lugar de apresentá-los, nem mesmo é preciso fazê-lo a não ser depois que adquirirmos um conhecimento suficiente das coisas eternas e suas leis infalíveis, e que a natureza de nossos sentidos se nos fizer conhecida.

[103] Antes de nos cingirmos ao conhecimento das coisas singulares, será tempo de apresentar esses auxílios, todos os quais levarão a que saibamos usar nossos sentidos e fazer, com leis certas e ordem, experimentos que serão suficientes para determinar a coisa inquirida, de maneira que, a partir deles, enfim concluamos segundo quais leis das coisas eternas ela ocorreu, e que sua natureza íntima se faça conhecida a nós, como mostrarei no seu devido lugar. Aqui, para voltar ao propósito, empenhar-me-ei apenas em apresentar aquelas coisas que parecem necessárias para podermos chegar ao conhecimento das coisas eternas e formarmos definições delas nas condições dadas anteriormente.

[104] Para que isso se faça, deve-se chamar à memória aquilo que dissemos antes,[154] a saber, que, quando a mente atentar a algum pensamento para ponderá-lo e dele deduzir em boa ordem as coisas que legitimamente hão de ser deduzidas, ela revelará a falsidade se ele for falso;[155] por outro lado, se for verdadeiro, então ela continuará, felizmente[156] e sem interrupção alguma,[157] a dele deduzir coisas verdadeiras.

nostram rem requiritur. Nam ex nullo <alio> fundamento cogitationes nostrae determinari queunt. [105] Si igitur rem omnium primam investigare velimus, necesse est dari aliquod fundamentum, quod nostras cogitationes eo dirigat. Deinde quia Methodus est ipsa cognitio reflexiva, hoc fundamentum, quod nostras cogitationes dirigere debet, nullum aliud potest esse, quàm cognitio ejus, quod formam veritatis constituit, et cognitio intellectûs, ejusque proprietatum, et virium: hâc enim acquisitâ fundamentum habebimus, à quo nostras cogitationes deducemus, et viam, quâ intellectus, prout ejus fert capacitas, pervenire poterit ad rerum aeternarum cognitionem, habitâ nimirùm ratione virium intellectûs.

[106] Quòd si verò ad naturam cogitationis pertineat veras formare ideas, ut in primâ parte ostensum, hîc jam inquirendum, quid per vires et potentiam intellectûs intelligamus. Quoniam verò praecipua nostrae Methodi pars est vires intellectûs, ejusque naturam optimè intelligere, cogimur necessariò (per ea, quae in hâc secundâ parte Methodi tradidi) haec deducere ex ipsâ cogitationis, et intellectûs definitione. [107] Sed hucusque nullas regulas inveniendi definitiones habuimus, et quia eas tradere non possumus, nisi cognitâ naturâ, sive definitione intellectûs, ejusque potentiâ, hinc sequitur, quòd vel definitio intellectûs per se debet esse clara, vel nihil intelligere possumus. Illa tamen per se absolutè clara non est; attamen quia ejus proprietates, ut omnia, quae ex intellectu habemus, clarè, et distinctè percipi nequeunt, nisi cognitâ earum naturâ: ergo definitio intellectûs per se innotescet, si ad ejus proprietates, quas clarè, et distinctè intelligimus, attendamus. Intellectûs igitur proprietates hîc enumeremus, easque perpendamus, deque nostris innatis[g] instrumentis agere incipiamus.

[108] Intellectûs proprietates, quas praecipuè notavi, et clarè intelligo, hae sunt.

I. Quòd certitudinem involvat, hoc est, quòd sciat res itâ esse formaliter, ut in ipso objectivè continentur.

---

[g] *Vide suprà pag. 13. 14. et seqq.*

Isso, digo, é o que se requer para o nosso assunto, pois nossos pensamentos não podem ser determinados a partir de nenhum <outro> fundamento.[158] [105] Portanto, se quisermos investigar a primeira coisa de todas, é necessário que se dê um fundamento que dirija para lá nossos pensamentos. Ademais, porque o método é o próprio conhecimento reflexivo, esse fundamento que deve dirigir nossos pensamentos não pode ser nenhum outro senão o conhecimento daquilo que constitui a forma da verdade e o conhecimento do intelecto, de suas propriedades e forças; com efeito, adquirido este, teremos o fundamento do qual deduziremos nossos pensamentos, e a via pela qual o intelecto, conforme sua capacidade permite, poderá chegar ao conhecimento das coisas eternas, decerto tendo em conta as forças do intelecto.

[106] Porém, se pertence à natureza do pensamento formar ideias verdadeiras, como mostrado na primeira parte, agora se deve inquirir aqui o que entendemos por forças e potência do intelecto. Contudo, porquanto a parte principal do nosso método é entender da melhor maneira as forças do intelecto e sua natureza, somos forçados necessariamente (pelo que eu apresentei nesta segunda parte do método) a deduzir essas coisas da própria definição do pensamento e do intelecto. [107] Mas até agora não tivemos nenhuma regra para descobrir definições, e, porque não podemos dar [tais regras] a não ser que se conheça a natureza, ou seja, a definição do intelecto e de sua potência, daí se segue que ou a definição do intelecto deve ser clara por si, ou nada podemos entender. Ela, todavia, não é clara absolutamente por si; entretanto, porque as propriedades do intelecto, como tudo que temos a partir dele, não podem ser percebidas clara e distintamente a não ser que seja conhecida a natureza delas, logo a definição do intelecto se fará conhecida por si se atentarmos às propriedades dele, as quais entendemos clara e distintamente. Portanto, enumeremos aqui as propriedades do intelecto e as ponderemos, e comecemos a tratar dos nossos instrumentos[g,159] inatos.

[108] As propriedades do intelecto que notei principalmente e que entendo claramente são estas:

I. Que ele envolve a certeza, isto é, sabe que as coisas são formalmente tais como nele estão contidas objetivamente.[160]

---

[g] *Vê anteriormente as páginas 13, 14 ss.*

II. Quòd quaedam percipiat, sive quasdam formet ideas absolutè, quasdam ex aliis. Nempe quantitatis ideam format absolutè, nec ad alias attendit cogitationes; motûs verò ideas non, nisi attendendo ad ideam quantitatis.

III. Quas absolutè format, infinitatem exprimunt; at determinatas ex aliis format. Ideam enim quantitatis si per causam percipit, tum quantitatem determinat, ut cùm ex motu alicujus plani corpus, ex motu lineae verò planum, ex motu denique puncti lineam oriri percipit; quae quidem perceptiones non inserviunt ad intelligendam, sed tantùm ad determinandam quantitatem. Quod inde apparet, quia eas quasi ex motu oriri concipimus, cùm tamen motus non percipiatur, nisi perceptâ quantitate, et motum etiam ad formandam lineam in infinitum continuare possumus, quod minimè possemus facere, si non haberemus ideam infinitae quantitatis.

IV. Ideas positivas priùs format, quàm negativas.

V. Res non tam sub duratione, quàm sub quâdam specie aeternitatis percipit, et numero infinito; vel potiùs ad res percipiendas, nec ad numerum, nec ad durationem attendit: cùm autem res imaginatur, eas sub certo numero, determinatâ duratione, et quantitate percipit.

VI. Ideae, quas claras et distinctas formamus, ità ex solâ necessitate nostrae naturae sequi videntur, ut absolutè à solâ nostrâ potentiâ pendˆre videantur; confusae autem contrà. Nobis enim invitis saepe formantur.

VII. Ideas rerum, quas intellectus ex aliis format, multis modis mens determinare potest: ut ad determinandum ex. gr. planum ellipseos, fingit stylum chordae adhaerentem circa duo centra moveri, vel concipit infinita puncta eandem semper, et certam rationem ad datam aliquam rectam lineam habentia, vel conum plano aliquo obliquo sectum, ita ut angulus inclinationis major sit angulo verticis coni, vel aliis infinitis modis.

VIII. Ideae, quò plus perfectionis alicujus objecti exprimunt, eò perfectiores sunt. Nam fabrum, qui fanum aliquod excogitavit,

II. Que ele percebe algumas coisas, ou seja, forma algumas ideias absolutamente e algumas a partir de outras. De fato, ele forma a ideia de quantidade absolutamente, sem atentar a outros pensamentos; mas não [forma] as ideias do movimento senão atentando à ideia de quantidade.

III. Aquelas que ele forma absolutamente exprimem a infinidade; mas forma as determinadas a partir de outras. Com efeito, se ele percebe a ideia de quantidade pela causa, então determina a quantidade,[161] como quando percebe originar-se o corpo a partir do movimento de algum plano, o plano a partir do movimento da linha, e, por fim, a linha a partir do movimento do ponto; percepções essas que decerto não servem para entender a quantidade, mas apenas para determiná-la. Isso aparece porque as concebemos como que se originando do movimento, quando, todavia, o movimento não é percebido a não ser que seja percebida a quantidade, e também porque podemos continuar o movimento ao infinito para formar uma linha, o que de jeito nenhum poderíamos fazer se não tivéssemos a ideia de quantidade infinita.

IV. Ele forma as ideias positivas primeiro que as negativas.

V. Ele percebe as coisas não tanto sob a duração quanto sob algum aspecto de eternidade e em número infinito; ou, antes, para perceber as coisas, ele não atenta nem ao número nem à duração; porém, quando imagina as coisas, percebe-as sob um número certo e uma determinada duração e quantidade.

VI. As ideias que formamos claras e distintas parecem seguir-se da necessidade sozinha de nossa natureza, de tal maneira que parecem depender absolutamente de nossa potência sozinha; já nas confusas é o contrário. Com efeito, estas frequentemente são formadas a despeito de nós mesmos.[162]

VII. A mente pode determinar de muitas maneiras as ideias das coisas que o intelecto forma a partir de outras; como, por ex., para determinar o plano de uma elipse, ela finge que um ponteiro preso a uma corda é movido ao redor de dois centros, ou concebe infinitos pontos tendo sempre uma mesma e certa relação com alguma linha reta dada; ou um cone seccionado por algum plano oblíquo, de maneira que o ângulo de inclinação seja maior que o ângulo do vértice do cone; ou de outras infinitas maneiras.[163]

VIII. As ideias são tanto mais perfeitas quanto mais perfeição exprimem de algum objeto. Pois não admiramos o construtor que

non ità admiramur, ac illum, qui templum aliquod insigne excogitavit.

[109] Reliqua, quae ad cogitationem referuntur, ut amor, laetitia, etc. nihil moror: nam nec ad nostrum institutum praesens faciunt, nec etiam possunt concipi, nisi percepto intellectu. Nam perceptione omninò sublatâ ea omnia tolluntur.

[110] Ideae falsae, et fictae nihil positivum habent (ut abunde ostendimus), per quod falsae, aut fictae dicuntur; sed ex solo defectu cognitionis, ut tales, considerantur. Ideae ergo falsae, et fictae, quatenus tales, nihil nos de essentia cogitationis docere possunt; sed haec petenda ex modò recensitis proprietatibus positivis, hoc est, jam aliquid commune statuendum est, ex quo hae proprietates necessariò sequantur, sive quo dato hae necessariò dentur, et quo sublato haec omnia tollantur.

Reliqua desiderantur.

excogitou alguma capela tanto quanto aquele que excogitou algum templo insigne.

[109] Nas coisas restantes que se referem ao pensamento, como o amor, a alegria etc., não me demorarei, pois elas nem servem ao nosso presente instituto nem podem ser concebidas a não ser que seja percebido o intelecto. Pois, retirada inteiramente a percepção, todas elas são suprimidas.

[110] As ideias falsas e fictícias nada têm de positivo (como mostramos em abundância) pelo que sejam ditas falsas ou fictícias, mas são consideradas como tais a partir só de uma deficiência de conhecimento. Logo, as ideias falsas e fictícias, enquanto tais, nada nos podem ensinar sobre a essência do pensamento, mas esta há de ser tirada das propriedades positivas há pouco recenseadas, isto é, deve-se sustentar, agora, algo de comum do qual necessariamente se sigam essas propriedades, ou seja, algo que, sendo dado, faz com que elas necessariamente se deem, e que, sendo retirado, faz com que todas elas sejam suprimidas.

Falta o resto.[164]

Notas de tradução
Tratado da emenda do intelecto

1   Nos *Nagelate Schriften*: *Handeling van de Verbetering van 't Verstand; en te gelijk van de Middel om het zelfde volmaakt te maken* ("Tratado da emenda do intelecto, assim como do método para fazê-lo perfeito" – traduzimos "*middel*" não por "meio", como o fazem alguns, mas por "método", porquanto, ao longo do texto, encontra-se "*middel*" = "*methodus*"). Em português, o título da obra recebe quase tantas versões distintas quantas traduções encontramos: *Tratado da reforma da inteligência*, por Lívio Teixeira; *Tratado da reforma do entendimento*, por Abílio Queirós e Ciro Mioranza; *Tratado sobre a reforma do entendimento*, por António Borges Coelho; *Tratado da correção do intelecto*, por Carlos Lopes de Mattos; *Tratado da correção do intelecto*, por J. Guinsburg e Newton Cunha; e *Tratado da emenda do intelecto*, por Cristiano Novaes de Rezende. Há, portanto, três versões para "*emendatio*": "correção", "reforma" ou "emenda". De nossa parte, preferimos a última, pois, ainda que se possa defender a preferência por qualquer uma das três, e até de outras ("cura", "purificação" etc.), é "emenda" que atende a nosso critério de, o quanto possível, empregar o correspondente português mais próximo do termo latino. Sob esse mesmo argumento, vertemos "*intellectus*" por "intelecto", tal como o fizeram os três últimos tradutores citados. Por um lado, temos "entendimento", opção conceitualmente correta, mas cuja etimologia deriva não de "*intelligere*", mas de "*intendere*"; por outro, temos "inteligência", cuja etimologia deriva de "*intelligere*", mas que conceitualmente se distingue de "intelecto", como nota Carlos Lopes de Mattos, remetendo aos capítulos IV e V do apêndice da *Ética* IV. Ora, nessa direção, o leitor pode questionar: por que o argumento etimológico que preteriu "entendimento" em favor de "intelecto" não foi usado, ao longo do texto, para traduzir o verbo "*intelligere*" não por "entender", mas por "inteligir"? A razão é somente lexical: ainda que, com frequência, o verbo "inteligir" tenha lugar em textos filosóficos traduzidos para o português, procuramos evitar o uso de expressões que não estejam compreendidas pela norma culta. Justificada nossa preferência, cabe ainda uma questão: seria *Tratado da emenda do intelecto* um título dado pelo próprio Espinosa? De fato, não há como saber; talvez fosse a alcunha dos rascunhos que circularam entre seus amigos, talvez fosse mesmo um nome estabelecido de antemão para uma obra que jamais seria acabada. Mas, ainda que insolúvel, a discussão enseja uma passagem da *Carta* VI, do

início de 1662, de Espinosa a Henry Oldenburg (*c.* 1617-1677): "No que atina à tua nova questão, a saber, como as coisas começaram a ser e com que nexo dependem da causa primeira, compus sobre esse assunto e também sobre a emenda do intelecto um opúsculo inteiro [*de hac re et etiam de emendatione intellectus integrum opusculum composui*], de cuja redação e emenda estou ocupado. Mas às vezes desisto da obra, porque ainda não tenho nenhuma decisão certa acerca de sua publicação. De fato, temo que os teólogos de nosso tempo se ofendam e invistam contra mim, eu que tenho completo horror a rixas, o ódio com que estão acostumados". Sobre de que *integrum opusculum* Espinosa fala, trata-se de mais uma incógnita. As conjecturas, porém, consideram sempre o *Tratado da emenda do intelecto* e o *Breve tratado*, apontados ou exclusivamente ou em conjunto. De todo modo, a partir do excerto pode-se dizer que, ao menos desde 1662, o termo "*de emendatione intellectus*" já era empregado por Espinosa e, se já aparecia para Oldenburg, um recém-conhecido que vivia na Inglaterra, decerto já era corrente entre os amigos mais íntimos.

2 Tal como o prefácio anteriormente apresentado, é possível que esta advertência tenha sido originalmente escrita em holandês para os *Nagelate Schriften*, por Jelles, Rieuwertsz ou Glazemaker; e depois traduzida para o latim, por Meyer, para as *Opera Posthuma*. Aqui, entre os textos latino e holandês, a única divergência digna de nota é que, para o latim "*imperfectum*" ("inacabado"), o holandês traz "*onvolmaakt en gebrekkelijk*" ("inacabado e deficiente").

3 Nas *Opera Posthuma*: "<u>à</u> *quibus, et quae timebam*". Mignini, em sua edição, eliminou a preposição "à" vinculada ao pronome "*quibus*", porque, tomando o texto dos *Nagelate Schriften* ("<u>voor</u> *te welken, en die ik vreeste*"), "*quibus*" só pode ser lido como dativo, e não como ablativo (regido por "*ab/a*"). Aqui, concordamos com a alteração de Mignini. De fato, a construção "*timere*" + "*ab/a*", rara, tem o sentido de "ter medo de", como encontramos em Cícero, *Filípicas*, II, 45, 116: "*Quodsi non metuis viros fortis egregiosque civis, quod a corpore tuo prohibentur armis, tui te, mihi crede, diutius non ferent. Quae est autem vita dies et noctes <u>timere a suis</u>?*" ("Agora, se não temes os homens fortes e os notáveis cidadãos porque com armas são afastados do teu corpo, os teus, crê em mim, não suportarão por muito tempo. Ora, que vida é <u>ter medo dos seus</u> dia e noite?"). Justificada a alteração, vale ainda recomendar, na esteira de Mignini, que a passagem "*quibus, et quae timebam*" seja lida à luz daquela que se segue: "*nihil neque boni, neque mali in se habere*". Ou seja: "*quibus timebam*" [*boni*] = eu temia pelo bem que perderia; "*quae timebam*" [*mali*] = eu temia o mal que sofreria.

4 Traduzimos univocamente "*animus*" por "ânimo" (exceto na Advertência, ao compor a expressão "*in animo habere*", traduzida por "ter a intenção"); "*anima*" por "alma"; e "*mens*" por "mente".

5 Para a tradução de "*constituere*", neste ponto e logo à frente, seguimos a leitura dos *Nagelate Schriften* ("*besluiten*").

⁶ Embora pouco usual, deve-se ler *"institutum"* no sentido de "plano" ou "propósito". Os *Nagelate Schriften* trazem *"ooggemerk"*, que ao longo do texto também aparece como equivalente do latino *"scopum"*.

⁷ No estoicismo e na tradição cristã, a *"libido"* é um prazer associado a desejos sexuais intensos e incontroláveis, que perturbam a tranquilidade do ânimo, e que, por isso, conferem ao termo uma conotação negativa. Já a "voluptas" possui um sentido mais amplo de prazer, não necessariamente relacionado ao desejo sexual. Por fim, é de notar que a tríade riquezas-honras-prazer remete a Aristóteles, *Ética a Nicômaco*, I, 4, 1095a20.

⁸ Parece aduzir ao dito latino: *"omne animal post coitum triste"* ("todo animal é triste após o coito"), atribuído geralmente ao médico Galeno de Pérgamo (*c*. 129-*c*. 217).

⁹ Espinosa emprega aqui uma terminologia baconiana, explicitada já no título de uma das principais obras de Francis Bacon, a saber, The Advancement of Learning (1605), posteriormente traduzido para o latim como De augmentis scientiarum (1623). Também do Verulâmio citamos uma passagem do *Novum organum*, I, aforismo LXXXI: "Outra vez, mostra-se outro motivo potente e grande por que as ciências avançam pouco. [...] Mas a maioria se afasta tanto daquilo que os homens se propõem para obterem o aumento da massa das ciências e das artes, que, da massa que já foi dada, não assumem ou buscam nada maior que o quanto podem converter ao uso professoral, ou ao lucro, ou à estima ou a outras vantagens do tipo...".

¹⁰ Sobre isso complementa o *Breve tratado*, II, cap. XII, § 3: "Não quero dizer que se deva viver entre os homens como se se vivesse em um mundo estranho onde a honra e a vergonha não tivessem lugar. Pelo contrário, reconheço que não somente nos é permitido usá-las se as empregarmos para a utilidade dos homens e para melhorá-los, mas também que podemos fazê-lo limitando nossa própria liberdade (de resto perfeita e legítima). Por exemplo, se alguém se veste suntuosamente para merecer consideração, busca a honra que nasce do amor de si, sem ter em conta seu próximo; porém, se alguém vê desprezada e pisoteada sua sabedoria (pela qual poderia ser favorável ao próximo) pela simples razão de que está mal vestido, este faz bem (no intuito de ajudá-los) em se prover de uma roupa que não os choque, assemelhando-se ao próximo para conquistá-lo" (ESPINOSA, 2012, p. 114-115).

¹¹ Talvez se apoiando nos *Nagelate Schriften* (*"om in dit nieu ooggemerk"*), Mignini retirou o termo *"alicui"*, justificando haver apenas dois institutos possíveis: o *commune vitae institutum*, aquele que se quer deixar; e um *institutum* alternativo, definido pelo objetivo que se pretende buscar; e, porque um e outro são mutuamente exclusivos, não haveria lugar para "algum" ou "qualquer" novo instituto (*"novo alicui instituto"*). Não obstante, vimos por bem manter o termo *"alicui"*. Veja-se, Espinosa avança progressivamente:

primeiro pensa em "um" instituto novo, distinto daquele que lhe era comum; depois vê que, seja qual for esse novo instituto, haverá de ser contrário à busca por honras e riquezas.

[12] Ver § 2.

[13] Nas *Opera Posthuma*: "*possim*" ("possa").

[14] No fim da *Carta* XXXVII, de 1666, para Johannes Bouwmeester, Espinosa escreve: "E, nestas poucas palavras, julgo ter explicado e demonstrado o método verdadeiro, e ter mostrado em simultâneo a via pela qual chegamos a ele. Resta, porém, advertir-te que para tudo isso requer-se uma meditação assídua e um ânimo e um propósito constantíssimos, e que, para obtê-los, é necessário antes de tudo estabelecer um modo e uma razão de viver certos, e prescrever um fim certo; mas, no presente momento, basta sobre isso.". As regras de viver são apresentadas por Espinosa logo à frente, no § 17.

[15] O uso do termo "*remedium*" parece aduzir uma terminologia baconiana. Ver *Novum organum*, prefácio; I, aforismos XXX, XCII e XCIV; e II, aforismos XXIII e XL. Todavia, há que considerar que Espinosa possuía, em seu círculo, vários amigos médicos, entre os quais destacamos os correspondentes Johannes Bouwmeester e Lodewijk Meyer. Ver nota de tradução 27.

[16] Espinosa parece aduzir ao filósofo hedonista Aristipo de Cirene (*c*. 435-*c*. 356 a.C.), que teria dito: "Possuo Laís, mas não sou possuído por ela; abster-nos de prazeres não é o melhor, e sim dominá-los e não sermos prejudicados por eles" (LAÉRCIO, 2008, II, p. 74-75).

[17] Nos *Nagelate Schriften*, o texto diverge um pouco: "Além disso, essas coisas pareciam ser más a partir do fato de que toda a felicidade ou infelicidade situa-se só nisto..." ("*Wijders, deze dingen schenen hier uit quaat te zijn, dat al 't geluk, of ongeluk hier in is gelegen...*"). Ante tal diferença, Mignini decidiu suprimir o particípio "*orta*" para tentar aproximar o texto latino do sentido holandês. Assim, em vez de "*haec mala*" ("esses males") + "*orta esse*" ("ter-se originado"), teríamos "*haec*" ("essas coisas") + "*esse*" ("ser") + "*mala*" ("más"); donde resultaria: "Além disso, essas coisas pareciam ser más a partir de que toda...". Ora, curiosamente, esse sentido pretendido não é replicado na tradução francesa feita por Michelle Beyssade sobre o próprio texto latino de Mignini: "*À la reflexion, ces maux semblaient tenir à ce que tout le bonheur ou le malheur ne dépend que d'une chose, la qualité de l'objet auquel l'amour nous attache*". De nossa parte, por não vermos incorreção ou incoerência conceitual devido à presença do particípio "*orta*", e porque a expressão "*ex eo oriri..., quod*" é bastante frequente neste *Tratado* (cinco vezes), optamos por não aderir à alteração feita por Mignini.

[18] Espinosa trata prolixamente sobre isso no *Breve tratado*, II, cap. V (*do amor*).

¹⁹ Nos *Nagelate Schriften*, é o amor (*de liefde*) que é isento de todas as tristezas: "*Maar de liefde tot d'eeuwige en onëindige zaak voed de geest met blijschap alleen, en is van alle droefheit uitgesloten*". Seguindo o holandês, Mignini propõe mudar o pronome feminino "*ipsaque*", que necessariamente se refere a "*laetitia*", para o masculino "*ipseque*", fazendo remeter a "*amor*". Para Mignini, "*ipsaque*" tornaria a passagem latina pleonástica: a alegria evidentemente é isenta de tristeza, mas o amor só pode ser dito assim após se explicar que ele é fonte de pura alegria. De nossa parte, porque não há incorreção conceitual, mas no máximo uma redundância, que pode ser inclusive retórica, optamos por manter o texto sem a alteração feita por Mignini.

²⁰ Nas *Opera Posthuma*: "*possim*" ("possa").

²¹ Ver § 7. Na primeira asserção, em vez de "seriamente" ("*seriò*"), tem-se o advérbio "profundamente" ("*penitùs*").

²² Para o termo "*Natura*", mantivemos a inicial maiúscula no português para distinguir, nos termos da *Ética*, a *Natura naturans* ("Natureza naturante"), ou seja, a substância ou Deus, da *natura* ("natureza" ou "essência") das coisas.

²³ Vemos o mesmo pensamento, mais prolixamente, na *Ética* IV, prop. XVIII, escólio: "Como a razão nada postula contra a natureza, então ela postula que cada um ame a si mesmo, que busque o seu útil, o que de fato é útil, e que apeteça tudo aquilo que de fato conduz o homem a uma maior perfeição e, em absoluto, que cada um, o quanto está em suas forças, esforce-se em conservar seu ser. [...] Nada, repito, os homens podem optar de mais excelente para conservar seu ser do que convirem todos em todas as coisas, de tal maneira que as mentes e os corpos de todos componham como que uma só mente e um só corpo, e que todos em simultâneo, o quanto possam, esforcem-se em conservar seu ser, e que todos em simultâneo busquem para si o útil comum a todos; disso se segue que os homens que se governam pela razão, isto é, os homens que buscam o seu útil a partir da condução da razão, nada apetecem para si que não desejem aos demais, e por isso são justos, confiáveis e honestos".

²⁴ Carlos Lopes de Mattos traduziu "*puerorum*" por "dos meninos", ao que ele adicionou uma obscura nota relacionando Espinosa ao antifeminismo. Todavia, "*puer*" também pode ser traduzido por "criança", aquela que normalmente já fala, mais velha que *infans*, e mais jovem que *adulescens*. Os *Nagelate Schriften* corroboram nossa tradução trazendo o correspondente "*kinderen*" ("crianças").

²⁵ Aqui, a palavra "arte" não deve ser tomada no sentido estético, tal como estamos acostumados, mas no sentido mais amplo, manual e intelectual, de indústria e capacidade de produção de coisas.

²⁶ Ver Descartes, *Princípios da filosofia*, prefácio (AT, IX-2, p. 14): "Portanto, toda a filosofia é como uma árvore cujas raízes são a metafísica, o tronco é a física e os galhos que saem desse tronco são todas as outras ciências, que se reduzem a três principais, a saber, a medicina, a mecânica e a moral; quero dizer a moral mais elevada e perfeita, que, pressupondo um conhecimento inteiro das outras ciências, é o último grau de sabedoria" ("*Ainsi toute la Philosophie est comme un arbre dont les racines sont la Métaphysique, le tronc est la Physique, et les branches qui sortent de ce tronc sont toutes les autres sciences, qui se réduisent à trois principales, à savoir la Médecine, la Mécanique et la Morale; j'entends la plus haute et la plus parfaite Morale, qui, présupposant une entière connaissance des autres sciences, est le dernier degré de la Sagesse*").

²⁷ A expressão "*medere intellectus*" parece remeter a Francis Bacon, *Novum organum*, II, aforismos XXVIII e LII. Ver nota de tradução 15.

²⁸ Nos *Nagelate Schriften*, o texto diverge um pouco: "o quanto se pode, de expurgá-lo no início" ("*voor zo veel men kan, in 't begin zuiveren*"). Tendo preferido essa leitura, Mignini alterou o texto transpondo o ablativo "*initio*" para depois da vírgula, de modo a acompanhar o gerundivo "*expurgandi*". Nós, contudo, não aderimos a essa alteração: primeiro, porque, a despeito da argumentação de Mignini, não vemos incorreção ou incoerência conceitual na disposição original; segundo, porque, no § 86, que parece relacionar-se com este § 16, encontramos a expressão "*quantum in initio licuit*" ("o quanto foi lícito no início"), mas sem, note-se, ter sofrido a intervenção de Mignini.

²⁹ Gebhardt inseriu o termo "*et scopum*", apoiando-se nos *Nagelate Schriften*, que indicam, à margem, "*finis et scopum*" como equivalente a "*einde en ooggemerk*". Mas, embora se diga que "o fim e escopo" é "chegar à suma perfeição humana", o escopo de fato só será exposto no § 91: "ter ideias claras e distintas".

³⁰ Aqui e no § 56, vertemos "*operari*" por "fazer" em favor do sentido e da legibilidade. A tradução pelos mais próximos "operar" ou "obrar", ainda que possível, resultaria artificial e até prejudicaria a leitura. Outra opção possível seria "produzir"; todavia, porque o latino "*producere*" ("*voortbrengen*", no holandês) ocorre neste *Tratado* sempre envolvendo causalidade, pareceu-nos menos importante manter no português a distinção entre "*operari*" e "*facere*"/"*agere*" do que aquela entre "*operari*" e "*producere*".

³¹ Referência à moral provisória de Descartes. Ver *Discurso do método*, terceira parte, AT, VI, p. 22-27.

³² Neste ponto, os *Nagelate Schriften* citam "três" ("*drie*") modos de perceber, mas elencam, em seguida, os mesmos quatro listados nas *Opera Posthuma*.

³³ Vindo de Aristóteles, o termo "*ad placitum*" aparece na lógica medieval, sobretudo na investigação dos signos pelo nominalismo, usualmente traduzido por "arbitrário" ou "convencional". Em contraste com o signo natural, o arbitrário é um artifício elaborado pelo homem, de acordo com

um código convencional, para atender ao objetivo da comunicação social. Curiosamente, Mignini altera o texto para "*ad placitum, quod vocant*", sob o argumento de que o "*quod vocant*" apenas aduziria o aspecto não usual da fórmula "*ad placitum*" nos escritos de Espinosa. De fato, a alteração é desnecessária, e parece que até incorreta, já que Michelle Beyssade, sobre o próprio texto de Mignini, lê "*quod vocant*" como "*comme l'on dit*", ou seja, tomando "*quod*" equivocadamente por "como".

[34] O termo "experiência vaga" ("*experientia vaga*") remete a Francis Bacon, *Novum organum*, I, aforismo C: "Mas não se há de buscar e procurar somente uma abundância maior de experimentos, e de outro gênero que ainda não ocorreu, mas deve-se também introduzir um método completamente diferente, e uma ordem e um progresso para continuar e promover experiências. Com efeito, a experiência vaga, e que é a que se segue apenas (como foi dito mais acima), é mera apalpação, e antes estupefaz os homens em vez de informá-los. Mas quando a experiência proceder de maneira seriada e contígua por uma lei certa, poder-se-á esperar algo melhor das ciências".

[35] Ver nota de tradução 46.

[36] Nas *Opera Posthuma*, consta "nada entendemos sobre a causa por causa daquilo ('*propter id*') que consideramos no efeito", o que não faz sentido. Apoiando-se nos *Nagelate Schriften* ("*behalven dit*"), Gebhardt substituiu "*propter*" por "*praeter*" ("além de" ou "exceto"), alteração que concordamos em seguir. Além disso, sobre a referência ao "segundo caso", ela não nos é clara. Parece-nos mais provável que Espinosa se refira ao segundo modo de percepção, item II da listagem no próprio texto. Por fim, quanto ao termo "próprios", aqui e no § 95, seguindo os *Nagelate Schriften*, que distinguem univocamente "*proprium*" ("*eige*") de "propriedade" ("*eigenschap*"), traduzimos "*proprium*" pelo substantivo "próprio", e "*proprietas*" por "propriedade", na esteira da tradução de Cristiano Novaes de Rezende, até então o único dos tradutores lusófonos a marcar essa distinção. Mantivemos o termo aristotélico "próprio" para dar ao leitor exatamente o que Espinosa quis, na riqueza do termo, em vez de uma mais palatável tradução por "propriedades" (como o fizeram muitos tradutores). Aristóteles esclarece "próprio" ("ἴδιον") em *Tópicos*, I 5, 102, 18-30: "é um predicável que não explicita a essência de uma coisa, mas que lhe pertence em exclusivo e pode ser predicado convertivelmente acerca da coisa" (ARISTÓTELES, 2007, p. 239).

[37] As clássicas sentenças "o homem é um animal racional" e "o cão é um animal que ladra", presentes na lógica aristotélica, foram amplamente usadas pelos escolásticos em questões sobre universais, homonímia e equivocidade. Espinosa também as utiliza fora deste *Tratado*. Sobre a primeira, ver: *Pensamentos metafísicos*, II, cap. XI ("E, com efeito, a ciência de Deus não convém mais com a ciência humana do que o cão, signo celeste, com o cão que é um animal que ladra, e quiçá ainda menos". ESPINOSA, 2015b,

p. 257); *Ética* I, prop. XVII, escólio ("[...] a saber, não de outra maneira como convêm entre si o cão, signo celeste, e o cão, animal que ladra"); e *Ética* II, prop. XL, escólio I ("Por ex., aqueles que mais frequentemente contemplaram com admiração a estatura dos homens, entendem sob o nome *homem* um animal de estatura ereta; porém, aqueles que se acostumaram a contemplar outra coisa, formarão outra imagem comum dos homens, a saber, o homem é um animal risível, um animal bípede, sem penas; um animal racional; e assim, sobre o restante, cada um formará imagens universais das coisas conforme a disposição do seu corpo"). Já sobre a segunda sentença, ver *Breve tratado*, II, cap. III, § 2, nota de rodapé: "Por exemplo, Aristóteles diz: 'o cachorro é um animal que late', e disso conclui que *tudo que late é cachorro*. Porém, se um camponês diz '*um cachorro*', entende implicitamente o mesmo que Aristóteles com sua definição, de sorte que, se o camponês ouve latir, diz: 'é um cachorro'. Por conseguinte, se ouvir latir outro animal, o camponês, sem ter feito nenhum raciocínio, se sentirá tão admirado quanto Aristóteles, que fez o raciocínio" (ESPINOSA, 2012, p. 95).

[38] Traduzimos "*effectus*" como nominativo, com base no texto dos *Nagelate Schriften*: "*te weten het gewrocht*". Outros tradutores preferiram tomar a palavra no acusativo, fazendo-a acompanhar a preposição "*praeter*": "além da própria sensação, a saber, [além] do efeito". Gebhardt corrigiu o texto das *Opera Posthuma* para "*effectûs*", isto é, adicionou o acento para indicar ou o nominativo plural de "*effectus*" (o que não faz sentido, considerando-se o "*quo*" logo à frente) ou seu genitivo ("do efeito"). Neste ponto, portanto, mantivemos o texto das *Opera Posthuma*.)

[39] O mesmo exemplo aparece na *Ética* II, prop. XXXV, escólio: "Assim, quando observamos o Sol, imaginamos que ele dista de nós cerca de duzentos pés, erro que não consiste nessa imaginação sozinha, mas no fato de que, enquanto o imaginamos assim, ignoramos a sua verdadeira distância e a causa dessa imaginação. Pois, mesmo que depois conheçamos que ele dista de nós mais de seiscentos diâmetros da Terra, não obstante o imaginamos estar perto; com efeito, não imaginamos o Sol tão próximo pelo fato de ignorarmos sua verdadeira distância, mas pelo fato de que uma afecção do nosso corpo envolve a essência do Sol enquanto o próprio corpo é afetado por ele".

[40] Alusão à definição de esfera de Euclides, dada nos *Elementos*, I, prop. 30: "As paralelas à mesma reta são paralelas entre si" (EUCLIDES, 2009, p. 121).

[41] Essa proposição dos *Elementos*, de Euclides, também é aduzida em outras obras de Espinosa. Na *Ética* II, a fórmula aparece no escólio II da prop. XL: "Por. ex., dados os números 1, 2 e 3, ninguém não vê que o quarto número proporcional é 6"; já no *Breve tratado*, II, cap. XXI, ao tratar da razão, Espinosa menciona, ainda que de passagem: "observamos ao falar do raciocínio e do entendimento claro, por meio do exemplo da regra

de três" (ESPINOSA, 2012, p. 139). A mesma proposição já havia sido prolixamente abordada por Descartes nas *Regras para a direção do espírito*, regra VI (AT, X, p. 384-387).

[42] Ver § 18.

[43] Ver § 16.

[44] Note-se que, embora enumerados independentemente, os pontos II, III e IV são subordinados ao I, formando um único período.

[45] Ver § 55.

[46] É de notar a posição de Espinosa sobre a experiência, dada na *Carta X*, de 1663, para De Vries: "Perguntas-me se precisamos da experiência para saber se a definição de um atributo é verdadeira. A isso respondo que nunca precisamos da experiência, a não ser para aquelas coisas que não podem ser concluídas a partir da definição da coisa, como, por ex., a existência dos modos; esta, com efeito, não pode ser concluída a partir da definição da coisa. Mas não para aquelas coisas cuja existência não se distingue da essência delas e por conseguinte se conclui a partir da definição delas. Mais ainda, nenhuma experiência poderá alguma vez ensiná-lo a nós, pois a experiência não ensina nenhuma essência das coisas, mas o máximo que ela pode fazer é determinar nossa mente a pensar apenas acerca de essências certas das coisas. Por isso, como a existência dos atributos não difere da essência deles, não poderemos alcançá-la com nenhuma experiência".

[47] É a única aparição do termo "acidente" neste *Tratado*.

[48] Neste ponto, apoiando-se nos *Nagelate Schriften*, Gebhardt alterou a pontuação de ponto (.) para ponto e vírgula (;), e incorporou a locução holandesa "*dat is*", a fim de talvez dar maior fluidez ao texto. De nossa parte, optamos por seguir as *Opera Posthuma*, tal como os demais editores.

[49] Nos *Nagelate Schriften*, esta sentença tem uma redação um pouco distinta: "*En op dat dit zou geschieden, zo staat eerst aan te merken, dat hier geen onderzoek tot in 't onëindig plaats zal hebben, te weten dat men, om de beste middel van de waarheit te vinden, een ander middel behoeft, om de middel van 't ware te vinden op te speuren: en dat men, om de tweede middel op te speuren, een darde middel nodig heeft, en dus tot aan 't oneindig; want op deze wijze zal men nooit tot kennis der waarheit, ja gantschelijk tot geen kennis, komen*" ("E, para isso acontecer, deve-se primeiro notar que aqui não haverá nenhum lugar para uma investigação ao infinito; a saber, que, para investigar o melhor método de encontrar a verdade, seja preciso outro método para se investigar o método de encontrar o verdadeiro; e que, para investigar o segundo método, seja necessário um terceiro método, e assim ao infinito; pois de tal modo nunca se chegaria ao conhecimento da verdade, e totalmente a conhecimento nenhum"). Note-se que o sentido negativo anafórico presente na repetição do "*non opus est*" ("não é preciso") se dá porque o "a saber" ("*scilicet*") desenvolve a oração negativa inteira "não se dará uma inquirição ao infinito".

Por outro lado, no holandês, o sentido positivo de *"behoeft"* ("seja preciso") e *"nodig heeft"* ("seja necessário") se dá porque o "a saber" (*"te weten"*) desenvolve apenas o termo "investigação ao infinito". Portanto, não se pode dizer que um texto seja mais correto que o outro, pois ambos produzem, no fim, a mesma leitura. Mesmo assim, Mignini, convencido de que o latim é incoerente, decidiu suprimir o *"non"* de *"non opus est"*, a fim de aproximar o texto do holandês. Novamente, pela argumentação já exposta, não aderimos a ele neste ponto.

50 Este exemplo relaciona-se com outro de Descartes, nas *Regras para a direção do espírito*, regra VIII (AT, X, p. 397): "De fato, este método imita aquelas coisas das artes mecânicas que não precisam do auxílio de outras, mas elas mesmas fornecem como se devem fabricar os seus instrumentos. Se, com efeito, alguém quisesse exercer uma destas [artes], por ex., um operário, e estivesse destituído de todos os instrumentos, certamente seria forçado, de início, a fazer uso de uma pedra dura ou de alguma massa bruta de ferro em vez de uma bigorna, a tomar uma rocha no lugar de martelo, a adaptar madeiras para tenazes e a coligir, conforme a necessidade, outras coisas desse tipo; em seguida, fornecidas essas coisas, não se esforçaria de imediato em forjar, para uso dos outros, espadas e capacetes, nem quaisquer outras coisas feitas de ferro; mas, antes de tudo, fabricaria martelos, uma bigorna, tenazes e demais coisas que lhe fossem úteis. Com este exemplo somos ensinados que, quando nesse início não pudermos encontrar senão certos preceitos incônditos, e que parecem antes ingênitos às nossas mentes do que fornecidos pela arte, não se há de tentar imediatamente, com o auxílio deles, dirimir os litígios dos filósofos ou desatar os nós dos matemáticos; mas sim de primeiro fazer uso deles para procurar, com sumo empenho, tudo o que há de mais necessário ao exame da verdade; principalmente quando não há nenhuma razão pela qual pareça mais difícil de encontrá-la do que algumas questões destas que se costumam propor na geometria, ou na física e nas outras disciplinas".

51 O termo "força nativa" (*"vis nativa"*) parece remeter a Francis Bacon, *De dignitate et augmentis scientiarum*, V, cap. V: "forças nativas e nuas da memória". Quanto ao excerto "aquilo que em nós <não> é causado por causas externas", cumpre notar que, nas *Opera Posthuma*, falta a partícula negativa *non*: *"quod in nobis a causis externis causatur"*, o que também ocorre nos *Nagelate Schriften*: *"dat in ons door witterlijk oorzaken veöorzaakt word"*. Gebhardt, aqui seguindo as edições de Paulus e Bruder, alterou para *"non causatur"*, proporcionando o sentido correto. Van Vloten & Land mantiveram o texto sem o *non*. Para uma interpretação divergente, em defesa do caráter não corrompido dessa parte do texto nas *Opera Posthuma*, ver Chaui (1999, I, p. 542 ss).

52 O termo "instrumentos intelectuais" (*"instrumenta intellectualia"*) parece remeter a Francis Bacon, *Novum organum*, I, aforismo II: "Nem a mão nua nem o

entendimento entregue a si mesmo são capazes de muito; faz-se uma coisa com instrumentos e auxílios, os quais, não menos do que à mão, são necessários ao intelecto; e, assim como instrumentos incitam ou regem o movimento da mão, os instrumentos da mente atiçam ou acautelam o intelecto".

[53] O termo "obras intelectuais" ("*opera intellectualia*") parece remeter a Francis Bacon, *Novum organum*, prefácio: "Certamente, se os homens tivessem empreendido trabalhos mecânicos com as mãos nuas, sem a força e o auxílio de instrumentos, tal como as obras intelectuais com as forças da mente nuas, teriam sido muito poucas as coisas que eles teriam podido mover e vencer, embora tivessem feito obras excessivas e também conjuntas".

[54] A saber, circunferência.

[55] Esta nota é devida a Cristiano Novaes de Rezende. Os conceitos de "essência formal" ("*essentia formalis*") e "essência objetiva" ("*essentia objectiva*") – bem como suas equivalentes expressões adverbiais: "formalmente" ("*formaliter*") e "objetivamente" ("*objective*") – estão entre os mais importantes do *Tratado da emenda do intelecto*. No entanto, ao menos dois equívocos frequentes podem prejudicar sua correta compreensão, o que justifica, aqui, uma nota particularmente cuidadosa e extensa a seu respeito. Pois bem, a distinção entre "formal" e "objetivo" é proveniente da escolástica aristotélica, posteriormente reelaborada por Descartes e finalmente assimilada por Espinosa, que também lhe dá um tratamento próprio. A despeito de tais variações, esses conceitos sempre significam duas distintas *maneiras de ser*. De uma parte, ser *formalmente* é a maneira de ser de uma realidade determinada existente em ato. Originária do chamado hilemorfismo aristotélico, que concebe as substâncias naturais individuais como um misto de matéria (*hylé*) e forma (*morphé* ou *eidos*), é a noção de forma como ato na matéria – isto é, como determinação atual, por oposição às meras potencialidades que na matéria ficam latentes – que preside, na recepção do aristotelismo pela escolástica moderna, o sentido relevante da qualificação "formal" usada no presente contexto. De outra parte, a maneira de ser chamada de *objetiva* deve ser atribuída, para a surpresa do leitor desavisado, ao que se poderia chamar de "objeto intencional" de uma ideia, quer dizer, ao conteúdo representado "na ideia" (algo próximo da noção linguística de *sentido*), à diferença justamente do *ideado*, que é o objeto visado "fora" dessa ideia como seu pretendido correspondente (algo próximo da noção linguística de *referente*). Por exemplo, a ideia de uma construção, enquanto tal obra existe apenas na mente de um arquiteto, contém em si essa obra de maneira objetiva, embora o ideado, ou seja, a própria obra, ainda não exista ou nunca venha a existir formalmente. E é quanto a isso que costuma acontecer o primeiro equívoco: o leitor lusófono contemporâneo tende a chamar de "objetiva" a maneira de ser do que não é subjetivo, quer dizer, do que existe como realidade separada e independente do pensamento,

no mundo extra-mental. Mas, como aqui se nota, trata-se precisamente do oposto! A fim de dissipar tal equivocidade, pode-se pensar, então, em uma acepção gramatical do aspecto objetivo das ideias: quem pensa pensa *algo*, que é, nesse sentido, o *objeto direto* do verbo pensar, o puro "o que" se pensa *em* uma ideia. Ora, o estatuto ontológico desse modo de ser objetivo no pensamento é justamente um dos pontos principais do debate entre Descartes e o teólogo holandês Johannes Caterus (1590-1655), nas *Primeiras objeções e respostas* publicadas junto das *Meditações* cartesianas em 1641. Em tal debate, Descartes submete a maneira objetiva de ser no pensamento ao princípio de causalidade, concedendo-lhe, nessa medida, um estatuto ontológico mais real e independente do que Caterus estava disposto a admitir. Afinal, se, como parece querer Descartes, a *realidade objetiva* da ideia na mente, para entrar em relações de causa e efeito, fosse real da mesma maneira que as coisas a que ela se refere, então, em vez de dar a conhecer essas coisas, tal realidade objetiva surgiria como uma nova coisa – agora mental – a ser conhecida por uma nova ideia, abrindo um paradoxal regresso infinito no interior do pensamento. Espinosa conhece bem a discussão e insinua querer evitar esse risco cartesiano de "reificação" ou "coisificação" da realidade objetiva das ideias ao substituir essa última fórmula pela expressão, mais propriamente espinosana, *essência objetiva*, relativa ao modo de ser das coisas no pensamento (ver GLEIZER, 1999, p. 63). Assim, aparentemente, os esclarecimentos aqui requeridos poderiam ser por fim consolidados na seguinte explicação: nessa tradição, o adjetivo "objetivo" qualifica aquilo que existe como ideia no pensamento, como essência inteligível, e o adjetivo "formal" qualifica aquilo que tem uma existência real, atual e determinada. E isso está correto, mas não basta. Sem maiores precisões, costuma dar-se aí um segundo equívoco, quando se interpreta essa explicação como se ela dissesse que "tudo que é objetivo é mental e que tudo que é formal é extra-mental", o que é falso. Porque, conforme se lê no texto de Espinosa, o modo de ser de uma *ideia* também é *formal*, sob certo aspecto. O formal em uma ideia é – por contraste com "o que" se pensa – o mero fato de "que" se pensa, isto é, a pura ocorrência efetiva da ideia, como evento mental. Esse fato da ideia é, em si mesmo, um acontecimento real, atual e determinado, mesmo sem ser extramental, pois é na mente que uma ideia existe. Mas, nesse sentido, ela não existe na mente objetivamente, como a obra inexistente em que pensa o arquiteto, e sim como uma efetiva iteração da ação de pensar: uma modificação ou modo do pensamento, nele existindo em ato. Consequentemente, para evitar o segundo equívoco, há que se ter o cuidado de sempre considerar que uma mesma ideia tem, em simultâneo, tanto uma essência objetiva, pela qual ela se refere ao seu ideado, quanto uma essência formal própria, pela qual a ideia existe como uma realidade atual na mente. Portanto, o que Espinosa está dizendo nos §§ 33-36, dentro do foco da presente nota, é que, quando

uma ideia, tal como, por exemplo, a ideia de Pedro, é tomada formalmente por uma segunda ideia, a primeira está sendo considerada, em si mesma, como um ente real ao lado e à parte do ente real que ela tem por ideado, ou seja, do próprio Pedro formalmente existente (Pedro é uma coisa com a qual a essência formal da ideia de Pedro, enquanto evento mental, nada tem em comum). E isso também quer dizer que o ideado de uma ideia pode ser inclusive outra ideia, mostrando como o par "formal" e "objetivo" não corresponde biunivocamente a "extra-mental" e "mental". Destarte, tomada formalmente, a ideia de Pedro é, para uma segunda ideia, o que Pedro era para ela; e essa segunda, tomada formalmente, será para uma terceira o que a primeira ideia era para a segunda, e o que a terceira será para uma quarta, etc., ao infinito. Ou seja, tomada formalmente, a ideia de Pedro não dá a conhecer Pedro, mas sim a si mesma, como modo do pensamento, da mesma maneira que todas as demais dessa série infinita (cada uma é um saber sobre o saber que é a outra anterior, sem que se saiba, porém, "o que" é Pedro). Ao contrário, a essência objetiva é o que permanece continuamente um só e o mesmo quando uma ideia toma a outra como objeto. Pois, uma segunda ideia que não tome a ideia de Pedro formalmente, mas sim enquanto *essência objetiva*, bem como uma terceira que também tome a segunda enquanto *essência objetiva*, e mais uma quarta que faça o mesmo com a terceira, versarão, todas, sempre sobre uma só e mesma coisa: Pedro. Porque a essência objetiva é o próprio referir-se ou versar da ideia acerca de algo, sua função referencial, e não uma coisa-mental, à maneira de um duplo, suplente ou intermediário, que recolocaria, na interioridade do pensamento, as relações deste último com seus objetos.

[56] Crítica à dúvida metódica de Descartes.

[57] O emprego da partícula grega "τὸ" em sentenças latinas é genuinamente medieval e serve para marcar a substantivação de verbos, uma vez que não há no latim artigos definidos e indefinidos. Todavia, pode ser que o uso de "τὸ" neste *Tratado*, assim como na correspondência de Espinosa e nos *Pensamentos metafísicos*, seja devido a Meyer, amigo de Espinosa e um dos editores das *Opera Posthuma* (KAJANTO, 2005, p. 45).

[58] Dos tradutores lusófonos, Lívio Teixeira preferiu traduzir "*commercium*" por "relação"; Carlos Lopes de Mattos preferiu "comunicação"; e António Borges Coelho, sem univocidade, traduziu por "comércio" no § 41, e por "relação" na nota *p*. De nossa parte, tal como Cristiano Novaes de Rezende, preferimos o mais imediato "comércio", pois vimos importante preservar no português a proximidade radical com o adjetivo "*communis*" ("comum"). Como bem nota Fernando Bonadia de Oliveira (2015, p. 136), "a própria sentença empregada por Espinosa no texto do § 41 para se referir ao comércio entre coisas e ideias – '*nihil commercii haberet*' – soa como o termo 'comum' nas primeiras linhas da

Ética, para se referir à diversidade dos atributos: *'nihil commune habere'*". De fato, reforça essa associação o correspondente holandês empregado pelos *Nagelate Schriften*, isto é, *"gemeenschap"*, que pode ser literalmente vertido por "comunidade".

⁵⁹ Nas *Opera Posthuma*: *"si datur"* ("se se dá"). Bruder, Van Vloten & Land e Gebhardt corrigiram para *"si daretur"* ("se se desse"), certamente para acompanhar a situação hipotética iniciada na primeira oração da sentença (*"Si ergo daretur..."*). Nos *Nagelate Schriften*, esta sentença tem uma redação um pouco distinta: *"Indien 'er dan in natuur iets was, 't welk met d'andere dingen geen gemeenschap heeft, zo zou ook des zelfs voorwerpige wezentheit, die gantschelijk met de formelijke zou moeten overëenkomen, geen gemeenschap met d'andere denkbeelden hebben..."* ("Logo, se houvesse na natureza algo que não tivesse comércio com as outras coisas, então sua essência objetiva, que deveria convir totalmente com a formal, também não teria comércio com as outras ideias..."). Com base no texto holandês, Mignini não optou nem por *"si datur"* nem por *"si daretur"*, mas sim por eliminar tais palavras do texto, porque, além de outros argumentos, seriam totalmente supérfluas. Ora, entre as três variantes, *"si datur"* de fato é incorreto, por não concordar com o tempo do verbo *"deberet"*, no aposto explicativo seguinte; por outro lado, simplesmente excluir uma ou mais palavras, sobretudo porque soam supérfluas, extrapolaria nosso escopo de tão somente alterar aquilo que nos parecesse incorreto; portanto, optamos por manter a corrigida *"si daretur"*, acompanhando os editores já citados.

⁶⁰ Nas *Opera Posthuma*: *"patet iterum, ex eo quòd"* ("é patente de novo a partir do fato de que").

⁶¹ Nesse § (duas vezes) e nos §§ 91, 95 e 99, em benefício da clareza, foi preciso traduzir o verbo *"referre"*, na voz ativa, mais pelo sentido ("reproduzir") do que pela proximidade com o português ("referir"). Por outro lado, quando na voz passiva, optamos sempre por "referir-se".

⁶² Aqui há certa ambiguidade quanto ao sujeito *"ipsa"* ("ela própria"), se se trata da "nossa mente" ou "daquela que reproduz a origem e a fonte da Natureza toda", isto é, a mente de Deus. De nossa parte, e aqui seguimos a interpretação do professor Luís César Guimarães Oliva, parece-nos mais razoável a segunda opção.

⁶³ Como crítica a Bacon, Espinosa escreve na *Carta* II, de 1661, para Oldenburg: "Pouco direi sobre Bacon, que fala sobre isso de maneira bastante confusa e quase nada prova, mas somente narra. Primeiro, pois ele supõe que o intelecto humano, além do erro dos sentidos, engane-se por sua natureza sozinha, e finja todas as coisas por analogia à sua natureza, e não por analogia ao universo, tal como se fosse um espelho desigual aos raios das coisas, que mistura sua natureza à natureza das coisas".

⁶⁴ Ver § 38.

[65] Trata-se do princípio que se tornará, na *Ética* (II, prop. XLIII, escólio), um adágio espinosano: "Decerto, assim como a luz manifesta a si mesma e as trevas, a verdade é norma de si e do falso". Espinosa também o reproduz na *Carta* LXXVI, de 1675, para Albert Burgh: "Por outro lado, se perguntas como sei disso, responderei: do mesmo modo como tu sabes que os três ângulos de um triângulo são iguais a dois retos; e que isso é suficiente não negará ninguém cujo cérebro seja são e não sonhe com espíritos imundos, que inspiram em nós ideias falsas verossímeis; com efeito, o verdadeiro é índice de si e do falso". Esse princípio também é repetido por Tschirnhaus, mas sem citar Espinosa, por plágio explícito da referida passagem da *Ética*, na segunda parte do *Medicina mentis* (1695, p. 64-65): "Pois, certamente, tal como a luz manifesta a si mesma e as trevas, assim a verdade é norma tanto de si quanto do falso" (*"Nam certè, sicuti lux se ipsam tenebrasque manifestat, sic veritas et sui et falsi est norma"*). Ver também os §§ 61 e 104.

[66] Ver §§ 75 e 76.

[67] Mantivemos a inicial maiúscula de "Filosofia" (*"Philosophia"*) a fim de marcar uma obra em específico, ou seja, não a filosofia em geral, mas a Filosofia de Espinosa. A referência, que também aparece nos §§ 31 (notas *k* e *l*), 36 (nota *o*), 51, 76 (nota *z*) e 83, pode ser ou ao *Breve tratado* ou à *Ética*. Porém, julgamos muito mais provável tratar-se desta última, pelos seguintes motivos. Primeiro, corrobora nossa conjectura outra menção à *"nostra Philosophia"*, na *Carta* XXVIII, de junho de 1665, para Bouwmeester, em que Espinosa diz: "No que atina à 3ª parte da nossa Filosofia, se quiseres ser o tradutor, em breve enviarei alguma coisa a ti ou ao amigo Simon de Vries. E embora eu tenha decidido não enviar nada antes de terminar, enviarei até por volta da proposição 80, porque, além de evitar uma sentença mais longa, não vos quero deter por um tempo demasiado". Essa *"nostra Philosophia"* é certamente a *Ética*, cujo título definitivo Espinosa dissera, poucos meses antes, na *Carta* XXIII, de 13 de março de 1665, para Willem van Blijenbergh (1632-1696): "Pois por homem justo entendo aquele que deseja constantemente que cada um possua o que é seu; esse desejo demonstro em minha *Ética* (ainda não publicada) ter origem necessariamente nos pios que têm um claro conhecimento de si mesmos e de Deus". Ademais, é preciso pensar que, para que Espinosa tivesse, em 1665, ultrapassado a proposição 80 da terceira parte da *Ética*, obra que ele só terminaria 10 anos depois, sua redação certamente não se teria iniciado recentemente, mas antes de 1663, como indica a *Carta* VIII, de fevereiro de 1663, de De Vries para Espinosa. Em segundo lugar, notemos as outras menções à *Philosophia* neste *Tratado*, especificamente nos §§ 31 (notas *k* e *l*), 36 (nota *o*), 41, 76 (nota *z*) e 83. Ora, os verbos que acompanham tais remissões estão quase sempre no futuro (*"explicabimus"*, *"videbimus"*, *"explicabitur"*, *"ostendam"*),

donde transparece a remissão não a um texto já existente, mas a um projeto de escrita no início ou mesmo nem iniciado. Assim, afasta-se ainda mais a hipótese de que a *Philosophia* seja o *Breve tratado*, escrito antes ou em simultâneo com o *Tratado da emenda do intelecto*. Quanto ao pronome possessivo plural da expressão "nossa Filosofia", não cremos aqui se tratar de um plural majestático – até porque ele não aparece nas outras remissões deste *Tratado* –, mas efetivamente de uma referência à elaboração de uma filosofia, se não coletiva, ao menos colaborativa, como evidencia a correspondência entre Espinosa e De Vries (*Cartas* VIII, IX e X, de 1663). Mas, além deste correspondente, podemos citar, na construção da filosofia espinosana, o importante envolvimento dos amigos Bouwmeester e Meyer.

[68] Ver §§ 3-9.

[69] Aqui seguimos as *Opera Posthuma*, os *Nagelate Schriften*, Gebhardt e Mignini. Todavia, há uma discussão interpretativa quase indissolúvel sobre esta sentença, talvez a mais pesada quanto ao texto deste *Tratado*. Paulus e, na sequência, Bruder e Van Vloten & Land introduziram o advérbio "*non*" na sentença, dando-lhe um sentido negativo: "Se alguém talvez perguntar por que eu mesmo não mostrei…". Dos tradutores lusófonos que fizeram uma tradução direta do latim, Lívio Teixeira, Carlos Lopes de Mattos e Cristiano Novaes de Rezende optaram por seguir Gebhardt (e, por conseguinte, as *Opera Posthuma*) e, com exceção do último, apresentaram longa argumentação. Nós, igualmente, decidimos rejeitar a inclusão, apoiados em uma análise dos dois parágrafos anteriores. No § 44 Espinosa alega ter sido forçado ("fui forçado") a pôr as coisas em outra ordem, que não a devida, porque raramente ocorre de a Natureza ser investigada pela aquisição de outras ideias na ordem devida, conforme a norma da ideia verdadeira dada. Após isso, no § 45, lista as razões por que raramente acontece de a Natureza ser investigada na devida ordem, a saber: os preconceitos; a necessidade de uma trabalhosa distinção; e a mutabilidade das coisas humanas. Então, dito tudo isso, Espinosa elaborou a hipotética objeção do § 46: ora, por que ele próprio, conhecendo a devida ordem de investigação da Natureza e sabendo precaver-se dos três motivos que obstam essa investigação, teria sido forçado ("fui forçado") a pôr as coisas em outra ordem que não a devida, isto é, por que mostrou as verdades da Natureza na ordem presente (que não é a devida), já que a verdade se faz patente por si mesma e deveria vir "imediatamente e antes de tudo"? Diante da objeção, o filósofo responde que não é porque ele mostrou as coisas fora da devida ordem que o leitor deverá tomar essas coisas como falsas, porque algures podem ocorrer paradoxos (já que o próprio autor não segue a devida ordem de investigação que ele prega); mais ainda, pede que o leitor considere a ordem pela qual essas coisas foram provadas, porque mesmo assim se certificará de que a

verdade foi alcançada. E conclui: "esse foi o motivo por que coloquei essas coisas antes", ou seja, o motivo de ter colocado essas coisas provadas fora da devida ordem de investigação da Natureza, isto é, antes das verdades da Natureza, e não como fluindo a partir delas. Em suma, a nosso ver, a questão da inclusão do *"non"* deve considerar a que ordem se refere Espinosa na sentença "as verdades da Natureza nesta ordem": se é a "devida ordem", ou se é a "ordem que não a devida". De nossa parte, cremos que, se se tratasse do primeiro caso, o filósofo não escreveria "nesta ordem", mas sim, como nas ocorrências anteriores, explicitamente "na devida ordem"; donde nos parece mais razoável que a ordem referida seja aquela que não a devida. Por isso, e porque evitamos ao máximo alterar o texto de 1677, optamos por rejeitar a inclusão do *"non"*.

[70] Ver nota de tradução 65.
[71] Ver nota de tradução 131.
[72] Essa primeira parte do método é abordada nos §§ 50-90.
[73] Essa segunda parte do método é abordada nos §§ 91-98.
[74] Essa terceira parte do método é abordada nos §§ 99 ss.
[75] Ver § 38.
[76] Este § resume o plano e a estrutura percorridos até aqui. Todavia, sua leitura requer cuidado, para não embaraçar as duas listagens existentes. A numeração principal, em quatro pontos, é marcada por verbos no passado: *"habuimus"* (*"primò"*), *"cognovimus"* (*"secundò"*), *"cognovimus"* (*"tertiò"*) e *"novimus"* (*"quartò"*). A segunda numeração, em três pontos, aparece dentro do terceiro item da listagem principal e é marcada por verbos no infinitivo: *"distinguere"* (*"primò"*), *"tradere"* (*"secundò"*) e *"constituere"* (*"tertiò"*). A fim de tentar tornar mais evidente a distinção no português, para a listagem principal usamos locuções adverbiais ("em primeiro lugar", "em segundo lugar..."), e para a listagem dentro do terceiro item usamos advérbios ("primeiro", "segundo"...).
[77] Em todas as edições latinas consultadas, encontramos *"somnum"* ("sono"). Em sua tradução, Curley alterou a leitura para *"somnium"* (*"dream"*), seguindo a leitura dos *Nagelate Schriften* (*"dromen"*) e demais ocorrências no próprio texto latino, que antepõe *"somniare"/"somnium"* a *"vigilare"/"vigilia"* (ver §§ 64 (nota *b*), 66 e 84). Todavia, há que considerar a origem clássica da oposição, isto é, o texto de Aristóteles "De somno et vigilia", contido nos *Parva naturalia*. Descartes retoma a terminologia nas *Meditações metafísicas* (ver próxima nota).
[78] Espinosa remete a Descartes, *Meditações metafísicas*, primeira meditação (AT, IX, p. 14-15).
[79] Ao contrário de todos os editores, Mignini substitui *"proximam"* ("próxima") por *"primam"* ("primeira"), aderindo ao texto dos *Nagelate Schriften*, que, além de trazerem *"eeste oorzak"* ("causa primeira"), marcam à margem

o equivalente latino "*causa prima*". Todavia, decerto se trata de um equívoco do texto holandês, já que o emprego da dupla "causa próxima" ou "essência sozinha" concorda explicitamente com os textos dos §§ 19 (quarto modo de perceber) e 92.

80 Na *Carta* XXXVII, de 1666, para Bouwmeester, Espinosa escreve: "Disso, portanto, aparece claramente qual deve ser o verdadeiro método e no que ele consiste principalmente, a saber: só no conhecimento do puro intelecto, de sua natureza e de suas leis; e, para adquirir esse conhecimento, é necessário, antes de tudo, distinguir entre o intelecto e a imaginação, ou seja, entre as ideias verdadeiras e as demais, a saber, as fictícias, as falsas, as duvidosas e absolutamente todas as que dependem só da memória. Para entender essas coisas, ao menos até onde o método o exige, não é preciso conhecer a natureza da mente por meio de sua causa primeira, mas basta compor uma pequena história da mente, ou seja, das percepções, tal como ensina Verulâmio".

81 Vertemos "*fingere*" pelo mais literal "fingir", no sentido de criar uma ficção. Assim, "*fingere*" está morfologicamente ligada a outras duas palavras recorrentes neste *Tratado*: o adjetivo "*ficta*" ("fictícia") e o substantivo "*fictio*" ("ficção"). Advertimos então que, neste *Tratado*, o leitor não associe o verbo "fingir" ao sentido corriqueiro de fingimento, engano ou dissimulação.

82 Ver § 57, nota *γ*.

83 Apoiando-se nos *Nagelate Schriften* ("*in wesentlijk*"), Gebhardt inseriu o termo "*in existendo*", de sorte que a sentença resultou: "*cujus natura <in existendo> implicat contradictionem, ut ea existat*" ("cuja natureza, ao existir, decerto implica contradição em que ela exista"). Não aderimos a essa inserção, por não haver, na disposição original, incorreção ou incoerência conceitual.

84 Nas *Opera Posthuma*: "*nihil prorsus nos posse fingere*" ("<u>nós</u> não podemos fingir absolutamente nada"). Gebhardt aderiu ao sentido dos *Nagelate Schriften* ("*hy gantschelijk niets kan verdichten*"), trocando "*nos*" por "*eum*" ("ele"). Sob a mesma leitura, Van Vloten & Land trocam "*nos*" por "*hoc*" ("este"). Já que o texto das *Opera Posthuma* é evidentemente incorreto, optamos por seguir Gebhardt, cuja edição é nosso texto básico.

85 Ver § 58 ss.

86 Espinosa parece inspirar-se em *Mateus*, cap. 19, v. 24-25: "E vos digo ainda: é mais fácil o camelo entrar pelo buraco da agulha do que o rico entrar no Reino de Deus". A mesma imagem do elefante também aparece nos *Pensamentos metafísicos*, I, cap. III: "[...] donde se segue que, se concebêssemos a ordem inteira da natureza, descobriríamos que muitas coisas cuja natureza percebemos clara e distintamente, isto é, cuja essência é necessariamente tal, de modo algum poderiam existir; pois constataríamos ser tão impossível que tais coisas existissem na natureza como já

sabemos ser impossível que um grande elefante possa passar no buraco de uma agulha, embora percebamos claramente a natureza de ambos. Donde a existência daquelas coisas não ser senão uma quimera, que não poderíamos nem imaginar nem entender" (ESPINOSA, 2015b, p. 209).

[87] Ver § 88.

[88] No início do § 53, aparece *"implicat contraditionem"*. Aqui, ainda que sem o complemento *"contraditionem"*, traduzimos *"implicare"* pela perífrase "implicar contradição", sentido que tem lugar entre os filósofos medievais e modernos. Nos *Nagelate Schriften* encontramos: *"strijdigheit van wezentlijkte wesen insluit"* ("envolve contradição de ser").

[89] Nos *Pensamentos metafísicos*, I, cap. I, Espinosa esclarece: "Desta definição, ou, se preferes, desta descrição, segue-se que a *quimera*, o *ente fictício* e o *ente de razão* de modo algum podem ser colocados entre os entes. Pois a *quimera*, por sua própria natureza, não pode existir.* [*Nota que pelo nome de quimera entende-se aqui e na sequência aquilo cuja natureza envolve aberta contradição, como é mais amplamente explicado no cap. 3]" (ESPINOSA, 2015b, p. 197).

[90] Aqui, a primeira frase inteira ("E logo a seguir... eternas.") não existe nos *Nagelate Schriften*. Gebhardt, por sua vez, preferiu incorporá-la no próprio §, aparentemente para dar concatenação à frase seguinte. Nós, acerca disso, preferimos seguir as *Opera Posthuma* e demais editores. Quanto às "verdades eternas", Espinosa assim escreve para Simon de Vries, na *Carta X*, de 1663: "Ademais, o que perguntas: acaso as coisas ou as afecções das coisas também são verdades eternas? Digo: totalmente. Se replicas: por que não as chamo de verdades eternas? Respondo: para distingui-las, como todos estão acostumados, daquelas que não explicam nenhuma coisa ou afecção de coisa, como, por ex., que nada se faz do nada. Esta e outras proposições semelhantes, digo, são chamadas absolutamente de verdades eternas, sob o que não querem significar nada outro senão que tais coisas não têm nenhuma sede fora da mente etc.".

[91] Dado o contexto, e seguindo os *Nagelate Schriften*, que trazem *"verdichten"* ("fingir"), traduzimos *"affingere"* (duas ocorrências neste §) por "fingir", e não por "imputar" ou "atribuir", como é mais comum. Foi essa também a opção de Cristiano Novaes de Rezende. Na mesma direção, Rousset (ESPINOSA, 1992a, p. 279) optou por traduzir *"affingere"* não por *"attribuer"*, mas por *"assigner par fiction"*.

[92] Mignini alterou de *"jam dictis"* para *"jam fictis"* ("já fingidas"). Nos *Nagelate Schriften*, encontramos a palavra *"voorgedachte"*, que, com base em outras passagens de escritos na mesma edição, pode ser traduzida por "mencionadas antes" ou "citadas antes", plenamente compatível com *"jam dictis"*, e sem a obscuridade que Mignini diz haver. De fato, há uma dificuldade em saber exatamente que coisas são essas já ditas,

porém, a nosso ver, não é grave o suficiente para justificar uma alteração tão profunda e conceitual, como o é trocar "*dictis*" por "*fictis*".

⁹³ As *quaestiones* se desenvolveram na filosofia escolástica medieval. Inicialmente, eram formas orais de exposição e debate, mas depois receberam expressão escrita, como encontramos em Santo Tomás de Aquino, nas *quaestiones disputatae* e *quaestiones de quodlibet*.

⁹⁴ Acerca da "ficção que versa acerca das essências", ver § 58 ss. Sobre a atenção confusa e simultânea da mente, ver §§ 63-64. Por fim, sobre a existência ser concebida geralmente, ver § 55.

⁹⁵ Sobre espectros, ver a correspondência de Espinosa com Hugo Boxel (*Cartas* LI-LVI, de 1674).

⁹⁶ Espinosa defende que nada se faz do nada, tese cuja origem se atribui a Parmênides de Eleia (*c.* 530-*c.* 460 a.C.). Como princípio epicurista, é também reproduzida por Lucrécio em *De rerum natura*, I, 150 e 155-158: "*nullam rem e nihilo gigni divinitus umquam*" ("Nunca nenhuma coisa é gerada do nada por ação divina"); "*quas ob res ubi viderimus nil posse creari/de nihilo, tum quod sequimur iam rectius inde/perspiciemus, et unde queat res quaeque creari/et quo quaeque modo fiant opera sine divom*" ("Por isso, quando virmos que nada pode ser criado/do nada, então daí perceberemos aquilo que seguimos agora mais/corretamente: donde qualquer coisa possa ser criada/e de qualquer modo as obras se façam sem os deuses"). Por fim, citemos a ocorrência do enunciado de Descartes nas *Segundas respostas* (AT, VII, p. 135): "Com efeito, que *nada há no efeito que não tenha pré-existido de um modo ou similar ou mais eminente na causa* é uma primeira noção, da qual nenhuma mais clara se tem; e este vulgar *nada se faz a partir do nada* não difere dele [...]".

⁹⁷ Espinosa possivelmente se refere a eventos mitológicos e bíblicos. Ademais, é de notar uma passagem semelhante a esta na *Ética* I, prop. VIII, escólio 2: "Com efeito, aqueles que ignoram as verdadeiras causas das coisas confundem todas, e sem nenhuma repugnância da mente fingem que falam tanto as árvores como os homens, e que os homens são formados tanto a partir de pedras como de sêmen, e imaginam quaisquer formas mudarem-se em quaisquer outras. Assim também, aqueles que confundem a natureza divina com a humana facilmente atribuem a Deus afetos humanos, sobretudo enquanto também ignoram como os afetos são produzidos na mente".

⁹⁸ António Borges Coelho traduziu por "sensações ou ideias que não pertencem às coisas". Já Lívio Teixeira, Carlos Lopes de Mattos e Cristiano Novaes de Rezende traduziram, igualmente, por "sensações ou ideias que não são das coisas", opção quase igual à nossa. Mas aqui vale aduzir a leitura diversa dos *Nagelate Schriften*: "*gevoelingen, of denkbeelden van dingen, die niet zijn*" ("sensações ou ideias de coisas que não são"). Ou seja, no latim a leitura parece sugerir sensações ou ideias que não pertencem às coisas, ao passo que no holandês se trata de sensações ou ideias de coisas que não existem.

Embora esta última, considerando o contexto, pareça-nos a mais razoável, mantivemos a latina por não vermos incorreção ou incoerência conceitual.

[99] Nos *Nagelate Schriften*: "*wijders, dat wy, of onze ziel, zodanige vrijheit hebben, dat zy ons zelven, of zich zelve, ja haar eige vrijheit dwingt*". A dificuldade de tradução e leitura dessa sentença se deve ao oxímoro: uma liberdade que coage a sua própria liberdade.

[100] Gebhardt adicionou o termo "*alia*" ("outras coisas") ao texto das *Opera Posthuma*, como solução ao fato de faltar um sujeito para o verbo "*cogitentur*" (terceira pessoa do plural), que aparece na mesma oração, de sorte que a sentença resulta: "e também ela é forçada, por essa ficção, a que <outras coisas> sejam pensadas de tal modo a não se atacar a primeira ficção". Nos *Nagelate Schriften*, a sentença tem uma construção um pouco diferente: "e ela é, por essa ficção, também forçada a pensá-lo de tal modo que isso não ataque a ficção..." ("*ja zy word ook door deze verdichting gedwongen dit op zodanige wijze te denken, dat het niet tegen de verdichting strijd*"). Por sua vez, Mignini preferiu alterar "*cogitentur*" para "*cogitetur*" (terceira pessoa do singular), dando lugar ao sujeito "algo" e evitando a inclusão de outra palavra. De nossa parte, avaliando sobretudo a leitura do holandês, optamos por seguir aqui a solução de Mignini.

[101] As *Opera Posthuma* posicionam esta nota no fim do § 60 e são seguidas por Bruder. Van Vloten & Land mudam para antes da última palavra ("*demonstrationibus*") do mesmo §. Aqui, seguimos Gebhardt, que referenciou a nota imediatamente antes dos dois-pontos (:) do § 61.

[102] A expressão "*feliciter perget sine ullâ interruptione*" aparece igualmente no § 104.

[103] Trata-se, novamente, do princípio "a verdade é norma de si e do falso". Ver §§ 44 e 104 e nota de tradução 65.

[104] Lívio Teixeira e Cristiano Novaes de Rezende traduziram "*medium*" por "termo médio", remetendo à lógica aristotélica. No entanto, embora a opção convenha com os termos "sujeito" e "predicado", não nos parece ser a mais correta: primeiro, porque é semanticamente mais provável o par "meio pelo qual" + "causas por que" (como + por que), do que "termo médio pelo qual" + "causas por que"; segundo, porque, no fim do § 65, certamente relacionado a essa passagem, encontramos: "em simultâneo nos forçaremos a contemplar como e por que [*quomodò, et cur*] algo assim ocorre"; e terceiro, como ratificação, porque é assim a leitura dos *Nagelate Schriften* ("*middel en oorzaken, hoe en waarom*").

[105] Espinosa remete à regra da análise de Descartes, no *Discurso do método*, segunda parte (AT, VI, p. 18): "O segundo [preceito], dividir cada uma das dificuldades que eu examinasse em tantas parcelas quanto se pudesse e se requeresse para melhor resolvê-las" ("*Le second de diviser chacune des difficultés que j'examinerois en autant de parcelles qu'il se pour roit, et qu'il seroit requis pour les mieux resoudre*").

¹⁰⁶ O exemplo do círculo quadrado aparece em vários escritos de Espinosa. Na *Ética* I, prop. XI, demonstração alternativa: "Por ex., a razão por que não existe um círculo quadrado, sua própria natureza a indica, a saber, porque envolve contradição". Na *Ética* I, prop. XV, escólio: "Portanto, se todavia querem concluir a partir desse absurdo que a substância extensa deve ser finita, nada outro fazem, por Hércules!, senão como alguém que, a partir do fato de que finge um círculo que tem as propriedades do quadrado, conclui que o círculo não tem um centro do qual todas as linhas traçadas até a circunferência sejam iguais". Na *Carta* XII (sobre o infinito), de 1663, para Meyer: "Com efeito, é como se alguém se empenhasse em constituir, só pela adição e acumulação de muitos círculos, um quadrado ou um triângulo, ou alguma outra coisa diversa na essência toda. Por isso, rui por si só toda aquela ferrã de argumentos com os quais os filósofos empenham-se em mostrar ao vulgo que a substância extensa é finita." Na *Carta* XIX, de 1665, para Blijenbergh: "com efeito, porque ela [a vontade divina] não discrepa do intelecto de Deus, é igualmente impossível que algo ocorra contra sua vontade e contra seu intelecto, isto é, que aquilo que ocorresse contra sua vontade deveria ser de tal natureza que também repugnasse a seu intelecto, como um quadrado redondo". Por fim, na *Carta* LXXIII, de 1675, para Oldenburg: "De resto, quanto ao que algumas igrejas acrescentam a isso, que Deus tenha assumido a natureza humana, adverti expressamente não saber o que dizem; ou melhor, para confessar a verdade, não me parecem falar menos absurdamente do que se alguém me dissesse que um círculo tomou a natureza de um quadrado".

¹⁰⁷ A construção da sentença latina é redundante pela dupla aparição da conjunção "*sed*" ("mas"), o que também se repete nos *Nagelate Schriften* ("*Maar...; maar...*"). Por isso, na segunda ocorrência, tomamo-la como "e".

¹⁰⁸ Ver §§ 70-71.

¹⁰⁹ Na *Carta* LX, de 1675, para Tschirnhaus, Espinosa esclarece: "Entre a ideia verdadeira e a adequada, nenhuma outra diferença reconheço senão que o nome *verdadeiro* diz respeito tão somente à conveniência da ideia com seu ideado, e o nome *adequado*, à natureza da ideia em si mesma; de tal maneira que nenhuma diferença se dá, realmente, entre a ideia verdadeira e a adequada além dessa relação extrínseca".

¹¹⁰ Na *Carta* IX, de 1663, a De Vries, Espinosa oferece novamente o exemplo da construção do templo: "Por exemplo, se alguém me pedir uma descrição do templo de Salomão, devo dar-lhe uma descrição verdadeira do templo, a não ser que eu deseje palrar com ele. Mas, se compus na mente um templo que desejo edificar, a partir de cuja descrição concluo que devo comprar tal terreno e tantos milhares de pedras e outros materiais, acaso alguém com uma mente sã dirá que concluí mal por eu ter dado talvez uma definição falsa? Ou alguém exigirá que eu prove minha definição? Certamente, ele

nada outro me diz senão que não concebi o que concebi, ou exigirá que eu prove que concebi o que concebi, o que é dizer completas frivolidades". Ademais, nos *Pensamentos metafísicos*, II, cap. I, consta exemplo semelhante: "Enfim, caso algum filósofo ainda duvide de que a essência distingue-se da existência nas coisas criadas, não é preciso muito labutar sobre as definições de essência e existência para suprimir essa dúvida; com efeito, se apenas for a algum estatuário ou entalhador, mostrar-lhe-ão de que modo concebem em uma ordem certa uma estátua ainda não existente, e depois lha apresentarão existente" (ESPINOSA, 2015b, p. 207).

[111] Na *Carta* LVI, de 1674, para Boxel, Espinosa escreve: "Mas, deixado isso de lado e concedido que, na falta de demonstrações, devemos nos contentar com verossimilhanças, digo que a demonstração verossímil deve ser tal que, embora possamos duvidar dela, não podemos contradizê-la; porque aquilo que se pode contradizer não é semelhante ao verdadeiro, mas sim ao falso. Se, por exemplo, digo que Pedro está vivo porque ontem o vi são, isso certamente é verossímil, na medida em que ninguém pode me contradizer; todavia, se outro diz que ontem viu que ele sofrera um desmaio, e crê que Pedro se encontrou com o supremo dia, isso faz com que minhas palavras pareçam falsas".

[112] Aqui seguimos Mignini, que corrigiu "*datâ*" por "*datae*". As *Opera Posthuma* e todos os demais editores dão: "*ex datâ enim verae ideae normâ*" ("a partir da norma dada da ideia verdadeira"); leitura que se repete nos *Nagelate Schriften*: "*het gestelde richtsnoer van het waar denkbeelt*". De nossa parte, com apoio na palavra "dissemos" no início dos parênteses, verificamos que, neste *Tratado*, não há ocorrência alguma do termo "norma dada"; por outro lado, "norma da ideia verdadeira dada" (e variantes) aparece muitas vezes: antes, nos §§ 38, 43, 44 e 49; e, à frente, no § 75.

[113] Ver § 38.

[114] Nas *Opera Posthuma*: "*deduceret*" ("deduziria").

[115] Alusão à definição de esfera de Euclides, dada nos *Elementos*, XI, def. 14: "Esfera é a figura compreendida quando, o diâmetro do semicírculo permanecendo fixo, o semicírculo, tendo sido levado à volta, tenha retornado, de novo, ao mesmo lugar de onde começou a ser levado" (EUCLIDES, 2009, p. 482). Espinosa é adepto da definição genética (ou causal) introduzida na filosofia por Thomas Hobbes. Segundo este, assim como na geometria, uma definição que inclua a causa e a geração da coisa definida pode servir em qualquer ciência para deduzir todas as propriedades da coisa. No *De corpore*, I, cap. VI, § 13, Hobbes (1655) declara: "Ora, esses princípios são sozinhos as definições, das quais há dois gêneros; com efeito, um deles é o das palavras que significam coisas das quais se pode entender alguma causa; o outro deles é o das [palavras] que significam coisas das quais não se pode entender a causa. Do primeiro gênero são: o corpo, ou seja, a matéria; a

quantidade, ou seja, a extensão; o movimento simplesmente; enfim tudo o que está em toda matéria. Do segundo gênero são tal corpo, tal e tamanho movimento, tamanha magnitude, tal figura, e todas as outras coisas com que se distingue um corpo de outro. E os nomes do primeiro gênero são suficientemente definidos se, em uma oração, tão breve quanto possível, excitam-se no ânimo do ouvinte perfeitas e claras ideias, ou seja, conceitos, das coisas das quais há aqueles nomes. Tal como se definirmos que o movimento é o abandono de um lugar e a aquisição contínua de outro. Pois, mesmo que não se encontrem nessa definição nem o que se move nem causa alguma de movimento, a partir daquela oração ouvida, observar-se-á no ânimo uma ideia de movimento com suficiente clareza. Porém, os nomes das coisas, que podem ser entendidas como tendo uma causa, devem ter, na definição, a própria causa, ou seja, o modo de sua geração, como quando definimos que o círculo é uma figura nascida da circulação de uma linha reta em um plano. Além das definições, não há nenhuma outra proposição que se deva dizer primeira, logo – se quisermos tratar um pouco mais rigorosamente – nem que haja de ser escrita no número de princípios; pois esses axiomas que se têm por Euclides, porque podem ser demonstrados, não são princípios de demonstrar, embora tenham, pelo consenso de todos, conseguido a autoridade de princípios porque não precisam ser demonstrados. [...] Mas, para voltar às definições, a razão por que digo que essas coisas que têm causa e geração hão de ser definidas pela causa e geração é esta: o fim na ciência é demonstrar as causas e gerações de coisas, o que, se não estiver nas definições, não pode haver na conclusão daquele primeiro silogismo que existe a partir das definições; e se eles, de fato, não se encontram na primeira conclusão, não se encontrarão em nenhuma conclusão ulterior; portanto, nunca existirá nenhuma ciência, o que é contra o escopo e a intenção do demonstrador".

[116] Bruder, Van Vloten & Land e Gebhardt alteraram "*ut confundamur*" para "*ut confundantur*" ("de serem confundidas"), decerto apoiados no texto dos *Nagelate Schriften* ("*zy verwart worden*"). Aqui, com Mignini, seguimos o texto das *Opera Posthuma*: "*ut confundamur*"; primeiro, por não vermos incorreção ou incoerência conceitual; segundo, porque "*confundamur*" convém com o verbo "*confundamus*", também na primeira pessoa do plural, presente no início do mesmo §.

[117] Ver § 97.

[118] É a única aparição do termo "atributo" neste *Tratado*.

[119] Rigorosamente, "*dubitatio*" denota mais o ato de duvidar (ou, para usar um termo menos frequente, a dubitação) do que a própria dúvida. Assim, seguindo os *Nagelate Schriften*, que distinguem univocamente "*dubitatio*" ("*twijffeling*") de "*dubium*" ("*twijffel*"), traduzimos "*dubitatio*" pelo verbo substantivado "duvidar", e "*dubium*" por "dúvida", na esteira da tradução

de Cristiano Novaes de Rezende, até então o único dos tradutores lusófonos a marcar rigorosamente a distinção.

[120] Ver nota de tradução 39.

[121] "Rústico", segundo o dicionário de Rafael Bluteau (1728, VII, p. 402), é o homem do campo, inurbano, de vida rústica e simples. Interessante notar que essa imagem do rústico ignorante de conceitos básicos de astronomia, que parece corrente na modernidade, também é abordada pelo padre Antônio Vieira, no "Sermão da Quinta Quarta-Feira da Quaresma", pregado em 1669: "O rústico, porque é ignorante, vê que a lua é maior que as estrelas; mas o filósofo, porque é sábio, e mede as quantidades pelas distâncias, vê que as estrelas são maiores que a lua. O rústico, porque é ignorante, vê que que o céu é azul, mas o filósofo, porque é sábio, e distingue o verdadeiro do aparente, vê que aquilo que parece céu azul, nem é céu. O rústico, porque é ignorante, vê muita variedade de cores no que ele chama Arco da Velha; mas o filósofo, porque é sábio e conhece que até a luz engana (quando se dobra) vê que ali não há cores, senão enganos corados e ilusões da vista. E se a ignorância erra tanto, olhando para o céu, que será se olhar para a terra?... E os erros dos homens não proveem apenas da ignorância, mas, principalmente, da paixão. A paixão é a que erra, a paixão a que os engana, a paixão a que lhes perturba e troca as espécies para que vejam umas coisas por outras. Os olhos veem pelo coração, e assim como quem vê por vidros de diversas cores, tolas as coisas lhe parecem daquela cor, assim as vistas se tingem dos mesmos humores, de que estão, bem ou mal, afetos os corações" (VIEIRA, 1944, III, p. 46).

[122] Apoiando-se no texto dos *Nagelate Schriften*, Gebhardt incorporou esta nota *b* ao próprio §. Como a alteração nos pareceu arbitrária, além de tornar o § repetitivo, optamos por seguir, neste ponto, o texto das *Opera Posthuma*.

[123] Gebhardt, seguido por Mignini, inseriu o genitivo "*Dei*", apoiando-se no texto dos *Nagelate Schriften*: "*als wy geen klare em onderscheide denkbeelt van God hebben*". Aqui, ainda que se possa deduzir o complemento a partir do contexto, aderimos à inclusão em favor da clareza.

[124] Trata-se de uma breve resposta de Espinosa, longamente desenvolvida por ele nos *Princípios da filosofia cartesiana*, I, prolegômeno, às *Segundas objeções* às *Meditações metafísicas* de Descartes (AT, VII, p. 124-125), bem como nas *Quartas objeções* (AT, VII, p. 214; IX, p. 166), em que Antoine Arnauld acusa Descartes de ter incorrido em um "círculo" nas *Meditações*, o que ficou conhecido como "problema do círculo cartesiano".

[125] A propriedade de que a soma dos três ângulos do triângulo é igual a dois retos (180°), apresentada por Euclides, nos *Elementos*, I, prop. 32, também pode ser encontrada nas *Cartas* XXI, XLII, LVI e LXXVI, no *Breve tratado* (cap. II, segundo diálogo), nos *Princípios da filosofia cartesiana*

(I, prolegômeno), nos *Pensamentos metafísicos* (II, cap. V), no *Tratado teológico-político* (capítulos IV e VI) e na *Ética* (I, prop. XVII; II, prop. XLIX; IV, prop. LVII). O exemplo sobre os dois retos do triângulo é tomado, possivelmente, de Descartes, que o cita, por ex., no *Discurso do método* (AT, VI, p. 36) e nas *Segundas respostas* (AT, VII, p. 141).

[126] O "sentido comum" ou "senso comum" ("κοινὴ αἴσθησις"), alatinado como "*sensus communis*", é um conceito aristotélico que indica a faculdade interna de perceber que envolve mais de um sentido no ato perceptivo sensorial (ver *De anima*, III, 1). Tal conceito é retomado por Santo Tomás de Aquino, na *Suma teológica*, I, questão 78, artigo 4; e por Descartes, nas *Regras para a direção do espírito*, regra XII (AT, X, p. 410-430).

[127] Embora aqui apareça como "fábula", é aduzida como "comédia" logo à frente, no § 83. Nos *Nagelate Schriften*, emprega-se igualmente "*tooneelspel*" nas duas ocorrências, ambas apresentando "*comoedia*" como equivalente latino.

[128] Nas *Opera Posthuma*, a expressão entre parênteses "*ut sic loquar*" aparece logo após a vírgula (,). O reposicionamento de Gebhardt nos pareceu necessário.

[129] Ver nota de tradução 80.

[130] Esta nota é devida a Cristiano Novaes de Rezende. Os efeitos objetivos da ideia verdadeira são as consequências que decorrem, no pensamento, do conteúdo intencional dessa ideia, ou seja, do "o que" se pensa nela. E Espinosa afirma aqui que esses efeitos decorrem no pensamento com a mesma "*ratio formalitatis*" ou "*ratio formalis*" do seu objeto. Ora a "razão da formalidade" ou "razão formal" é o aspecto de realidade atual e determinada do ideado. Assim, o que está sendo dito é que a ideia da causa está para a ideia do efeito na mesma relação – na mesma "razão", na mesma *ratio* – em que a própria causa está para o seu efeito. O que significa, finalmente, que, no caso de um conhecimento verdadeiro, a ideia da causa é, ela própria, a causa da ideia do efeito. Por outras palavras, os conteúdos pensados nas ideias comportam-se objetivamente no pensamento da mesma maneira que seus ideados (sejam eles corpos ou outras ideias) se comportam como coisas reais e determinadas existentes em ato ("a ideia se comporta objetivamente do mesmo modo como o seu ideado se comporta realmente" §41). Trata-se, pois, de uma preparação, no *Tratado da emenda do intelecto*, para a tese, depois plenamente expressa e demonstrada na prop. VII da *Ética* II, segundo a qual "a ordem e conexão das ideias é a mesma que a ordem e conexão das coisas". Para uma explicação detalhada das noções relevantes de formalidade e objetividade, ver nota de tradução 56.

[131] Trata-se da única menção a "autômato espiritual" nos escritos de Espinosa, possivelmente com inspiração em *As paixões da alma*, artigo XVI (AT, XI, p. 341-342). Note-se que Leibniz também utiliza o termo nos *Ensaios de Teodiceia* (Amsterdã, 1710), I, § 52: "Portanto, tudo é antecipadamente certo

e determinado no homem como em todos os lugares, e a alma humana é uma espécie de autômato espiritual, embora as ações contingentes em geral e as ações livres em particular não sejam necessárias por uma necessidade absoluta, a qual seria verdadeiramente incompatível com a contingência" (*"Tout est donc certain et déterminé par avance dans l'homme comme partout ailleurs, et l'âme humaine est une espèce d'automate spirituel, quoique les actions contingentes en général, et les actions libres en particulier, ne soient point nécessaires pour cela d'une nécessité absolue, laquelle serait véritablement incompatible avec la contingence"*). Posteriormente, no § 18 da *Monadologia* (escrita em 1714), faz menção a *"automates incorporels"*.

[132] Vertemos *"notitiam"* pelo português mais imediato "notícia". Mas aqui deve considerar-se o termo não no corriqueiro sentido de "informação sobre algo ou alguém", mas sim denotando "conhecimento". Por isso vale aduzir o verbete do dicionário de Rafael Bluteau (1728, V, p. 754): "Noticia. Conhecimento, ou cousa que vem ao conhecimento. Ha muitas castas de noticias. Humas saõ certas, & evidentes, como he a sciencia; outras saõ duvidosas, & escuras, como he a opinião, a conjectura, a sospeita; outras firmes, mas escuras, como a Fé; outras firmes, & clarissimas, como he a luz da gloria. Tambem há noticias naturaes, como he a intelligencia; outras adquiridas, como he a Metaphysica; outras infusas, como saõ todas as revelaçoens; a estas acrescenta o moral as noticias celestes, terrestres, profanas, ou mundanas, politicas, diabólicas. Noticia. Conhecer. *Cognitio, onis. Fem.* Cic. [...]".

[133] É o que Bacon descreve como "ídolos do foro" (*Novum organum*, I, aforismo XLIII): "Há também ídolos como que a partir do recíproco contrato e sociedade da humanidade, os quais chamamos de ídolos do foro devido ao comércio e consórcio dos homens. Com efeito, os homens se associam por meio das línguas, mas as palavras são impostas a partir da compreensão do vulgo. Portanto, uma má e inepta imposição de palavras obsta de modos admiráveis o intelecto. Nem restituem a coisa de algum modo as definições ou explicações com as quais os homens doutos costumaram, em alguns casos, resguardar-se e proteger-se. Mas as palavras forçam completamente o intelecto, e perturbam tudo; e conduzem os homens a inanes e inúmeras controvérsias e invenções". Essa sentença inteira ("Afirmamos e... por verdadeiro") foi transposta por Mignini como nota *g* de Espinosa.

[134] Nas *Opera Posthuma*: *"intellectionis"* ("da intelecção"). Apoiando-se no texto dos *Nagelate Schriften* (*"van d'inbeelding, em van't Verstand"*), Mignini substituiu *"intellectionis"* por *"intellectus"* (genitivo). A imposição se dá pelo contexto e pelo uso: Espinosa jamais trata de "propriedades da intelecção", mas com muita frequência das "propriedades do intelecto", como podemos encontrar nos §§ 70, 105, 107 e 108. Bernard Rousset,

em sua edição bilíngue, embora não altere o texto latino, verteu-o para o francês impondo a correção: "*l'imagination et l'entendement*". Mas é preciso também considerar que o mesmo tradutor tomou "*intellectio*" por "*entendement*" em toda parte, o que acaba anulando a distinção entre intelecção (ato de entender) e intelecto (faculdade de entender).

[135] Ver § 49: "Para que isso se faça corretamente, o método deve prestar estas coisas: [...] Segundo, dar regras para que coisas desconhecidas sejam percebidas conforme tal norma".

[136] Ver nota de tradução 55.

[137] Ver § 16.

[138] Ver § 19, quarto modo de perceber.

[139] Ver § 96: "toda definição deve ser afirmativa".

[140] Ver nota de tradução 36.

[141] Nos *Pensamentos metafísicos*, I, cap. I, Espinosa esclarece: "O ente de razão, enfim, nada é além de um modo de pensar que serve para mais facilmente *reter, explicar* e *imaginar* as coisas entendidas. É de notar aqui que entendemos por modo de pensar [...] todas as afecções do pensamento, como intelecto, alegria, imaginação" (ESPINOSA, 2015b, p. 197).

[142] Como aparecerá no § 99, Espinosa toma por sinônimos "coisas físicas" e "entes reais".

[143] Ver § 91: "ter ideias claras e distintas".

[144] Em carta de 10 de abril de 1678, para Leibniz, Tschirnhaus declara: "Isso de fato me persuadiu e estou certo de que podemos, nas coisas filosóficas, indagar pelas verdades desconhecidas da mesma maneira como por cálculo algébrico, mas aqui primeiro trazendo as definições das coisas, as quais necessitam de um engenho perspicaz; e, para formá-las, nunca vi preceitos mais excelentes do que aqueles que o Sr. Espinosa tem no *Da emenda do intelecto*, cujo manuscrito tenho em minha posse transmitido pelo Sr. Schuller; quem dera todas as suas demais obras!" (LEIBNIZ, 1899, I, p. 370).

[145] Sobre a definição genética, ver nota de tradução 115. Aqui ressaltamos a definição euclidiana de círculo contida nos *Elementos*, I, def. 15: "Círculo é uma figura plana contida por uma linha, em relação à qual todas as retas que a encontram, a partir de um ponto dos postos no interior da figura, são iguais" (EUCLIDES, 2009, p. 97). Ora, tal definição não cumpre o primeiro requisito da boa definição de coisa criada, a saber, não compreende a causa próxima da coisa a ser definida. Na *Carta* LX, de 1675, para Tschirnhaus, Espinosa escreve: "Agora, para que eu possa saber a partir de qual ideia da coisa, dentre muitas, podem ser deduzidas todas as propriedades do sujeito, observo apenas este único ponto: que essa ideia ou definição da coisa exprima a causa eficiente. Por exemplo, para investigar as propriedades do círculo, inquiro se posso, a partir dessa ideia do círculo, a saber, que ele consta de infinitos retângulos, deduzir

todas as suas propriedades; quero dizer, inquiro se essa ideia envolve a causa eficiente do círculo; como isso não ocorre, busco outra, a saber, que o círculo é o espaço descrito por uma reta, da qual um ponto é fixo e o outro é móvel; como essa definição agora exprime a causa eficiente, sei que posso deduzir daí todas as propriedades do círculo etc.".

[146] Ver § 89.

[147] Ainda na *Carta* LX (ver nota de tradução 145), Espinosa escreve: "Assim também, quando defino que Deus é um ente sumamente perfeito, e como essa definição não exprime a causa eficiente (pois entendo a causa eficiente tanto interna quanto externa), não poderei expor a partir daí todas as propriedades de Deus; mas sim quando defino que Deus é um ente etc. [absolutamente infinito, isto é, uma substância que consta de infinitos atributos, dos quais cada um exprime uma essência eterna e infinita]; vê a definição VI da parte I da *Ética*".

[148] A pergunta *"an sit"* remete à lógica aristotélica. Aqui, Espinosa parece voltar-se a Descartes, especificamente às *Meditações metafísicas*, terceira meditação (AT, IX, p. 28): "Mas, a fim de poder suprimir toda ela [a dúvida], devo examinar se há um Deus, assim que a ocasião se apresentar...".

[149] Na *Carta* XXXIV, de 1666, para Johannes Hudde, Espinosa dá os seguintes pressupostos para que uma definição se diga verdadeira: "Devido a algumas ocupações, não pude enviar antes deste momento a demonstração da unidade de Deus que exigias e que aceitei para mim, a saber, a partir de sua natureza envolver a existência necessária. Logo, para chegar a ela, pressuponho que: I°. A definição verdadeira de cada coisa nada outro inclui senão a natureza simples da coisa definida. E daí se segue que: II°. Nenhuma definição envolve ou exprime uma multidão ou um número certo de indivíduos, uma vez que ela nada outro envolve e exprime senão a natureza da coisa tal como ela é em si mesma. Por ex., a definição de triângulo nada outro inclui senão a natureza simples do triângulo, e não um número certo de triângulos; da mesma maneira, a definição de mente, de que é uma coisa pensante, ou a definição de Deus, de que é o ente perfeito, não incluem nada outro senão a natureza da mente e de Deus, e não um número certo de mentes ou de deuses. III°. De cada coisa existente deve dar-se necessariamente uma causa positiva pela qual ela existe. IV°. Essa causa há de ser posta ou na natureza e na definição da própria coisa (a saber, porque a existência pertence à natureza dela ou necessariamente a inclui) ou fora da coisa". Esses quatro pressupostos reaparecem reformulados e igualmente enumerados na *Ética* I, prop. VIII, escólio II. Juntos, compõem uma teoria da definição verdadeira e alteram as formulações textuais da definição perfeita presente no Tratado da emenda do intelecto: desaparece a expressão "coisa incriada", e toda definição é caracterizada como devendo oferecer a causa. Para

uma interpretação que vê nessa mudança mais do que uma alteração de vocabulário, ver Chaui (1999, p. 127n).

[150] Ver § 49: "Para que isso se faça corretamente, o método deve prestar estas coisas: [...] Terceiro, <e finalmente,> constituir uma ordem para não nos cansarmos com inutilidades".

[151] Ver §§ 42, 91 e 95.

[152] Ver §§ 38-42.

[153] Ver §§ 53-55.

[154] Ver § 61.

[155] Trata-se, novamente, do princípio "a verdade é norma de si e do falso". Ver §§ 44 e 61 e nota de tradução 65.

[156] Van Vloten & Land mudam o advérbio para "*faciliter*" ("facilmente"), o que nos soa bastante forçado, já que Espinosa jamais, neste e em outros escritos, faz uso dessa palavra, tendo sempre preferido "*facile*". O holandês traz "*gelukkiglijk*" ("felizmente"), como também nas outras duas ocorrências de "*feliciter*".

[157] A expressão "*feliciter perget sine ullâ interruptione*" aparece igualmente no § 61.

[158] Esta última frase é complicada. As *Opera Posthuma* não trazem o termo "*alio*" ("outro"); ao contrário dos *Nagelate Schriften*, em que aparece "*want onze denkingen konnen uit geen andere* [nenhum outro] *grontvest zijn, die onze denkingen derwaarts stiert*". Amparado na leitura do holandês, Gebhardt, seguido por Mignini, emendou o texto com a inclusão de "*alio*".

[159] Trata-se possivelmente de uma nota incluída não por Espinosa, mas pelos editores das *Opera Posthuma*. Nestas, aliás, as páginas citadas são: 356, 366 ss ("*Vide suprà pag. 365. 366. et seqq.*"). Em suas edições, Van Vloten & Land e Gebhardt alteraram o texto para referenciar as próprias paginações. Bruder, em lugar de páginas, preferiu citar diretamente: § 29 ss ("*Vide supra §. 29. sqq.*"). Paulus e Mignini preferiram manter as páginas das *Opera Posthuma*. De nossa parte, colocamos a numeração de Gebhardt, cujo edição é nosso texto básico, mas indicando aqui a provável referência aos §§ 29-32.

[160] Ver §§ 77-80.

[161] Aqui seguimos as *Opera Posthuma*: "*tum quantitatem determinat*". Mas não há consenso sobre o texto desta última oração. Nos *Nagelate Schriften*, a versão dada é: "*zo bepaalt het het zelfde door de hoegrootheit*" ("então ele a determina pela quantidade"). Acompanhando o holandês, Gebhardt incluiu no texto latino "*eam per*", de sorte que a oração se torna: "*tum eam per quantitatem determinat*" ("então a determina pela quantidade"). Dos tradutores lusófonos, Lívio Teixeira, que redigiu uma longa nota sobre as divergências e os equívocos de outros tradutores, optou por: "então ele a determina como quantidade"; mas não aderimos a ele, por discordarmos da tradução da preposição "*per*" em sentido modal, isto é, por "como", visto que essa preferência raramente ou nunca tem lugar nos

escritos de Espinosa. Já Cristiano Novaes de Rezende, usando o texto de Gebhardt, deu outra versão: "então por ela determina a quantidade"; com efeito, embora tenha lançado mão de *"eam per"*, acaba aproximando-se mais do sentido das *Opera Posthuma* do que daquele dos *Nagelate Schriften*; ademais, a nosso ver, pelo ordenamento mais natural, o substantivo acusativo ligado à preposição *"per"* não é *"eam"*, mas *"quantitatem"* (*"per causam..."*, *"per quantitatem..."*, *"per solam essentiam..."* etc.), tal como aparece na versão holandesa. De todo modo, seguindo António Borges Coelho e Carlos Lopes de Mattos, fizemos a opção pelo texto das *Opera Posthuma*, tendo como principal argumento outra sentença, logo à frente, na qual se diz: "percepções essas que decerto não servem para entender a quantidade, mas apenas para determiná-la". Note-se que a conclusão é clara no sentido de "determinar a quantidade", não de "determinar pela quantidade", muito menos de "determinar como quantidade".

[162] Nos *Nagelate Schriften*, o texto diverge um pouco: *"want zy worden dikwils tegen onze wil en dank gevormt"* ("pois estas frequentemente são formadas contra nossa vontade e pensamento").

[163] Espinosa fornece três formas de representação da elipse. A primeira diz respeito a uma corda, fixa em duas extremidades C_1 e C_2, pela qual um ponteiro P, tensionando-a e percorrendo-a por completo, descreve uma elipse (figura a). A segunda nada mais é que a reprodução algébrica (figura b) da primeira, isto é, se $dist(C_1, C_2) = 2c$, então a elipse é formada pelo conjunto dos pontos P tais que $dist(P, C_1) + dist(P, C_2) = 2a$, em que $2a$ equivale ao tamanho da corda e também ao diâmetro maior da elipse. Por fim, a terceira representação se refere à elipse como seção cônica (conceito desenvolvido principalmente por Apolônio (c. 262-190 a.C.)), de maneira que, se uma superfície cônica for seccionada por um plano que não passe pela base nem seja paralelo a esta, a intersecção entre o cone e o plano formará uma elipse (figura c).

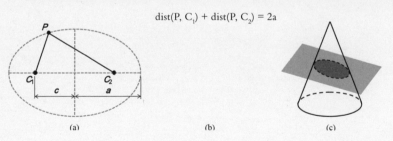

(a) (b) (c)

[164] Em carta de maio de 1678, Leibniz escreve para Tschirnhaus: "Não ignorarás que as *Obras póstumas* de Espinosa apareceram. Nelas também existe um fragmento da *Emenda do intelecto*, mas onde eu maximamente esperava algo, ali acaba" (LEIBNIZ, 1971, 4, 461). O inacabamento da obra certamente não

tem o estatuto daquele presente nos *Ensaios*, de Bacon, isto é, caracterizado pelo trabalho ininterrupto de revisão e inserções sobre o material; também não parece ser devido à morte do autor, como ocorreu no *Tratado político*; na verdade, o inacabamento aqui parece ser mais pela protelação da obra. É possível que, em algum momento no início dos anos 1660, Espinosa tenha interrompido a redação do *Tratado da emenda do intelecto* no ponto em que o temos, debruçando-se na redação de outras obras, como a *Ética* e o *Tratado teológico-político*. Essa interrupção, todavia, está longe de indicar o abandono da obra ou do tema. Isso, porque da "Advertência ao leitor" sabemos que o filósofo "sempre teve a intenção de acabá-lo". Mais ainda, do início do prefácio da quinta parte da *Ética* sabemos explicitamente que a *opus magnum* de Espinosa, ainda que ela incorpore e desenvolva conceitos importantes trazidos no *Tratado da emenda do intelecto*, não se propôs a suprir o escopo de uma lógica: "Porém, aqui não é pertinente como e por qual via o intelecto deve ser aperfeiçoado, e ademais com que arte o corpo há de ser cuidado para poder desempenhar corretamente sua função; com efeito, isto diz respeito à medicina, e aquilo à lógica".

Anexos

Praefatio.

Tractatus de *Emendatione Intellectûs* est ex prioribus nostri Philosophi operibus, testibus et stylo, et conceptibus. Rei, quam in eo tractat, dignitas, et magna, quam in eo sibi scopum praefixit, utilitas, nempe intellectui viam sternere facillimam, atque planissimam ad veram rerum cognitionem, calcar ipsi semper eum ad umbilicum perducendi fuere. At operis pondus, profundaeque meditationes, et vasta rerum Scientia, quae ad ejus perfectionem requirebantur, lento gradu eum promoverunt, ut et in causa fuerunt, quod non fuerit absolutus, quodque hic illic aliquid desideretur: nam Auctor in Annotationibus, quas ipse addidit, saepius monet id, quod tractat, accuratiùs demonstrandum, vel latiùs explicandum, sive in suâ Philosophiâ, sive alibi. Quia verò Res praestantissimas, nec non utilissimas continet, in Veritatis studioso studium excitabunt summum, nec parùm adjuvabunt in eâ indagandâ, ideo eum simul cum aliis edere visum fuit, uti jam in Admonitione, huic Tractatui praefixâ, dictum fuit. Tractat in eo *primò* de Bono apparente, quod homines plerumque appetunt, nempe de Divitiis, Libidine, et Honore; et de Vero bono, et quomodò id sit acquirendum. Praescribit *secundò* quasdam vivendi Regulas, indeque ad Intellectûs Emendationem transit. Ut autem haec Emendatio meliùs procedat, quatuor diversos percipiendi modos enumerat, quos deinceps prolixiùs paulò enucleat, et ex iis, qui optime scopo inserviunt, eligit. Porrò, ut horum usum nosceremus, agit de Intellectûs instrumentis, videlicet de veris ideis, et eâdem operâ de rectâ ad ducendum Intellectum Viâ, et Methodo, ejusque partibus. Prima pars tradit, quomodò verae ideae ab aliis discernantur, et prospiciatur, ne falsae, fictae, et dubiae ideae cum veris confundantur: et hâc occasione prolixè de veris, falsis, fictis et dubiis ideis agit, quibus denique aliquid de Memoriâ, ac Oblivione annectit. Secunda pars Regulas dat, quibus ex notis ignotum rectè educatur, intelligaturque. Ut

Prefácio*

O Tratado da *emenda do intelecto* está entre as primeiras obras do nosso filósofo, atestadas tanto pelo estilo quanto pelos conceitos. A dignidade do assunto de que trata nele e a grande utilidade do escopo que nele prefixou para si, a saber, abrir ao intelecto a via mais plana e fácil para o verdadeiro conhecimento das coisas, sempre lhe foram um estímulo para conduzi-lo ao ponto central. Mas o peso da obra, as profundas meditações e a vasta ciência das coisas que eram requeridas para a sua conclusão fizeram-no avançar em um grau muito lento e foram o motivo de não ter sido concluído e de ter faltado algo aqui e ali; pois o autor, nas anotações que ele próprio adicionou, adverte com muita frequência que aquilo de que trata há de ser mais cuidadosamente demonstrado e mais amplamente explicado, seja em sua Filosofia, seja algures. Mas, porque contém coisas excelentíssimas, bem como utilíssimas, que excitarão sumo empenho no estudioso da verdade e não pouco ajudarão a indagá-la, pareceu oportuno publicá-lo em simultâneo com outros, como já foi dito na Advertência fixada antes deste Tratado. *Primeiro*, trata nele do bem aparente que os homens apetecem na maior parte, a saber, das riquezas, do prazer lascivo e das honras; e do verdadeiro bem e de como se há de adquiri-lo. *Segundo*, prescreve certas regras de viver e daí passa à emenda do intelecto. Porém, para que essa emenda proceda da melhor maneira, ele enumera quatro modos diversos de perceber, os quais em seguida esclarece um pouco mais prolixamente e elege, entre eles, aqueles que melhor servem ao seu escopo. Além disso, para conhecermos o uso deles, trata dos instrumentos do intelecto, a saber, das ideias verdadeiras, e, na mesma obra, da via correta para conduzir o intelecto, e do método e suas partes. A primeira parte expõe como as ideias verdadeiras se discernem das outras e como

---

* Excerto do prefácio das *Opera Posthuma* relativo ao *Tratado da emenda do intelecto*. F. Akkerman (1980, p. 205-275) sustenta que o prefácio tenha sido originalmente escrito em holandês para os *Nagelate Schriften*, ou por Jarig Jelles (*c.* 1620-1683), ou por Jan Rieuwertsz (*c.* 1617-*c.* 1685), ou por Jan Hendriksz Glazemaker; e depois traduzido para o latim, por Lodewijk Meyer (1629-1681), para as *Opera Posthuma*.

autem hoc ritè fiat, Perceptionem duobus modis fieri statuit, vel per solam Essentiam, vel per causam proximam. Quoniam verò utrumque non nisi ex vera Rei definitione elicitur, Leges definitionis Rerum tum creatarum, tum increatarum proponit. Praeterea ut nostri Conceptus concatenentur, media, quibus res particulares aeternae cognoscantur, praescribit. Et, ut haec omnia melius perficiantur, agit de *Viribus Intellectûs*, ejusque enumerat proprietates. Et hic finitur Tractatus de *Emendatione Intellectûs*.

se cuida para que as ideias falsas, fictícias e duvidosas não sejam confundidas com as verdadeiras; nessa ocasião trata prolixamente das ideias verdadeiras, falsas, fictícias e duvidosas, às quais ele anexa, por fim, algo sobre a memória e o esquecimento. A segunda parte apresenta as regras pelas quais o desconhecido é, a partir de coisas conhecidas, corretamente deduzido e entendido. Porém, para que isso se faça corretamente, ele estabelece que a percepção ocorre de duas maneiras, ou pela essência sozinha, ou pela causa próxima. Mas, porquanto ambas não são eliciadas senão a partir da definição verdadeira da coisa, ele propõe as leis da definição tanto das coisas criadas quanto das incriadas. Além disso, para que nossos conceitos sejam concatenados, ele prescreve os meios pelos quais se conhecem as coisas particulares eternas. E, para que todas essas coisas sejam concluídas da melhor maneira, ele trata das *forças do intelecto* e enumera suas propriedades. E aqui termina o Tratado da *emenda do intelecto*.

INDEX.

I. De bonis quae homines plerumque appetunt. §. 1. sqq.
II. De bono vero et summo. §. 11. sqq.
III. Quaedam vivendi regulae. §. 17.
IV. De diversis percipiendi modis. §. 18. sqq.
V. De optimo modo percipiendi. §. 25. sqq.
VI. De intellectus instrumentis, veris ideis. §. 30. sqq.
VII. De recta methodo cognoscendi. §. 36. sqq.
VIII. Methodi pars prime. De idea ficta. §. 50. sqq.
IX. De idea falsa. §. 60. sqq.
X. De idea dubia. §. 77. sqq.
XI. De memoria et oblivione. Conclusio. §. 81. sqq.
XII. Methodi pars secunda. De duplici perceptione. §. 91. sqq.
XIII. De conditionibus definitionis. §. 95. sqq.
XIV. De mediis quibus res aeternae cognoscuntur. §. 99. sqq.
XV. De viribus intellectus eiusque proprietatibus. §. 106. sqq.

ÍNDICE*

I. Dos bens que os homens apetecem na maior parte. § 1 ss.

II. Do verdadeiro e sumo bem. § 11 ss.

III. Algumas regras de viver. § 17.

IV. Dos diversos modos de perceber. § 18 ss.

V. Do melhor modo de perceber. § 25 ss.

VI. Dos instrumentos do intelecto, das ideias verdadeiras. § 30 ss.

VII. Do método correto de conhecer. § 36 ss.

VIII. Primeira parte do método. Da ideia fictícia. § 50 ss.

IX. Da ideia falsa. § 60 ss.

X. Da ideia duvidosa. § 77 ss.

XI. Da memória e do esquecimento. Conclusão. § 81 ss.

XII. Segunda parte do método. Da dupla percepção. § 91 ss.

XIII. Das condições da definição. § 95 ss.

XIV. Dos meios pelos quais se conhecem as coisas eternas. § 99 ss.

XV. Das forças do intelecto e suas propriedades. § 106 ss.

---

* Índice elaborado pelo editor Carl Hermann Bruder (ESPINOSA, 1844, II, p. 5), consoante ao prefácio das *Opera Posthuma*.

MEDICINA MENTIS,
sive
Artis inveniendi
praecepta generalia.

Editio nova,
auctior & correctior,
cum
Praefatione authoris.

E. W. von Tschirnhaus

**MEDICINA
DA MENTE,**
ou
Preceitos gerais
da arte de descobrir[1]

Nova edição,
mais ampla e correta,
com
Prefácio do autor[2]

E. W. von Tschirnhaus

LUDOVICO XIV.
FRANCIAE
ET
NAVARRAE
REGI INCLYTO.

In Majestatis tuae conspectum prodire, ac tuum supplex implorare praesidium praesens hic qualiscunque tractatulus non veretur: sive enim argumenti spectetur dignitas, sive meum in genuinâ veritatis indagandae methodo studium, favorem pectoris regii non poterit non sibi polliceri. Prius quod attinet, objectum sanè ejus se in medio sistit, tanti Monarchae nomine non indignum, sincerus nimirum rationis usus, meritò tibi, ô Rex, usque commendatus, ut pote sine cujus ope nec dextrè Sceptra regi, nec ullae aliae res gloriosè geri possunt. Posterius quod spectat, id vel ideò non displicebit, quod id ipsum haud obscurè à me exigere videris, dum jubens me Academiae Scientiarum Regiae, quae Parisiis est, membrum esse, aetatem non otio in tantâ mihi addictâ provinciâ ut transigam, voluisse crederis; sed ut potius mentis juxtà ac corporis malis nullo non conatu mederi et discam et doceam. Hanc enim animo tuo dudum insedisse voluntatem, ut veritati indagando cuncti veritatis amantes sedulò incumbant, luculentissima testantur indicia. Hinc tuus singularis favor, quo quasvis prosequeris scientias: hinc impensae, quibus optimis succurrere studiis, et experimentis dignatus es quàm maxima: hinc illa tua plus quam regia, et nunquam satis laudata munificentia, quâ assiduos veritatis scrutatores (non tantum quos alit Gallia, sed etiam extraneos et in longè dissitis degentes Regionibus) ad studia incendere non dubitâsti; unde factum, ut nostrum seculum praeteritis omnibus flore scientiarum multò reddideris clarius; te ipsum verò ob devictam in eruditorum ingeniis pseudosophiam plus quam ob omnes subactas hactenus Provincias et Urbes, partasque victorias gloriosum, et dignum quod omnes imposterum Monarchae imitentur exemplum. Benignitatis

A LUÍS XIV,[3] ÍNCLITO REI DE FRANÇA E NAVARRA

O presente pequeno tratado não tem qualquer receio de se pôr aqui à vista de vossa[4] Majestade e implorar suplicante vossa guarda; com efeito, quer se considere a dignidade do argumento, quer o meu empenho em indagar a verdade com método genuíno, este [tratado] não poderia não assegurar para si o apoio do rei. No que atina ao primeiro ponto, certamente não indigno do nome de tamanho Monarca, vem a público o seu objeto, a saber, o uso sincero da razão, merecidamente recomendado até a vós, ó Rei, já que, sem o auxílio dele, nem os cetros podem ser regidos direito, nem as outras coisas podem ser gloriosamente geridas. No que respeita ao segundo, por isso mesmo ele não desagradará, visto que pareceis exigir sem obscuridade exatamente isso de mim; ao me ordenardes membro da Academia Real de Ciências que há em Paris, acreditáveis querer, diante de tamanho encargo a mim dado, não que eu passasse o tempo no ócio, mas, antes, que eu tanto aprendesse quanto ensinasse a remediar[5] com algum esforço os males da mente e do corpo.[6] Com efeito, os mais luzentes indícios testemunham essa vontade – que se assentou em vosso ânimo há algum tempo – de que todos os amantes da verdade se incumbam diligentemente de indagar pela verdade. Daí o singular apreço com que acompanhais quaisquer ciências; daí os gastos com que vos dignastes ao máximo a socorrer os melhores estudos e experimentos; daí aquela vossa generosidade mais do que real e nunca suficientemente louvada, com a qual não tivestes dúvida em fomentar aos estudos os assíduos perscrutadores da verdade (não apenas os que a França sustenta, mas também os estrangeiros e aqueles que vivem longe, em regiões afastadas); donde ocorreu que tornastes nosso século, pelo florescimento das ciências, muito mais ilustre do que todos os anteriores; e a vós mesmo tornastes um glorioso e digno exemplo que todos os monarcas posteriores imitam, mais por causa da derrota da pseudosofia nos engenhos dos eruditos do que por todas as províncias e cidades até agora subjugadas e por todas as vitórias

tuae ergà scientias liberales depraedicarem praeconia, si, quae in ejus laudem dici possent, ullo scripto complecti liceret. Sed quid verbis opus, cum tot numero eruditi et in Galliâ et in aliis Europae regionibus reperiantur, qui, vel me tacente, hanc tuam in studia beneficentiam experti, condignis eam, non tamen sufficientibus encomiis extulerint? Hoc unum silentio transire nequeo, maximos indè et praeclaros particularibus non tantum collegiis, Rebuspublicis, Provinciis; sed Regnis etiam, sed Imperiis, sed universae ferè Europae promanasse fructûs, sortemque humanam indè factam esse multò ac antehac commodiorem, multòque quam quis primo intuitu possit credere feliciorem, beatiorem. Eruditos scriptores vel hoc ipso fuisse adactos, ut quia tantorum eventuum causam esse cognoscunt, hanc tuam laudatam magnificentiam, ideò gloriosam ejus famam ad seros usque nepotes literarum monumentis propagent: quae omnibus aliis ex marmore, metallove factis minus interitui obnoxia, tanto ad laudem tuam immortalem posteritati sistendam aptiora non immeritò judicabuntur. His ego scriptoribus, tuae in literas insolitae liberalitatis praeconibus minimum me jungo socium, fidissimumque gloriae tuae testem, ut ne hâc in parte officio meo desim, occasione hujus meae dedicatiunculae, eâ, quâ par est, animi devotione, offero; DEUM precatus, velit suâ divinâ benignitate coeptis tuis clementer annuere, quò reliquas quoque peculiares animi dotes, tibi à natura prae caeteris mortalibus concessas, ejusdem rationis et intentionis ductu ad solam communis boni promotionem sapienter dirigere valeas, et in omnium mentibus non tantum Venerationem, verum etiam constantissimum apud bonos Amorem (in hoc, ut verus Monarcha, divinum aemulatus numen) perfectè tibi concilies: cujus numinis directioni Te totum exoptatissimâ Regiae prosperitatis fruitione beandum commendo.

MAJESTATIS TUAE
humillimus et devotissimus Cultor
E. W. de T.

conquistadas. Eu proclamaria os elogios à vossa benignidade em relação às ciências liberais se fosse possível abranger com algum escrito tudo que pudesse ser dito em louvor dela. Mas com que palavras se poderia fazê-lo, já que, mesmo eu me calando, encontram-se tão numerosos eruditos, tanto na França quanto em outras regiões da Europa, que experimentaram essa vossa beneficência para com os estudos, sendo condignos dela, e todavia não a exaltaram com elogios suficientes? Apenas isto não posso deixar passar em silêncio: que daí brotaram frutos máximos e excelentes, não apenas nos colégios particulares, nas repúblicas, nas províncias, mas também nos reinos, nos impérios, quase na Europa inteira; e a sorte humana se fez daí muito mais favorável do que antes, e muito mais feliz e beata do que à primeira vista se poderia acreditar. Com isso, até os autores eruditos, porque conheceram que essa vossa tão louvada magnificência é causa de tantos eventos, foram obrigados, por esse motivo, a propagar essa gloriosa fama até descendentes distantes por meio de monumentos literários que, não imerecidamente, serão julgados mais aptos a suster para a posteridade o vosso imortal louvor do que todos os outros feitos de mármore ou metal, submetidos à destruição. Junto-me a esses escritores como o menor sócio nos elogios à vossa insólita liberalidade para com as letras, e, para não faltar com meu dever nesta parte, por ocasião desta minha pequena dedicatória, ofereço, com a devoção do ânimo que é justa, um fidelíssimo testemunho de vossa glória; rogo que DEUS queira, em sua bondade divina, anuir com clemência a vossos empreendimentos, para que vós, conduzido de mesma razão e intenção, sejais capaz de dirigir sabiamente também os demais dotes peculiares do ânimo – concedidos pela natureza a vós mais do que aos demais mortais – à só promoção do bem comum, e para que, nas mentes de todos, reunais perfeitamente a vós não apenas a veneração, mas também o constantíssimo amor junto aos bons (nisso emulada a vontade divina, como um verdadeiro monarca); nessa direção da divindade, recomendo que sejais, por inteiro, dotado da mais desejada fruição da prosperidade real.

DE VOSSA MAJESTADE
o humilíssimo e devotadíssimo defensor
E. W. von T.

PRAEFATIO AUTHORIS
AD
LECTOREM.

Si quis oculo Philofophico contemplatur infitam praecipuè DEI potentiam, quae innumeras easque diversisimas in tàm vastô universi extenso produxit creaturas; nec minùs inessabilem ejus sapientiam, per quam potentia haec ita dextrè applicatur, ut omnia juxta lege ultra omnem, quàm credi potest, modum simplices fiant, et difficillima facillimis peragantur mediis; tandemque venerandam bonitatem, ex quâ eadem potentia juxta sapientiae inexplicabilis leges adeo benignè se singulis communicat, ut vilissimae aequè ac praestantissima creaturae prospiciat: convictum certè sensiet sese, ut fateatur, mentem suam nullo gaudio ex quacunque aliâ consideratione naturali orto tàm impensè tamque svaviter affici, ac eo ipso, quod rerum earundem contemplatione in nobis excitatur; qui insignis laetitiae gradus hâc ipsâ meditatione comparatus maximos inter mentis verè beatae fructûs non immeritò numerandus est.

His, et similibus seriò perpensis colligere exindè mihi facile fuit, quanti momenti donum sit intellectus, utpote quo mediante veritates adeò profundas mente contemplari dictamque animi voluptatem consequi homini conceditur. Et hoc quidem assertum suâ luce tantopere radiat, ut qui alioquin nullâ de re non scrupulos movent, absque ullâ hic heasitatione fateantur ignorantes pariter et eruditi, intellectum nostrum bonorum omnium à Gratia divinâ naturali viâ nobis concessorum nobilissimum omninò esse: siquidem veritas haec circa miserrimos illos, qui ejus usu plane destituuntur, longè clarissime in oculos incurrit, ut hâc in re dubitationi vix relinquatur locus, ac adeô nonnulli quamcunque injuriam aequiori fortè laturi sint animo, quam si rationis expertes eos quis diceret.

Cùm autem haec extra dubium posita fint, quae quaesò dignior homine inter omnes naturales erit occupatio, quàm quae in id incumbit, ut tanti momenti donum, quoad ejus fieri potest, bene excolatur? Sanè aut malevolus, aut ineptus mihi videretur iste, qui omnia bona à DEO generi humano data optimo, quo possumus, modo nobis

PREFÁCIO DO AUTOR
AO
LEITOR

Se alguém, com um olhar filosófico, contempla principalmente a potência infinita de DEUS, que produziu, na vastíssima extensão do universo, inúmeras e diversíssimas criaturas, e sua não menos inefável sabedoria, pela qual essa potência é aplicada com tal destreza que todas as coisas simples ocorrem conforme uma lei além de toda medida que se possa crer, e aquelas mais difíceis se realizam pelos meios mais fáceis; e, enfim, contempla a venerável bondade a partir da qual a mesma potência, conforme leis de inexplicável sabedoria, comunica-se com as coisas singulares de forma tão benigna que vela pelas mais vis criaturas tanto quanto pelas mais notáveis; ele certamente se sentirá convicto para confessar que sua mente não é afetada por nenhum júbilo, originado de qualquer outra consideração natural, tão fortemente e tão suavemente quanto por aquele que é excitado em nós pela contemplação das mesmas coisas; esse grau insigne de alegria, preparado por essa mesma meditação, não imerecidamente há de ser enumerado entre os maiores frutos de uma mente verdadeiramente feliz.

Ponderadas seriamente essas e outras coisas semelhantes, foi-me fácil dali coligir de quanta importância é o dom do intelecto, visto que, mediante este, é concedido ao homem contemplar com a mente verdades muito profundas e conseguir o dito prazer do ânimo. E essa asserção decerto irradia sua luz a tal ponto que os ignorantes, que não têm nenhum escrúpulo sobre o assunto, aqui confessam sem nenhuma hesitação, tal como os eruditos, que nosso intelecto é incontestavelmente o mais nobre de todos os nossos bens concedidos pela Graça Divina na via natural; pois que essa verdade se lança aos olhos muito mais claramente acerca daqueles mais miseráveis que estão completamente destituídos do uso dela, de modo que nesse assunto dificilmente resta lugar para o duvidar, e por isso alguns suportaram qualquer injúria talvez com ânimo mais igual do que se alguém dissesse que eles são desprovidos de razão.

Mas, como essas coisas foram postas fora de dúvida, qual ocupação, pergunto, entre todas as naturais, será mais digna ao homem do que aquela à qual incumbe que um dom de tanta importância seja, o quanto possível, bem cultivado? Certamente, parecer-me-ia malévolo ou inepto aquele que concedesse que todos os bens dados por DEUS ao gênero humano devem ser

excolenda atque in usûs nostros adhibenda esse concederet, id ipsum verò de intellectu, nobilissimo omnium bono, negaret. Ob has igitur aliasque similes rationes animus mihi est, in libro praesenti viam ostendere, quâ intellectus noster, quoad naturalibus mediis fieri potest, optimè perficiatur. Nulla verò in limine hujus rei utilior consideratio erit, quàm quae benè expendit, ad quem quantumque perfectionis gradum evehi possit intellectus ut hac ratione quilibet sapientiae studiosus scopum, ad quem solum collimare eum oportet, semper sibi habeat praefixum. Sed ne hâc in re stabilienda, fallamur, non nisi ea tanquam certa assumam, quae jam tùm per ipsam experientiam satis superque sunt comprobata.

Qui Matheseos interiora attentiùs perlustrârunt, observârunt absque dubio, in eâ acquirendâ dari tres inprimis cognitionis gradûs. Primus horum est, si quis, inquot disciplinas scientia haec dividatur, de quibus unaquaeque agat, sciverit, terminorumque omnium ibidem occurrentium notitiam similiaque sibi acquisiverit. Secundus gradus est, si quis eorum, quae Euclides, Archimedes, Apollonius et caeteri Veteres in hâc ipsâ scientiâ invenerunt, quaeque Recentiores his fundamentis superstruxere, cognitionem sibi comparaverit. Hic autem gradus licet multò praestantior sit priori, nondum tamen talis Mathematum cultor, qui hîc substiterit, nec ulterius fuerit progressus, perfectus mihi Mathematicus dicendus esse videtur, sed ille demum, qui à prioribus hisce ad tertium quoque ascendit cognitionis gradum, cujus requisitum est, ut quis non solùm Veterum et Recentiorum inventa, etsi eorundem inventionis ratio ab aliis detecta nondum sit, indagare, sed et quicquid est occulti, in Mathesi suo, quod dicitur, Marte, seu propriis ingenii sui viribus, eruere valeat. Quod autem hic de Mathesi viris ingeniosis non ignotum esse scio, id meo judicio ad universam cognitionem humanam, quae Philosophiae nomine venit, extendendum esse videtur. Etenim, quicunque saltem terminorum et distinctionum occurrentium significationem cognitam habet, tantùmque novit, in quot disciplinas Philosophia dividi soleat, quot Sectae in hâc à principio usque ad nostrae tempora floruerint et similia; infimum saltem philosophiae gradum obtinuisse censendus, ac nullo modo realis Philosophus appellandus erit, sed verbalis potiùs, quia vocabulorum magis quàm rerum notitiam habet: quanquam

por nós cultivados e aplicados aos nossos usos da melhor maneira que podemos, porém negasse exatamente isso sobre o intelecto, o mais nobre bem de todos. Portanto, por essas e outras razões semelhantes, tenho a intenção de mostrar, no presente livro, a via[7] pela qual nosso intelecto, o quanto possível por meios naturais, é aperfeiçoado da melhor maneira. Porém, nenhuma consideração será mais útil, no limiar desse assunto, do que aquela que pondera bem a que grau e quanto de perfeição o intelecto pode ser levado, para que, dessa maneira, qualquer estudioso, a quem só importa colimar o escopo da sabedoria, tenha-o sempre prefixado para si. Mas, para não falharmos ao estabelecer isso, não assumirei como certas senão aquelas coisas que já foram mais que suficientemente comprovadas pela própria experiência.

Aqueles que percorreram mais atentamente o interior da matemática sem dúvida observaram que, ao adquiri-la, dão-se principalmente três graus de conhecimento. O primeiro deles é: se alguém souber em quantas disciplinas essa ciência se divide e de que coisas trata cada uma delas, adquirirá para si o conhecimento de todos os termos que ali ocorrem e outros semelhantes. O segundo grau é: se alguém deles obtiver para si o conhecimento que Euclides, Arquimedes, Apolônio[8] e os demais antigos descobriram nessa mesma ciência, e que os mais recentes construíram sobre esses fundamentos. Porém, embora esse grau seja muito mais elevado que o primeiro, um tal cultor da matemática, que parou aqui sem ter progredido mais adiante, ainda não me parece que deva ser dito um matemático perfeito, mas só aquele que também ascendeu desses dois graus anteriores ao terceiro grau de conhecimento, cujo requisito é que alguém possa não só indagar pelas descobertas dos antigos e dos mais recentes, mesmo que a sua maneira de descoberta ainda não tenha sido revelada por outros, mas também extrair, como se diz, com seus recursos, ou seja, com as próprias forças do seu engenho, tudo o que está oculto na matemática. Ora, isso que sei que não é ignorado pelos homens engenhosos sobre a matemática parece, a meu juízo, dever ser estendido ao conhecimento humano universal que vem sob o nome de filosofia. E, com efeito, qualquer um que detenha ao menos o significado conhecido dos termos e das distinções que ocorrem, e que somente conheça em quantas disciplinas a filosofia costuma ser dividida, quantas escolas floresceram desde o princípio até os nossos tempos e coisas semelhantes, há de ser considerado como tendo obtido apenas o grau ínfimo da filosofia, e de modo nenhum haverá de ser chamado de filósofo real, mas sim de filósofo verbal, porque tem o conhecimento mais dos vocábulos do que das

hoc nomen inprimis applicandum iis esse censeo, qui Philosophiam infinitis figmentis e. g. Sympathiae, Antipathiae, facultatum, virium, formarum substantialium, aliisque, quibus nempe vocibus nullus in mente sanus respondet conceptus, nimium quantum foedârunt. Qui verò hac cognitione nominali, quae vel ope Lexici acquiri potesti, minimè contentus propiùs ad rem accedit, ipsaque Philosophiae interiora cognoscere aggreditur, quae nimirùm variarum Sectarum tam veterum quàm recentiorum genuinae opiniones sint, quae aliis praeferendae, quale gradatim scientia usque ad nostra tempora sumpserit incrementum et similia; hic utique ad altiorem quidem gradum ascendit, sed longè tamen adhuc meo judicio à supremo gradum abest, cùm cognitio ejus non alia nisi historica sit, ac ideo hic ipse Philosophi potiùs historialis quàm realis titulum mereatur. Hoc siquidem Philosophi realis nomen illi saltem competit, qui ad tantum pervenit cognitionis gradum, ut re ipsâ observet, in suâ potestate esse, quicquid incognitum sed humano tamen intellectui pervium est, propriis ingenii sui viribus in lucem producere. Haec verò distinctio maximi momenti est, dignaque, quae in principio hic referatur, et probè annotetur: hac enim ignoratâ vel neglectâ plerique se pejus, quàm quis sibi imaginari possit, sub nomine cognitionis philosophicae decipiunt, et si non planè inutilibus, ad minimum tamen multis neutiquam necessariis ingenium occupant et fatigant.

Verùm enimverò quemadmodum in Mathesi ad tertium hunc altissimumque cognitionis gradum perveniendi, certa datur scientia, Analysis videlicet speciosa, vulgò Algebra dicta, et ob praestantiam ejus singularem à Recentioribus perquam bene exculta, quae genuina mihi philosophia Mathematum esse videtur: sic eâdem ratione generalis aliqua datur scientia, cujus ope quilibet eâ probè instructus non solùm quicquid in Mathesi datur occulti, sed omne etiam incognitum, sub intellectum cadens, certâ et constanti methodo certò in lucem potis est deducere. Haecque scientia, aut, si mavis, **Ars inveniendi,** *ipsa est genuina philosophia, cujus quanta vel ideò sit praestantia, absque prolixâ explanatione ex datâ hâc ejus descriptione cuivis statim obvium, et vel ex hoc unico etiam perspicuum esse potest. Actiones quorumcunque hominum manifestum facilè faciunt, eos inprimis, quicquid etiam praetendant aliud, eò collimare, ut bonum,*

coisas; embora eu considere que esse nome deva ser aplicado principalmente àqueles que excessivamente mancharam a filosofia com infinitas ficções, por ex., de simpatia, antipatia, faculdades, forças, formas substanciais[9] e outras, palavras às quais não corresponde na mente nenhum conceito são. Mas quem, não contente de modo algum com esse conhecimento nominal que pode ser adquirido até mesmo com o auxílio de um léxico, chega mais perto da coisa e começa a conhecer o próprio interior da filosofia, a saber, quais são as opiniões genuínas das várias escolas, tanto dos antigos quanto dos mais recentes, que devam ser preferidas às outras, qual tipo de ciência recebeu incremento gradativamente até os nossos tempos e coisas semelhantes; de todo modo, ele chega a um grau certamente mais alto, porém, a meu juízo, ainda está longe do grau supremo, já que seu conhecimento não é outro senão histórico, e por isso ele próprio merece o título de filósofo historial, em vez de real. De fato, esse nome de filósofo real compete apenas àquele que chega a tamanho grau de conhecimento que observa efetivamente estar em seu poder trazer à luz, com as próprias forças do seu engenho, tudo o que é desconhecido, mas acessível ao intelecto humano. Porém, essa distinção é de máxima importância e digna de ser, aqui no princípio, relatada e bem anotada; com efeito, sendo ela ignorada ou negligenciada, a maioria se engana, pior do que se possa imaginar, sob o nome de conhecimento filosófico, e ocupa e cansa o engenho, se não com coisas completamente inúteis, no mínimo com muitas de modo nenhum necessárias.

Mas, na verdade, da mesma maneira como na matemática se dá uma ciência certa para chegar a esse terceiro e mais alto grau de conhecimento, a saber, a análise especiosa, vulgarmente dita álgebra e muito bem cultivada pelos mais recentes por sua excelência singular, e que me parece ser a genuína filosofia da matemática; assim, da mesma maneira se dá uma ciência geral, com cujo auxílio qualquer um bem instruído nela, com um método certo e constante, é certamente capaz de trazer à luz não só tudo o que se dá de oculto na matemática, mas também todo desconhecido que cai sob o intelecto. E essa ciência ou, se preferes, essa arte de descobrir[10] é ela própria a filosofia genuína;[11] por isso, o quanto ela seja excelente pode ser imediatamente óbvio a qualquer um, sem explanação prolixa, a partir dessa sua descrição dada; e pode mesmo ser perspícuo a partir unicamente do seguinte. As ações de quaisquer homens facilmente manifestam que eles, antes de tudo, colimam[12] possuir (mesmo que aleguem outra coisa) o bem em relação ao qual seguramente não se dá nenhum [outro] mais excelente, a saber, a tranquilidade da mente, ou seja, da consciência;

quo utique nullum praestantius datur, videlicet tranquillitatem mentis seu conscientiae, possideant: sed ad hanc comparandam nulla alia ratione quidem naturali parabilis, via patet, quàm quae actiones nostras non in apparentiâ saltem sed reverà virtuosas exhibet. At verò virtus genuina absque sapientiâ verâ absolutè nequit concipi. Quo autem medio sapientia in rebus purè naturalibus certius acquirenda erit, quàm accuratâ methodo, cujus auxilio omnes cadentes sub intellectum veritates in lucem indubiè proferre licet? adeoque haec omnia, ut modò definivi, ex genuinâ philosophiâ unicè dependent.

Talem verò Philosophiam ut recluderent, illustres viri, Renatus des Cartes in dissertatione de Methodo detegendi incognitas veritates, Autor artis cogitandi, quem vulgò Dominum Arnault putant, P. Malebranche dans la recherche de la verite, Abbas Mariotte, dans l' Essay de Logique contenant les principes de science et la maniere de s' en servir pour faire de bons raisonnemens, pluresque alii hoc inprimis seculo, postquan innotuit, quanta hujus, rei sit praestantia, omni studio allaborârunt. Quia verò rarò aliquid, quod in cognitione veritatis praecipuum est, in primis statim viis seu initiis ad omnimodam planè perfectionem, quae hic desiderari potest, deducere valemus, quin potiùs circa talia sensim, per gradûs quase progredimur; cujus rei illustre exemplum ipsa Analysis est, utpote quae tempore longo successivè ad tantum tandem fastigium pervenit: hinc optimè sanè huic rei consuleretur, si viri plures, qui singularem prae caeteris progressum, et propriis quidem ingenii viribus, in veritatis cognitione experti, attentè inquirerent in vias, quarum ope tam singulares profectûs fecere, illasque candidè, ceu viros generosos decet, cum publico communicarent. Negari equidem nequit, nihil nisi mera hujus methodi specimina, quae lectores ob tam ingeniosa inventa in admirationem singularem rapiunt, edendo autorum ejusmodi propriam aestimationem multò magis stabiliri, quàm communicando ipsam methodum, quae, origine simplici harum inventionum detectâ, ejusmodi admirationem potiùs tollit: Verùm hi, qui adeò impensè gloriae student, veritatis augmento, id quod tamen boni viri inprimis officium est et esse debet, prospicere parùm videntur. Quanto damno circa Mathesin id ipsum fecerint veteres, ad augmentum propriae existimationis magis quàm ad lectorum profectûs respicientes, eruditis satis superque constat. Postquam enim Vieta, des Cartes, pluresque alii

mas, para obtê-la, não é patente nenhuma outra via disponível à razão natural senão aquela que exibe nossas ações virtuosas, não na aparência, mas as que o são deveras. Na verdade, porém, a genuína virtude não pode ser absolutamente concebida sem a verdadeira sabedoria. Ora, por que meio haverá de ser adquirida a sabedoria nas coisas puramente naturais com mais certeza do que por um método cuidadoso, com cujo auxílio é lícito trazer à luz indubitavelmente todas as verdades que caem sob o intelecto? E por isso todas essas coisas dependem unicamente de uma filosofia genuína, como acabei de definir.

De fato, homens ilustres trabalharam muito, com todo empenho, para expor tal filosofia; René Descartes, em sua dissertação sobre o método de revelar verdades desconhecidas; o autor de A arte de pensar, que geralmente pensam ser o senhor Arnauld;[13] o padre Malebranche dans la recherche de la verité;[14] o abade Mariotte dans l'Essay de Logique contentant les principes de Science et la maniere de s'en servir pour faire de bons raisonnemens;[15] e muitos outros, sobretudo neste século, depois que se veio a conhecer quão excelente é esse assunto.[16] Mas, porque raramente somos capazes de deduzir, imediatamente nas primeiras vias, ou seja, no início, algo que é precípuo no conhecimento da verdade para a completa perfeição de todo tipo que aqui se pode desejar; em vez disso, acerca de tais coisas, como que progredimos lentamente e por graus; um ilustre exemplo disso é a própria análise, já que ela, por um longo tempo, sucessivamente, chega enfim a um cume tão elevado; daí que certamente se deliberaria melhor sobre esse assunto se muitos homens, que ante os demais experimentaram, no conhecimento da verdade, um progresso singular e com as próprias forças do engenho, investigassem atentamente sobre as vias com o auxílio das quais eles fizeram avanços tão singulares, e comunicassem aquelas ao público candidamente, como é próprio dos homens generosos. Decerto não se pode negar que, publicando meros exemplos desse método, que arrebatam os leitores por uma singular admiração diante de tão engenhosas descobertas, a autoestima desses autores se firma muito mais do que comunicando o próprio método, o qual, revelada a origem simples dessas descobertas, antes elimina uma admiração desse tipo. Na verdade, aqueles que se empenham instantemente pela glória parecem olhar pouco para o aumento da verdade, o que, todavia, é e deve ser sobretudo o dever dos homens bons. Aos eruditos consta, mais que suficientemente, quanto dano acerca da matemática os antigos fizeram olhando mais para o aumento da autoestima do que para os avanços dos leitores. Com efeito, depois que Viète,[17] Descartes e muitos outros deram à luz o próprio

ipsam Methodum luci prodiderunt, ex quo fonte antecessores olim tam ingeniosa suo inventa hauserant, majus in Mathesi veritatis augmentum hoc unico seculo, quàm per omnia antecedentia secula, exortum est.

Ad me quod attinet, tenuitatis meae quidem probè conscius sum, sed si dicendum mihi sit, quod res est, non diffiteor, me in ejusmodi vias incidisse, quibus tam feliciter in veritatis indagatione progredi licet, ut nihil magis in votis mihi sit, quàm ut otium sufficiens et commoda ab aliis negotiis vacatio aliquando mihi contingat, veritatum singularium varii generis specimina Methodo hac philosophandi in lucem à me hactenus deducta numeris omnibus ita absolvendi, ut ea publico communicare valeam. Quia verò valde dubito, num ea, quorum idea animo concepta haeret, in chartam conjiciendi et perficiendi, numque plura imposterùm edendi ulla occasio mihi superfutura sit; zelus, quo bono publico inservire paratus sum, hoc essecit, ut, licèt non levia me quasi circumstent impedimenta, ipsam tamen methodum, cujus ope hactenus tam felices feci progressûs, celare nollem. Quamobrem methodum hanc, hoc est, ejusmodi philosophiam, cujus ideam paulò antè delineatam dedi, hoc ipso libro eâ, quâ maximè potero, perspicuitate lectori exponere decrevi. Quia verò plerique in sensu, qui à meo diversus admodum est, Philosophiam accipiunt, aut etiam, quia fortè ista, quam addidicerunt illi olim, Philosophia, nequaquam animo satisfecit, atque ideo uel ipsum vocabulum hoc nimium quàm abhorrent plurimi; facilè praevidi, paucos, si tali titulo se conspiciendum exhiberet hic liber, eum dignaturos esse pervolvere: idcirco nomine potiùs MEDICINAE MENTIS ET CORPORIS insignire eundem volui, quò amabilior omnibus redderetur Philosophia. Et id etiam genuina praestare debet Philosophia, ut ostendat luculenter, quàm male, et plus quàm vulgò credi potest, non corporis solùm valetudine, sed sanitate inprimis mentis omnes destituantur homines; pariter et evidenter doceat, quae hisce malis appropriata adhibenda sint remedia.

Sed notari velim ante omnia, quòd, licèt haec talia tantùm libro hoc tradendi scopus mibi fuerit unicus, non ideo tamen integram Philosophiam eodem complecti tibique hac vice exponere decreverim: nihil enim hoc tempore tibi L. B. nisi primam Philosophiam offero. Haec à quibusdam appellari amat Metaphyfica; sed quia à quamplurimis inutiles valde speculationes in eâdem ventilantur, eapropter haec eruditis plerisque perquam exosa esse solet. Verùm ne nec hoc, quicquid est

método, fonte da qual os antecessores haviam outrora haurido suas engenhosas descobertas, originou-se mais aumento da verdade na matemática neste único século do que em todos os séculos antecedentes.

No que atina a mim, certamente sou bem cônscio de minha fraqueza; mas, se devo dizer o que a coisa é, não nego que incidi nessas vias pelas quais é lícito progredir na indagação da verdade tão felizmente que nada desejo mais do que algum dia me acontecer, entre outras ocupações, ócio suficiente e comodidades para deslindar em todos os níveis, com esse método de filosofar que até agora deduzi, exemplos de verdades singulares de variado gênero, de tal maneira que eu seja capaz de comunicá-los ao público. Mas, porque duvido muito se me restará alguma ocasião de lançar no papel e perfazer as coisas cuja ideia concebida adere em meu ânimo, e de posteriormente publicar muitas delas, o zelo com que me dispus a servir ao bem público fez com que eu, embora como que circundado por pesados impedimentos, não quisesse esconder o próprio método com cujo auxílio fiz até agora progressos tão felizes. É por isso que decidi expor ao leitor neste mesmo livro, com a máxima perspicuidade que eu puder, este método, isto é, uma filosofia como essa cuja ideia há pouco delineei. Porém, porque a maior parte dos homens recebe a filosofia em um sentido que é bastante diverso do meu, ou mesmo porque talvez essa filosofia que eles aprenderam outrora de modo nenhum tenha satisfeito seu ânimo, e por isso muitíssimos até tenham demasiado horror a esse vocábulo, previ facilmente que, se este livro se exibisse ao exame com tal título, poucos se dignariam a folheá-lo; por conseguinte, preferi designá-lo pelo nome de MEDICINA DA MENTE E DO CORPO,[18] para que a filosofia se tornasse algo mais amável a todos. E a filosofia genuína deve prestar isto: mostrar de maneira luzente quão mal, e mais do que vulgarmente se pode crer, todos os homens são destituídos não só de saúde do corpo, mas sobretudo de sanidade da mente; assim como ensinar com evidência que remédios apropriados hão de ser aplicados a esses males.

Mas, antes de tudo, gostaria de notar que, como meu único escopo foi trazer neste livro apenas tais coisas, decidi por isso não abranger nele e expor a ti, desta vez, a filosofia inteira; com efeito, neste momento não ofereço a ti, benévolo leitor, nada senão a filosofia primeira. Esta ama ser chamada por alguns de metafísica; mas, porque nela são ventiladas, por muitos, especulações demasiado inúteis, ela costuma ser extremamente odiada pela maioria dos eruditos. Porém, para que tudo o que há de preconceito não te faça arredar de novo do teu

praejudicii, à tuo hunc librum attentè evolvendi te iterum revocet proposito, scias velim, in primâ hâc meâ Philosophiâ omnia illa me exhibiturum, quae homini, cui seria sapientiam sibi acquirendi mens est, omnium primò veniunt cognoscenda. *Deinde quamvis utique verum sit, utilissima inprimis non nisi in fini Philosophiae doceri posse, reipsâ tamen hunc librum volvendo experieris, vel in ipso principio hujus Philosophia perquam utilia tibi exhiberi.* Hisce enim expono, quâ ratione veritatem per te ipsum certò acquirere? passiones tuas sapienter moderari, sanitatem, ut ut diaetam bonam non adeò exactè sequi possis, conservare, liberos prudenter educare, *et similia facili negotio exequi liceat.*

Ut autem eò meliùs judicare valeas, num viâ maximè naturali in primâ hac Philosophiâ, *vel, si mecum mavis,* Logicâ, *tradendâ fuerim usus, te ipsum in consilium quasi adhibere, et ex te quaerere placet; quasnam cogitationes prae omnibus aliis maximè necessarias esse judices, et quaenam propterea quemlibet hominem primò et seriò distinere debeant occupatum?* Quaquaversum respicio, à te nil aliud responsi loco accepturum fore mihi videor, praeterquam hoc, istas inprimis cogitationes necessarias serioque proinde ruminandas esse, quaenam inter infinita hoc in mundo occurrentia negotia omnium optima sit occupatio, quae prae caeteris eligenda veniat. Hoc ipsum autem in primâ hujus Tractatûs parte expositum dedi, certò persuasus, te, eâdem attentè perlustratâ, sententiae meae subscripturum, praestantiorem scilicet occupationem non esse studio acquirenda veritatis per se ipsum. Quod si jam denuo ex te quaeram, quidnam, stabilito hoc fundamento, necessarium putes, ut ejus ulteriùs curam habeamus; non video, siquidem acquisitionem veritatis optimum esse judicasti, te aliud quid adhaec, quàm ipsam methodum veritatem infallibiliter detegendi, desiderari posse. Et hoc idem est, quod in parte hujus Tractatûs secundâ propono. Si insuper inquiram, quidnam tunc in tradendâ hâc incognitas veritates detegendi Methodo primum exponendum esse censeas; et verò omnia, quae circa talem Methodum exponerentur, frustranea forent, si, quid verum et falsum sit, ignores, responsionem non aliam me recepturum video, quàm hanc; infallibile ante omnia remedium, quo verum et falsum certò cognosci; unumque ab altero discerni queat, determinandum esse: quod ipsum, primâ ejusdem secundae partis sectione, quàm possum maximè, in lucem

propósito de ler este livro atentamente, eu gostaria que soubesses que nesta minha filosofia primeira exibirei tudo aquilo que cumpre ser conhecido pelo homem no qual uma mente séria deve adquirir sabedoria para si antes de tudo. *Ademais, ainda que, em todo caso, seja verdadeiro que sobretudo as coisas mais úteis não podem ser ensinadas senão no fim da filosofia, efetivamente experimentarás, lendo este livro, serem-te exibidas, até no próprio princípio desta filosofia, coisas extremamente úteis.* Com estas, exporei, pois, de que maneira é lícito adquirir com certeza a verdade por ti mesmo, moderar as tuas paixões com sabedoria, conservar a sanidade, mesmo que não possas seguir uma boa dieta com tanta exatidão, educar os teus filhos com prudência *e conseguir coisas semelhantes com facilidade.*

Ora, para que sejas capaz de julgar melhor se fiz uso da via maximamente natural para expor esta filosofia primeira ou, *se preferes comigo*, esta lógica, *põe-te como que em deliberação e busca em ti quais pensamentos, ante todos os outros, julgas serem ao máximo necessários, e quais por isso devem primeiro manter seriamente ocupado qualquer homem que seja. Para qualquer lado que eu olhe, parece-me que de ti eu não receberia nada outro como resposta senão que são sobretudo necessários e por conseguinte hão de ser ruminados seriamente estes pensamentos: qual ocupação há de ser eleita a melhor de todas, dentre as infinitas que ocorrem neste mundo? Ora, expus exatamente isso na primeira parte deste tratado, por certo persuadido de que, percorrida atentamente, subscreverás a meu parecer, a saber, que não há ocupação mais excelente do que o empenho para adquirir a verdade por si mesmo. Porque se agora, estabelecido esse fundamento, eu buscar novamente de ti o que achas necessário para cuidarmos dele ulteriormente, não vejo que possas desejar – vez que julgaste que o melhor é a aquisição da verdade – algo além do próprio método de revelar a verdade de maneira infalível. E isso é o mesmo que proponho na segunda parte deste tratado. Se eu ainda por cima investigar o que então consideras que há de se expor primeiro ao trazer o método de revelar verdades desconhecidas – e, na verdade, todas aquelas coisas que fossem expostas acerca de tal método seriam vãs, se ignorasses o que é verdadeiro e falso –, não vejo que receberei outra resposta senão esta: há de se determinar, antes de tudo, um remédio infalível para que se possa conhecer com certeza o verdadeiro e o falso e discernir um do outro. Esforço-me em apresentar exatamente isso, o máximo que posso, no primeiro capítulo dessa mesma segunda parte. Ora, observado o que é verdadeiro e falso, se ademais interrogo o que estimas que há de se fazer*

conor producere. Hoc autem, quid verum sit falsumve, perspecto si porrò interrogem, quid agendum ulteriùs existimes; respondebis utique, viam jam praemonstrandam esse, cognitionem semper nostram de veritate ad veritatem absque fine extendendi: sed hoc idem in sectione secundâ ejusdem secundae partis fusè ostenditur. Quod si denuo instem rogando, num nihil, quod porrò peragatur, reliquum esse putes; in mentem jam tibi, qui hactenus in Methodo veritatem per te ipsum acquirendi paululum te exercuisti, ingeniumque tuum excoluisti, impedimenta venient illa, quae procul dubio interim offendisti, quaeque ingeniosis etiam viris superatu sunt difficilia: hinc inde à te haut aliud expecto responsum, quàm isthoc; hujus modi impedimenta, ut hac ratione methodus veritatem acquirendi perquam plana et facilis reddatur, omnia removenda esse. Idipsum verò in tertiâ sectione ejusdem partis exequi conatus sum. Quia autem haec inter impedimenta ipsi quoque corporis nostri morbi numerantur; de iis etiam, et peculiari quidem opusculo huic Tractatui annexo, egi, ne tibi fortè, quae prolixè de his propellendis docui, taediosa nimis viderentur. Denique ubi ita methodum veritatem per te ipsum inquirendi sciveris, et ego ex te quaesivero, quid faciendum ulteriùs restet; absque dubio, cum Methodus, ut ut optima, absque applicatione nihil prosit, infinitaque objecta, quibus applicari possit, extent, scire adhuc desiderabis, quaenam objecta illa inprimis sint, quorum examen juxta hanc methodum mentem tuam omnium maximè occupatam tenere apprimè referat. Et hoc ipsum tandem explicatum tibi in tertiâ parte exhibeo, quâ totum ita opus finio, quia non video, quid à te possit quaeri ampliùs aut desiderari.

Cùm itaque omnia eo tractârim ordine, quem proprium judicium tuum ad regulam sanae rationis directum expetit, atque sic ex tui ipsius animi sententiâ clarè appareat, quid in primâ Philosophiâ tractandum sit; forsan insuper scire cupies, quibus principiis ad haec usus fuerim, siquidem ex fundamento de ipso futuro aedificio praesumere atque judicare soleamus. Fateor indè, me, si ullâ unquam in re, certè etiam in hac ubique attentè circumspexisse, summoque studio praecavisse, ne hîc aberrarem. Quâ re multo labore peractâ statui tandem, talia assumenda esse principia, quae absque ullâ erroris suspicione vel rigorosissimo Sceptico indubia, quorumque certitudinem in me ipso vel quolibet momento per ipsam experientiam explorare mihi facile

mais além, responderás certamente que agora há de ser indicada uma via para que nosso conhecimento sobre a verdade seja sempre estendido a uma verdade sem fim, mas isso mesmo é mostrado amplamente no segundo capítulo dessa mesma segunda parte. Se insto isso de novo, perguntando se pensas que não resta nada que se leve a cabo depois, virão à mente para ti – que, até aqui, muito pouco te aplicaste em um método de adquirir a verdade por ti mesmo e cultivaste teu engenho – aqueles impedimentos que, nesse ínterim, sem dúvida encontraste e que, mesmo para homens engenhosos, são difíceis de superar; daqui e dali não espero outra resposta senão esta: todos os impedimentos desse tipo devem ser removidos para que dessa maneira o método de adquirir a verdade se torne muito claro e fácil. Na verdade, isso é exatamente o que me esforcei em conseguir no terceiro capítulo desta mesma parte. Contudo, porque as doenças do nosso corpo também se contam entre esses impedimentos, falei delas também em um opúsculo[19] decerto peculiar anexo a este tratado, para que talvez não te parecessem excessivamente tediosas as coisas que ensinei prolixamente sobre como repeli-las. Finalmente, quando assim souberes o método de investigar a verdade por ti mesmo, também buscarei de ti o que mais resta a ser feito; sem dúvida, já que o método, por melhor que seja, nada tem de proveito sem a aplicação, e já que existem infinitos objetos aos quais ele pode ser aplicado, desejarás ainda saber sobretudo quais são aqueles objetos de cujo exame importa muito que tua mente, conforme esse método, mantenha-se ocupada mais que tudo. Por fim, exibo-te exatamente isso explicado na terceira parte, com a qual finalizo a obra toda, porque não vejo o que mais possas buscar ou desejar.

Portanto, como tratei de todas as coisas na ordem reivindicada por teu próprio juízo dirigido conforme a regra da sã razão, e assim, a partir do parecer do teu próprio ânimo, aparece claramente o que há de ser tratado na filosofia primeira, talvez desejes saber, ainda por cima, que princípios utilizei para essas coisas, já que, a partir do fundamento, costumamos presumir e julgar sobre o próprio edifício futuro. Daí confesso que, se alguma vez observei atentamente algum assunto, certamente o fiz também neste por toda parte, e me precavi com sumo empenho para que aqui eu não me desviasse. Feito isso, com muito trabalho enfim estabeleci que cumpre assumir tais princípios, que, sem suspeição alguma de erro, são indubitáveis até mesmo para o mais rigoroso cético, e cuja certeza é fácil explorar em mim mesmo, a qualquer momento, pela própria experiência. Ora, considero que tais [princípios] sejam estes quatro: 1. **Sou cônscio de coisas variadas;** *o que é o princípio primeiro e geral de todo nosso conhecimento. 2.* **Sou bem**

sit. Talia autem haec quatuor esse censeo: 1. Me variarum rerum consciam esse, *quod principium primum et generale totius nostrae cognitionis est.* 2. Me bene à quibusdam, à quibusdam verò malè affici, *principium primum est, unde cognitio boni et mali, seu tota doctrina Moralis derivatur.* 3. Quaedam à me posse concipi *seu cogitatione apprehendi,* quaedam autem à me nullo modo posse concipi, *seu, repugnare quaedam, et respectu mei incogitabilia esse, principium primum est, ex quo omnis veri et falsi deducitur cognitio.* 4. Tandem me varia sensuum externorum, itemque imaginum internarum et passionum ope advertere, *principium primum est, unde omnia, quae ipsi experientiae debemus, emanant.* Hisce quatuor principiis, ceu totidem columnis, totum humanae cognitionis aedificium mihi videtur unicè inniti; quibus de principiis prolixiùs in ipsâ hujus libri conclusione dixi, partim, quò breviter, quae praecipua hujus Tractatûs capita sint, repeterem, partim, quò Lector observaret, me in ipsâ operis hujus conclusione à *principio* denuo quasi ordiri, ut subinnuam, quòd, mecum perlustrato fugitivis saltem oculis toto opere, tunc demum ab initio liber hic revolvendus, attentiorique lectione, si tanti videatur, donandus sit. Sed cum citato loco prolixiùs, uti jam dictum est, hanc rem exposuerim, Lectorem eò remitto, neque hîc praetereà quid addo, nisi quòd adhuc observari velim, viam hac ratione ad veritatis indagationem planam seu facilem et quasi inter omnes hactenus philosophantes mediam, meo quidem judicio, stratam nobis esse. Etenim hîc mihi opus haut est, in principio philosophandi statim explicare, quae ipsa mentis et corporis Essentia, quae genuina conscientiae, intellectûs, voluntatis, sensuum, imaginationis et passionum natura sit, ceu more consueto horum expositione alii plerumque tam se quàm Lectorem talium adhuc penitus ignarum mirè fatigant, seque, spinis infinitis implicant. Ast ego econtrà ab hisce difficultatibus, extricatam hanc premendo viam, prorsus liber sum, cùm, ex meâ sententiâ, in Philosophiae, sive artis inveniendi, principio sufficere mihi videatur, si quis de rebus enumeratis ea saltem, quae de iisdem, hoc loco breviùs, et in ipso opere prolixiùs exposui, certò noverit; non secus ac Mechanicus manu suâ varia ad opus suum perficiendum exstruit, licèt interiorem manûs structuram planè ignoret, cujus adeoque notitiam nec ille tunc

afetado por algumas coisas, e mal por outras; *é o princípio primeiro de onde se deriva o conhecimento do bem e do mal, ou seja, toda a doutrina moral.* 3. Algumas coisas podem ser concebidas por mim, *ou seja, apreendidas pelo pensamento;* por outro lado, algumas coisas não podem ser concebidas por mim de modo algum, *ou seja, repugnam*[20] *certas coisas e, a meu respeito, são impensáveis; é o princípio primeiro do qual se deduz todo o conhecimento do verdadeiro e do falso.* 4. Finalmente, noto várias coisas com o auxílio dos sentidos externos e, igualmente, das imagens internas e das paixões; *é o princípio primeiro donde emanam todas as coisas que devemos à própria experiência. O edifício todo do conhecimento humano me parece apoiar-se unicamente nesses quatro princípios, como em um mesmo tanto de colunas; princípios sobre os quais eu falei prolixamente na própria conclusão deste livro, em parte para que eu repetisse brevemente quais são os pontos principais deste tratado, em parte para que o leitor observasse, na própria conclusão desta obra, que eu como que começo de novo desde o princípio, a fim de indicar que ele, tendo percorrido comigo a obra toda, ao menos com olhos fugidios, então deverá ao final retomar o livro desde o início e dar-lhe, se parecer de tanto valor, uma leitura mais atenciosa. Mas, visto que, como já foi dito, expus esse assunto mais prolixamente no lugar citado, remeto o leitor a ele, e aqui nada além acrescento senão que ainda gostaria que se observasse que, dessa maneira, a meu juízo, foi-nos aberta, para a indagação da verdade, uma via plana, ou seja, fácil,*[21] *e como que um meio-termo entre todos os que filosofaram até agora. E, com efeito, não me é preciso explicar aqui, bem no princípio do filosofar, qual é a própria essência da mente e do corpo, qual é a genuína natureza da consciência, do intelecto, da vontade, dos sentidos, da imaginação e das paixões,*[22] *tal como a maior parte dos outros, pela exposição desses assuntos ao modo costumeiro, cansa admiravelmente tanto a si quanto ao leitor (ainda profundamente ignorante de tais coisas) e se implica em infinitos espinhos. Mas eu, ao contrário, caminhando esta via desenfiada, estou completamente livre dessas dificuldades; já que, a partir do meu parecer, parece-me ser suficiente, no princípio da filosofia, ou seja, da arte de descobrir, que alguém conheça por certo, sobre as coisas enumeradas, apenas aquelas que expus mais brevemente neste lugar e mais prolixamente na própria obra; assim como um mecânico que, para completar seu trabalho, constrói várias coisas com sua mão, ainda que ele ignore completamente a estrutura interior da mão, cujo conhecimento, portanto, ele não poderia expor, nem haveria precisão desse conhecimento para acabar seu trabalho. Mas, sobre esse conhecimento,*

exponere posset, nec eâ cognitione ad operam suam absolvendam opus haberet. Sed in hac cognitione, qualisqualis sit, non subsistendum est, quin potiùs eâdem postmodùm ad alia atque alia incognita hinc derivanda utendum, e eò res tandem continuanda, usque dum omnium harum rerum internam quoque naturam detegere quis queat.

Quia verò praecipitantia hâc in parte summo studio declinanda est, nec cautè satis haec res institui potest, ego autem nunc temporis tali haut abundem otio, quale studia ejusmodi apprimè requirunt; impraesentiarum Artis inveniendi generalia tantùm praecepta *proponam, quae, priusquam ad specialiora progrediar, interim judicio Eruditorum liberrimo subjecta sint. Sicuti autem hac vice generalia praecepta exhibeo: ita, animus est, si saltem tempus aut commoditas, quâ de re tamen valde dubito, id ipsum concesserint, specialia artis inveniendi praecepta publico quoque exponere. Et quia omnia, quae proponi possunt, problemata ad tria genera reducuntur, quatenùs nimirùm inquirendae rei natura vel solâ ratione, vel solâ experientiâ, vel utroque modo constat; de singulis etiam seorsim, DEO volente, agam. Et primò quidem peculiari ostensurus sum tractatu, quâ ratione, quicquid est occulti in Mathesi, determinare queamus; secundò peculiari itidem monstrabo opere, quâ lege experientiae sint instituendae, ut et hinc infinita nova et utilia possint derivari; et tandem tertiò, quomodo interiora Physices certò cognoscere liceat. His bene peractis existimabo, accedere me tum quoque posse ad specialissima Artis inveniendi praecepta tradenda, quae utilitatem praeprimis ex his omnibus derivandam quoad hominis mentem, corpus et utriusque potentiam declarabunt. Quae omnia si rerum mearum status ita, veluti horum ideam animo concepi, perficere permiserit, me utiliorem hâc ipsâ operam in publicum conferre non potuisse putabo. Interim haec providentiae divinae penitus committenda sunt.*

Ex hactenus dictis Lector attentus perspicere potuit, quid hoc in libro pertractem, quibusque principiis usus fuerim; nihil itaque superest, quàm ut re ipsâ, quomodo hoc ipsum exequutus fuerim, examines; cujus ad lectionem te hisce, quantum possum amicè invito. Labor tuus hac in re susceptus, nisi admodum fallor, fructu suo non carebit, modò sequentia haec digneris exactè exequi. Primò praecepta, quae pauca numero, attentè pervolvas, exempla verò, quae prima lectione haut assequeris, ne attentionem tuam fatiges, penitus negligas, intereaque temporis, priusquam ad secundam aut tertiam accedis lectionem, hanc

de qualquer tipo que ele seja, não se há de resistir a fazer uso dele antes, para depois derivar disso outras e outras coisas desconhecidas, e enfim, a partir disso, continuar até que alguém possa revelar a natureza interior de todas essas coisas.

Mas porque, nesta parte, a precipitação há de ser evitada com sumo empenho, e não se pode instituir essas coisas com cautela suficiente, ao passo que eu não tenho agora, em abundância, um ócio tal qual mormente requerem estudos desse tipo; proporei no presente momento apenas os preceitos gerais da arte de descobrir que, antes de eu progredir para os mais especiais, foram entrementes submetidos ao mais livre juízo dos eruditos.[23] Ora, assim como desta vez exibo os preceitos gerais, pretendo também expor ao público, se ao menos o tempo ou a comodidade o concederem – coisa de que, todavia, duvido muito –, os preceitos especiais da arte de descobrir. E, porque todas as coisas que podem ser propostas reduzem-se a três problemas gerais, a saber, enquanto a natureza da coisa a ser investigada seja evidente ou só pela razão ou só pela experiência ou por ambos os modos, tratarei de cada um separadamente, se DEUS quiser. Primeiro, mostrarei, em um tratado peculiar, de que maneira podemos determinar tudo o que está oculto na matemática; segundo, igualmente em uma obra peculiar, mostrarei por qual lei as experiências hão de ser instituídas, para que daí também se possam derivar infinitas coisas novas e úteis; e terceiro, finalmente, como é lícito conhecer com certeza o interior da física. Acabadas essas coisas, estimarei que então posso também avançar para dar os preceitos mais especiais da arte de descobrir, que esclarecerão sobretudo a utilidade que se deriva de todos eles quanto à mente e ao corpo do homem, e à potência de ambos. Se o estado dos meus assuntos assim me permitir perfazer todas essas coisas tal como concebi suas ideias no ânimo, pensarei não ter podido levar a público uma obra mais útil do que esta. Entrementes, essas coisas hão de ser profundamente confiadas à providência divina.

Das coisas ditas até aqui o leitor atento pôde perceber do que trato a fundo neste livro, e de que princípios fiz uso; portanto, nada resta senão examinares como efetivamente executei isso mesmo, a cuja leitura aqui te convido o mais amigavelmente que posso. Se não me engano muito, teu trabalho empreendido nesse assunto não carecerá de frutos, contanto que te dignes a executar exatamente as seguintes coisas. Primeiro, que leias atentamente os preceitos, que são em pouco número, mas, para não cansares tua atenção, negligencies inteiramente os exemplos que não alcances em uma primeira leitura; e, nesse ínterim, antes de passares à segunda ou terceira leitura, trabalhes muito para adquirir esse conhecimento, a fim de que se possam compreender essas coisas com uma leitura

acquirere tibi allabores cognitionem, ut haec quoque, reiteratâ lectione, capi possint. Unde autem haec cognitio sit haurienda, variis tibi in locis bonos citando Autores satis indigitâsse mihi videor. Secundò necesse etiam est, ut eodem, quo conscriptus est, ordine librum pervolvas, quia sequentia ejusdem semper ferè priora praesupponunt. Si consilium spreveris, secusque feceris, mirari etiam noli, si tibi in plurimis, sed absque tamen culpâ meâ, videar obscurus. Tertiò notandum quoque, ne, quae tibi nimis simplicia, captuque perquam facilia videntur, perfunctoriè saltem et absque necessariâ attentione ex falsâ persuasione, ac si haec ea propter res parvi momenti forent, transilias: credas enim, si hinc inde rationes eorum, quae tradidi, omittere, inventionum fontes celare, exemplisque saepe familiaribus praecepta non illustrare voluissem, haecce majorem forte mihi existimationem, sed certè utilitatem tibi minorem, attulissent. Quare si talia offendas, firmiter tibi potiùs persuadeas, causam, quae eadem exhibere me permovit, non aliam esse, nisi quòd multa experientiâ edoctus fuerim, haec certè, ut ut perquàm simplicia et ideo intellectu facilia, omnium tamen illorum, quae cognoverim, utilíssima, adeoque etiam attentione tua atque meditatione multò, quàm quidem in principio existimaveris, digniora esse. Caeterùm spes mea est, fore, ut quanto sincerior tibi ad bona studia promovenda scopus fuerit, tantò gratior semper ac suavior tibi hujus libri lectio sit evasura. Nec enim hic ingenii foetus ex meris speculationibus, sed è continua potissimùm praxi, quae viva irrefutabilique ratione, quid utile sit nec ne, indubitanter nos convincit, enatus est.

    Haec libuit in hac secunda Editione ideo praefari, quia ex objectionibus quorundam privatis facilè constare potuit, à pluribus, quis hujus mei Tractatûs scopus genuinus sit, non satis perceptum fuisse. In ipso autem tractatu errores, qui in primam Editionem irrepserant, passim, quantum per alia negotia licuit, emendare, nec minus sensum, ubicunque obscuritatem aliquam inesse eidem ab aliis intellexi, ubique planiorem reddere studui: quamoperam eò libentiùs in me recepi, quia à non paucis, atque inprimis ab ingeniosis viris, quorum judicio multùm defero, primam hujus tractatûs Editionem propensiori, ac ipse spem conceperam, favore acceptam fuisse reapse compertum habeo. Vale optimè, hoc est, cura sanitatem corporis et praecipuè, quod tua maxime interest, mentis sanitatem, conatibusque meis favere perge.

reiterada. Contudo, parece-me que foi suficientemente indicado, em várias passagens, citando bons autores, de onde cumpre haurir esse conhecimento. Segundo, também é necessário que leias o livro na mesma ordem em que ele foi escrito, porque as coisas que dele se seguem quase sempre pressupõem as anteriores. Se recusares o conselho e fizeres de outro modo, não queiras também te admirar se te pareço obscuro em muitas coisas, mas sem minha culpa. Terceiro, é de notar também que não passes apenas superficialmente e sem a atenção necessária por sobre coisas que te pareçam excessivamente simples e muito fáceis de compreender, a partir da falsa persuasão de que por isso seriam de pouca importância; com efeito, crê que, se eu tivesse querido aqui e ali deixar de lado as razões das coisas que apresentei, esconder as fontes das descobertas e não ilustrar os preceitos com exemplos frequentemente familiares, isso teria trazido uma maior estima para mim, mas certamente uma menor utilidade para ti. Portanto, se encontrares tais coisas, persuade-te antes firmemente de que o motivo que me moveu a exibi-las não foi outro senão que eu havia sido ensinado com muita experiência que essas coisas, mesmo que muitíssimo simples e por isso fáceis de entender, certamente são as mais úteis de todas aquelas que conheço, de tal maneira que também são muito mais dignas de tua atenção e meditação do que estimaste no princípio. De resto, é minha esperança que quanto mais sincero te tenha sido o escopo de avançar nos bons estudos, tanto mais grata e sempre mais suave se tornará a ti a leitura deste livro. E, com efeito, este fruto do engenho não nasceu de meras especulações, mas, acima de tudo, de uma prática constante, que nos convence indubitavelmente, de maneira viva e irrefutável, do que é útil e do que não é.

Agradou-me prefaciar estas coisas nesta segunda edição porque, a partir das objeções particulares de certas coisas, pôde evidenciar-se facilmente que por muitos não foi percebido suficientemente qual seja o genuíno escopo desta minha obra.[24] *Ora, no próprio tratado, empenhei-me em toda parte, o quanto me permitiram as outras ocupações, em emendar os erros que haviam permeado a primeira edição e, não menos, em tornar o sentido mais claro em qualquer lugar em que, por outros, entendi haver alguma obscuridade; aceitei para mim este trabalho de muito bom grado, porque estou convencido de que a primeira edição deste tratado havida sido de fato aceita por não poucos, e principalmente por homens engenhosos, por cujo juízo tenho muita deferência, com um apreço mais propenso do que eu havia esperado. Passa muito bem, isto é, cuida da saúde do corpo e, principalmente, do que maximamente te interessa, a saúde da mente; e continua a favorecer meus esforços.*

MEDICINA MENTIS,
Sive
TENTAMEN GENUINAE LOGICAE,
ubi disseritur
De
METHODO DETEGENDI INCOGNITAS VERITATES.

....

PARS PRIMA.

Quâ occasione et Methodo inciderim in Viam, quam praestantissimam judico, omnium quas in hâc vitâ inire licet, quaeque est Inventio Veritatis per nos ipsos.

Tria, ex quibus omnis mea felicitas, quatenus lumine naturali potest acquiri, ortum praecipuè duxit.   Cum, ad meipsum attentè respiciens omnia illa animo volverem atque revolverem, quae mihi à primis annis occasioni fuerint, ut genuinum vitae iter, quod faciendum videtur, felicissime ingrederer; tria potissimùm, hac re exactius examinatâ, perspexi, quae mihi videntur inter praecipuas tam salutaris directionis, causas meritò censenda esse. Observavi siquidem ab ineunte aetate in meipso primò animum nemini nocendi, quin potiùs benè cuique et cupiendi et, quantum in me esset, faciendi; deinde ardorem semper aliquid novi et curiosi addiscendi non mediocrem; et denique conatum vitam, quàm possem, felicissimè traducendi.

Primi effecta.   Primum effecit, ut facilè bonos à malis distinguerem. Hi enim ferè de nullo alio cogitant negotio, quàm de damno aliis inferendo, proximumque se astutiâ circumvenisse delectantur, plenoque ore, facta ejusmodi recensendo, gloriantur. Quod *Bona.* genus hominum dum fugerem, ac interim mei similium societatem quàm maximè quaererem, in bonorum ut plurimum notitiam et consuetudinem perveni, magno animi *Mala.* mei ea desiderantis emolumento. Quia verò non omnes, qui animum ad bonum inclinantem obtinent, ideo omnium rerum adaequatam veritatem cognoscunt, sed è contrario

MEDICINA DA MENTE,
Ou
ENSAIO DE UMA LÓGICA GENUÍNA,
na qual se disserta
Sobre
O MÉTODO DE REVELAR VERDADES DESCONHECIDAS

....

PRIMEIRA PARTE

Em que ocasião e com que método incidi na via que julgo a mais excelente de todas aquelas que é lícito iniciar nesta vida, e que é a descoberta da verdade por nós mesmos.

Quando eu, olhando para mim mesmo, pensava e repensava todas aquelas coisas que, desde os primeiros anos, deram ocasião para que eu, com muita felicidade, ingressasse no genuíno itinerário da vida – o que parece que se há de fazer –, percebi, tendo examinado o assunto com mais exatidão, sobretudo três coisas que merecidamente hão de ser recenseadas entre as principais causas de uma direção tão salutar. Com efeito, observei em mim mesmo, desde tenra idade, primeiro, a intenção de não prejudicar ninguém, mas sim de tanto desejar como fazer, o quanto estivesse em minhas forças, o bem a cada um; em seguida, um incomum ardor de sempre aprender algo de novo ou curioso; e, por fim, o esforço de, o quanto eu pudesse, passar a vida da maneira mais feliz. *As três coisas das quais toda a minha felicidade, enquanto pode ser adquirida pela luz natural, tira principalmente origem.*

O primeiro fez com que eu distinguisse facilmente os bons dos maus. Estes, com efeito, não pensam sobre quase nenhuma outra ocupação a não ser infligir dano a outros, e se deleitam com a astúcia com que atacam o próximo, e gloriam-se de boca cheia recenseando fatos desse tipo. Enquanto eu fugia desse gênero de homens e, nesse ínterim, buscava ao máximo a associação daqueles semelhantes a mim, alcancei, como muitos, o conhecimento e o costume dos bons, em grande proveito do meu ânimo, que os desejava. Contudo, porque nem todos aqueles que obtêm um ânimo inclinante ao bem conhecem *Os efeitos da primeira.* *Bons.* *Maus.*

haud rarò à tali cognitione longissime remoti, et eam ob rem magnis et quamplurimis praejudiciis praeoccupati sunt; hinc accidit, ut suâ hâc ignorantiâ animum alterius sub specie boni et veri magnis saepe imbuant erroribus, non facilè posteà eluendis.

Secundi effecta. Quapropter ardor ille sapientiae acquirendae (qui me magis incitavit ad scientias curiosas addiscendas, quàm ulla praeceptorum exhortatio, aut lucri spes apud alios unquam efficere potuit) causa fuit, ut in cognitionem *Bona.* praestantissimorum virorum, tam eorum, qui ante nos vixêre, quàam sapientissimorum hujus seculi pervenerim. Unde sat ampla occasio animo meo curioso satisfaciendi exorta est, quae effecit, ut non tam facile à recta via aberrarem, aut, si aliquantulum ab ea divagatus essem, ad eam non difficulter *Mala.* reverterer. Cùm sic intereà mihi aliorum placita comparabam, parum aut nihil in studiis proficiebam, quò aliquid proprio Marte invenirem, quod in publicam posset cedere utilitatem, atque ita augendi vel provehendi antecessorum inventa vix mihi acquirebam ullam aptitudinem, imò potiùs deterrebar à conatu quicquam per meipsum inveniendi. Dum enim tam ingeniosa aliorum opera videmus, rarissimè consideramus, quantum operae iis conficiendis, quantum temporis iis ritè ordinandis impensum, quâ occasione ad ea perventum fuerit, quàm simplicia habuerint initia, quae dein successu temporis, cùm similis ad talia inclinatio adesset, resumpta, cultiora atque ita pedetentim perfectiora evasére, donec tandem illum perfectionis gradum attigere, ut luci publicae destinarentur; haec, inquam, et his similia rarò consideramus. E contrario, cùm adeò praestantia in ejusmodi operibus invenimus, tacitè apud nos ipsos, et pro certo supponimus, authoris ingenium tantopere excelluisse, ut his mediis ordinariis, jam recensitis, non fuerit usus, sed opus statim eâ, quâ nobis exhibetur, accuratione, vel ipsis primis delineationibus absolverit. Ad quod praejudicium fovendum ipsi authores non parum contribuunt, multi quidem praeter voluntatem, dum doctrinae causà omnia ita ordinare coguntur, ac si statim à principio

por isso a verdade adequada de todas as coisas, mas, ao contrário, não raramente estão muitíssimo distantes de tal conhecimento e, por esse motivo, previamente ocupados com grandes e inúmeros preconceitos, daí acontece que, por essa sua ignorância, frequentemente imbuem, sob o aspecto de bom e verdadeiro, o ânimo do outro de grandes erros, os quais depois não se desfazem facilmente.

Por isso, aquele ardor de adquirir sabedoria (que me incitou a aprender as ciências rigorosas, mais do que alguma vez pôde fazê-lo alguma exortação dos preceptores ou, em outros, a esperança de lucro) foi a causa de que eu alcançasse o conhecimento dos homens mais excelentes, tanto daqueles que viveram antes de nós, quanto dos mais sábios deste século. Donde surgiu a grande ocasião de satisfazer meu ânimo curioso, a qual fez com que eu não me afastasse tão facilmente da via correta, ou, se eu divagasse um pouco dela, que retornasse a ela sem dificuldade. Nesse ínterim, quando eu procurava para mim os preceitos de outros, pouco ou nada avançava nos meus esforços para encontrar, com as próprias forças, algo que se pudesse tornar de utilidade pública; e assim dificilmente adquiria para mim alguma aptidão para aumentar ou promover as descobertas dos antecessores; pelo contrário, eu era antes detido pelo esforço de descobrir por mim mesmo qualquer coisa. Com efeito, enquanto vemos obras tão engenhosas de outros, rarissimamente consideramos quanto trabalho se despendeu para confeccioná-las, quanto tempo para ordená-las corretamente, em que ocasião chegou-se a elas, quão simples eram as coisas no início, e que depois, retomadas com o curso do tempo – quando estivesse presente uma semelhante inclinação a tais coisas –, tornavam-se mais cultivadas e assim gradualmente mais perfeitas, até que finalmente atingissem o grau de perfeição para que fossem destinadas à luz pública; raramente, repito, consideramos essas coisas e outras semelhantes a elas. Ao contrário, quando encontramos coisas tão excelentes em obras desse tipo, supomos tacitamente em nós mesmos, e por certo, que o engenho do autor se elevou de tal maneira que não lhe foi preciso usar esses meios ordinários já recenseados, mas que ele acabou de imediato, com acurácia ou nos primeiros delineamentos, aquela obra que nos é exibida. Os próprios autores contribuem não pouco para favorecer esse preconceito; de fato, muitos, para além da vontade, foram forçados, por

Os efeitos da segunda.

Bons.

Maus.

ita disposita et inventa fuissent; pleraque verò reticent; quâ scilicet occasione, quibus mediis, quanto tempore etc. profecerint, quia haec ad materiam, quam tractant, saepe neutiquam spectant; maxima tamen eorum pars culpâ certè haud caret, dum gloriae cupiditate moti non rarò jactitant, se solos omnium meditationum illarum esse authores, se exiguo labore, brevissimo tempore, etc. talia sibi acquisivisse; ac plurimi tam vafri sunt ad aestimationem sibi conciliandam, ut, licèt quasdam veritates ope demonstrationum perquàm facilium detexerint, eas tamen lectoribus non communicent, verùm magno saepe labore difficiliores quaerant, quas nobis in suis operibus obtrudunt. Quae omnia sanè efficiunt, ut ejusmodi authores plerumque multis sint admirationi, eorum ingenia divina, non humana, credantur, et, quod pessimum, alii permulti, qui nullas nisi humanas communesque qualitates in se ipsis observant, de propriâ facultate, tale quid suo Marte praestandi, plane desperent; atque sic nunquam *scientiarum omnium nobilissimam, ope cujus, quicquid est occulti, revelatur,* sibi comparare annitantur, sed potiùs quendam sibi ducem, quem sequantur, eligant, et eum quidem, quem maximè admirati sunt, cujusque ingenium divinum, non humanun, exstitisse credunt. Atque proptereà illum omnibus aliis praeferunt, ejusque opinionibus tam strictè inhaerent, ut potiùs veritati vim inferre, quàm ab ejus praeceptis vel minimum recedere, aut ulla nova proprio ingenio investigare conentur.

Tertii effecta. Omnium maximè itaque mihi profuit, me, ad consuetas hominum cupiditates respiciendo, non minus ac illi, inprimis desiderasse, ut quàm felicissimè, quantum quidem humanitus fieri potest, vivere possem, et ad id obtinendum hoc potissimùm egisse, ut, quantum possem, optime vitam instituerem, atque ita inciperem propriam potiùs inclinationem, quàm aliorum *Difficultas id obtinendi.* ductum, sequi. Verum enimverò maxima hîc latet difficultas, quaenam nimirum genuina sit via, nos eò ducens; tot enim, si ullâ in re, hîc certè sunt sententiae, quot capita, sive ad diversissima et innumera ferè consilia ab eruditis publico communicata, sive ad vulgi disputationes de bono et malo

causa da doutrina, a ordenar assim todas as coisas, como se tivessem sido encontradas e dispostas assim, de imediato, desde o princípio; porém, guardam silêncio na maioria das coisas, a saber, em que ocasião, com que meios, por quanto tempo etc. avançaram; porque frequentemente essas coisas de maneira nenhuma dizem respeito à matéria de que tratam. Todavia, a maior parte deles certamente não carece de culpa, enquanto, movidos pelo desejo de glória, não raramente se jactam de serem sozinhos os autores de todas aquelas meditações e de as terem adquirido para si com pequeno trabalho, em brevíssimo tempo etc.; e muitos são tão espertos para dispor a estima para si, que, ainda que tenham revelado algumas verdades com o auxílio de demonstrações extremamente fáceis, não comunicam estas últimas aos leitores, mas frequentemente buscam, com grande trabalho, as mais difíceis, e no-las empurram em suas obras. Decerto, todas essas coisas fazem com que a maioria dos autores desse tipo sejam admirados por muitos, que os engenhos deles sejam considerados divinos, e não humanos, e, o que é pior, que muitíssimos outros, que não observam em si mesmos nenhuma qualidade senão as humanas e comuns, desesperem-se completamente sobre sua própria faculdade de apresentar algo assim com suas próprias forças; e assim nunca se forçam a procurar *a mais nobre de todas as ciências, com o auxílio da qual se revela tudo o que está oculto*, mas, antes, elegem um guia a quem seguem, e creem haver existido este que admiraram maximamente e cujo engenho é divino, não humano. E, por causa disso, preferem-no a todos os outros, e aderem a suas opiniões tão estreitamente que se esforçam antes para violentar a verdade do que para recuar o mínimo de seus preceitos ou investigar alguma coisa nova com o próprio juízo.

De tudo, portanto, beneficiou-me maximamente que eu, olhando para os habituais desejos dos homens, não menos do que eles, tenha desejado principalmente poder viver tão feliz quanto é humanamente possível, e que, para obtê-lo, acima de tudo tenha feito isto: o quanto eu pudesse, instituir melhor a vida, e assim começar a seguir minha própria inclinação mais do que a condução dos outros. Mas, na verdade, é latente aqui a maior dificuldade, a saber, qual é a via genuína que nos conduz a isso; com efeito, se [há] em alguma coisa, há certamente aqui tantas sentenças quanto cabeças,[25] quer se

Os efeitos da terceira.

A dificuldade de obter isso.

respiciatur; praecipuè si insuper attendatur, tam inter hos, quàm illos, paucos tales reverà existere, quales sese jactitant. Quae omnia maximopere spem genuinae indagando viae mihi adimebant; cùm probabile non videretur, me in tot millenis variè sentientibus prae omnibus aliis optima hîc semper detecturum esse.

Ablatio hujus difficultatis.

Hisce non obstantibus, seriò ad similia respiciens observavi, difficile esse, ut quis quovis momento secum habitet, et semper sibimet ipsi invigilet; versamur enim in perpetuâ mutatione, et cùm non sit planè in hominum potestate sit, naturam suam et actiones ab eâ procedentes aequè facilè, ac verba mutare: hinc si quis magis ad actiones quàm verba aliorum attenderit, tum et occasionem diu cum aliis conversandi invenerit, ac denique ipse probae fuerit indolis; nae ille haud difficulter quasvis vel artificiosissimas hominum dissimulationes deteget. Atque ita incepi interiora rerum omnium, et prout reverà existunt, perpendere, non quemadmodum externè oculis se offerunt, et saepe splendidam, ut dicitur, miseriam, hoc est, magnum malum sub specie boni repraesentant. Habent etenim res mundanae binas facies, quarum una patet, altera latet, et quae semper à se invicem quasi diversissimae sunt. Haec dum sedulò examinarem, non tantùm facilè intellexi, quid reverà bonum, quidve malum ab aliis censeatur, licèt interim aliud ore, saepissime etiam contra propriam animi sententiam, proferrent; sed etiam ab aliis quae didicimus magnâ delectatione observavi, nos, si modò propriae conscientiae deditâ operâ contradicere nolimus, meliùs à nobis ipsis quàm ab ullo alio posse discere, quid benè aut malè nos afficiat, difficile aut facile nobis appareat, tristitiam laetitiamve nobis adferat, et id genus alia; deque eo nos adeò certos esse, ut, quamvis omnes nobis adversentur, nihil interea efficere valerent ad nos à propriâ experientiâ dimovendos: non aliter ac ego ipse multo certius scire queo, quàm quisquam alius, an, verbi gratiâ, cibus aliquis meo palato gratus sit, nec ne; ubi aliorum quorumvis à me hâc in re dissensus apud me nequicquam valet. Quod adeò evidens

olhe para os diversíssimos e quase inúmeros conselhos geralmente comunicados ao público pelos eruditos, quer se olhe para as discussões do vulgo sobre o bem e o mal; principalmente se ainda por cima se atentar a que, tanto entre estes quanto entre aqueles, poucos de fato são tal como se jactam. Todas essas coisas me tiravam, com grande força, a esperança de indagar por uma via genuína, já que não parecia provável que eu haveria de revelar aqui, dentre tantos milhares de opiniões variadas, sempre a melhor ante todas as outras.

Não obstante isso, olhando seriamente para coisas semelhantes, observei ser difícil alguém viver consigo mesmo em qualquer instante e ser sempre vigilante de si mesmo. Com efeito, vivemos em perpétua mudança; já que claramente não está no poder dos homens mudar sua natureza e as ações que dela procedem tão facilmente quanto mudar as palavras; donde, se alguém atentar mais às ações do que às palavras de outros, e se encontrar a ocasião de conversar muito tempo com outros, e enfim se for de boa índole, ele certamente revelará sem dificuldade quaisquer dissimulações dos homens, mesmo as mais artificiais. E assim comecei a ponderar o interior de todas as coisas conforme elas de fato existem, não do modo como se oferecem externamente aos olhos e que frequentemente representam, como se diz, uma esplêndida miséria,[26] isto é, um grande mal sob o aspecto de bem. Com efeito, as coisas mundanas têm duas faces, das quais uma é patente e a outra é latente, faces que são sempre diversíssimas uma da outra. Ao examinar diligentemente essas coisas, não apenas entendi facilmente o que pelos outros é de fato considerado bom e mau, ainda que, nesse ínterim, proferissem pela boca uma outra coisa, mui frequentemente também contrária ao parecer de seu próprio ânimo; mas, pelas outras coisas que dissemos, também observei com grande deleite que, desde que não queiramos propositalmente contradizer nossa consciência, podemos aprender por nós mesmos, melhor do que por algum outro, o que nos afeta bem ou mal, o que nos aparece de maneira fácil ou difícil, o que nos traz tristeza ou alegria, e outras coisas desse gênero; e estamos tão certos disso que, embora todos se oponham a nós, nada são capazes de fazer para nos dispersar de nossa experiência; não é diferente do fato de que eu mesmo posso saber muito mais certamente do que qualquer outro, por exemplo, se alguma comida agradou meu

A retirada dessa dificuldade.

est, ut licèt haud mirandum sit, homines de vero et falso, cùm eorum quaedam valde occulta sint, disputare, ultra modum tamen mirum videatur, plerasque hominum disputationes, quin rixas quandoque, occupari circa perceptiones, quas habent de iis rebus, quae ipsos benè aut malè afficiunt, faciles aut difficiles apparent, commoditatem aut molestiam pariunt etc. quibus vix quicquam manifestius est; nec credo, quenquam in talibus studio errare posse, etsi vel maximè voluerit. Imo ipsi Sceptici, licèt de omnibus dubitârint, et putârint, omnia fortè se ita non habere, quemadmodum apparent, non potuerunt tamen negare, nisi apertè propriae contradicendo conscientiae, sibi omne istud sub certâ ratione ita visum esse apparere, et inter illas apparentias (concedamus enim illis, omnia nobis fortè videri ita esse, non autem sic reverà existere) quasdam laetitiam, quasdam tristitiam peperisse; quarum prior ipsos benè, posterior malè affecerit. Nam si quis scepticus vapulet, utut dubitarit, an verum sit, se tam indignis tractari modis, aut etiam existimarit, hoc fortè potuisse sibi tantummodo apparere: attamen non poterit inficiari, se dolorem percipere, et ex eo sese malè habere. Quae hîc non aliam ob rationem profero, nisi ut pateat, quàm firma haec sint, quae attulimus, cùm hominum vel praefractissimorum rationes contra ea nihil valeant. Ac proptereà in inquirendâ vitae feliciter instituendae ratione nullatenus necesse erit ad aliorum consilia confugere, sed è contrario nihil magis securum erit, quàm ad propriam hoc in negotio conscientiam unicè attendere.

Fundamentum, sublatis difficultatibus, acquiritur totius nostrae felicitatis; et quomodo hinc potuerim esse certus, quòd haec via omnibus aliis, quas rescivi, melior sit, ostenditur.

Firmum itaque ac stabile constitui hisce fundamentum hoc, seu certam quandam et indubitatam notitiam, cui totam meam felicitatem, quatenus ea lumine naturali potest acquiri, inaedificavi. Cùm enim per me ipsum magis, quàm per quemvis alium certior fierem, num me quaedam benè afficerent, an secus; id mihi clarè ostendebat, quid factu mihi difficile, quidve facile esset: prius enim me malè, posterius verò benè afficiebat. Ex quo non minùs indubitatò per idem fundamento scire licuit, (nisi contra propriam conscientiam

paladar ou não; onde o dissentimento de mim nesse assunto, da parte de algum outro, não me vale de nada. Isso é tão evidente que, embora não seja de admirar que os homens discutam sobre o verdadeiro e o falso, visto que certas coisas estão muito ocultas deles, parece, contudo, de modo mais admirável, que a maioria das discussões dos homens, quando não rixas, ocupam-se das percepções que eles têm sobre aquelas coisas que os afetam bem ou mal, que aparecem fáceis ou difíceis, que produzem comodidade ou moléstia etc.; e dificilmente algo é mais manifesto do que estas coisas; e não creio que eu possa, com empenho, errar nada em tais coisas, mesmo se quiser maximamente. Mais ainda, os próprios céticos, embora tenham duvidado de todas as coisas e acreditado que talvez todas as coisas não se comportem assim como aparecem, não puderam negar, a não ser contradizendo abertamente a própria consciência, que tudo isso lhes pareceu que aparecia de uma maneira certa; e, dentre essas aparições (com efeito, concedamos a eles que todas as coisas talvez nos pareçam ser assim, mas que não existam de fato assim), algumas produziram alegria, outras, tristeza; destas, a primeira os afetou bem, a segunda, mal. Com efeito, se algum cético é açoitado, mesmo que ele duvide se é verdadeiro que ele seja tratado de modo tão indigno, ou até estime que isso pôde aparecer tão somente para si, ele não poderá, entretanto, negar que percebe a dor e que se sente mal a partir dela.[27] Profiro isso aqui por nenhuma outra razão a não ser para patentear que essas coisas que aduzimos são firmes, já que, contra elas, mesmo as razões dos homens mais obstinados nada valem. E, por isso, ao investigar uma maneira de instituir uma vida com felicidade, de jeito nenhum será necessário fugir para os conselhos de outros; mas, ao contrário, nessa missão nada será mais seguro do que atentar unicamente à própria consciência.

Com isso, pois, constituí esse fundamento firme e estável, ou seja, um conhecimento certo e indubitável, sobre o qual, enquanto pode ser adquirido pela luz natural, edifiquei toda minha felicidade. Com efeito, quando me fazia mais certo por mim mesmo do que por qualquer outro, certas coisas me afetavam bem ou mal; isso me mostrava claramente o que seria difícil de ser feito e o que seria fácil, pois o primeiro me afetava mal, e o segundo me afetava bem. A partir disso, não menos indubitavelmente foi lícito saber pelo mesmo

Retiradas as dificuldades, adquire-se o fundamento de toda a nossa felicidade e se mostra como daí pude estar certo de que essa via é a melhor de todas as outras que vim a saber.

agere voluerim) quidnam inter plura facilia et bona, uti modò ostensum, facilius et melius fuerim expertus; nec proinde me latere potuit, quod exhinc necessariò sequitur, quaenam ex diversis viis, quas omnes ingressus eram, melior fuerit, ea nimirum, quae optimè omnium me affecerat. Id quod etiam speciatim magis ita mihi cognoscere licuit. Nihil magis adversum novi vitae feliciter producendae, quàm passiones animi: siquidem hae quorundam potentiam seu virtutem, etiam singularem, adeò quandoque superant, ut meritò conqueri cogantur:

Video meliora proboque,
Deteriora sequor.

Porro nihil nostrae felicitati augendae huc usque magis necessarium agnoscere potui, quàm ignotas posse detegere veritates, et ex iis, quae ad istum scopum quàm maximè conducunt, seligere. Bona enim omnia, quae jam possidemus, nobis aliquando fuere incognita; ac proinde his solis gratia debetur, qui eadem in nostri utilitatem primi detexerunt. Nec quicquam ad felicitatem nostram quoque conservandam salutarius scio, quàm sano corpore et anxiis sine cura posse degere. Haec namque cunctorum aliorum bonorum bases sunt. Cùm verò haec omnia, convincente me conscientiâ, huic viae, quam elegeram praecipuè convenirent, quia eandem calcans passiones meas faciliùs superare, expeditius ignotas veritates detegere, eaque, quae quàm maximè à fortuna pendere videbantur (uti bona valetudo, securitas ab inimicis, aemulis, et id genus aliis) magis in meam potestatem redigere poteram; haec, inquam, cùm conscientia convictus observarem, me facilius hac, quam ingressus eram, viâ posse exsequi, quàm ullâ aliâ mihi notâ; nullatenus perspiciebam, quâ de causâ mihi dubitandum esset, me earum, quas noveram, praestantissimam iniisse.

Quâ ratione hoc fundamento utendum sit, ut, nunquam decipiamur.
Neque ullus hîc timendus est error, si modò non credamus; quae nobis sic apparent, aliis quoque necessariò ita apparere: nam quod mihi facile, id alii forsitan poterit esse difficillimum, quod mihi jucundum, id alii molestum,

fundamento (desde que não se queira agir contra a própria consciência) qual, entre muitas coisas boas e fáceis, como mostrado há pouco, experimentei como a mais fácil e melhor; e por conseguinte não me pôde escapar – porque se segue necessariamente disso – qual foi a melhor das diversas vias nas quais ingressei, a saber, aquela que, de todas, melhor me afetara. Isso também me foi lícito conhecer mais especialmente assim. Nada conheço mais adverso a que se produza uma vida de maneira feliz do que as paixões do ânimo, visto que estas superam a potência de alguns, ou seja, a virtude, mesmo uma singular, de tal maneira que merecidamente são forçados a queixar-se:

Vejo e aprovo o melhor,
Sigo o pior.[28]

Além disso, até agora não pude reconhecer nada mais necessário para aumentar nossa felicidade do que poder revelar verdades ignoradas e selecionar, entre elas, as que conduzem o máximo possível a esse escopo. Com efeito, todas as coisas boas que já possuímos nos foram um dia desconhecidas; e por conseguinte se deve agradecer àqueles que sozinhos as revelaram para a nossa utilidade primeira. E sei que nada é mais salutar para conservar nossa felicidade do que poder passar a vida em um corpo são e sem dolorosas preocupações, pois essas coisas são as bases de todos os outros bens. Porém, como todas essas coisas, convencendo-me de consciência, convinham principalmente com essa via que eu escolhera, porque, percorrendo-a eu poderia superar mais facilmente minhas paixões, revelar mais rapidamente as verdades ignoradas e reconduzir mais ao meu poder aquelas coisas que pareciam depender maximamente da fortuna[29] (como boa saúde, segurança contra os inimigos, rivais, e outras desse gênero); digo, como eu, convicto de consciência sobre essas coisas, observasse poder seguir mais facilmente essa via na qual ingressara do que qualquer outra por mim conhecida, não percebia de modo algum por que motivo eu deveria duvidar ter iniciado a mais excelente daquelas que conheci.

E não há que temer erro algum, desde que não acreditemos que as coisas que assim nos aparecem também aparecem necessariamente dessa maneira a outros; pois o que é fácil para mim poderá talvez ser dificílimo para outro, o que é agradável para mim é molesto para

De que maneira esse fundamento há de ser usado para nunca nos enganarmos.

Prima cautela. quod mihi bonum id alii fortè malum videri poterit. Hinc est, quòd homines alterius naturam cum suâ confundentes saepe mirentur, aliis placere, quae sibi displicent, quodque eo errore ita obcaecentur, ut potiùs credant, res ejusmodi aliis reipsâ non esse oblectamento; sed ex certo saltem et singulari animi statu aut pertinaciâ, quam forte habent ad propriam sententiam, quam semel amplexi fuerunt, defendendam, eos id tantum falsò fingere. Quae quàm falsa sint, haud difficulter perciperent, si animadverterent, neminem certè ad ea, quae sibi molesta sunt, nisi coactum accedere, adeoque ea nequaquam sectaturum fuisse, ni benè ab illis afficeretur.

Secunda cautela. Caeterùm ab errore quoque tuti erimus, si caverimus, ne, percepta cum nondum perceptis confundentes, quicquam his tribuamus, quod illis tantùm erat attribuendum: quod tunc fieret, si rem, quam omnibus aliis rebus hactenus perceptis faciliorem, meliorem, suaviorem etc. observavimus, mox etiam judicaremus absolutè omnium, atque adeò necdum perceptorum esse facillimam, optimam etc. Id quod cùm de omnibus nondum perceperimus, nullâ ratione de omnibus affirmare licebit. Et hoc ipsum est, quod multos hoc pacto lapsos impedivit, ne eâ qua par est, attentione attenderent ad ea, quae alii, se de similibus detexisse, tradunt. Cùm enim supponant, se optimam viam jam acquisivisse, et eo ipso impossibile esse quenquam meliorem adinvenire, haud opus esse judicant, aliorum circa haec inventa, ita ut requiritur, considerare; atque ita sibi viam ad majorem ulterioremque perfectionem praecludunt.

Quomodo ipse credam me istiusmodi errores optimè evitare. Ne quis ergo credat, memet ea, quae in aliis improbo, hîc committere, hoc est, viam, quae mihi fortè soli convenit, aliis obtrudere, evincam in sequentibus, hanc viam, quae ad summam nostram in hac vitâ felicitatem obtinendam tendit, communiter etiam aliis convenire, idque experientiis semper clarissimis firmabo. Hac enim ratione non minùs ero certus, alios hisce de rebus easdem mecum habere perceptiones, ac si quaedam aliorum gustui admodum convenire judicarem, dum eos sese ab iisdem, magno licèt et saepe suo damno,

outro, o que é bom para mim poderá talvez parecer mau para outro. *Primeira cautela.*
É daí que os homens, confundindo a natureza do outro com a sua, frequentemente admiram-se de que agradem a outros coisas que lhes desagradam, e são tão cegados por esse erro que antes acreditam que coisas desse tipo não são efetivamente aprazíveis aos outros, mas que estes apenas o fingem falsamente, devido a um estado de ânimo certo e singular ou a uma pertinácia que talvez tenham para defender um parecer seu que outrora abraçaram. Eles [os homens] perceberiam sem dificuldade o quão falsas são essas coisas se observassem que ninguém, a não ser forçado, acede àquelas coisas que lhe são molestas, e por isso de modo nenhum as perseguiria se não fosse bem afetado por elas.

Ademais, também estaremos protegidos do erro se nos precavermos para que, devido a uma confusão das coisas percebidas com as ainda não percebidas, não atribuamos a estas qualquer coisa que cumprisse atribuir apenas àquelas; o que então ocorreria se, à coisa que observamos ser mais fácil, melhor, mais suave etc. do que todas as outras percebidas até agora, logo também a julgássemos ser a mais fácil, a melhor etc. de absolutamente todas as coisas, e por isso daquelas ainda não percebidas. Como ainda não percebemos isso sobre todas as coisas, de maneira nenhuma será lícito afirmá-lo sobre todas elas. E é exatamente isso que impediu muitos, que se enganaram dessa maneira, de atentarem, com a atenção que é justa, àquilo que outros contam ter revelado sobre coisas semelhantes. Com efeito, como supõem que já adquiriram a melhor via e que, por isso mesmo, é impossível encontrar qualquer [outra] melhor, julgam não ser preciso considerar as descobertas de outros acerca dessas vias, tal como se requer; e assim excluem para si a via para uma perfeição maior e ulterior. *Segunda cautela.*

Logo, para que ninguém creia que eu mesmo cometo aqui as coisas que desaprovo em outros, isto é, que imponho a outros uma via que talvez convenha a mim só, convencerei na sequência que essa via, que tende a obter nossa suma felicidade nesta vida, comumente também convém a outros, e firmarei isso sempre com as mais claras experiências. Com efeito, dessa maneira não estarei menos certo de que outros tenham comigo as mesmas percepções sobre essas coisas do que se eu julgasse que algumas coisas convêm bastante ao gosto de outros na medida em que vi que eles dificilmente puderam abster-se *Como creio que eu mesmo evito, da melhor maneira, erros desse tipo.*

vix abstinere potuisse vidi. Hîc tamen sanctissimè testor, nemini me succensere, etsi credat, me fortè optimam non praescripturum (hoc enim aliorum indagationi relinquendum) neque me hoc ipsum quidem, ut viam meam omnes putent optimam, efflagitare posse, utpote qui ipsemet omnes, quas hîc excogitare licet, vias non fuerim expertus. Interim tamen earum optimam, quam ipsemet expertus fui, hîc aperire non negligam, ubi monuero, me, dum aliis optima dare studeo consilia, haec eum in finem non conscribere, quasi aliis sapientior videri velim: nam omnia, quae hîc tradam, clarissima, ac proinde intellectu adeò erunt facilia, ut à quovis me etiam rudiore potuissent observari. Si, exempli gratiâ, in quendam locum inter infinita avia unica tantùm ducat via, difficulter cavetur, ne à rectâ aberretur: facilè interea accidere poterit, ut, si multi eandem prosequantur, eorum unus, fortunâ sic volente, semper in genuinâ persistat, atque ita destinatum attingat locum, licèt excellentius propter ea non obtineat ingenium. Verùm hoc remoto scrupulo pergo demonstrare, quâ ratione, jacto inconcussae veritatis fundamento, plura hinc, et eâdem certitudine derivaverim.

Fundamenti hujus vero usu sic ostenso, ut eo abuti sit impossibile, omnia hinc derivare pergo et observo.

Cùm itaque harum rerum certitudinem perpendens, ad proprias perceptiones attenderem, et, quaenam me bene aut malè afficerent, observarem, atque sic inciperem in omnes delectationes, quarum capax sum, inquirere, ut ex iis summas, et constantissimas secernerem, in limine mihi sese obtulerunt sensuales delectationes.

I. Sensuales delectationes, h.e. quae solum corpus concernunt; ubi proponuntur

Hae quidem vitam perquam jucundam nobis reddunt: nec hic dubitandum, numne alii idem sentiant. Vulgus enim iis adeo captum et occupatum videtur, ut ad alias solidiores delectationes vix respiciat; ac proinde haud mirum, si eas summas, quae hac in vitâ occurrunt, judicet. Sed adhuc magis hic decipiuntur, qui, cùm in principio rei alicujus delectationem incipiunt sentire,

Veritas hujus rei, et

existimant, quò magis eâ fruantur, eò plus delectationis se percepturos; cùm tamen harum delectationum natura planè eorum opinioni adversetur: quò enim rarius iis fruimur, eò magis nos afficiunt. Hoc autem patet exemplo cibi ac potûs,

delas, ainda que frequentemente com grande dano seu. Aqui, todavia, testemunho muito piamente que não censuro ninguém, mesmo que se creia que eu talvez não venha a prescrever o melhor (com efeito, cumpre deixar isso para a indagação de outros) nem possa demandar que todos achem que minha via é a melhor, visto que eu mesmo não experimentei todas as vias que é lícito excogitar aqui. Nesse ínterim, todavia, não negligenciarei de expor aqui a melhor daquelas que eu mesmo experimentei, advertindo, enquanto me empenho em dar a outros os melhores conselhos, que não os redijo ao final como se quisesse parecer mais sábio a outros; pois todas as coisas que trarei aqui serão claríssimas e por conseguinte tão fáceis ao intelecto que poderiam ser observadas até mesmo por alguém mais rude que eu. Se, por exemplo, entre infinitos desvios, apenas uma única via conduz a certo lugar, é difícil precaver-se para não se afastar da correta; entretanto, se muitos a perseguem, poderá facilmente acontecer que um deles, sendo-lhe a fortuna favorável, persista sempre na via genuína, e assim atinja o lugar destinado, ainda que não obtenha um engenho mais excelente por causa disso. Porém, removido esse escrúpulo, passo a demonstrar de que maneira, lançado o fundamento da verdade inconcussa, derivei daí mais coisas e com a mesma certeza.

Portanto, ponderando a certeza dessas coisas, quando atentei às minhas próprias percepções e observei quais me afetavam bem ou mal, assim comecei a investigar em todos os deleites dos quais sou capaz para que deles separasse os maiores e mais constantes deleites sensuais que a mim se ofereceram no início. *Mostrado assim o uso verdadeiro deste fundamento, de modo que seja impossível abusar dele, continuo a derivar tudo daí e observo:*

Essas coisas nos tornam a vida extremamente agradável; e não é de duvidar que outros sintam o mesmo. Com efeito, o vulgo parece tão capturado e ocupado por elas que mal olha para outros deleites mais sólidos, e por conseguinte não é de admirar que ele as julgue como as maiores que ocorrem na vida. Mas se enganam ainda mais por estimarem, quando no princípio começam a sentir deleite por alguma coisa, que quanto mais fruem dela, tanto mais perceberão esse deleite; ao passo que a natureza desses deleites se opõe inteiramente à opinião deles; com efeito, quanto mais raramente fruímos deles, mais eles nos afetam. Ora, isso é patente pelo exemplo da comida e da bebida, que nos afetam muitíssimo quando temos muita fome e sede, mas nos *I. Onde são propostos os deleites sensuais, isto é, que concernem somente ao corpo*

A verdade disso e

qui summopere nos afficiunt, ubi valde esurimus et sitimus, sed nauseam in nobis excitant, ubi satiati cogimur eos contra appetitum sumere. Sic comoedia, licèt elegantissima, sat magnum tamen taedium afferret, ni in certos divideretur actûs, aut si saepius eadem spectaretur. Hinc etiam fit, ut, qui splendidissima inhabitant palatia, aut hortos cultissimos possident, tantopere iis non afficiantur (ob usum eorum continuum) quàm quidem alii, qui tantùm spectandi gratiâ eò tendunt, praesertim si vel raro vel nunquam talia vidêre. Narrationes historicae, quas Galli *Romans* appellant, multos admodum delectant semel tantùm perlectae, vel longo post tempore relectae; Nonnulli hunc errorem quidam tacitè in se ipsis animadvertant, sed utuntur varietate ac novis semper deleciationibus, sicque huic incommodo sese obviam ire et id emendare credunt, verùm quia tamen impossibile est, res suas cunctas ita ad arbitrium ordinare, ut unius delectationis pertaesi cum quâvis aliâ eam statim pro lubitu permutare queant, (est enim ea rerum humanarum conditio, ut sese delectationibus nostris varia, et saepe satis acerba misceant;) nunquam vel ideo optatum finem hi assequuntur. Mirum fortè videbitur, si dixero, eas non solùm multò magis afficere, si eis rariùs fruamur, sed quàm maximè, si iisdem potiùs resistamus. Id quod vulgo planè ignotum fuisset, (quippe quod potiùs credit, quòd delectatinibus eò magis nos afficiunt et laetitiam pariant, quò eisdem magis indulgemus, et plus tristitiae afferant, quo eis magis resistimus) nisi cogeretur, iis quandoque resistere. Nam vel idcirco nos cibus ac potus magis afficiunt, si appetitui nostro statim non fiat satis, sed si ad excessum usque eidem repugnemus. Propterea qui sensualibus delectationibus rarò fruitur, (iis praecipuè, quae nos omnium maximè afficiunt) et si, dum eis uti statuit, nihil eorum, per quae appetitus maximas acquirit vires, intermiserit, objecta etiam, quae ipsum alliciunt, sensibus objiciendo; suis interim inclinationibus ita repugnârit, ut corpori eas non indulserit, nisi quando per pugnam auctae ad magnum excessum pervenére, nae is in ipsis sensualibus tantas experietur suavitates, quantas pauci homines experti sunt.

Errores, qui hic committuntur.

Quomodo iis utendaum, ut nos quàm maximè afficiant.

provocam náusea quando, saciados, somos forçados a consumi-los contra o apetite.[30] Assim uma comédia, ainda que refinadíssima, traz bastante tédio se não for dividida em atos certos, ou se lhe assistirmos com mais frequência. Daí ocorre também que aqueles que habitam os mais esplêndidos palácios ou possuem os jardins mais bem cultivados não são tão afetados por eles (devido ao uso contínuo) quanto outros que tendem a isso apenas de olhar, especialmente se eles raramente ou nunca veem tais coisas. Narrativas históricas, que os franceses chamam de *romans*, deleitam a muitos se lidas apenas uma vez ou relidas depois de um longo tempo; alguns observam tacitamente esse erro em si mesmos, mas fazem uso da variedade e sempre de novos deleites, e assim creem resistir a esse incômodo e o emendar; todavia, é deveras impossível ordenar todas as suas coisas tão arbitrariamente que, enfastiados de um deleite, imediatamente possam permutá-lo, a seu bel-prazer, com qualquer outra coisa (com efeito, é da condição das coisas humanas que se misturem aos nossos deleites coisas variadas e com frequência bastante amargas), e por isso eles nunca alcançam o fim desejado. Parecerá talvez admirável se eu disser que essas coisas não só nos afetarão muito mais se as fruirmos mais raramente, mas até mesmo [nos afetarão] ao máximo se resistirmos a elas. Isso teria sido completamente ignorado pelo vulgo (visto crer que elas tanto mais nos afetam com deleites e produzem alegria, quanto mais somos indulgentes com elas, e que elas trazem tanto mais tristeza quanto mais resistimos a elas), se às vezes ele não fosse forçado a lhes resistir. Pois, até por isso, a comida e a bebida nos afetam mais se nosso apetite não é satisfeito imediatamente; por outro lado, se em excesso, opomo-nos a elas. Por esse motivo, se quem raramente frui de deleites sensuais (principalmente aqueles que nos afetam mais que todos), enquanto decide fazer uso deles, não interromper nenhum daqueles pelos quais o apetite adquire máximas forças lançando aos sentidos também os objetos que o atraem; se ele, nesse ínterim, opuser-se a suas inclinações de tal maneira que não seja indulgente com elas no corpo a não ser que, quando aumentadas pela repulsa, cheguem a um grande excesso, certamente ele experimentará, nesses mesmos deleites sensuais, tantas doçuras quantas poucos homens experimentaram.

Os erros que aqui são cometidos.

Como se há de usá-los para que nos afetem ao máximo

II.
Transitur ad delectationes, quae ex actionibus bonis seu virtuosis, h. e. ex conflictu mentis et corporis oriuntur, ubi ostenditur

Ubi verò perceptionibus nostris ita indulgemus, et corpori omnia illa, quae illud bene afficiunt, largimur; saepe fit, ut, quod nos quàm maximè delectat, nobis interim maximè noxium sit: non aliter ac bestiis, deliciis ciborum deceptis et captis, accidit. Hoc autem, quia, quàm primùm advertimus, nobis tristitiam parit, conamur tanquam incommodum aliquod nos malè afficiens, quantum in nobis est, declinare. Et ô felices nos, si, quae tristitiam gignunt seu dolorem, semper nobis noxia, et contrà, quae laetitiam seu voluptatem pariunt, nobis semper utilia forent! Hoc dato sanè ad malum tam proclives haud essemus, quàm jam sumus; nec dubitandum, quin tunc, quae nobis bona et innoxia sunt, proprio naturae motu eligeremus. Hinc ego, cùm in delectationes summas et perpetuò duraturas sedulò inquirerem, illas verò econtrà, quae post rem patratam tristitiae causa sunt, vitare conarer; observavi, maximam in nobis excitari laetitiam, si rei alicui, quae quidem nos summopere delectat, sed nobis interim, quantum damni secum ferat, ratione aut experientiâ constat, obfirmato animo resistamus, inclinationesque, quae nos in contrarium perducere conantur, superemus.

Veritas hujus rei, quòd nos non solùm bene, sed et meliùs afficiente, quàm sensuales.

Est autem delectatio haec multò major delectationibus sensualibus; quod facilè exemplis probari potest eorum, qui mundo et sensualibus delectationibus maximam partem valedixerunt, ac vitam austeram, ordinariisque hominum cupiditatibus contrariam agunt. Hi enim dulcedinem delectationesque internas, quas in se ipsis experiuntur, nobis explicare et satis extollere nequeunt, uti eorum scripta abunde testantur. Idem verò adhuc efficacius per eos probatur, qui quaevis suppliciorum genera passi, etiam in mediis flammis plena delectationis indicia exhibuêre, idque

Errores, qui hic committuntur.

non falsò: fictioni enim hîc non datur locus. Verùm enim verò hîc permagni errores possunt committi, nempe si ratio nostra non satis in veritate instituta sit. Homines namque sumus, hoc est, infinitis obnoxii erroribus, qui efficiunt, ut saepe credamus, aliquid esse bonum, quod tamen maximum nobis damnum parit. Licèt verò non negaverim, si absolutè

Porém, quando somos muito indulgentes com nossas percepções e concedemos ao corpo todas aquelas coisas que o afetam bem, frequentemente ocorre de aquilo que mais nos deleita ser, entretanto, o que nos é maximamente prejudicial; não diferente do que acontece com as bestas enganadas e capturadas pelos deleites das comidas. Ora, porque isso nos dá a tristeza que primeiro observamos, esforçamo-nos, o quanto está em nossas forças, em declináá-lo como algum incômodo que nos afeta mal. Ó, quão felizes seríamos nós se as coisas que geram tristeza ou dor nos fossem sempre prejudiciais, e, ao contrário, as que dão alegria ou prazer nos fossem sempre úteis! Dado isso, certamente não seríamos tão inclinados para o mal como somos agora; e não é de duvidar que então elegeríamos pelo próprio movimento da natureza as coisas que nos são boas e inofensivas. Daí que, quando eu investigava diligentemente sobre os sumos e perpetuamente duradouros deleites, e, ao contrário, esforçava-me em evitar aqueles que, depois de acabada a coisa, são causa de tristeza, observei que uma máxima alegria é provocada em nós se resistimos com ânimo firme a alguma coisa que nos deleita enormemente, mas que, entrementes, traz-nos consigo uma quantidade de dano, como consta pela razão e pela experiência, e se superamos as inclinações que se esforçam em nos conduzir para o contrário.

II. Passa-se aos deleites que se originam das ações boas ou virtuosas, isto é, do conflito da mente e do corpo, onde se mostra

Ora, esse é um deleite muito maior que os deleites sensuais, o que pode ser facilmente provado com o exemplo daqueles que disseram adeus ao mundo e, na maior parte, aos deleites sensuais, e que levam uma vida austera e contrária aos desejos dos homens comuns. Com efeito, eles não podem explicar e louvar suficientemente a doçura e os deleites internos que experimentam em si mesmos, como testemunham abundantemente os escritos deles. Porém, o mesmo é provado de maneira ainda mais eficaz por aqueles que, tendo suportado quaisquer gêneros de suplícios, também exibiram plenos indícios de deleite mesmo em meio às chamas, e isso sem falsidade; com efeito, ali não se dá lugar de ficção. Mas, de fato, erros muito grandes podem ser cometidos se nossa razão não tiver sido suficientemente instruída na verdade. Pois somos homens, isto é, submetidos a infinitos erros que fazem com que frequentemente acreditemos ser bom algo que nos causa um máximo dano. Porém, se superarmos absolutamente

A verdade disso: que eles não só nos afetam bem, mas também melhor do que os sensuais.

Os erros que aqui são cometidos.

superemus inclinationes, quae nos ad ea, quae mala judicamus, perpetranda seducere conantur, eam victoriam magnam subsequi delectationem: ejusmodi tamen interim delectatio seu animi tranquillitas, quanta quanta sit, neutiquam est indubitatum signum, actiones nostras ideo bonas esse. Nec enim minus laetitiae experiemur, si posito hoc, qui priori contrarius est, casu, falsissimas perceptiones, sub specie tamen veritatis nobis apparentes, secuti superemus contrarias hisce inclinationes, quae quidem in se optimae, nobis verò pessimae videntur. Satis multa quoque in historiis occurrunt exempla eorum, qui aeque constanter, et summâ animi tranquillitate maximos suppliciorum cruciatûs ferre non dubitaverunt pro pessimâ licèt causâ; si verò successu temporis major intellectui affulserit lux, et hinc apparuerit eorum, quae ante credideramus vera esse, falsitas, damnumque, cujus nosmet ipsos authores judicamus ac inculpamus, non potest non acerbus inde subsequi dolor.

Quâ ratione efficiendum, ut nos ejusmodi delectationes nunquam decipiant.

Ut itaque tale quid praecaverem, nec ulla nisi utilia, hoc est, ea, quae esse meum conservant, seu consevationi meae conducunt, amplecterer, et contrà, quae mihi nocent, hoc est, quae esse meum destruunt, seu consevationi meae obsunt, declinarem, ac sic efficerem, ut felicitas mea esset durabilis, et absque continuâ interruptione, quantum fieri potest, consevaretur; ingenium meum excolere decrevi quantum humanitus fieri potest, quò verè utilia ab iis, quae talia duntaxat videntur, certò dignoscerem.

III. Delectationes, quae ex acquisitione veritatis oriuntur; quae solam mentem recipiunt: ubi ostenditur.

Dum hac in re totus essem, expertus sum summam et purissimam delectationem omnium, quae modo naturali in homines in hac vita videntur posse cadere, eam nimirum, quae ex acquisitione veritatis oritur, et cui aequiparandam nunquam sensi aliam. Hoc autem facilè concedent ii, qui multarum veritatum magni momenti notitiam adepti sunt; imprimis verò illi, qui eò usque progressi sunt, ut eam proprio Marte sibi acquirere queant: hi enim sine dubio reipsâ experti sunt, quantam hoc sibi delectationem pepererit, si nova inventa vel theoremata, quae singulares veritates includunt, et admodum

as inclinações que se esforçam em nos seduzir para que perpetremos aquelas coisas que julgamos más, não me será lícito negar o deleite que se segue dessa grande vitória; todavia, um deleite ou uma tranquilidade da alma desse tipo, por maior que seja, não é de forma alguma um sinal indubitável de que nossas ações sejam por isso boas. E, com efeito, não experimentaremos menos alegria se, posto o caso que é contrário a esse primeiro, tendo seguido as mais falsas percepções que todavia aparecem sob o aspecto de verdade, superarmos as contrárias a essas inclinações, que em si são ótimas, mas nos parecem péssimas. Nas histórias também ocorrem muitíssimos exemplos daqueles que, com igual constância e suma tranquilidade de ânimo, não hesitaram em suportar, ainda que por um péssimo motivo, as maiores torturas dos suplícios; porém, se, com o passar do tempo, uma luz maior brilhar no intelecto e daí aparecer a falsidade daquelas coisas que antes acreditáramos serem verdadeiras, bem como o dano cujos autores julgamos e acusamos sermos nós mesmos, a partir disso não pode não seguir uma dor amarga.

Portanto, para que eu me precavesse de algo assim e não abraçasse nada outro senão coisas úteis, isto é, aquelas que conservam o meu ser ou conduzem à minha conservação, e, ao contrário, para que eu declinasse aquelas que me prejudicam, isto é, que destroem o meu ser ou obstam a minha conservação, e assim eu fizesse com que minha felicidade fosse durável e, o quanto possível, se conservasse sem interrupção contínua, decidi cultivar meu engenho, o quão humanamente possível, para que ele distinguisse por certo as coisas verdadeiramente úteis daquelas que apenas parecem tais.[31] *De que maneira se há de fazer com que deleites desse tipo nunca nos enganem.*

Enquanto me dedicava inteiramente a esse assunto, experimentei o sumo e mais puro de todos os deleites que, de modo natural, parecem poder caber aos homens nesta vida, a saber, aquele que se origina a partir da aquisição da verdade e ao qual os sentidos nunca hão de equiparar outro. Ora, facilmente o concedem aqueles que aderiram ao conhecimento de muitas verdades de grande importância, mas principalmente aqueles que progrediram até o ponto de poderem adquiri-lo para si com as próprias forças; com efeito, sem dúvida eles experimentaram efetivamente quanto deleite isso lhes deu se revelaram por si mesmos novas descobertas ou teoremas que incluem verdades singulares e que *III. Onde se mostram os deleites que se originam da aquisição da verdade, os quais dizem respeito só à mente,*

utilia sunt, per seipsos detexerint. Et haec delectatio tanta est, ut, cùm plures, qui alios à nimio sensualium delectationum usu abducere conantur, id successu parum felici praestent, quibuscunque etiam coloratis persuasionibus utantur; hi econtrà, delectationibus hisce, quae ex veritatis acquisitione percipiuntur, degustatis, facillimè summas vulgi voluptates pro nihilo, non raro omnium externorum quasi obliti vixerint, ac cibo potuque, somno, et caeteris, quae imprimis homines voluptatum nomine insigniunt, facilè abstinuerint, quò liberius veritatis inquisitioni vacare possent. Quinimò fuére, qui cùm essent eo in statu, et ejusmodi ornati dotibus, ut comparare sibi non difficulter potuissent honores, divitias ac delicias hujus mundi (licèt hujusmodi res omnium ferè hominum praecipua quasi idola sint;) non dubitârunt tamen iis planè nuncium remittere, eò quod praeviderent, haec forte futura esse impedimento, quò minus in acquisitione veritatis, uti inceperant, possent progredi. Nec mirum; qui enim majores delectationes reipsâ gustavit, minores facilè relinquit.

eas omnium maximè nos afficere.

Nequit autem hîc fieri, ut unquam decipiamur, licèt hoc admodum facilè fiat in caeteris delectationibus: id quod levi negotio constabit, si attendamus, ex veris non nisi vera sequi, ac proinde omnibus, quae ex iis fluunt, necessariam quoque et indubitatam veritatem inesse. Nec deinde hîc verendum est, fore, ut, sententiam hujusmodi fundamentis semel stabilitam ob certas forte rationes mutare cogamur, aut ut censor aliquis futuris seculis inventa nostra falsitatis arguat, et, demonstratis erroribus nostris, ex hominum memoriâ ea deleat. Verum namque falsum fieri nunquam potest: quod Mathematici imprimis experientiâ addidicêre. Dummodo enim hoc solùm observatum fuerit, ut cuncta non ex probabilibus, sed tantùm ex iis, quae cuivis manifesta, et in quae ne minima quidem falsitatis suspicio cadere potest, deducantur, aliter fieri nequit, quin hodieque extent Theoremata, quae ante duo annorum millia sunt inventa, eaque talia, ut, licèt primo intuitu prorsus incredibilia videantur, adeò tamen certa sint, ut ad hoc usque tempus à nullo potuerint convelli, aut unquam

Has delectationes esse constantissimas, ac proinde nunquam nos decipere, seu in tristitiam, uti priores, converti; si veritatem nobis acquiramos ob solam delectationem, quam illa nobis praestat: et quinam errores ab aliis, eò quòd hoc non observant, committantur.

são bastante úteis. E esse deleite é tanto que, ao passo que muitos que se esforçam em desviar outros do uso excessivo dos deleites sensuais têm pouco sucesso, por mais viçosas que sejam as persuasões usadas; eles, ao contrário, tendo degustado esses deleites que se percebem a partir da aquisição da verdade, [consideraram] muito facilmente como nada os sumos prazeres do vulgo, não raramente viveram como que esquecidos de todas as coisas externas e facilmente se abstiveram – por mais livremente que pudessem vagar na investigação da verdade – de comida e bebida, sono etc., coisas que os homens designam sobretudo com o nome de prazer. De fato, houve aqueles que, quando estiveram nesse estado, também ornados com dotes desse tipo, de modo que pudessem obter para si, sem dificuldade, as honras, as riquezas e os deleites deste mundo (ainda que coisas desse tipo sejam como que os principais ídolos de todos os homens), não hesitaram, todavia, em repudiá-los completamente, porque previam que essas coisas talvez os impedissem de poder progredir na aquisição da verdade, tal como haviam começado. E não é de admirar; com efeito, quem de fato degustou os maiores deleites deixa facilmente os menores.

que eles nos afetam mais que tudo.

Aqui, todavia, não pode ocorrer que alguma vez nos enganemos, ainda que isso ocorra muito facilmente nos demais deleites; o que constará com pouco trabalho se atentarmos que das coisas verdadeiras não se seguem senão coisas verdadeiras, e por conseguinte em tudo que flui delas há também uma verdade necessária e indubitável. E, ademais, não se há de recear aqui que talvez sejamos forçados, por razões certas, a mudar o parecer uma vez estabelecido sobre fundamentos desse tipo; ou que algum censor, nos séculos futuros, denuncie a falsidade de nossa descoberta e, demonstrados nossos erros, apague-a da memória dos homens. Pois o verdadeiro nunca pode ser feito falso, o que aprenderam por experiência sobretudo os matemáticos. Com efeito, contanto que se tenha observado só isto: serem todas as coisas deduzidas não das prováveis, mas apenas daquelas que são manifestas a qualquer um e nas quais não pode incidir a mínima suspeição de falsidade; de outro modo, não seria possível que ainda hoje persistam teoremas descobertos há dois mil anos, e tais que, embora pareçam completamente inacreditáveis à primeira vista, são tão certos que, até este momento, não puderam ser arruinados por

Que esses deleites são os mais constantes e por conseguinte não nos enganam, ou seja, nunca se convertem em tristeza, como os primeiros; se adquirimos a verdade para nós só pelo deleite que ela nos dá; e quais erros são cometidos pelos outros porque não observam isso.

metuendum sit, ut ab aliquo, quamvis ingeniosissimo, falsa esse demonstrentur. Nec mirum: sola enim veritas immutabilis est, quae proinde sola sui amatores bonis, quae nunquam pereunt, aut mutantur, beare potest; adeoque haec sola quoque nobis potest adferre delectationes, quae unicè solidae sunt, seu quae in tristitiam nunquam convertuntur. Si autem hîc omnem prorsus errorem vitare cupimus, in primis necessum erit, ut, quod maximè notandum, nullum alium in finem, quàm ob meram delectationem, quae ab eâ profluit, veritatem acquirere studeamus; ideoque gloriae cupiditas summopere hîc fugienda est, nec ulla laus est proptereà apud homines nostri aevi aut posteros aucupanda. Etenim quicunque ejusmodi cupidine capiuntur, nae illi sibi ingentes animi perturbationes atque anxietates conciliant. Veritates enim detectae, quoniam ab initio saepe non tam utiles apparent, quàm reverà aliis rebus applicatae postmodum cognoscuntur, dediti illi vanae gloriae subitò tristitiâ anguntur, si suorum inventorum non statim appareat insignis utilitas, quia vident, se propterea eos, quos sectantur, honores consequuturos apud alios non esse. Inprimis autem supra modum anguntur, si in disquisitionibus suis in ejusmodi incidant inventa, quae licèt sint utilissima, interim tamen ab aliis jam dudum fuerunt in lucem edita; atque ita perspiciunt, gloriam, quam impense sectantur, sibi ab aliis esse praereptam. Si porro observaverint, alios ad similia studia, quae ipsi tractant, feliciter promovenda idoneos esse, eosque nactos occasionem, ea ex voto prosequendi, summopere timent, ne ab illis sibi gloria praeripiatur, et eâ de causâ, quantum possunt, (clanculum tamen, ne insatiabilis gloriae cupiditas, aliis animadversa, in turpem ignominiae pudorem desinat) iis adversantur. Denique si egregia ingenii aliorum specimina viderint, ac audiverint, ejus authorem eorum summis extolli encomiis, mallent ea non audire, atque invidiâ exesi orationem aliò deflectentes aegerrimè ferunt, se solos suo Marte ista non aperuisse. Econtra verò, qui veritatem solius delectationis, quam praebet, gratiâ detegere studet, ex omnibus hisce circumstantiis sibi

ninguém, nem nunca se há de temer que sejam demonstrados falsos por alguém, por engenhosíssimo que ele seja. E não é de admirar; com efeito, só a verdade é imutável, e por conseguinte só ela pode tornar felizes seus amantes com bens que nunca perecem nem mudam; e assim só ela nos pode trazer também deleites que são unicamente sólidos, ou seja, que nunca se convertem em tristeza. Porém, se desejamos evitar todos os erros integralmente, em primeiro lugar será necessário – o que se há de notar maximamente – que nos empenhemos em adquirir a verdade para nenhum outro fim senão o mero deleite que flui dela; e por isso aqui se há de fugir, com grande empenho, do desejo de glória, e não se há de almejar por isso louvor algum dos homens de nossa época ou dos posteriores. E, com efeito, qualquer um que seja tomado por um desejo desse tipo traz para si grandes perturbações do ânimo e ansiedades. De fato, porquanto frequentemente as verdades reveladas não aparecem no início tão úteis quanto deveras são reconhecidas pouco depois, aplicadas a outras coisas, aqueles dedicados à vanglória são subitamente oprimidos pela tristeza se a insigne utilidade de suas descobertas não aparece de imediato, porque veem que não conseguirão de outros as honras que perseguem. Ora, em primeiro lugar, são oprimidos além da conta se eles, em suas investigações, incidem em descobertas que, embora utilíssimas, já haviam sido trazidas à luz por outros há algum tempo; e assim eles percebem que a glória que perseguem instantemente lhes foi tirada por outros. Além disso, se observarem que outros são capazes de avançar com felicidade em estudos semelhantes àqueles de que eles próprios tratam, e que encontraram a ocasião de prossegui-los por desejo, temem muitíssimo que a glória lhes seja tirada por esses outros e, por causa disso, opõem-se a eles o quanto possível (todavia, secretamente, para que o desejo insaciável de glória, voltado aos outros, não termine no torpe pudor da ignomínia). Por fim, se virem egrégios exemplos do engenho de outros e ouvirem que seu autor é louvado com os sumos elogios deles, preferirão não ouvi-los e, devorados pela inveja, suportarão muito dolorosamente, desviando o discurso para outro lugar, o fato de não terem mostrado sozinhos esses [exemplos] com suas próprias forças. Mas, ao contrário, quem se empenha em revelar a verdade só pelo deleite que ela proporciona

voluptatem quaerit. Hic siquidem uti ob innumeras rationes, ita praeprimis propter has, gloriam parvi facit, tum quòd, cùm ipse sit solius veritatis amans, meliùs se ipsum, quàm quisquam alius, noscere, et, quanti sint dotes suae faciendae, scire queat, ac proinde existimationem, quam apud alios obtinet, semper aut justo majorem, aut justo minorem esse videat; tum, quòd nullo non tempore et multos fautores et multos invidos praeter institutum sibi conciliet, qui utrique ipsi multum temporis eripere valent, atque ita efficere, ut eò minus illâ fruatur delectatione, quam ex veritatis acquisitione percipit. Quantum ad inventorum utilitatem attinet, licèt ea non statim appareat, delectatio tamen, quâ afficitur, ipsi sufficit. Adhaec nihil novit utilius esse hâc dote, quâ semper nova detegit: hâc enim aptior evadit ad utilissima quaeque producenda. Nec opinandum est, eos, qui hominibus utilissima aperuerunt, statim ab initio in tam utilia incidisse, sed, tentatis primò multis inutilibus. Licèt quoque inventa sua cum aliorum cogitatis congruant, multum tamen delectationis ex eo capit, se tantum scientiae nactum esse, ut etiam valeat ea detegere, quae à magnis viris summâ cum laude publicae luci jam pridem exposita fuerunt. Quoniam verò infinita detegenda supersunt, neque solus iis omnibus ex tenebris eruendis par est, meritò laetatur alios ignotarum veritatum indagationi aptos inveniri: ita enim absque ullo labore suo multo in animo possunt excitari delectationes ob tot nova et curiosa, quae ab aliis inveniri queunt. Et proinde si sui esse officii unquam crediderit, aliis inservire, hoc praecipuè tum sibi incumbere judicabit, cùm occasio similium rerum inventoribus grata officia praestandi sese obtulerit: quandoquidem sic aliis inseviens sibi ipsi inseviet: perinde ut omnes, si non nisi ductu rationis veritatem ambirent, nec quicquam aliud agerent, quàm ut sibi ipsis hac in re prodesse conarentur, nec aliud nisi sibi ipsis pro viribus prodesse cogitarent, eo ipso aliis necessariò et quàm optimè insevirent, hoc est, et sibi, et aliis prodesse eodem rediret, nec alterum absque altero existeret. Ita omnes verè generosi essent;

busca para si o prazer a partir de todas essas circunstâncias. De fato, assim ele faz pouco da glória por inúmeras razões, sobretudo por estas: tanto porque, sendo ele próprio amante da verdade sozinha, pode conhecer a si melhor do que qualquer outro e saber o quanto valem seus dotes, e por conseguinte vê que a estima que ele obtém de outros é sempre maior ou menor que o justo; quanto porque, em todas as vezes, adquire para si, para além do seu propósito, muitos fautores e muitos inimigos, ambos os quais são capazes de lhe tirar muito tempo, e assim fazer com que ele frua menos daquele deleite que ele percebe a partir da aquisição da verdade. No que atina à utilidade das descobertas, ainda que ela não apareça de imediato, é-lhe suficiente o deleite pelo qual é afetado. Além disso, ele nada conhece ser mais útil do que este dote com o qual sempre revela coisas novas; com efeito, com este, torna-se mais apto a produzir coisas utilíssimas. E não se há de opinar que aqueles que mostraram coisas utilíssimas aos homens incidiram em coisas tão úteis logo de início, mas primeiro com muitas tentativas inúteis. Ainda que suas descobertas sejam congruentes com pensamentos de outros, ele obtém muito deleite apenas por ter encontrado na ciência a capacidade de também revelar aquelas coisas que, há muito tempo, já haviam sido levadas a público, com grande louvor, por grandes homens. Mas, porquanto restam infinitas coisas a revelar, e sozinho ele não é capaz de tirar das sombras todas elas, merecidamente se alegra por se encontrarem outros aptos à indagação das verdades ignoradas; com efeito, sem nenhum trabalho, deleites podem assim ser muito excitados em seu ânimo pelas tantas coisas novas e curiosas que podem ser descobertas por outros. E, por conseguinte, se ele alguma vez acreditou ser seu dever servir a outros, julgará então que isso incumbe principalmente a si quando se oferecer a ocasião de prestar gratos serviços aos descobridores de coisas semelhantes; visto que assim, servindo a outros, servirá a si mesmo; do mesmo modo como todos, se não ambicionassem a verdade senão conduzidos pela razão, nem fizessem nada outro senão esforçar-se em ser úteis a si mesmos nisso nem pensassem outra coisa senão ser úteis a si mesmos em favor dos homens, por isso mesmo necessariamente serviriam a outros também da melhor forma possível, isto é, resultaria o mesmo ser útil tanto a si como a outros, e um não existiria sem

cùm è contrariò, si solùm, quod è re nostrâ esse videtur, ductu affectuum quaeramus, atque hinc mundi gloriam, aut ejusmodi alia, praeter solam veritatem, sectemur, necessariò aliis adversemur. Denique solius veritaris cultor aliis nova inventa in lucem publicam edita nullatenus invidet, hinc siquidem voluptates aliquas percipit, quibus aliàs caruisset, quaeque ad difficiliora detegenda, et propterea ad majores creandas voluptates adjumento esse possunt. Hisce verò omnibus, quae modò dixi, bene perpensis, non poterit utique dubitari, quòd sapiens infinito intervallo ignaris sit beatior. Quòd etenim hi nunquam solidam animi tranquillitatem sibi acquirant, ejus genuina haec est causa: partim quòd ferè semper unicè ad id attendant quod ipsis deest, cùmque hoc magni aestimant, (licèt saepissime non nisi mutabilia bona spectet) ac, in quocunque statu vivant, necessariò contingat, ut ipsis semper aliquid desit, frequentissima etiam tristandi datur occasio: partim quòd nunquam aut raro ad id, quod ipsis adest, seu, quod reverà possident, sat bene respiciant. Et quia quoque, quanti haec sint aestimanda, ignorant; laetitia, quam eam ob rem animo concipiunt, aut non nisi puerilis, aut stulta est. Adeoque utrobique, tam cùm bonis carent, quàm cùm ea possident, nunquam animo perfectè hilari fruuntur. Econtrà sapiens non attendit, sibi aliquid deesse; scit enim, hoc perquam necessarium esse in ente finito, in quocunque etiam statu vel gradu perfectionis existat; multò minùs propterea tristatur, cùm bene ipsi perspectum sit, hoc ipsum idem esse, ac si tristaretur, tres angulos in triangulo aequari duobus, et non potius tribus rectis. Sed praesentissimae ejus cogitationes sunt circa bona, quae possidet, ac quanti ea sint facienda. Quae consideratio nonnisi solidam laetitiam in mente ejus potest excitare. In hac enim dum versatur, observat

Primò, quòd sapiens animi multò liberioris sit, seu infinitis gradibus majorem prae ignorantibus potentiam habeat, tum propter majorem notitiam, tum propter infinita impedimenta sive praejudicia, à quibus proin sapiens liber est, et quae alios ita detinent, ut propterea in cognitione

o outro. Todos seriam assim verdadeiramente generosos; ao passo que, ao contrário, se buscamos, conduzidos pelos afetos, somente o que parece ser do nosso interesse, e daí perseguimos, além da verdade sozinha, a glória do mundo e outras coisas desse tipo, necessariamente nos opomos a outros. Enfim, o cultivador da verdade sozinha de maneira nenhuma inveja as novas descobertas levadas a público, já que daí percebe alguns prazeres dos quais havia carecido em outro tempo e que podem ajudar a revelar coisas mais difíceis e por isso a criar prazeres maiores. Mas, ponderadas todas essas coisas que acabei de dizer, não se poderá duvidar, em todo caso, que o sábio não seja infinitamente mais feliz que os ignorantes. Com efeito, esse é o genuíno motivo de eles nunca adquirirem para si uma sólida tranquilidade do ânimo: em parte porque quase sempre atentam unicamente àquilo que lhes falta, e, como o estimam muito (ainda que muito frequentemente não se considerem senão os bens mutáveis) e, em qualquer estado em que vivam, necessariamente acontece de algo sempre lhes faltar, dá-se com muita frequência a ocasião de se entristecerem; em parte porque eles nunca ou raramente olham suficientemente bem para aquilo que lhes está presente, ou seja, aquilo que de fato possuem. E porque também ignoram o quanto se deve estimar essas coisas, a alegria que concebem no ânimo pela coisa não é senão pueril ou tola. E, dessa forma, em ambos os casos, tanto quando eles carecem de bens como quando os possuem, nunca fruem perfeitamente de hilaridade no ânimo. Ao contrário, o sábio não atenta a que lhe falta algo; com efeito, sabe que isso é extremamente necessário no ente finito, em qualquer estado ou grau de perfeição em que exista; por isso, ele se entristece muito menos, já que percebe que isso é exatamente o mesmo que se ele se entristecesse porque os três ângulos em um triângulo são iguais a dois retos, e não a três.[32] Mas seus mais presentes pensamentos são acerca dos bens que possui e de quanto valem. Essa consideração não pode excitar senão uma sólida alegria em sua mente. Com efeito, enquanto se volta para ela, ele observa:

    Primeiro, que o sábio tem um ânimo muito mais livre, ou seja, tem uma potência de grau infinitamente maior ante os ignorantes; tanto por seu conhecimento maior, quanto pelos infinitos impedimentos ou preconceitos dos quais o sábio é consequentemente livre, e que detém

Quão notável é a diferença entre o sábio e o ignorante, ou as coisas que redundam em bem para nós a partir da aquisição da verdade; estas se reduzem a três gêneros, a saber, enquanto o sábio tem

Uma potência maior, e

veritatis minùs progredi, nec quàm plurima, etiamsi vel maximè conentur, effectum dare possint: Cùm hic econtrà infinita incognita possit detegere, quae alii potius mirari quàm imitari queunt. Adde, quòd permulta sic possit dirigere experimenta, ut plerumque magnam adferant utilitatem, cùm alii quàm plurima tentent, quae nullius sunt usûs cum temporis et expensarum dispendio, nisi illis contingat, quod gallo gallinaceo apud Aesopum, ut margaritam inveniant, quam tamen, quanti sit, aestimare nesciunt. Sapiens quoque multò faciliùs suas superabit passiones, et animum quietiorem consevabit, quoniam passiones semper ex falso supposito oriuntur; quòd cùm ab ipso bene detegatur, nec ille falsis acquiescat, eò faciliùs eas superabit, quò majores progressûs in acquisitione veritatis fecit: cùm ex adverso alii ob mera falsa supposita seu praejudicia in maxima vitae pericula et infortunia suâ culpâ saepissime sese conjiciant. Licèt verò alii quoque suas cogantur supprimere passiones: via tamen, quâ hoc ab illis obtinetur, admodum est operosa, et, quod pessimum, semper incerta. Iis enim remediis, quibus poenae metus, aut spes praemii saepe inculcatur, vera passionum origo minimè tollitur. Magno igitur labore, eoque frequentiùs repetito, opus est ad easdem tam obliquâ viâ sistendas. Quia autem ipse earum fons et scaturigo, unde novae continuo derivantur, sicut dixi, nullatenus obstruitur, quid mirum, si hi, datâ occafione à novo passionum torrente rursum abripiantur atque penitus obruantur? Econtrariò sapientis ad passiones sedandas via multò est praestantior: partim quia facilior; (dum enim genuinam passionum originem novit, hanc tollendo multò faciliùs eas coërcet,) partim quia constantior; radice namque earum genuinâ saepe quasi extirpatâ et evulsâ, non tantopere timendum eas datâ occasione tam levi de causâ excitatum iri. Ultimò sapiens quoque ob majorem veritatis cognitionem multò faciliùs efficiet, ut saniori corpore, imò tranquillius vitam transigat, quàm alii, qui actionibus suis circa similia clarissimè demonstrant, non majus dari supplicium stultorum

os outros a ponto de por isso progredirem menos no conhecimento da verdade; e estes não podem, mesmo que se esforcem ao máximo, efetuar muitíssimas coisas, quando ele [o sábio], ao contrário, pode revelar infinitas coisas desconhecidas que os outros podem antes admirar do que imitar. Acresce que assim ele pode dirigir muitíssimos experimentos que, na maior parte das vezes, trazem grande utilidade, enquanto os outros tentam muitíssimas coisas que não são de nenhum uso, com gasto de tempo e dinheiro, a não ser que lhes aconteça de encontrarem, como o galo de Esopo, uma pérola que, todavia, não sabem estimar quanto vale.[33] O sábio também superará muito mais facilmente suas paixões e conservará o ânimo mais quieto, porquanto as paixões sempre se originam de um falso pressuposto. Como esse pressuposto é bem revelado pelo sábio, que tampouco aquiesce ao falso, ele tanto mais facilmente superará as paixões quanto maiores progressos fez na aquisição da verdade; ao passo que, do lado oposto, os outros, por meros falsos pressupostos, ou seja, por preconceitos, muito frequentemente se atiram, por sua própria culpa, nos maiores perigos e infortúnios de vida. Ainda que os outros também sejam forçados a suprimir suas paixões, a via pela qual isso é obtido por eles é bastante trabalhosa e, o que é pior, sempre incerta. Com efeito, a verdadeira origem das paixões não é, de forma alguma, suprimida por aqueles remédios com os quais frequentemente é inculcado o medo de pena ou a esperança de prêmio. Portanto, é preciso um grande trabalho, e este repetido com muita frequência, para resistir a elas por uma via tão oblíqua. E, visto que a própria fonte e nascente delas, donde continuamente se derivam novas, não é, como eu disse, obstruída de forma alguma, por que seria de admirar que eles, dada a ocasião, sejam novamente arrebatados e inteiramente cobertos por uma nova torrente de paixões? Ao contrário, a via do sábio é muito mais excelente para acalmar as paixões: em parte porque mais fácil (com efeito, enquanto conhece a origem genuína das paixões, ao suprimir esta, reprime-as muito mais facilmente); em parte porque mais constante, pois, sendo a genuína raiz delas frequentemente como que extirpada e arrancada, não se há de temer tanto que elas, dada a ocasião, venham a ser excitadas por tão leve motivo. Por último, o sábio, por [seu] conhecimento maior da verdade, muito mais facilmente fará com que passe a vida em um

ipsâ stultitiâ; prout econtrà priores reipsâ cognoscunt, majus sapientibus solatium dari non posse ipsâ sapientiâ.

Minorem tristitiam,

Secundò animadvertet, quod Sapiens minus habeat tristitiae, hoc est, infinitis desideriis, curis et anxietatibus solutus sit, quas alii ob solam ignorantiam, et praejudicia, quibus eorum mens occupata et obsessa est, tam de praeteritis et praesentibus, quàm futuris sibi formant. Quae enim hominum mentes praecipuè ultra modum turbant et inquietas reddunt, plerumque non nisi mala purè imaginaria sunt. Sic multa, per noctem pro terrore habita, dies vertit in risum. Cui igitur mentem à tam vanarum sollicitudinum poenis liberasse datum est, quique haec attente meditando cum aliis, quae in communi vitâ vulgò occurrunt, confert, huic tantae felicitatis praestantia (seu quanti sit, sibi talia acquisivisse) ignota amplius esse non potest. Hujus cogitata procul dubio non absimilia erunt illo Lucretii dicto, idem sic exprimentis, sub libri secundi initium:

Suave, mari magno turbantibus aequora ventis,
E terrâ magnum alterius spectare laborem.
Non quia vexari quemquam est jucunda voluptas,
Sed, quibus ipse malis careas, quia cernere suave est.
Et quae plura ibi praeclara ulteriùs sequuntur.

ac majorem laetitiam.

Tertiò perspiciet, quòd Sapiens plus laetitiae habeat, hoc est, potestatem, innumeras delectationes, quae aliis incognitae manent, in animo suo (si vel maximè solitariam vitam cogatur degere,) excitandi, quibusque animus, contrà quàm fieri in sensualibus solet, nunquam potest exsatiari, sed quò plures majorisque momenti veritates ipsi sunt cognitae, eò plus delectationis percipit, idque omni tempore, quotiescunque quàm certum, et quanti momenti sit, talia scire, aut sibi acquisivisse, et quàm pauci sint, quibus eò usque pervenire concessum est, seriò secum expendit. Caeterùm hic quoque opus non habet, ut inclinationibus suis tantoperè resistat, (quod aliàs in praxi communi circa actiones bonas seu virtuosas ob tot animi passiones, quae sanae rationi adversantur, perquam difficile est) quin imo non magis, quàm par est, tam nobili

corpo mais são, ou melhor, com mais tranquilidade, do que os outros que, em suas ações acerca de coisas semelhantes, demonstram muito claramente que não há um suplício maior dos tolos do que a própria tolice; tal como, de sua parte, os primeiros efetivamente reconhecem que não há para os sábios um consolo maior do que a própria sabedoria.

Segundo, ele observará que o sábio tem menos tristeza, isto é, é isento de desejos infinitos, preocupações e ansiedades, coisas que os outros, pela ignorância sozinha e pelos preconceitos com que sua mente está ocupada e sitiada, formam para si tanto sobre o passado e o presente quanto sobre o futuro. Com efeito, as principais coisas que perturbam além da conta e tornam inquietas as mentes dos homens, na maior parte, não são senão males puramente imaginários. Assim, o dia converte em riso muitas coisas tidas com terror durante a noite.[34] Portanto, a quem foi dado a mente ter-se livrado das penas de tão vãs solicitudes e que, meditando atentamente, compara essas coisas com outras que vulgarmente ocorrem na vida comum, para ele não pode ser amplamente ignorada a excelência de tamanha felicidade (ou seja, o quanto vale ter adquirido tais coisas para si). Os pensamentos dele, sem dúvida, não serão dessemelhantes àquele dito de Lucrécio que, no início do segundo livro, exprime o mesmo assim:

Uma tristeza menor,

> *No grande mar, com ventos que perturbam as águas, suave é*
> *Da terra olhar o grande trabalho do outro.*
> *Não porque é um agradável prazer alguém ser vexado*
> *Mas porque é suave discernir de que males tu mesmo careces.*[35]

E muitas coisas excelentes ali se seguem mais adiante.

Terceiro, ele perceberá que o sábio tem mais alegria, isto é, poder de excitar em seu ânimo (mesmo que seja forçado a levar uma vida maximamente solitária) inúmeros deleites que permanecem desconhecidos aos outros e com os quais o ânimo, ao contrário do que costuma ocorrer nos sensuais, nunca pode saciar-se, mas, quanto mais e maiores verdades de importância são-lhe conhecidas, tanto mais deleite ele percebe; e isso a todo momento, todas as vezes que pondera seriamente consigo quão certo e de quanta importância é saber tais coisas ou tê-las adquirido, e quão poucas são aquelas até as quais é concedido chegar. De resto, aqui também não é preciso que ele resista tanto a suas próprias inclinações (o que, aliás, é extremamente

e uma alegria maior.

inclinationi, quae ipsum incitat ad studium veritatis, poterit indulgere, quoniam omnia, quae in bonum tendunt, quo vehementiora, eò meliora, delectationesque hinc exortae tam solidae sunt, ut nullus in iis excessus metuendus, nulla interturbans tristitia timenda, nullumque earum taedium exspectandum sit. Quia verò nec melior, nec ex virtute magis fluens actio à nobis potest fieri, quàm si toti in indagandâ veritate occupemur, tam illustrem actionem, jucundissimae ac omnium suavissimae delectationes nequeunt non subsequi; cùm ex eâ cognoscamus tanti momenti veritates, quae actionibus nostris, in tenebris hujus vitae absque lapsu dirigendis, instar splendidissimae facis praelucent, imò sine quarum cognitione aliorum actiones tunc, cùm maximè credunt, eas se optimè instituisse, sapientibus, quasi in densissimis tenebris oberrantium aut ebriosorum titubationes videantur. Tandem ratio bene exculta efficit, ut etiam sensuales delectationes, et quae, dum virtutum opera exercemus, oriuntur, magis nos afficiant, ac vulgò fieri solet, et nunquam in tristitiam (ut vulgò saepissime accidit,) commutentur, atque etiam animum omni ex parte tranquillum nobis (quod vulgò nunquam contingit,) reddant. Haec siquidem mens bene exculta genuinam nobis exhibet normam, quâ ratione omnibus delectationibus (hoc est non solùm illis, quae sensuales sunt aut ex virtutis praxi, sed et his, quae ex ipsâ veritatis cognitione oriuntur,) ita sit utendum, ut nobis nunquam noceant: eatenus nempe tantùm utendum, quatenus nobis eas prodesse comperimus ad nos aptiores reddendos in detegendâ incognitarum rerum veritate, sed iis abstinendum, quatenus culturae ingenii obsunt. Quae omnia bene perpensa nos certos reddunt, ex solâ veritatis cognitione talem virtutem, quae suô meritô virtutis titulum meretur, originem ducere, et ex eâ denique perfectam animi tranquillitatem, vulgò nimis ignotam, necessariò oriri, seu, haec tria, sapientiam, virtutem ac animi tranquillitatem perfectè in nullo homine, nisi conjunctim, existere; et in his tribus, ita conjunctis, summum hominis bonum, quod in hac vitâ viâ naturali

difícil na prática comum, acerca das ações boas ou virtuosas, devido a tantas paixões do ânimo que se opõem à sã razão), ou melhor, ele poderá, não mais que o justo, ser indulgente com uma inclinação tão nobre que o incita ao estudo da verdade; porquanto todas as coisas que tendem para o bem são tanto melhores quanto mais veementes, e os deleites daí surgidos são tão sólidos que neles não se há de recear nenhum excesso, nem temer nenhuma tristeza perturbante, nem deles se há de esperar nenhum tédio. Mas, porque não podemos ter uma ação melhor, nem que flua mais da virtude, do que nos ocuparmos inteiramente de indagar pela verdade, os deleites mais agradáveis e suaves de todos não podem não subseguir uma ação tão ilustre. Já que, a partir desta, conhecemos verdades de grande importância que iluminam, à guisa da mais esplêndida chama, para dirigir sem engano nossas ações nas trevas desta vida; mais ainda, sem o conhecimento delas, as ações de outros, enquanto estes creem maximamente tê-las instituído muito bem, então parecem aos sábios como que titubeios de vagabundos ou de bêbados nas mais densas sombras. Finalmente, a razão bem cultivada faz com que mesmo os deleites sensuais e aqueles que se originam enquanto exercemos as obras da virtude afetem-nos mais do que vulgarmente costuma ocorrer, e nunca se transformem em tristeza (como vulgarmente acontece com muita frequência), e também tornem nosso ânimo em toda parte tranquilo (o que vulgarmente nunca acontece). Se de fato essa mente bem cultivada nos exibe a norma genuína por meio da qual se há de fazer uso de todos os deleites (isto é, não só daqueles que são sensuais ou que se originam da prática da virtude, mas também destes que se originam do próprio conhecimento da verdade) de tal maneira que nunca nos prejudiquem, decerto há de se fazer uso deles apenas enquanto encontramos que eles nos são vantajosos para nos tornarmos mais aptos a revelar a verdade das coisas desconhecidas; mas há de se abster deles enquanto obstam o cultivo do engenho. Todas essas coisas, bem ponderadas, tornam-nos certos de que tal virtude, que merece o título de virtude por seu mérito, tira sua origem do conhecimento sozinho da verdade, e de que a partir dela, enfim, necessariamente se origina a perfeita tranquilidade do ânimo, vulgarmente demasiado ignorada; ou seja, estas três coisas, sabedoria, virtude e tranquilidade do ânimo, não

possideri potest, solùm consistere. Si itaque omnia haec jam in medium allata justâ animi attentione exanimo, non video, quicquam posse excogitari, quod omnibus majus calcar addat solidis illis bonis sibi comparandis, et quorum acquisitio quasi à nobis ipsis dependeat, quaeve via facilior, et expeditior sit his impetrandis, quàm illa, quae ad omnium tristitiam nobis afferentium declinationem, et delectationum cum tantâ utilitate conjunctarum acquisitionem nos perducit.

Conclusio partis primae. Ex hisce omnibus jam satis superque constare credo, quâ occasione et methodo praecipua delectationum genera observaverim, earum abusum notaverim, et legitimum usum determinaverim; adeò ut sanè haud difficulter et absque errore hinc potuerim judicare, quae me omnium maximâ et constantissimâ laetitiâ affecerint, quodque per consequens, *praestantissima via, quam in hâc vitâ inire licet, sit veritatis per nos ipsos inventio.*

existem em nenhum homem senão conjuntamente; e somente nestas três coisas, assim conjuntas, consiste o sumo bem do homem que pode ser possuído nesta vida pela via natural. Portanto, se examino com justa atenção do ânimo todas essas coisas já levadas a público, não vejo o que quer que se possa excogitar que dê mais estímulo para obter para si todos esses bens sólidos, e cuja aquisição dependa como que de nós mesmos; não vejo que via para consegui-los seja mais fácil e rápida do que aquela que nos conduz à recusa de tudo que nos traz tristeza e à aquisição dos deleites conjuntos com tanta utilidade.

De tudo isso creio constar, mais que suficientemente, em que ocasião e com que método observei os principais gêneros de deleites, notei seu abuso e determinei seu uso legítimo; de tal maneira que, certamente sem dificuldade e sem erro, pude daí julgar as coisas que me afetaram com a máxima e mais constante alegria, e que, por conseguinte, *a via mais excelente que é lícito iniciar nesta vida é a descoberta da verdade por nós mesmos.*

Conclusão da primeira parte.

Notas de tradução

Medicina da mente

[1] Em carta de 11 de setembro de 1682 (n° 2276), Tschirnhaus escreve para Christiaan Huygens: "comunicarei certas coisas acerca do tratado que escrevi sobre a Emenda do Intelecto (*tractatum quem conscripsi de Emendatione Intellectus*), o qual, se não me falha muito a opinião, ele [o rei] não desprezará; agora indicarei brevemente aqui ao menos os conteúdos, de fato [o tratado] consiste nestas três partes: 1. em que ocasião e com que método incidi na via que julgo a mais excelente que é lícito aspirar nesta vida, e que é a descoberta da verdade por nós mesmos; 2. os preceitos gerais da arte de descobrir, com a ajuda dos quais não só será impossível que incidamos alguma vez em coisas falsas, mas antes, decerto, sempre haveremos de conhecer a verdade; porque infalivelmente sempre progredimos mais além com esses meios, revelando continuamente novas e novas coisas, desde que apliquemos a tais coisas o ânimo que há em nós, e isso com pouco trabalho; 3. perscrutando em que tema, principalmente, é lícito consumir a vida suavemente e com deleite" (HUYGENS, 1889, VIII, p. 387-388). Ora, como se vê, Tschirnhaus já possuía em mãos, seis anos antes da publicação, uma versão do texto do *Medicina mentis*. O mais interessante, porém, é como ele se refere à obra: "*tractatum quem conscripsi de Emendatione Intellectus*". Se esse era o título inicial, como podem indicar as iniciais maiúsculas, era então explícita a influência do *Tratado* de Espinosa (apenas permutando "*Intellectus*" e "*Emendatione*"); mas exatamente isso pode ter motivado a mudança de título antes da publicação, em 1687.

[2] O autor, Ehrenfried Walther von Tschirnhaus (1651-1708), nasceu em Kieslingswalde (cidade da Lusácia que, hoje, com o nome Sławnikowice, pertence à Polônia), oriundo de uma família ligada à nobreza da Saxônia. Em 1668, então com 17 anos, mudou-se para Leiden, onde foi estudar Direito na universidade local. Entre 1672 e 1673, serviu como voluntário no exército holandês, quando havia recém-iniciado a Guerra Franco-Holandesa (1672-1678). Enquanto morava em Leiden, possivelmente tomou conhecimento das ideias de Espinosa, e por elas deve ter dividido interesse com o colega G. H. Schuller, com quem residia em uma pensão. Tendo-se mudado para Amsterdã após os estudos, em 1674 Tschirnhaus conheceu algumas figuras do círculo espinosano, como Pieter van Gent

(1640-1693) e Jan Rieuwertsz, e iniciou, com a mediação de Schuller, uma troca epistolar com Espinosa. Entre outubro e dezembro de 1674, chegou a encontrar Espinosa pelo menos uma vez; e, em alguma ocasião, conseguiu obter, certamente autorizado pelo autor, um manuscrito da *Ética*. No início de 1675, partiu para Londres, onde encontrou alguns membros da Royal Society, entre eles Henry Oldenburg e Robert Boyle. Em setembro do mesmo ano, viajou para Paris, onde conheceu Christiaan Huygens e Leibniz. No fim de 1676, deixou a França rumo à Itália. Depois de passar por Florença, chegou a Roma, em 1677. Ali estudou por dois anos com o jesuíta compatriota Athanasius Kircher (1602-1680) e, em algum momento, acabou encontrando Niels Stensen, que se tornara padre em 1675. Nesse intercurso, dá-se uma enigmática atitude de Tschirnhaus: antes de partir para a Saxônia, em 1679, deixou para Stensen seu próprio manuscrito da *Ética*, que carregava desde a Holanda. Em 1682, retornou a Paris para submeter um trabalho sobre catacáusticas à Académie Royale des Sciences, da qual se tornou membro no mesmo ano. Não obstante o misterioso episódio com Stensen, Tschirnhaus foi talvez aquele que mais se aproximou do pensamento de Espinosa, influência que ressoou, de maneira críptica, em suas obras posteriores: *Medicina corporis seu cogitationes admodum probabiles de conservanda sanitate* (1686) e *Medicina mentis, sive tentamen genuinae logicae, in qua disseritur de methodo detegendi incognitas veritates* (1687), ambas publicadas pelo filho homônimo de Jan Rieuwertsz. Célebre em sua época, Tschirnhaus teve seus trabalhos científicos, ligados à matemática e à óptica, lidos e citados dentro das universidades nos séculos seguintes. Hoje, contudo, a despeito do legado de sua obra, é mais amplamente conhecido por sua correspondência com Espinosa.

[3] Luís XIV (1638-1715) foi rei da França e Navarra de 1643 até sua morte. Com um reinado de 72 anos, foi o monarca a ocupar um trono por mais tempo na história da Europa.

[4] Excepcionalmente nesta dedicatória, traduzimos a segunda pessoa do singular (possível no latim mesmo para monarcas), empregando, no português, o chamado plural majestático.

[5] Assim como o *Tratado da emenda do intelecto*, mas mais explicitamente, o tratado de Tschirnhaus também lança mão de uma terminologia terapêutica (*"medicina"*, *"medere"*, *"remedium"*, *"sanitas"*, *"dieta"* etc.), possivelmente sob influência baconiana.

[6] Indicado por Jean-Baptiste Colbert (1619-1683), controlador-geral das Finanças de Luís XIV, Tschirnhaus foi eleito membro honorário da Académie Royale des Sciences, em Paris, em 22 de julho de 1682. Embora tivesse almejado o recebimento de uma pensão paga pela Academia francesa, a fim de continuar seus estudos científicos com certa liberdade financeira, nenhuma lhe foi concedida (STROUP, 1987, p. 15).

[7] Na *Carta* LIX, de 5 de janeiro de 1675, Tschirnhaus escreve para Espinosa: "Na minha presença, indicaste o método que utilizas para indagar as verdades ainda não conhecidas. Experimento que esse método é muito excelente, e, todavia, o quanto concebi sobre ele, muito fácil; e posso afirmar que, com essa única observação, fiz grandes progressos na matemática; gostaria, pois, que me expusesses a definição verdadeira de ideia adequada, verdadeira, falsa, fictícia e duvidosa".

[8] Os gregos Arquimedes (287-212 a.C.), Euclides (*c*. 300 a.C.) e Apolônio (262-194 a.C.) são três dos maiores geômetras do helenismo.

[9] A noção de simpatia e antipatia, pela qual todas as coisas se relacionam na natureza, foi frequente em várias escolas filosóficas: na filosofia antiga, sobretudo entre os neoplatônicos; em várias correntes da filosofia renascentista; e na filosofia moderna, adotada principalmente por Leibniz. O conceito de forma substancial, amplamente usado pelos escolásticos e, na modernidade, adotado por Leibniz, foi severamente criticado por Descartes: "Todas as qualidades e formas, às quais tenho horror" (AT, II, p. 74). Igualmente crítico é Espinosa: "com efeito, não é de admirar que aqueles que inventaram as qualidades ocultas, espécies intencionais, formas substanciais e outras mil ninharias tenham excogitado espectros e lêmures e crido em velhinhas a fim de diminuir a autoridade de Demócrito..." (*Carta* LVI, de 1674, para Hugo Boxel).

[10] O termo *"ars inveniendi"*, componente do subtítulo desta obra, e que também pode ser traduzido por "arte de encontrar" ou "arte de inventar", remete a Cícero, *Tópicos*, II, 6: "Como toda razão de dissertar diligente tem duas partes, uma de descobrir, outra de julgar; Aristóteles foi, ao que me parece, o primeiro de cada uma delas. Os estoicos, por sua vez, elaboraram a segunda; com efeito, perseguiram diligentemente por aquela ciência que chamam de dialética; deixaram totalmente a arte de descobrir, que é dita tópica, e que era preferível ao uso, e certamente anterior na ordem da natureza". A *inventio* também é tratada no *De inventione*, do qual notamos a seguinte passagem do livro I, 9: "A descoberta é a excogitação de coisas verdadeiras ou verossímeis, que tornam a causa provável". Todavia, para Cícero, a *ars inveniendi* era de importância para a retórica, enquanto para Tschirnhaus, era a questão central para toda ciência.

[11] Na terceira parte do *Medicina mentis* (1695, p. 195), consta a seguinte afirmação: "A filosofia, isto é, a arte de descobrir, parece-me que pode ser assimilada, sem incongruência, a uma árvore que consiste de três partes, a saber, as raízes, o tronco e os ramos com os frutos. As raízes me parecem ser os preceitos gerais da arte de descobrir; o tronco, os preceitos mais especiais dessa mesma arte acerca dos entes imagináveis, matemáticos e físicos; os ramos com os frutos, os preceitos mais especiais da arte de descobrir acerca da ética, que ensina a sanidade perfeita da mente, acerca da

medicina, que ensina, o quanto possível, a sanidade do corpo, e acerca da mecânica, que ensina a aplicar, para nossas utilidades, a potência destas duas nas coisas externas". A referência é explicitamente à divisão originalmente feita por Descartes no prefácio da edição francesa dos *Princípios da filosofia* (AT, IX-2, p. 14), cuja passagem, em específico, já trouxemos na nota de tradução 26 ao *Tratado da emenda do intelecto*.

[12] Embora muito rara no uso comum, mativemos a tradução mais literal do verbo "*colimare*" (que aqui denota "visar"), considerando-se tratar de um termo muito próprio à óptica, área para a qual Tschirnhaus, tal como Espinosa, voltou-se com empenho, chegando a publicar, em 1682, um trabalho sobre catacáusticas.

[13] Trata-se da obra *La logique ou L'art de penser* (Paris), vulgarmente conhecida como *Logique de Port-Royal*. Publicada anonimamente em 1662, foi escrita pelos franceses Antoine Arnauld (1612-1694) e Pierre Nicole (1625-1695), membros proeminentes do movimento jansenista, centralizado na abadia de Port-Royal.

[14] Trata-se da obra *De la recherche de verite, où l'on traite de la Nature de l'Esprit de l'homme, et de l'usage qu'il en doit faire pour éviter l'erreur dans les Sciences* (Paris, 1674-1675), de autoria do padre e filósofo francês Nicolas Malebranche (1638-1715).

[15] A obra, citada com o nome completo, foi publicada em Paris, em 1678, pelo físico e botânico francês Edme Mariotte (1620-1684), que, como Tschirnhaus, também era membro da Académie Royale des Sciences, eleito em 1666, ano da fundação.

[16] Note-se a omissão de referência a Espinosa, ainda que este seja a mais presente influência de Tschirnhaus. Mas não só aqui, como eu todo o *Medicina mentis*, não encontramos qualquer menção a Espinosa.

[17] François Viète (1540-1603), *seigneur de la Bigotière*, foi um matemático francês, tendo trabalhado como advogado e como conselheiro particular de Henrique III e Henrique IV da França. Seu trabalho na nova álgebra foi um passo importante para a álgebra moderna, devido ao uso inovador de letras como parâmetros em equações. Considerado o pai da álgebra moderna, Viète restabeleceu a álgebra em uma base geométrica, lançando mão de uma notação inteiramente nova. Publicou inúmeras obras de matemática, inspirando Fermat e Descartes e consagrando a álgebra como a linguagem da ciência.

[18] Para os títulos *Medicina mentis* e *Medicina corporis*, publicados também de maneira aglutinada, em 1687 e 1695, é provável que Tschirnhaus tenha-se inspirado em Cícero, *Discussões tusculanas*, III, 3, apenas adotando "mente" ("*mens*") em vez de "ânimo" ("*animus*"): "Mas também as doenças do ânimo são mais perniciosas e numerosas do que as do corpo – elas, com efeito, são odiosas porque pertencem ao ânimo e o inquietam – e 'o ânimo fraco',

como diz Ênio, 'sempre erra e não pode suportar nem resistir a nada, e nunca deixa de desejar'. Que doenças, enfim, podem ser mais graves no corpo do que, para deixar de lado outras, estas duas: fraqueza e desejo? Porém, como se pode provar que o ânimo não pode remediar a si mesmo, quando foi ele que descobriu a própria medicina do corpo, e quando, para o saneamento dos corpos, são muito capazes os próprios corpos e a natureza, nem todos aqueles que suportaram ser curados convalescem de uma vez; por outro lado, os ânimos que quiserem sanar-se e que obedecerem aos preceitos dos sábios, sem dúvida alguma, serão sanados? A filosofia é certamente a medicina do ânimo, cujo auxílio não há de ser buscado fora, como nas doenças do corpo, e há de ser elaborado com todas as forças para que nós mesmos nos possamos remediar".

[19] Trata-se do *Medicina corporis, seu cogitationes admodum probabiles de conservandâ sanitate* ("Medicina do corpo, ou pensamentos muito prováveis sobre conservar a sanidade"), publicado, pela primeira vez, em 1686 (Amsterdã), pelo filho homônimo de Jan Rieuwertsz, cuja editora publicara as obras de Espinosa. No ano seguinte, o *Medicina corporis* aparece publicado junto ao *Medicina mentis* em um volume intitulado *Medicina mentis et corporis*. Em 1695, após revisão de Tschirnhaus, as duas obras voltam a ser publicadas juntas, mas em Leipzig.

[20] No vocabulário lógico, "repugnar" é o mesmo que "ser incompatível" ou "implicar contradição".

[21] Vemos aqui, talvez, uma possível referência ao prefácio das *Opera Posthuma*, de Espinosa, no excerto sobre o *Tratado da emenda do intelecto*: "abrir ao intelecto a via mais plana e fácil para o verdadeiro conhecimento das coisas".

[22] Note-se o alinhamento desta asserção com aquela que Espinosa faz na *Carta* XXXVII, de 1666, já transcrita na nota de tradução 80 ao *Tratado da emenda do intelecto*.

[23] Ver fim da próxima nota de tradução.

[24] Em carta de 12 de maio de 1687 (nº 2457), Tschirnhaus escreve para Christiaan Huygens: "Quanto ao meu tratado, que designei pelo nome de *Medicina da mente*, tenho dúvida se em pouco tempo minha mente será alcançada sempre corretamente por quem quer que seja; porque no exíguo tratado ocorrem muitas coisas novas, como tu mesmo contas, e frequentemente são tais que não parecem dignas de atenção alguma, ao passo que, todavia, estas merecem toda a atenção em primeiro lugar; por isso, a partir das muitas objeções feitas a mim até agora, soube que, nestas circunstâncias, adicionarei muitíssimas coisas na 2ª edição, tal como ajuntei à obra um prefácio onde existem muitas coisas necessárias de se saber e onde sobretudo se manifesta meu escopo primário; igualmente, porque observei que aquelas coisas que acerca do critério da verdade dado por mim foram compreendidas corretamente por poucos, pois elas requerem

muita meditação, incluí nele uma breve sinopse e a inseri na primeira parte da minha resposta a fim de que minha intenção fosse compreendida mais facilmente, e assim introduzi variadas e necessárias advertências em várias passagens, para também corrigir erros crassos que se insinuaram por causa da minha ausência; tudo isso mandei há algum tempo para Leipzig, para darem um juízo sobre as minhas coisas nas *Acta Eruditorum*" (HUYGENS, 1901, IX, p. 135-136).

[25] Terêncio, *Phormio*, 454: "*quot homines tot sententiae: suo' quoique mos*" ("Quantos homens, tantas sentenças; para cada um o seu modo").

[26] O oxímoro parece remeter a Jean Jacques Boissard, *Emblematum liber* (Frankfurt, 1595), 44: "*Vita aulica splendida miseria*" ("a vida cortesã é uma esplêndida miséria").

[27] Guarda certa semelhança com o § 47 do *Tratado da emenda do intelecto*.

[28] Ovídio, *Metamorfoses*, VII, v. 20-21. Ver nota de tradução 11 à *Carta* LVIII, de 1674, de Espinosa para Schuller.

[29] Sobre a fortuna, note-se o que Espinosa diz na *Carta* XXXVII, de 1666, para Bouwmeester: "Donde se segue que as percepções claras e distintas que formamos dependem da nossa natureza sozinha de suas leis certas e fixas, isto é, de nossa potência absoluta, e não da fortuna, isto é, de causas que, embora também ajam segundo leis certas e fixas, são ignoradas por nós e alheias à nossa natureza e potência. No que atina às demais percepções, confesso que dependem ao máximo da fortuna".

[30] Sobre isso, vale aduzir um fragmento da *Ética* IV, prop. XLV, escólio: "Portanto, é do homem sábio usar as coisas e, o quanto possível, deleitar-se com elas (de fato não até a náusea, pois isso não é deleitar-se). Digo, é do homem sábio restabelecer-se e revigorar-se moderadamente com comida e bebida agradáveis, assim como cada um pode, sem nenhum dano para o outro, usar dos perfumes, do verdor das plantas, do ornamento, da música, dos jogos recreativos, do teatro e de outras coisas desse tipo".

[31] Guarda certa semelhança com o fim do § 7 do *Tratado da emenda do intelecto*. Além disso, note-se o alinhamento com o escólio da *Ética* IV, prop. XVIII: "Como a razão nada postula contra a natureza, então ela postula que cada um ame a si mesmo, que busque o seu útil, o que de fato é útil, e que apeteça tudo aquilo que de fato conduz o homem a uma maior perfeição e, em absoluto, que cada um, o quanto está em suas forças, esforce-se em conservar seu ser. [...] Nada, repito, os homens podem optar de mais excelente para conservar seu ser do que convirem todos em todas as coisas, de tal maneira que as mentes e os corpos de todos componham como que uma só mente e um só corpo, e que todos em simultâneo, o quanto puderem, esforcem-se em conservar seu ser, e que todos em simultâneo busquem para si o útil comum a todos; disso se segue que os homens que se governam pela razão, isto é, os homens que buscam o seu útil a partir da

condução da razão, nada apetecem para si o que não desejem aos demais, e por isso são justos, confiáveis e honestos".

[32] Ver o fim do § 12 do *Tratado da emenda do intelecto*. O exemplo sobre os dois retos do triângulo remete a Espinosa e a Descartes. Ver nota de tradução 125 ao *Tratado da emenda do intelecto*.

[33] Referência à fábula de Esopo intitulada "O galo e a pérola".

[34] A expressão é tomada de Sêneca, *Epístolas morais a Lucílio*, 104, 24: "*multa per noctem habita terrori dies vertit ad risum*" ("o dia converte-as em riso muitas coisas tidas com terror à noite").

[35] Lucrécio, *De rerum natura*, II, v. 1-4. Espinosa também é admirador de Lucrécio, como declara na *Carta* LVI, de 1674, para Boxel: "A autoridade de Platão, Aristóteles e Sócrates não vale muito para mim. Ter-me-ia admirado se tivesses proferido Epicuro, Demócrito, Lucrécio ou algum dos atomistas e defensores dos átomos".

CORRESPONDÊNCIA

Espinosa, Tschirnhaus e Schuller

Carta LVII, de 8 de outubro de 1674, de Tschirnhaus a Espinosa
Carta LVIII, de outubro de 1674, de Espinosa a Schuller
Carta LIX, de 5 de janeiro de 1675, de Tschirnhaus a Espinosa
Carta LX, de janeiro de 1675, de Espinosa a Tschirnhaus
Carta LXIII, de 25 de julho de 1675, de Schuller a Espinosa
Carta LXIV, de 29 de julho de 1675, de Espinosa a Schuller
Carta LXV, de 12 de agosto de 1675, de Tschirnhaus a Espinosa
Carta LXVI, de 18 de agosto de 1675, de Espinosa a Tschirnhaus
Carta LXX, de 14 de novembro de 1675, de Schuller a Espinosa
Carta LXXII, de 18 de novembro de 1675, de Espinosa a Schuller
Carta LXXX, de 2 de maio de 1676, de Tschirnhaus a Espinosa
Carta LXXXI, de 5 de maio de 1676, de Espinosa a Tschirnhaus
Carta LXXXII, de 23 de junho de 1676, de Tschirnhaus a Espinosa
Carta LXXXIII, de 15 de julho de 1676, de Espinosa a Tschirnhaus

Epistola LVII.

Praestantissimo, Acutissimoque Philosopho,
B. D. S.
EHRENFR. WALTH. de TSCHIRNHAUS.

Praestantissime Vir,
Miror saltem, quòd eo ipso, quo demonstrent Philosophi, aliquid falsum esse, eâdem ratione ostendant ejus veritatem: certitudinem enim intellectûs in suae Methodi initio Cartesius omnibus aequalem esse putat; in Meditationibus autem demonstrat. Idem illi probant, qui putant se aliquid certi demonstrare posse hâc ratione, ut pro indubitato à singulis hominibus accipiatur.

Sed his missis, experientiam provoco, et, ut ad haec accuratè attendas, submissè rogo, sic enim deprehendetur, si ex duobus unus aliquid affirmet, alter verò neget, et itâ, ut sibi ejus sint conscii, loquantur, quòd licet verbis contrarii videantur; attamen perpensis eorum conceptibus, ambo (unusquisque pro suo conceptu) vera dicant. Quod quidem refero, cùm immensae sit in vita communi utilitatis, et possent hoc unico observato innumerae controversiae, et inde sequentes contentiones praecaveri; quamvis veritas haec in conceptu non semper absolutè vera sit, sed positis tantùm iis, quae in intellectu supponuntur, ut vera. Quae Regula etiam adeò est universalis, ut apud omnes homines, ne dementibus quidem, ac dormientibus exceptis, reperiatur: quicquid enim hi dicunt, se videre (licet nobis non itâ appareat) aut vidisse, certissimum est, haec reverâ itâ se habere. Quod etiam in casu proposito, de *Libero nempe Arbitrio*, clarissimè conspicitur. Uterque enim tam qui pro, quàm qui contra disputat, verum mihi dicere videtur, prout nimirùm quilibet Libertatem concipit; Liberum enim dicit Cartesius, quod à nullâ causâ cogitur. Et tu ècontra, quod à nullâ causâ determinatur ad aliquid. Fateor itaque tecum, nos in omnibus rebus à certâ

Carta LVII[1]

Ao prestantíssimo e agudíssimo filósofo
B. D. S.
EHRENFR. WALTH. von TSCHIRNHAUS

Prestantíssimo senhor,
No mínimo me surpreende que filósofos, por aquilo mesmo com que demonstram algo ser falso, mostrem da mesma maneira sua verdade; com efeito, Descartes julga, no início de seu *Método*, que a certeza do intelecto é igual para todos, mas o demonstra nas *Meditações*. O mesmo aprovam aqueles que julgam poder demonstrar que algo é certo em razão de ser aceito por todos os homens como indubitável.

Mas, deixando isso de lado, apelo à experiência e rogo humildemente que atentes com cuidado a essas coisas; com efeito, assim se depreenderá que, se de dois homens um afirma algo, e o outro o nega, e se eles falam, ainda que com palavras que pareçam contrárias, de tal maneira que sejam cônscios disso, todavia, ponderados seus conceitos, ambos dizem a verdade (cada um segundo seu conceito). Menciono isso, já que é de imensa utilidade na vida comum e que, observado isso unicamente, poder-se-iam evitar inúmeras controvérsias e contendas que daí se seguem, ainda que essa verdade nem sempre seja absolutamente verdadeira no conceito, mas apenas quando são postas como verdadeiras aquelas coisas que se supõem no intelecto. Essa regra é também tão universal que se encontra em todos os homens, sem excetuar os dementes e os que dormem, pois é muito certo que tudo o que eles dizem ver ou ter visto (embora não nos apareça assim) acontece verdadeiramente assim. Isso também se vê muito claramente no caso proposto, a saber, o do *livre-arbítrio*. Pois um e outro, tanto o que disputa a favor, quanto o que disputa contra, parecem-me dizer o verdadeiro conforme cada um concebe a liberdade. Descartes, com efeito, diz que é livre o que não é coagido por nenhuma causa. E tu, ao contrário, o que não é determinado a algo por nenhuma causa. Reconheço contigo que, em todas as coisas, somos determinados a algo por uma causa certa, e que

causâ ad aliquid determinari, et sic nullum nos habere liberum arbitrium: sed contrà quoque puto cum Cartesio in certis rebus (quod statim aperiam) nos nullatenus cogi, atque ità habere liberum arbitrium. Exemplum formabo à praesenti.

Triplex autem est Status Quaestionis: *primò*, an in res, quae extra nos sunt, absolutè aliquam habeamus potestatem? Quod negatur. Exempli gratiâ, quòd hanc nunc exaro epistolam non est absolutè in meâ potestate, quandoquidem certè priùs scripsissem, ni vel absentiâ, vel amicorum praesentiâ impeditus fuissem. *Secundò*, an nos in motûs corporis nostri, qui sequuntur, voluntate eos ad id determinante, absolutè habeamus potestatem? Respondeo limitando, si nimirùm sano corpore vivamus. Si enim valeo, semper me ad scribendum applicare, vel non applicare possum. *Tertiò*, an, quando mihi meum rationis exercitium usurpare licet, eo liberrimè, hoc est, absolutè uti possim? Ad quod respondeo affirmativè. Quis enim mihi negaret, nisi contradicendo propriae conscientiae, quòd non possum in meis cogitationibus cogitare, me velle scribere, aut non scribere. Et quoad operationem quoque, quia hoc externae causae permittunt, (quod secundum concernit casum) quòd equidem tam scribendi, quàm non scribendi facultatem habeam: fateor quidem tecum, dari causas, quae me ad id determinant, quòd jam scribo, quia scilicet primò mihi scripsisti, eâdemque operâ postulavisti, ut primâ occasione rescriberem, et, quia impraesentiarum datur occasio, eam non libenter amitterem. Pro certo etiam affirmo, teste conscientiâ, cum Cartesio, istiusmodi res me propterea non cogere, meque reverâ (quod negatu videtur impossibile) id nihilominùs omittere posse, non obstantibus his rationibus. Si quoque cogeremur à rebus externis, cui possibile est habitum virtutis acquirere? imò hòc posito omnis malitia excusabilis esset. Sed quot modis non fit, ut, si à rebus externis ad aliquid determinemur, obfirmato tamen, ac constanti ei resistamus animo?

Ut itaque superioris Regulae clariorem dem explicationem. Ambo equidem verum dicitis proprium juxta conceptum: si autem absolutam veritatem spectemus,

assim não temos nenhum livre-arbítrio; mas, ao contrário, também julgo com Descartes que em certas coisas (o que logo exporei) não somos coagidos de maneira alguma, e que assim temos livre-arbítrio. Formarei um exemplo a partir da presente questão.

O estatuto da questão é triplo: *primeiro*, acaso temos, de maneira absoluta, algum poder sobre as coisas que estão fora de nós? Nega-se isso. Por exemplo, não está absolutamente em meu poder que agora eu exare esta carta, visto que certamente eu a teria escrito antes se não estivesse impedido pela minha ausência ou pela presença de amigos. *Segundo*, acaso temos, de maneira absoluta, poder sobre os movimentos do nosso corpo que se seguem quando a vontade os determina a isso? Respondo que há uma limitação, a saber, se vivemos com um corpo são. Com efeito, se tenho saúde, sempre posso me aplicar ou não a escrever. *Terceiro*, quando é lícito servir-me do meu exercício da razão, acaso posso utilizar-me dele muito livremente, isto é, absolutamente? A isso respondo afirmativamente. Pois quem me negaria, senão contradizendo a própria consciência, que em meus pensamentos posso pensar que quero escrever ou não escrever? E também quanto à operação (o que concerne ao segundo caso), visto que as causas externas permitem que eu tenha a faculdade tanto de escrever quanto de não escrever, reconheço contigo que se dão causas que me determinam ao que agora escrevo, a saber, porque primeiro me escreveste e ao mesmo tempo me exigiste que eu escrevesse de volta na primeira ocasião, e porque no presente momento se dá a ocasião, então eu de bom grado não a perderia. Com Descartes também afirmo por certo – minha consciência é testemunha – que nem por isso coisas desse tipo me coagem, e que posso realmente deixar a escrita de lado (o que parece impossível de negar), não obstante essas razões. Se também fôssemos coagidos pelas coisas externas, a quem seria possível adquirir o hábito da virtude? Mais ainda, posto isso, toda maldade seria escusável. Mas, mesmo sendo determinados a algo pelas coisas externas, de quantos modos não ocorre de resistirmos a isso com ânimo firme e constante?

Portanto, para dar uma explicação mais clara da regra acima: ambos dizeis o verdadeiro, segundo seu próprio conceito; porém, se consideramos a verdade absoluta, esta compete apenas à opinião

haec tantùm competit sententiae Cartesii. Supponis enim in conceptu, ut certum, libertatis essentiam in eo consistere, quòd à nullâ re determinamur. Hoc sic posito, utrumque verum erit; veruntamen cùm essentia cujuslibet rei in eo consistat, sine quo ne quidem concipi possit, et clarè sanè concipiatur libertas, licet ab externis causis in nostris actionibus ad aliquid determinemur; sive licet semper causae sint, quae incitamento nobis sunt, ut actiones nostras tali modo dirigamus, cùm tamen id planè non efficiant; verùm nullatenus, posito quòd cogamur. Vide praeterea Cartesii I. Tom. Epist. 8. et 9. item II. Tom. pag. 4. Sed haec sufficiant. Rogo, ut ad has difficultates respondeas, <en gy zult bevinden dat ik niet alleenlijk dankbaar zal zijn, maar ook, by gezondheit,
Vw Toegenegenste
N.N.>

8. Octob. 1674.

de Descartes. Com efeito, em teu conceito, supões como certo que a essência da liberdade consista em não estarmos determinados por coisa alguma. Isso assim posto, uma e outra opinião serão verdadeiras. Todavia, a essência de qualquer coisa consiste naquilo sem o qual ela não pode ser concebida, e a liberdade é certamente concebida com clareza ainda que sejamos, em nossas ações, determinados a algo por causas externas, ou seja, ainda que sempre haja causas que nos sejam um incitamento para dirigirmos nossas ações de certa maneira, desde que não o façam completamente. Por outro lado, [a liberdade] de jeito nenhum é concebida se for posto que estamos coagidos. Vê, além disso, Descartes, tomo I, cartas 8 e 9, bem como tomo II, p. 4.[2] Mas isso é suficiente. Rogo que respondas a essas dificuldades <e encontrarás que serei não só agradecido, mas também, tendo saúde,

teu devotadíssimo
N.N.[3]>

8 de outubro de 1674.

Epistola LVIII.

Viro Doctissimo, atque Expertissimo
G. H. SCHULLER
B. D. S.
Responsio ad praecedentem.

Expertissime Domine,
Misit mihi amicus noster J. R. literas, quas ad me dignatus es scribere, unà cum judicio tui amici de meâ, et Cartesii de libero arbitrio sententiâ, quae mihi gratissima fuerunt. Et, quamvis in praesentiâ, praeterquam quòd valetudinem non satis firmam habeam, aliis rebus admodùm distrahar, tamen vel singularis tua humanitas, vel quòd ego principuum puto, veritatis studium, quo teneris, me cogit, ut tuo desiderio pro mei ingenii tenuitate, satisfaciam. Etenim quid tuus amicus velit, antequam experientiam provocat, et accuratam attentionem petit, nescio. Quòd deinde addit, *Si quando inter duos alter de re quâpiam quid affirmat, alter autem neget etc.* Verum est, si intelligit illos duos, quamvis iisdem utantur vocabulis, de rebus tamen diversis cogitare, cujus rei exempla aliquot amico J. R. olim misi, cui jam scribo, ut tibi eadem communicet.

Transeo igitur ad illam Libertatis definitionem, quam meam esse ait; sed nescio, unde illam sumpserit. Ego eam rem liberam esse rem dico, quae ex solâ suae naturae necessitate existit, et agit; Coäctam autem, quae ab alio determinatur, ad existendum, et operandum certâ, ac determinatâ ratione. Ex. gr. Deus, tametsi necessariò, liberè tamen existit, quia ex solâ suae naturae necessitate existit. Sic etiam Deus se, et absolutè omnia liberè intelligit, quia ex solâ ipsius naturae necessitate sequitur, ut omnia intelligat. Vides igitur me libertatem non in libero decreto; sed in liberâ necessitate ponere.

Sed ad res creatas descendamus, quae omnes à causis externis determinantur ad existendum, et operandum certâ,

Carta LVIII[4]

Ao doutíssimo e experimentadíssimo senhor
G. H. SCHULLER[5]
B. d. S.
Resposta à precedente

Experimentadíssimo senhor,
Nosso amigo J. R.[6] enviou-me a carta que te dignaste a escrever com o juízo do teu amigo[7] sobre a minha opinião e a de Descartes acerca do livre-arbítrio, o que me agradou muito. E embora eu esteja, no presente momento, muito distraído com outras coisas, além de não ter uma saúde firme o suficiente, seja tua humanidade singular, seja o que julgo ser o principal, o gosto pela verdade que tens, forçam-me a satisfazer teu desejo conforme a fraqueza do meu engenho. Não sei, com efeito, o que quis dizer teu amigo antes de apelar à experiência e pedir cuidadosa atenção. O que ele acrescenta depois, *Se, quando entre dois homens, um afirma algo sobre alguma coisa, e o outro o nega etc.*, é verdadeiro se ele entende que esses dois, embora utilizem os mesmos vocábulos, pensam sobre coisas diversas; desse assunto enviei outrora alguns exemplos ao amigo J. R.,[8] a quem agora escrevo para que os comunique a ti.

Passo, então, àquela definição de liberdade que ele diz ser minha, mas não sei de onde a tirou. Digo que é livre a coisa que existe e age a partir só da necessidade de sua natureza; por outro lado, digo coagida a que é determinada por outra natureza a existir e a operar de maneira certa e determinada.[9] Deus, por exemplo, existe livremente, ainda que necessariamente, pois existe a partir só da necessidade de sua natureza. Assim também, Deus entende livremente a si mesmo e a absolutamente tudo, pois se segue só da necessidade de sua natureza que ele entenda tudo. Vês, portanto, que não ponho a liberdade no livre decreto, mas na livre necessidade.

Mas desçamos às coisas criadas, que são todas determinadas por causas externas a existir e a operar de maneira certa e determinada.

ac determinatâ ratione. Quod ut clarè intelligatur, rem simplicissimam concipiamus. Ex. gr. Lapis à causâ externa, ipsum impellente, certam motûs quantitatem accipit, quâ postea, cessante causae externae impulsu, moveri necessariò perget. Haec igitur lapidis in motu permanentia coäcta est, non quia necessaria; sed quia impulsu causae externae definiri debet; et quod hîc de lapide, id de quâcunque re singulari, quantumvis illa composita, et ad plurima apta esse concipiatur, intelligendum est, quòd scilicet unaquaeque res necessariò à causâ externâ aliquâ determinatur ad existendum, et operandum certâ, ac determinatâ ratione.

Porrò, concipe jam, si placet, lapidem, dum moveri pergit, cogitare, et scire, se, quantum potest, conari, ut moveri pergat. Hic sanè lapis, quandoquidem sui tantummodò conatûs est conscius, et minimè indifferens, se liberrimum esse, et nullâ aliâ de causâ in motu perseverare credet, quàm quia vult. Atque haec humana illa libertas est, quam omnes habere jactant, et quae in hoc solo consistit, quòd homines sui appetitûs sint conscii, et causarum, à quibus determinantur, ignari. Sic infans se lac liberè appetere credit; puer autem iratus vindictam velle, et timidus fugam. Ebrius deinde credit, se ex libero mentis decreto ea loqui, quae postea sobrius tacuisse vellet. Sic delirans, garrulus, et hujus farinae plurimi se ex libero mentis decreto agere, non autem impetu ferri credunt. Et quia hoc praejudicium omnibus hominibus innatum est, non itâ facilè eodem liberantur. Nam quamvis experientia satis superque doceat, homines nihil minùs posse, quàm appetitûs moderari suos, et quòd saepe, dum contrariis affectibus conflictantur, meliora videant, et deteriora sequantur, se tamen liberos esse credunt, idque propterea, quòd res quaddam leviter appetant, et quarum appetitus facilè potest contrahi memoriâ alterius rei, cujus frequenter recordamur.

His, quaenam mea de liberâ, et coäctâ necessitate, deque fictâ humanâ libertate sit sententia, satis, ni fallor, explicui; ex quibus facilè ad tui amici objectiones respondetur. Nam, quòd cum Cartesio ait, illum liberum esse, qui à nullâ causâ externâ

Para que se entenda isso claramente, concebamos uma coisa muito simples. Por ex., uma pedra recebe de uma causa externa que a impele uma certa quantidade de movimento, pela qual depois, cessando o impulso dessa causa externa, continua necessariamente a mover-se.[10] Portanto, essa permanência da pedra em movimento é coagida, não porque necessária, mas porque deve ser definida pelo impulso da causa externa; e cumpre entender que o que aqui se concebe sobre uma pedra concebe-se sobre qualquer coisa singular, por mais composta e apta a muitas coisas que ela seja, a saber: cada coisa é necessariamente determinada por alguma causa externa a existir e a operar de maneira certa e determinada.[11]

Ademais, se te apraz, concebe agora que a pedra, enquanto continua a mover-se, pensa e sabe que se esforça o quanto pode para continuar a mover-se. Certamente, essa pedra, visto que é tão somente cônscia do seu esforço e de jeito nenhum indiferente a ele, acreditará que é muito livre e que persevera em movimento por nenhuma outra causa a não ser porque ela quer.[12] E essa é aquela liberdade humana que todos se jactam de possuir, e que consiste só no fato de os homens serem cônscios de seus apetites, mas ignorantes das causas pelas quais são determinados. Assim, um bebê crê apetecer livremente o leite; um garoto irado, querer a vingança; e um covarde, a fuga. Ademais, um ébrio crê falar a partir do livre decreto da mente coisas que depois, sóbrio, queria ter calado. Assim, o delirante, o tagarela e muitos dessa farinha creem que agem a partir do livre decreto da mente, e não que são levados por ímpeto. E, porque esse preconceito é inato em todos os homens, não se livram dele tão facilmente. Pois, embora a experiência ensine mais que suficientemente que os homens nada menos podem do que moderar seus apetites, e que amiúde, enquanto enfrentam afetos contrários, veem o melhor e seguem o pior,[13] creem eles que são livres, e isso porque apetecem levemente certas coisas cujo apetite pode ser facilmente diminuído pela memória de outra coisa de que recordamos com frequência.

Com isso, se não me engano, expliquei suficientemente qual é minha opinião sobre a necessidade livre e a coagida, e sobre a fictícia liberdade humana; a partir disso, responde-se facilmente às objeções do teu amigo. Pois, quando ele diz, com Descartes, que é

cogitur, si per hominem coäctum intelligit eum, qui invitus agit, concedo nos quibusdam in rebus nullatenus cogi, hocque respectu habere liberum arbitrium; Sed si per coäctum intelligit, qui quamvis non invitus, necessariò tamen agit, (ut suprà explicui) nego nos aliquâ in re liberos esse.

At Amicus tuus contrà affirmat; *nos rationis exercitio liberrimè, hoc est, absolutè uti posse*, quâ in re satis, ne dicam nimis confidenter perstat. *Quis enim*, ait, *nisi propriae contradicendo conscientiae, negaret, me cogitationibus meis cogitare posse, quòd vellem, et quòd non vellem scribere.* Pervelim scire, quam ille conscientiam, praeter illam, quam suprà exemplo lapidis explicui, narrat: Ego sanè, ne meae conscientiae, hoc est, ne rationi, et experientiae contradicam, et ne praejudicia, et ignorantiam foveam, nego, me ullâ absolutâ cogitandi potentiâ cogitare posse, quòd vellem, et quòd non vellem scribere. Sed ipsius conscientiam appello, qui sine dubio expertus est, se in somnis non habere potestatem cogitandi, quòd vellet et quòd non vellet scribere; nec cùm somniat se velle scribere, potestatem habet, non somniandi se velle scribere; nec minùs expertum illum esse credo, quòd mens non semper aequè apta sit ad cogitandum de eodem objecto; sed prout corpus aptius est, ut in eo hujus, vel illius objecti imago excitetur, ità mens aptior est ad hoc, vel illud objectum contemplandum.

Cùm praeterea addit, quòd causae, cur animum ad scribendum applicuerit, ipsum quidem ad scribendum impulerint; sed non coëgerint, nihil aliud significat, (si rem aequo pondere examinare velis) quàm quòd ipsius animus ità tum erat constitutus, ut causae, quae ipsum aliàs, cùm scilicet magno aliquo affectu conflictatur, non potuissent, nunc facilè potuerunt flectere, hoc est, causae, quae ipsum aliàs non potuissent cogere, coëgerunt jam, non ut invitus scriberet; sed ut necessariò scribendi esset cupidus.

Quòd porrò statuit: *quòd si à causis externis cogeremur, virtutis habitum acquirere possit nemo*; Nescio, quis ipsi dixerit, non posse ex fatali necessitate; sed tantummodò ex libero Mentis decreto, fieri, ut firmato, et constanti simus animo.

livre aquele que não é coagido por nenhuma causa externa, se por homem coagido ele entende aquele que age contra a sua vontade, concedo que em certas coisas não somos de modo algum coagidos, e que, a respeito disso, temos livre-arbítrio. Mas, se por coagido ele entende aquele que, embora não contra a sua vontade, age necessariamente (como expliquei antes), nego sermos livres em alguma coisa.

Porém, ao contrário, teu amigo afirma que *podemos fazer uso do exercício da razão muito livremente, isto é, absolutamente*; nisso ele persiste bastante confiante – para não dizer excessivamente. *Pois quem*, diz ele, *negaria, senão contradizendo a própria consciência, que posso pensar, em meus pensamentos, que quero e que não quero escrever?* Queria muito saber que consciência ele cita além daquela explicada antes no exemplo da pedra. Eu, certamente, sem contradizer minha consciência, isto é, minha razão e experiência, e sem favorecer a ignorância e os preconceitos, nego que, por alguma potência absoluta de pensar, eu possa pensar que quero e que não quero escrever. Mas apelo à consciência dele, que sem dúvida experimentou nos sonhos não ter o poder de pensar que queria e que não queria escrever; e que, quando sonha que quer escrever, não tem o poder de não sonhar que quer escrever; e não creio que ele tenha experimentado menos que a mente nem sempre é igualmente apta a pensar sobre o mesmo objeto, mas, quanto mais apto é o corpo a que nele seja excitada a imagem deste ou daquele objeto, tanto mais apta é a mente a contemplar este ou aquele objeto.

Além disso, quando ele acrescenta que as causas pelas quais se empenhou em escrever decerto o impeliram a escrever, mas não o coagiram, isso nada outro significa (se quiseres examinar o assunto com igual peso) senão que seu ânimo estava de tal maneira constituído, que as causas que em outro momento – a saber, ao enfrentar algum grande afeto – não o teriam podido inclinar agora o puderam facilmente; isto é, as causas que em outro momento não o teriam podido coagir agora o coagiram, não a que ele escrevesse contra a vontade, mas a que ele necessariamente desejasse escrever.

O que, ademais, ele sustenta: *se fôssemos coagidos pelas causas externas, ninguém poderia adquirir o hábito da virtude*; não sei quem disse a ele que não pode ocorrer de sermos de ânimo firme e constante a partir da necessidade fatal, mas tão somente a partir do livre decreto da mente.

Et quòd denique addit: *quòd hoc posito omnis malitia excusabilis esset.* Quid inde? Nam homines mali non minùs timendi sunt, nec minùs perniciosi, quando necessariò mali sunt. Sed de his si placet, vide meae Appendicis ad Cartesii Principiorum lib. I et II ordine Geometrico demonstrator. Partis II. Caput VIII.

Denique tuus amicus, qui haec mihi objicit, vellem, ut mihi responderet, quâ ratione ille humanam virtutem, quae ex libero Mentis decreto oritur, simul concipiat cum Dei praeordinatione. Quòd si cum Cartesio fatetur, se haec nescire conciliare, ergo telum, quo ipse transfixus jam est, in me vibrare conatur. Sed frustrà. Nam si meam sententiam attento animo examinare velis, omnia congruere videbis, etc.

E o que ele acrescenta por fim: *posto isso, toda maldade seria escusável*. E daí? Pois os homens maus não hão de ser menos temidos nem são menos perniciosos quando são maus necessariamente. Mas, sobre essas coisas, se te apraz, vê o capítulo VIII da parte II do meu apêndice[14] aos livros I e II dos *Princípios de Descartes demonstrados em ordem geométrica*.

Finalmente, queria que o teu amigo que me objetou essas coisas me respondesse de que maneira ele concebe simultaneamente a virtude humana, que se origina do livre decreto da mente, e a preordenação de Deus. Se ele, com Descartes, confessa não saber como conciliar essas coisas, então tenta arremessar contra mim um dardo pelo qual ele próprio já foi atravessado. Mas em vão. Pois, se quiseres examinar minha opinião com ânimo atento, verás que tudo é congruente etc.

Epistola LIX.

Praestantissimo, atque Acutissimo Philosopho,
B. D. S.
EHRENFR. WALTH. de TSCHIRNHAUS.

Praestantissime Vir,
Methodum tuam rectè regendae rationis in acquirendâ veritatum incognitarum cognitione, ut et Generalia in Physicis quando impetrabimus? Novi te jam modò magnos in iis fecisse progressûs. Prius jam mihi innotuit, et posterius noscitur ex Lemmatis Parti secundae Ethices adjectis: quibus multae difficultates in Physicis facilè solvuntur. Si otium, et occasio sinit, à te submissè peto, veram Motûs Definitionem, ut et ejus explicationem, atque quâ ratione, cùm extensio, quatenus per se concipitur, indivisibilis, immutabilis, etc. sit, à priori deducere possimus tot, tamque multas oriri posse varietates, et per consequens existentiam figurae in particulis alicujus corporis, quae tamen in quovis corpore variae, et diversae sunt à figuris partium, quae alterius corporis formam constituunt? Praesens mihi indicasti methodum, quâ uteris in indagandis necdum cognitis veritatibus. Experior eam Methodum valdè esse praecellentem, et tamen valdè facilem, quantum ego de eâ concipi; et possum affirmare hâc unicâ observatione magnos me in Mathematicis fecisse progressûs: optem idcircò, ut mihi veram traderes definitionem ideae adaequatae, verae, falsae, fictae, et dubiae. Differentiam inter ideam veram, et adaequatam quaesivi, huc usque tamen nil aliud rescire potui, quàm quum rem inquisivi, et certum conceptum; vel ideam, quòd, inquam, (ut porrò expiscarer, an haec idea vera etiam alicujus rei adaequata esset) ex me quaesiverim, quae sit causa hujus ideae, aut conceptûs; quâ cognitâ denuò interrogavi, quae sit rursus causa hujus conceptûs, et sic semper in causas causarum idearum inquirendo perrexi, usque dum talem

Carta LIX[15]

Ao prestantíssimo e agudíssimo filósofo
B. D. S.
EHRENFR. WALTH. von TSCHIRNHAUS

Prestantíssimo senhor,
Quando conseguiremos teu método de dirigir corretamente a razão para adquirir o conhecimento das verdades desconhecidas, assim como as generalidades na física?[16] Eu soube que recentemente fizeste grandes progressos nesses assuntos. O primeiro já se tornou conhecido para mim, e o segundo se conhece a partir dos lemas acrescentados à segunda parte da *Ética*, com os quais se resolvem facilmente muitas dificuldades na física. Se o ócio e a ocasião permitirem, peço-te humildemente a definição verdadeira do movimento, bem como sua explicação, e de que maneira, já que a extensão, enquanto concebida por si, é indivisível, imutável etc., podemos deduzir *a priori* que tantas e tamanhas variedades podem originar-se e, consequentemente, a existência da figura nas partículas de um corpo, as quais, todavia, são várias em qualquer corpo e diversas das figuras das partes que constituem a forma de outro corpo. Na minha presença, indicaste o método que utilizas para indagar as verdades ainda não conhecidas. Experimento que esse método é muito excelente, e, todavia, o quanto concebi sobre ele, muito fácil; e posso afirmar que, com essa única observação, fiz grandes progressos na matemática; gostaria, pois, que me expusesses a definição verdadeira de ideia adequada, verdadeira, falsa, fictícia e duvidosa. Busquei a diferença entre ideia verdadeira e adequada, porém até aqui nada outro pude descobrir senão que, ao investigar a coisa e certo conceito ou ideia, digo, perguntei-me (para achar, ademais, se essa ideia verdadeira também era ideia adequada de alguma coisa) qual é a causa dessa ideia ou conceito; conhecida esta, interroguei de novo qual é a causa em seguida desse conceito, e prossegui assim, sempre investigando as causas das causas das ideias, até topar com uma causa

causam nanciscerer, cujus aliam causam rursus videre non possem, quàm quòd inter omnes ideas possibiles, quas penes me habeo, haec una quoque ex iisdem existat. Si, exempli causâ, inquirimus, in quo consistat vera nostrorum Errorum origo; Cartesius respondebit, quòd assensum praebeamus rebus nondum clarè perceptis; verùm licet haec vera idea hujus rei sit, nondum tamen potero omnia circa haec scitu necessaria determinare, nisi quoque hujus rei adaequatam ideam habuero, quam ut assequar, denuo in causam hujus conceptûs inquiro, quare nimirùm fiat, ut assensum praebeamus rebus non clarè intellectis, et respondeo hoc fieri ex defectu cognitionis; sed hîc rursus ulteriùs inquirere non licet, quaenam sit causa, ut quaedam ignoremus; ac proinde video me adaequatam ideam nostrorum errorum detexisse. Hîc interim à te requiro, an, quia constat, multas res infinitis modis expressas habere adaequatam sui ideam, et ex quâvis adaequatâ ideâ omnia ea, quae de re sciri possunt, educi posse, quamvis faciliùs ex hâc, quàm ex illâ ideâ, eliciantur, an, inquam, sit medium, quo noscatur, utra prae aliâ usurpanda sit. Sic, exempli gratiâ, adaequata idea circuli consistit in radiorum aequalitate, eadem quoque consistit in infinitis rectangulis sibi invicem aequalibus, factis à segmentis duarum linearum, atque sic porrò infinitas habet expressiones, quarum unaquaeque adaequatam circuli naturam explicat; et quamvis ex unaquâque harum omnia alia deducere liceat, quae de circulo sciri possunt, id ipsum tamen multò faciliùs fit ex unâ harum, quàm ex alterâ. Sic quoque, qui applicatas Curvarum considerat, multa deducet, quae ad dimensionem harum spectant, sed majori facilitate, si consideremus Tangentes, etc. Et ità indicare volui, quò usque hac in Disquisitione progressus sum: Cujus perfectionem, vel si alicubi erro emendationem, nec non desideratam Definitionem exspecto. Vale.

5 Januar. 1675.

da qual eu não pudesse ver em seguida outra causa senão que, entre todas as ideias possíveis que tenho em minha posse, essa é também a única delas que existe. Se inquirirmos, por exemplo, em que consiste a verdadeira origem de nossos erros, Descartes responderá que damos assentimento a coisas ainda não claramente percebidas; mas, embora seja essa uma ideia verdadeira dessa coisa, ainda não poderei determinar tudo o que é necessário saber acerca dela a não ser que eu também tenha tido uma ideia adequada dessa coisa; para alcançá-la, investigo de novo a causa desse conceito, a saber, por que acontece de darmos assentimento a coisas ainda não claramente entendidas; e respondo que isso resulta de uma deficiência do conhecimento; mas aqui não é permitido investigar ainda mais além qual é a causa de ignorarmos algumas coisas; e por conseguinte vejo que revelei a ideia adequada de nossos erros. Nesse ínterim, aqui te pergunto se acaso, visto que consta que muitas coisas expressas de infinitos modos têm uma ideia adequada de si,[17] e que de uma ideia adequada qualquer pode deduzir-se tudo que se pode saber da coisa, ainda que eliciado mais facilmente a partir desta ideia do que daquela, pergunto-te se acaso há um meio de saber qual delas há de ser usada de preferência a uma outra. Assim, por exemplo, a ideia adequada do círculo consiste na igualdade dos raios, e consiste também em infinitos retângulos iguais uns aos outros, feitos por segmentos de duas retas;[18] e assim por diante ela tem infinitas expressões, cada uma das quais explica a natureza adequada do círculo; e, embora de cada uma delas se permita deduzir todas as outras coisas que se podem saber do círculo, isso se faz muito mais facilmente a partir de uma delas do que de outra. Assim também, quem considera as ordenadas das curvas deduzirá muitas coisas que dizem respeito à dimensão delas, mas o fará com maior facilidade se considerarmos as tangentes etc.[19] E eu quis assim indicar até onde progredi nessa investigação, da qual espero o acabamento, ou a emenda, se erro em alguma parte, além da desejada definição do movimento. Passa bem.

5 de janeiro de 1675.

Epistola LX.

Nobilissimo, ac Doctissimo Viro,
EHRENFR. WALTH. de TSCHIRNHAUS
B. D. S.
Responsio ad Praecedentem.

Nobilissime Vir,
Inter ideam veram, et adaequatam nullam aliam differentiam agnosco, quàm quòd nomen veri respiciat tantummodò convenientiam ideae cum suo ideato; Nomen adaequati autem naturam ideae in se ipsâ; ità ut reverâ nulla detur differentia inter ideam veram, et adaequatam praeter relationem illam extrinsecam. Jam autem, ut scire possim, ex quâ rei ideâ ex multis omnes subjecti proprietates possint deduci, unicum tantùm observo, ut ea rei idea, sive definitio causam efficientem exprimat. Exempli gratiâ, ad circuli proprietates investigandas inquiro, an ex hâc ideâ circuli, quòd scilicet constat ex infinitis rectangulis, possim omnes ejus proprietates deducere, inquiro, inquam, an haec idea causam circuli efficientem involvat, quòd cùm non fiat, aliam quaero: nempe quòd circulus sit spatium, quod describitur à lineâ, cujus unum punctum est fixum, alterum mobile: cùm haec Definitio jam causam efficientem exprimat, scio me omnes inde posse circuli proprietates deducere, etc. Sic quoque cùm Deum definio esse Ens summè perfectum, cumque ea definitio non exprimat causam efficientem, (intelligo enim causam efficientem tam internam, quàm externam) non potero inde omnes Dei proprietates expromere; at quidem cum definio Deum esse *Ens*, etc. vide Definit. VI. Part. I Ethices.

Caeterùm de reliquis, nimirùm de motu, quaeque ad Methodum spectant, quia nondum ordine conscripta sunt, in aliam occasionem reservo.

Circa illa, quae ais, quòd ille, qui considerat applicatas Curvarum, multa deducet, quae ad dimensionem earum spectant;

Carta LX[20]

Ao nobilíssimo e doutíssimo senhor
EHRENFR. WALTH. von TSCHIRNHAUS
B. D. S.
Resposta à precedente

Nobilíssimo senhor,
Entre a ideia verdadeira e a adequada, nenhuma outra diferença reconheço senão que o nome *verdadeiro* diz respeito tão somente à conveniência da ideia com seu ideado, e o nome *adequado*, à natureza da ideia em si mesma; de tal maneira que nenhuma diferença se dá, realmente, entre a ideia verdadeira e a adequada além dessa relação extrínseca. Agora, para que eu possa saber a partir de qual ideia da coisa, dentre muitas, podem ser deduzidas todas as propriedades do sujeito, observo apenas este único ponto: que essa ideia ou definição da coisa exprima a causa eficiente. Por exemplo, para investigar as propriedades do círculo, inquiro se posso, a partir dessa ideia do círculo, a saber, que ele consta de infinitos retângulos, deduzir todas as suas propriedades; quero dizer, inquiro se essa ideia envolve a causa eficiente do círculo; como isso não ocorre, busco outra, a saber, que o círculo é o espaço descrito por uma reta, da qual um ponto é fixo e o outro é móvel; como essa definição agora exprime a causa eficiente, sei que posso deduzir daí todas as propriedades do círculo etc. Assim também, quando defino que Deus é um ente sumamente perfeito, e como essa definição não exprime a causa eficiente (pois entendo a causa eficiente tanto interna quanto externa), não poderei expor a partir daí todas as propriedades de Deus; mas sim quando defino que Deus é *um ente* etc.; vê a definição VI da parte I da *Ética*.

De resto, quanto às demais coisas, a saber, ao movimento e àquelas que dizem respeito ao método, reservo-as para outra ocasião, pois ainda não estão redigidas em ordem.

Acerca daquelas coisas que dizes: que aquele que considera as ordenadas das curvas deduzirá muitas coisas que dizem respeito à

sed majori facilitate, considerando Tangentes, etc. Ego contrarium puto, quòd etiam considerando Tangentes multa alia difficiliùs deducentur, quàm considerando ordinatim applicatas, et absolutè statuo, quòd ex quibusdam proprietatibus alicujus rei (quâcunque datâ ideâ) alia faciliùs, alia difficiliùs (quae tamen omnia ad Naturam illius rei spectant) inveniri possint; sed hoc tantùm observandum existimo, ideam talem esse inquirendam, ex quâ omnia elici queant, ut suprà dictum. Omnia enim ex aliquâ re possibilia deducturus, necessariò sequitur ultima prioribus difficiliora fore, etc.

dimensão delas, mas o fará com maior facilidade considerando as tangentes etc.; julgo o contrário, pois, também considerando as tangentes, muitas outras coisas serão mais dificilmente deduzidas do que considerando, ordenadamente, as ordenadas. E sustento absolutamente que, a partir de algumas propriedades de uma coisa (qualquer que seja a ideia dada), umas podem ser descobertas mais facilmente, e outras, mais dificilmente (todas elas, contudo, dizem respeito à natureza daquela coisa); mas estimo que se haja de observar apenas isto: cumpre inquirir uma ideia tal que dela todas as propriedades possam ser eliciadas, como dito antes. Com efeito, havendo de deduzir todas as [propriedades] possíveis de uma coisa, segue-se necessariamente que as últimas serão mais difíceis que as primeiras etc.

Epistola LXIII.

Praestantissimo Acutissimoque Philosopho,
B. D. S.
G. H. SCHULLER.

Vir Nobilissime ac Praestantissime

Erubescerem ob diuturnum hactenus silentium meum, unde pro favore à benevolentia tua mihi immerito exhibito ingratudinis accusari possem, nisi te cogitarem, generosam tuam humanitatem ad excusandam potius quàm incusandum inclinare, et scirem, eandem pro communi amicorum bono tam seriis vacare meditationibus, quales sine sontica turbare causa eidem noxium atque damnosum foret. Hanc itaque ob causam silui, contentus ex amicis prosperam tuam valetudinem interea percipere, sed per praesentes significare nitor, eâdem nobilissimum amicum nostrum dominum de Tschirnhausen nobiscum in Angliâ adhuc frui, qui ter in suis (quas ad me dedit literis) domino sua officia cum salute honorificâ impertiti jussit, me iterato rogans, ut sequentium dubiorum solutionem tibi proponerem, insimulque ad ea responsionem desideratam expeterem, Nimirum, num placeret domino demonstratione* scilicet aliqua ostensiva, sed non ad impossibile deducente convincere, nos non posse plura Dei attributa cognoscere quam Cogitationem et Extensionem; praeterea num inde sequatur, quod creaturae, quae aliis attributis constant, econtra nullam possent concipere Extensionem, atque sic viderentur constituendi tot mundi, quot sunt attributa Dei; ex. gr. mundus noster Extensionis, ut ita dicam, quantae amplitudinis existit, tantae quoque amplitudinis mundi, qui aliis attributis constant, existerent, quodque sicuti nos nihil nisi Extensionem percipimus praeter Cogitationem, sic creaturae

---

* Serio abs te peto, ut hic motas dubitationes solvere, tuamque ad eas responsionem mihi mittere placeat.

Carta LXIII[21]

Ao prestantíssimo e agudíssimo filósofo
B. D. S.
G. H. SCHULLER

Nobilíssimo e prestantíssimo senhor,
Eu me envergonharia pelo meu diuturno silêncio até agora, pelo qual poderia ser acusado de ingratidão diante do imerecido apreço que tua benevolência me mostrou, se não pensasse que tua generosa humanidade te inclina antes a escusar do que a acusar, e se eu não soubesse que ela se dedica, pelo bem comum dos amigos, a meditações tão sérias que seria nocivo e danoso a esse bem perturbá-las sem motivo grave. Assim, esse é o motivo de eu ter mantido o silêncio, contentando-me, nesse ínterim, em saber pelos amigos de tua próspera saúde. Mas me empenho em assinalar, pela presente, que conosco frui de igual saúde nosso nobilíssimo amigo, Sr. Von Tschirnhaus, ainda na Inglaterra,[22] que três vezes em suas cartas (nas enviadas a mim) mandou-me oferecer ao senhor seus serviços com sua honrosa saudação, rogando-me reiteradamente que eu te propusesse a solução das seguintes dúvidas, e que simultaneamente reivindicasse a desejada resposta a elas, a saber: se agradaria ao senhor nos convencer com uma demonstração* ostensiva, e não reduzindo ao impossível,[23] que não podemos conhecer mais atributos de Deus do que o pensamento e a extensão; ademais, se daí se segue, por outro lado, que as criaturas que constam de outros atributos não poderiam conceber nenhuma extensão, e assim tantos mundos pareceriam constituir-se quantos são os atributos de Deus; por ex., com quanta amplitude, por assim dizer, existe nosso mundo da extensão, com tanta amplitude também existiriam mundos que constam de outros atributos, e assim como nós, além do pensamento, nada percebemos

---

* Peço-te, com seriedade, que te apraza resolver as dúvidas aqui levantadas e enviar-me tua resposta a elas.

illorum mundorum nihil aliud deberent percipere, nisi attributum sui mundi ac cogitationem.

Secundò, Cùm Dei intellectus à nostro intellectu à nostro intellectu tam Essentiâ quàm existentia differat, ergo nihil commune habebit cum nostro intellectu, ac proinde (per 3 prop. lib. 1.) Dei intellectus non potest esse causa nostri intellectus.

Tertiò in Scholio p. 10 dicis, nihil in Natura clarius, quàm quod unumquodque Ens sub aliquo attributo debeat concipi (quod optimè percipio), et quò plus realitatis aut Esse habet, eo plura attributa ipsi competunt, Videretur hinc sequi dari Entia, quae tria, quatuor, etc. attributa habeant, dum tamen ex demonstratis colligere licuit, unumquodque Ens duobus tantum attributis constare, Nimirum certo aliquo attributo Dei et idea ejusdem attributi.

Quartò Exempla eorum, quae immediatè à Deo producta, et quae mediante aliqua modificatione infinita desiderarem; Mihi videntur primi generis esse Cogitatio et Extensio, posterioris Intellectus in Cogitatione, Motus in Extensione, etc.*

Atque haec sunt, quae à praestantia tua praedictus noster Tschirnhausen illustrari mecum desiderat, si fortè otium subsecivum id concesserit, caeterùm refert D^{um} Boyle and Oldenburgh mirum de tua persona formâsse conceptum, quem ipse eisdem non solum ademit, sed rationes addidit, quarum inductione, iterum non solum dignissimè et faventissimè de eadem sentiant, sed et Tractatum theologico-politicum summè aestiment, cujus pro regimine tuo te certiorem facere non fui ausus, certissimus, me ad quaevis officia esse et vivere
    Nobilissimi Viri
       Servum paratissimum
             G. H. Schuller.

Amsterd. 25 julij 1675
D. a Gent officiosè salutat
una cum J. Riew.

---

* facies totius naturae, quae quamvis infinitis modis variet manet semper eadem. Vide Sch. pr. 13. p. 2.

senão a extensão, também as criaturas daqueles mundos nada outro deveriam perceber senão o atributo do seu mundo e o pensamento.

Em segundo lugar, já que o intelecto de Deus difere do nosso intelecto tanto em essência quanto em existência, logo nada em comum terá com o nosso intelecto, e por conseguinte (pela prop. 3 do liv. 1) o intelecto de Deus não pode ser causa do nosso intelecto.

Em terceiro lugar, dizes no escólio da prop. 10 que nada é mais claro na natureza do que o fato de que cada ente deve ser concebido sob algum atributo (o que percebo muito bem), e que quanto mais realidade ou ser ele tem, tanto mais atributos lhe competem. Daí pareceria seguir-se que se dão entes que têm três, quatro etc. atributos, ao passo que foi lícito coligir, das coisas demonstradas, que cada ente consta apenas de dois atributos, a saber, de algum atributo certo de Deus e da ideia desse atributo.

Em quarto, eu desejaria exemplos das coisas que são produzidas imediatamente por Deus e das que o são mediante alguma modificação infinita; parece-me que são do primeiro gênero o pensamento e a extensão, e do segundo, o intelecto no pensamento, o movimento na extensão etc.*

E essas são as coisas que nosso predito amigo Tschirnhaus deseja comigo que sejam esclarecidas por tua excelência, se acaso houver tempo disponível; de resto, ele relata que os Srs. Boyle e Oldenburg formaram de tua pessoa um conceito estranho, e que ele não só o tirou deles, mas acrescentou razões que os induziram não só a ter de novo uma opinião muito digna e favorável de tua pessoa, mas também a estimar sumamente o *Tratado teológico-político*;[24] sobre isso, conforme teu comando, eu não havia ousado informar-te.[25] Certíssimo esteja de que sou e vivo para quaisquer serviços,

nobilíssimo senhor,
o dispostíssimo servo
G. H. Schuller

Amsterdã, 25 de julho de 1675
O Sr. Van Gent[26] te saúda respeitosamente
junto a J. Riew.[27]

---

* a face da natureza toda, que permanece sempre a mesma, ainda que varie de infinitos modos. Vê o esc. da prop. 13 da parte 2.

Epistola LXIV.

Doctissimo, Expertissimoque Viro
G. H. SCHULLER
B. D. S.
Responsio ad Praecedentem.

Expertissime Vir,
Gaudeo, quòd tandem occasio tibi oblata fuerit, ut me tuis literis, mihi semper gratissimis, recreares, quod ut frequenter facias, enixè rogo, etc.

Ad dubia pergo, et quidem ad primum dico, mentem humanam illa tantummodò posse cognitione assequi, quae idea corporis actu existentis involvit, vel quod ex hâc ipsâ ideâ potest concludi. Nam cujuscunque rei potentiâ solâ ejus essentiâ definitur, (per Prop. 7. p. 3. Ethices) mentis autem essentia (per Prop. 13. p. 2) in hoc solo consistit, quòd sit idea corporis actu existentis, ac proinde mentis intelligendi potentia ad ea tantùm se extendit, quae haec idea corporis in se continet, vel quae ex eâdem sequuntur. At haec corporis idea nulla alia Dei attributa involvit, neque exprimit, quàm Extensionem, et Cogitationem. Nam ejus ideatum, nempe corpus (per Prop. 6. p. 2.) Deum pro causâ habet, quatenus sub attributo Extensionis, et non quatenus sub ullo alio consideratur, atque adeò (per Axiom. 6. p. 1.) haec corporis idea Dei cognitionem involvit, quatenus tantummodò sub Extensionis attributo consideratur. Deinde haec idea, quatenus cogitandi modus est, Deum etiam (per eandem Prop.) pro causâ habet, quatenus res est cogitans, et non quatenus sub alio attributo consideratur; adeoque (per idem Axiom.) hujus ideae idea Dei cognitionem involvit, quatenus sub Cogitationis, et non quatenus sub alio attributo consideratur. Apparet itaque mentem humanam, sive corporis humani ideam praeter haec duo nulla alia Dei attributa

Carta LXIV[28]

Ao doutíssimo e experimentadíssimo senhor
G. H. SCHULLER
B. D. S.
Resposta à precedente

Experimentadíssimo senhor,
Alegro-me porque enfim te foi oferecida a ocasião de me recreares com tua carta, a mim sempre agradabilíssima, o que rogo com todas as forças que faças com frequência etc.

Passo às dúvidas, e, para a primeira, digo que a mente humana pode alcançar, com o conhecimento, tão somente aquelas coisas que a ideia de um corpo existente em ato envolve, ou o que pode ser concluído dessa própria ideia. Pois a potência de qualquer coisa se define só por sua essência (pela prop. 7 da parte 3 da *Ética*), e a essência da mente (pela prop. 13 da parte 2) consiste só no fato de ser a ideia de um corpo existente em ato, por conseguinte a potência de entender da mente se estende apenas às coisas que essa ideia do corpo contém em si ou às que se seguem dela. Mas essa ideia do corpo não envolve nem exprime nenhum outro atributo de Deus a não ser a extensão e o pensamento. Pois seu ideado, a saber, o corpo (pela prop. 6 da parte 2), tem como causa Deus enquanto é considerado sob o atributo da extensão, e não sob algum outro atributo; e por isso (pelo ax. 6 da parte 1) essa ideia do corpo envolve o conhecimento de Deus enquanto é considerado tão somente sob o atributo da extensão. Ademais, essa ideia, enquanto é um modo de pensar, também tem como causa Deus (pela mesma prop.) enquanto é coisa pensante, e não enquanto é considerado sob outro atributo; e por isso (pelo mesmo ax.) a ideia dessa ideia envolve o conhecimento de Deus enquanto é considerado sob o atributo do pensamento, e não sob outro. Aparece assim que a mente humana, ou seja, a ideia do corpo humano, não envolve nem exprime nenhum outro atributo de Deus além desses dois. De resto, a partir desses dois atributos ou

involvere, neque exprimere. Caeterùm ex his duobus attributis, vel eorundem affectionibus nullum aliud Dei attributum (per Prop. 10. p. 1.) concludi, neque concipi potest. Atque adeò concludo mentem humanam nullum Dei attributum praeter haec posse cognitione assequi, ut fuit propositum. Quòd autem addis, an ergo tot mundi constituendi sunt, quot dantur attributa? vide Schol. Prop. 7. p. 2. Ethices. Posset praeterea haec propositio faciliùs demonstrari, deducendo rem ad absurdum; quod quidem demonstrandi genus, quando propositio negativa est, prae altero eligere soleo, quia cum naturâ similium magis convenit. Sed quia positivum tantummodò petis, ad alterum transeo, quòd est, an id possit ab alio produci, in quo tam essentia, quàm existentia discrepat: nam quae ab invicem ità differunt nihil commune habere videntur. Sed cùm omnia singularia, praeter illa, quae à suis similibus producuntur, differant à suis causis, tam essentiâ, quàm existentiâ, nullam hîc dubitandi rationem video.

Quo autem ego sensu intelligam, quòd Deus sit causa efficiens rerum, tam essentiae, quàm existentiae, credo me satis explicuisse in Schol. et Coroll. Prop. 25. p. 1. Ethic.

Axioma Scholii Prop. 10. p. 1. ut in fine ejusd. Scholii innui, formamus ex ideâ, quam habemus Entis absolutè infiniti, et non ex eo, quòd dentur, aut possint dari entia, quae tria, quatuor, etc. attributa habeant.

Denique exempla, quae petis, primi generis sunt in Cogitatione, intellectus absolutè infinitus; in Extensione autem motus et quies; secundi autem, facies totius Universi, quae quamvis infinitis modis variet, manet tamen semper eadem, de quo vide Schol. 7. Lemmatis ante Prop. 14. p. 2.

His, vir praestantissime, ad tuas, nostrique amici objectiones respondisse me credo, si tamen scrupulum adhuc remanere existimas, rogo, ut mihi significare non graveris, ut eum etiam, si possim, evellam. Vale, etc.

Hagae Com. 29 julii, 1675.

das afecções deles não se pode deduzir nem conceber nenhum outro atributo de Deus (pela prop. 10 da parte 1). E por isso concluo que a mente humana não pode alcançar, com o conhecimento, nenhum atributo de Deus além desses, como se propôs. Quanto ao que acrescentas depois, se por conseguinte hão de se constituir tantos mundos quantos atributos se dão, vê o esc., prop. 7 da parte 2 da *Ética*. Essa proposição, além disso, poderia ser demonstrada mais facilmente reduzindo a coisa ao absurdo; de fato, quando a proposição é negativa, costumo preferir esse gênero de demonstrar ao outro, porque convém mais à natureza de proposições semelhantes. Mas, como pedes tão somente uma demonstração positiva, passo à outra dúvida, que é se algo pode ser produzido por outro do qual discrepa tanto em essência quanto em existência, já que as coisas que assim diferem umas das outras nada parecem ter em comum. Mas, como todas as coisas singulares, exceto aquelas que são produzidas por seus semelhantes, diferem de suas causas tanto em essência quanto em existência, não vejo aqui razão alguma para duvidar.

Ora, em que sentido entendo que Deus é causa eficiente das coisas, tanto da essência quanto da existência, creio ter explicado suficientemente no esc. e no cor. da prop. 25 da parte 1 da *Ética*.

Formamos o axioma do escólio da prop. 10 da parte 1, como indiquei no fim do mesmo escólio, a partir da ideia que temos do ente absolutamente infinito, e não a partir do fato de que se dão ou podem dar-se entes que tenham três, quatro etc. atributos.

Por fim, os exemplos que pedes do primeiro gênero são, no pensamento, o intelecto absolutamente infinito, e, na extensão, o movimento e o repouso; já do segundo, a face do universo todo, a qual, ainda que varie de infinitos modos, permanece sempre a mesma; sobre isso vê o esc. do lema 7, antes da prop. 14 da parte 2.[29]

Com isso, prestantíssimo senhor, creio ter respondido às objeções tuas e do nosso amigo; todavia, se estimas ainda restar alguma hesitação, rogo que não te acanhes em me assinalar, para que eu, se puder, suprima-a. Passa bem etc.

Haia, 29 de julho de 1675.

Epistola LXV.

Acutissimo, ac Doctissimo Philosopho,
B. D. S.
EHRENFR. WALTH. de TSCHIRNHAUS.

Vir Clarissime,

Abs te peto Demonstrationem ejus, quod dicis; nempe quòd anima non possit plura attributa Dei, quàm Extensionem, et Cogitationem percipere. Quod quidem licet evidenter videam, contrariùm tamen ex Schol. Prop. 7 part. 2. Ethices posse deduci, mihi videtur, fortè non aliam ob causam, quàm quia sensum hujus Scholii non satis rectè percipio. Constitui ergo, haec quâ ratione deducam, exponere, te, Vir Cl. obnixè rogans, ut mihi velis, ubicunque sensum tuum non rectè assequor, solitâ tuâ humanitate sucurrere. Ea autem sic sese habent. Quòd, licet inde colligam, mundum utique unicum esse, id tamen exinde non minùs quoque clarum est, eum ipsum infinitis modis expressum; ac proinde unamquamque rem singularem infinitis modis expressam esse. Unde videtur sequi, quòd Modificatio illa, quae Mentem meam constituit; ac Modificatio illa, quae Corpus meum exprimit, licet una, et eadem sit Modificatio, ea tamen infinitis modis sit expressa, uno modo per Cogitationem, altero per Extensionem, tertiò per attributum Dei mihi incognitum, atque sic porrò in infinitum, quia infinita dantur Attributa Dei, et Ordo, et Connexio Modificationum videtur esse eadem in omnibus. Hinc jam Quaestio oritur, quare Mens, quae certam Modificationem repraesentat, et quae eadem Modificatio non solùm Extensione, sed infinitis aliis modis est expressa; quare, inquam, tantùm Modificationem illam per Extensionem expressam, hoc est, Corpus humanum, et nullam aliam expressionem per alia attributa percipiat. Sed tempus mihi non permittit, ut ea prolixiùs prosequar, forte haec dubia omnia crebrioribus Meditationibus eximentur.

Londini, 12. August. 1675.

Carta LXV[30]

Ao agudíssimo e doutíssimo filósofo
B. D. S.
EHRENFR. WALTH. VON TSCHIRNHAUS

Claríssimo senhor,
Peço-te uma demonstração disto que dizes: que a alma não pode perceber mais atributos de Deus além da extensão e do pensamento. Embora eu veja isso com evidência, parece-me que se pode deduzir o contrário a partir do esc. da prop. 7 da parte 2 da *Ética*, talvez por nenhum outro motivo a não ser porque não percebo assaz corretamente o sentido desse escólio. Logo, decidi expor a ti, claríssimo senhor, de que maneira deduzo essas coisas, rogando com todas as forças que queiras me socorrer com tua habitual humanidade, onde quer que eu não alcance corretamente o teu pensamento. Ora, as coisas se passam assim. Embora dali eu colija que o mundo é certamente único, dali todavia não é menos claro que ele próprio é expresso de infinitos modos, e que por conseguinte cada coisa singular é expressa de infinitos modos. Donde parece seguir-se que aquela modificação que constitui a minha mente e aquela modificação que exprime o meu corpo, embora sejam uma só e mesma modificação, são expressas de infinitos modos: de uma maneira pelo pensamento, de outra pela extensão, de uma terceira por um atributo de Deus desconhecido a mim, e assim por diante ao infinito, pois se dão infinitos atributos de Deus e a ordem e a conexão das modificações parecem ser as mesmas em todos. Daí surge agora a questão: por que a mente, que representa uma modificação certa, e essa mesma modificação é expressa não só pela extensão, mas de outros infinitos modos, digo, por que a mente apenas percebe aquela modificação expressa pela extensão, isto é, o corpo humano, e não percebe nenhuma outra expressão por outros atributos? Mas o tempo não me permite prosseguir mais longamente nessas coisas; talvez todas essas dúvidas sejam tiradas com meditações mais frequentes.

Londres, 12 de agosto de 1675.

Epistola LXVI.

Nobilissimo, ac Doctissimo Viro,
EHRENFR. WALTH. de TSCHIRNHAUS
B. D. S.
Responsio ad praecedentem.

Nobilissime Vir,
Caeterùm, ad tuam Objectionem ut respondeam, dico, quòd quàmvis unaquaeque res infinitis modis expressa sit in infinito Dei intellectu, illae tamen infinitae ideae, quibus exprimitur, unam eandemque rei singularis Mentem constituere nequeunt; sed infinitas: quandoquidem unaquaeque harum infinitarum idearum nullam connexionem cum invicem habent, ut in eodem Scholio Propositionis 7. Part. 2. Ethic. explicui, et ex Prop. 10 Part. 1. patet. Ad haec si aliquantulùm attendas, nihil difficultatis superesse videbis, etc.

Hagae 18 August. 1675.

Carta LXVI[31]

Ao nobilíssimo e doutíssimo senhor
EHRENFR. WALTH. von TSCHIRNHAUS
B. D. S.
Resposta à precedente

Nobilíssimo senhor,

De resto,[32] para responder à tua objeção, digo que, embora cada coisa seja expressa de infinitos modos no intelecto infinito de Deus, aquelas infinitas ideias com as quais ele se exprime não podem constituir uma única e mesma mente de uma coisa singular, mas infinitas, já que cada uma dessas infinitas ideias não tem conexão nenhuma com as outras, como expliquei no mesmo escólio da proposição 7 da parte 2 da *Ética*, e como é patente pela prop. 10 da parte 1. Se atentares um pouco a essas coisas, verás que não resta nada de dificuldade etc.

Haia, 18 de agosto de 1675.

Epistola LXX.

Praestantissimo acutissimoque Philosopho,
B. D. S.
G. H. SCHULLER, Med. Dr.

Amsted. 14 Novemb. 1675.

Doctissime ac Praestantissime Domine, Fautor summopere colende
Ultimas meas una cum Processu Anonymi Tibi rite fuisse traditas spero, simulque Te adhuc bene valere, prout Ego bene valeo. Caeterum intra trimestre spatium à Nostro Tschirnhausio nihil literarum habui, unde tristes conjecturas formaveram, ipsum ex Anglia in Gallias tendentem iter funestum fecisse; jam verò iis acceptis, gaudio plenus, eas juxta ejus petitum cum Domino communes facere debui, atque significare cum officiosissima salute Eum salvum Parisios advenisse, D^{um} Hugenium ibidem, prout praemonueramus, offendisse, quaque de causa se ipsius ingenio omnimode accommodaverat, adeo ut ab ipso magni aestimetur; mentionem fecerat, Dominationem vestram ei conversationem ipsius (Hugenij) commendasse, ejusque personam plurimi facere, quod ei valde arriserat, adeo ut et, se similiter vestram personam magni facere, responderit, jamque nuper Tr. Theol. Pol. ab illa obtinuerit, qui à permultis ibidem aestimatur, seduloque inquiritur, nunquid plura ejusdem Authoris Scripta lucem videant, ad quod D^{us} Tschirnh. responderat, sibi nulla praeter Demonstr. in 1 et 2. partem Princ. Cartesij esse nota; Caeterum de Domino nihil praeter jam dicta retulit, unde sperat, id ei quoque non ingratum fore. Nuper Hugenius nostrum Tschirnhausium ad se accersi curaverat, eique indicaverat, Dominum Colbert desiderare aliquem, qui ejus filium in Mathematicis instrueret, quodsi ejusmodi conditio ei arrideret, eam compararet, ad quae Noster aliquod dilationis tempus petens, tandem se promptum declaraverat. Rediit itaque Hugenius cum responso, quod D°

Carta LXX[33]

Ao prestantíssimo e agudíssimo filósofo
B. D. S.
G. H. SCHULLER, Doutor em Medicina[34]

Amsterdã, 14 de novembro de 1675.
Doutíssimo e prestantíssimo senhor, muitíssimo estimado fautor,
Espero que minha última carta, com o processo de um anônimo,[35] tenha sido rigorosamente entregue a ti, e que em simultâneo passes bem, tal como eu passo. De resto, no espaço de um trimestre, nenhuma carta tive do nosso Tschirnhaus, donde eu formara tristes conjecturas de que ele teria feito uma viagem funesta da Inglaterra para a França; mas agora, recebida uma carta, estou cheio de alegria e, conforme pedido dele, tive de comunicá-la ao senhor e assinalar, com uma respeitosíssima saudação, que ele chegou a salvo a Paris,[36] que ali mesmo, tal como havíamos sugerido antes, ele se encontrou com o Sr. Huygens,[37] e que por esse motivo se acomodou de todas as maneiras ao seu engenho, de modo a ser muito estimado por ele. Ele [Tschirnhaus] mencionou que vossa senhoria lhe havia recomendado uma conversa com ele (Huygens) e que aprecia muitíssimo a pessoa dele, o que lhe agradou muito, de tal modo que ele respondeu, semelhantemente, apreciar muitíssimo vossa pessoa, e que dela já obteve recentemente o *Tratado teológico-político*, que ali muitos apreciam, e assiduamente pergunta que escritos mais do seu autor vieram a lume; a isso o Sr. Tschirnhaus respondeu não conhecer nenhum além das demonstrações das partes 1 e 2 dos *Princípios de Descartes*. De resto, sobre o senhor ele nada contou além dessas coisas já ditas, donde espera que isso também não lhe desagradará. Recentemente, Huygens mandou chamar o nosso Tschirnhaus e lhe indicou que o senhor Colbert[38] desejava alguém que instruísse seu filho[39] na matemática, e que arranjaria para ele uma condição desse tipo se lhe agradasse; nosso [Tschirnhaus], pedindo um prazo maior, finalmente declarou-se disposto a ela. Depois, Huygens retornou com

Colbert ita propositio maximè placuisset, praesertim, cùm ex imperitia linguae Gallicae ejus filium Latinè alloqui tenebitur. Ad nuperrimè factam objectionem respondet, pauca illa verba, quae jussu Domini scripseram, ipsi sensum intimiùs aperuisse, seque easdem cogitationes jam modò fovisse (quandoquidem hisce duobus modis explicationem praecipuè admittant) quòd verò eam, quae nuper in objectione erat contenta, secutus fuerit, duae sequentes effecerant rationes, quarum prima, quod sibi aliàs videantur adversari prop. 5 et 7 lib. 2^{di}: In prima n. harum statuitur, Ideata esse causam idearum efficientem, quod tamen per demonstrationem posterioris videtur evinci propter citatum axioma 4 p. 1; Vel (quod mihi potius persuadeo) applicationem hujus axiomatis juxta Authoris intentum non rectè instituo, quod sane perlibenter ab ipso, si negotia ejus ferant, perciperem. Secunda, quo minus exhibitam explicationem sequerer, causa fuit, quod hac ratione Attributum cogitationis se multo latius, quàm attributa caetera extendere statuatur; cùm verò unumquodque attributorum Essentiam Dei constituat, non video sane qua ratione hoc huic non contrarietur. Hoc saltem insuper dicam, si alia Ingenia ex meo judicare liceat, propositiones 7 et 8^{vam} lib. 2 admodum difficulter intellectum iri, idque non alia de causa, quàm quia Authori placuit (cum non dubitem, quod ipsi tam planae fuerunt visae) demonstrationes ijs adjunctas tam brevibus et non verbosiùs explicatis complecti. Refert praeterea, se Parisijs invenisse Virum insigniter eruditum, inque variis Scientiis versatissimum ut et à vulgaribus Theologiae praejudicijs liberum Leibniz appellatum quocum familiaritatem contraxit intimam, cùm sit subjectum, quod una cum eo intellectûs perfectionem continuare allaborat, imo hoc ipso nihil melius aestimat, utiliusve censet; In Moralibus eum, inquit, esse exercitatissimum, qui sine ullo affectuum impetu ex solo rationis dictamine loquitur. In Physicis, et praesertim Metaphysicis studiis de Deo et Anima pergit, illum esse expertissimum, Tandem concludit eum esse dignissimum, cui Scripta Domini, concessa priùs venia,

a resposta de que a proposta agradara muitíssimo ao senhor Colbert, sobretudo porque [Tschirnhaus], pela imperícia na língua francesa, seria obrigado a falar com seu filho em latim. À mais recente objeção feita ele responde que aquelas poucas palavras, que por ordem do senhor eu escrevera, revelaram-lhe intimamente o sentido, e que agora já acolheu os mesmos pensamentos (visto que admitem explicação principalmente desses dois modos), mas que as duas razões seguintes fizeram com que ele acompanhasse o que estava contido na recente objeção. A primeira delas é que, de outro modo, as prop. 5 e 7 do 2º livro pareceriam ser opostas[40]: "na primeira, afirma-se que os ideados são a causa eficiente das ideias, o que, todavia, parece ser derrubado pela demonstração da segunda, devido ao citado axioma 4 da parte 1. Ou então (do que me persuado melhor) não apliquei esse axioma corretamente segundo a intenção do autor, o que certamente eu saberia por ele [Espinosa], de muito bom grado, se suas ocupações lho permitissem. O segundo motivo pelo qual eu não seguia a explicação exibida era que, dessa maneira, sustenta-se que o atributo do pensamento estende-se muito mais amplamente que os demais atributos; porém, como cada um dos atributos constitui a essência de Deus, de fato não vejo de que maneira isto não seja contrariado por aquilo. Direi ao menos mais isto: se é lícito julgar outros engenhos a partir do meu, muito dificilmente serão entendidas as proposições 7ª e 8ª do livro 2; e isso não por outro motivo senão porque agradou ao autor expor (já que não duvido que a ele pareceram tão claras) as respectivas demonstrações com explicações muito breves e não prolixas". Além disso, [Tschirnhaus] conta que encontrou em Paris um senhor notavelmente erudito, versadíssimo em várias ciências e livre dos preconceitos vulgares da teologia, chamado Leibniz, com quem contraiu íntima familiaridade, pois é um sujeito que, como ele, trabalha por continuar o aperfeiçoamento do intelecto; mais ainda, que nada estima melhor ou considera mais útil que isso. Em moral, diz [Tschirnhaus], ele [Leibniz] é exercitadíssimo, pois fala a partir só do ditame da razão, sem ímpeto algum dos afetos. Nos estudos físicos e, sobretudo, nos metafísicos sobre Deus e a alma, continua, ele é experimentadíssimo; por fim, conclui que ele é muito digno de que, concedida a permissão prévia, sejam-lhe comunicados os

communicentur, cum credat, quod Authori magnum inde proveniet commodum, prout prolixè ostendere promittit si Dominationi Tuae id placuerit; sin vero minus, nullum moveat scrupulum, quin juxta datam fidem ingenuè ea sit celaturus, uti ne vel minimam eorum mentionem fecit. Idem ille Leibniz magni aestimat Tr. Theol. Polit. de cujus materia Domino, si meminerit, Epistolam scripsit aliquando. Rogarem itaque Dominum, ut nisi sontica subsit causa, id pro generosa Tua humanitate permittere ne graveris, sed si fieri possit, quam proximè resolutionem Tuam aperias, cum acceptis responsoriis Tuis, nostro Tschirnhausio respondere potero, quod avidè Die Martis vesperi facerem, nisi impedimenta graviora Domino moram nectere coegerint. D. Bresserus ex Clivia redux factus, multam Cerevisiae Patriae quantitatem huc misit, monui ipsum ut dimidiam Tonnam Domino concederet, quod cum amiciss. salutatione praestare promisit. Denique styli ruditati, calamique celeritati ignoscas quaeso, mihique ad servitia Tua exequenda imperes, ut occasionem realem habeam testandi me esse,

Vir Praestantissime,
Servum Tibi paratissimum
G. H. Schuller

escritos do senhor, já que crê que daí provirá grande vantagem ao autor, tal como promete mostrar longamente, se isso agradar à tua senhoria. Mas senão, conforme a confiança dada, não tenhas nenhum receio de que [Tschirnhaus] não venha a guardá-los com sinceridade, tal como não fez a mínima menção a eles. Esse mesmo Leibniz tem grande estima pelo *Tratado teológico-político*, de cujo conteúdo, se se lembra, uma vez escreveu ao senhor uma carta.[41] Portanto, eu rogaria ao senhor que, por tua generosa humanidade, não te acanhes em permiti-lo, a não ser que subsista um motivo grave; mas, se for possível, dá-me tua resolução o quanto antes, já que, recebida tua resposta, poderei responder ao nosso Tschirnhaus, o que farei avidamente na terça-feira à tarde, a menos que impedimentos mais graves forcem o senhor a se atrasar. O Sr. Bresser,[42] retornado de Cleves, mandou para cá uma grande quantidade de cerveja do seu país; recomendei-lhe que concedesse ao senhor meio tonel, o que prometeu atender com uma amicíssima saudação. Finalmente, peço que me desculpes pela rudeza do estilo e pela rapidez da pena, e que me mandes executar serviços teus, para que eu tenha uma ocasião real de atestar que sou,

prestantíssimo senhor,
teu dispostíssimo servo
G. H. Schuller

Epistola LXXII.

Doctissimo, Expertissimoque Viro
G. H. SCHULLER
B. D. S.

Expertissime De. Amice plurimum colende

Pergratum mihi fuit, ex literis tuis, hodie acceptis, intelligere, quod bene valeas, et quod Tschirenhausius noster foeliciter iter suum in Galliam confecerit. In sermonibus, quos cum Do Hugenio de me habuit, prudenter sane, meo quidem judicio se gessit, et praeterea summopere gaudeo, quod tam opportunam occasionem ad finem, quem sibi destinaverat, invenerit. Quid autem in axiomate 4°. p. 1. reperit, ex quo contradicere videatur prop. 5. p. 2. non video. In hac enim prop. affirmatur, quod ideae cujuscumque essentia Deum, quatenus ut res cogitans consideratur, pro causa habet; in illo autem axiomate, quod effectus cognitio sive idea, a cognitione sive idea causae pendeat. Sed ut verum fatear, tuae epistolae sensum hac in re non satis assequor, et vel in tua epistola, vel in ipsius exemplari errorem festinantis calami esse credo. Nam scribis, in prop. 5 affirmari, ideata esse causam efficientem idearum, cum tamen hoc ipsum in eadem propositione expresse negetur; atque hinc omnem confusionem oriri, nunc existimo, ac proinde frustra in praesentiarum de hac materia prolixius scribere conarer, sed expectandum mihi est, donec ipsius mentem mihi clarius explices, et sciam an satis emendatum habeat exemplar. Lybnizium, de quo scribit, me per epistolas novisse credo, sed qua de causa in Galliam profectus sit, qui Francfurti consiliarius erat, nescio. Quantum ex ipsius epistolis conjicere potui, visus est mihi homo liberalis ingenii, et in omni scientia versatus. Sed tamen ut tam cito ei mea scripta credam, inconsultum esse judico. Cuperem prius scire, quid in Gallia agat, et judicium nostri Tschir. audire, postquam ipsum diutius frequentaverit,

Carta LXXII[43]

Ao doutíssimo e experimentadíssimo senhor
G. H. SCHULLER
B. D. S.

Experimentadíssimo Sr., muito estimado amigo,
De tua carta recebida hoje, foi-me muito grato saber que passas bem e que nosso Tschirnhaus completou felizmente sua viagem à França. A meu juízo, ele certamente se comportou com prudência nas conversas que teve com o Sr. Huygens sobre mim, e, ademais, alegro-me muitíssimo por ele ter encontrado tão oportuna ocasião para o fim a que ele se propusera. Não vejo, porém, o que ele encontra no 4º axioma da parte 1 que pareça contradizer a prop. 5 da parte 2. Com efeito, nesta prop. se afirma que a essência de qualquer ideia tem como causa Deus enquanto considerado como coisa pensante; já naquele axioma se afirma que o conhecimento ou ideia do efeito depende do conhecimento ou ideia da causa. Mas, para confessar a verdade, não alcanço suficientemente o sentido da tua carta nesse ponto, e creio haver, ou em tua carta ou no exemplar dele [de Tschirnhaus], um erro da pena que se apressa. Pois escreves que na prop. 5 se afirma que os ideados são causa eficiente das ideias, ao passo que isso é expressamente negado na mesma proposição; e agora estimo que toda a confusão se origine daí, e que, por conseguinte, no presente momento, eu me esforçaria inutilmente em escrever mais longamente sobre essa matéria; mas devo esperar até me explicares mais claramente o pensamento dele e até eu saber se ele tem um exemplar suficientemente emendado.[44] Leibniz, sobre quem ele escreve, creio tê-lo conhecido por cartas, mas não sei por que motivo ele, que era conselheiro de Frankfurt, partiu para a França. Pareceu-me, o quanto pude conjecturar a partir de suas cartas, um senhor de engenho liberal e versado em toda ciência. Todavia, julgo ser insensato confiar-lhe tão rapidamente meus escritos.[45] Eu desejaria saber antes o que ele faz na França e ouvir o juízo do nosso Tschirnhaus depois de o ter frequentado por mais tempo e

et ipsius mores intimius noverit. Caeterum nostrum istum amicum meo nomine, quam oficiosissime saluta, et si qua in re ipsi servire possum, quicquid velit, imperet, et me sibi ad omnia obsequia paratissimum reperiet. Adventum sive reditum Domini et amici colendissimi Bresseri gratulor. Pro promissa deinde cerevicia magnas ago gratias, et quocumque modo potero etiam referam. Tui denique parentis processum nondum experiri tentavi; nec credo quo animum ad id tentandum applicare potero. Nam quo magis rem ipsam cogito, mihi magis persuadeo te non aurum confecisse, sed parum quod in Antimonio latebat separavisse. Sed de hoc alias fusius, nunc temporis angustia praecludor, interim si aliqua in re tibi operam praestare possum ecce me, quem semper invenies

Vir praestantissime
Tibi amicissimum et Servum
Paratissimum
B. despinoza

Hagae Comitis 18. Novembri
1675

Myn Heer
Myn Heer G. H. Schuller
Der medesynen Doctor woonende
in de kortsteegh in de gestofeerde
hoet
t'
Port   Amsterdam.

de ter conhecido mais intimamente os seus costumes. De resto, saúda em meu nome, o mais respeitosamente possível, esse nosso amigo, e, se em alguma coisa eu puder servi-lo, que me ordene o que quiser e me encontrará muito à disposição dele para todos os obséquios. Alegro-me pela vinda, ou seja, pelo retorno do senhor e estimadíssimo amigo Bresser. Ademais, agradeço muitíssimo pela cerveja prometida, e também lhe retribuirei de todo modo que eu puder. Finalmente,[46] ainda não tentei experimentar o processo do teu parente, nem creio que poderei empenhar-me em tentá-lo. Pois quanto mais penso no assunto, mais me persuado de que não produziste ouro, mas que separaste o pouco que estava latente no antimônio.[47] Mas tratarei disso mais amplamente em outro momento; agora sou impedido pela falta de tempo; nesse ínterim, se em alguma coisa puder prestar-te meu serviço, eis-me aqui, que sempre encontrarás,

prestantíssimo senhor,
teu amicíssimo e servo
dispostíssimo
B. de Espinosa

Haia, 18 de novembro de 1675.

Meu senhor
Meu senhor G. H. Schuller
Doutor em Medicina, residindo
em Kortsteegh, Gestofeerde
Hoet
para
Correio   *Amsterdã.*

Epistola LXXX.

Acutissimo, atque Doctissimo Philosopho,
B. D. S.
EHRENFR. WALTH. de TSCHIRNHAUS.

Vir Clarissime,
Primò difficulter admodùm concipere queo, quî à priori corporum existentia demonstretur, quae motûs, et figuras habent; cùm in Extensione, absolutè rem considerando, nil tale occurrat. Secundò crudiri abs te vellem, quomodò intelligendum sit, cujus meministi Epistolâ de Infinito his verbis. *Nec tamen concludunt talia omnem numerum superare ex partium multitudine.* Nam reverâ omnes Mathematici mihi videntur circa talia infinita semper demonstrare, quòd partium numerus sit tam magnus, ut omnem assignabilem numerum superent, et in exemplo, de duobus criculis ibidem allato, non hoc ipsum declarare videris, quod tamen susceperas. Ibi enim tantùm ostendis, quòd non hoc ipsum concludunt ex nimiâ spatii interpositi magnitudine, et *quòd ejus maximum et minimum non habeamus*; sed non demonstras prout volebas, quòd id non concludant ex partium multitudine.

<Voorts, ik heb van mijn Heer Leibnits verstaan, dat de Leermeester van de Dolfijn van Frankrijk, Huet genoemt, een man van uitsteekende geleertheit, van de waarheit der menschelijk Godsdienst zal schrijven, en uw godgeleerde Staatgekundige Verhandeling wederleggen. Vaar wel.>

2 Maji, 1676.

Carta LXXX[48]

Ao agudíssimo e doutíssimo filósofo
B. D. S.
EHRENFR. WALTH. von TSCHIRNHAUS

Claríssimo senhor,
Primeiro, muito dificilmente posso conceber como se demonstra *a priori* a existência dos corpos, que têm movimentos e figuras, já que na extensão, considerando a coisa absolutamente, nada assim ocorre. Segundo, queria que me ensinasses como se há de entender o que, na carta sobre o infinito,[49] lembraste com estas palavras: *E, todavia, não concluem que tais coisas superam todo número a partir da multidão de partes.* Pois, na verdade, para mim, todos os matemáticos parecem, acerca de tais infinitos, demonstrar sempre que o número de partes é tão grande que supera todo número assinalável; e, no exemplo sobre os dois círculos, aduzido na mesma passagem, não pareces esclarecer aquilo mesmo de que, contudo, te encarregaras. Ali, com efeito, só mostras que eles não concluem isso a partir da excessiva magnitude do espaço interposto *e de não termos seu máximo e mínimo*; mas não demonstras, tal como querias, que não concluem isso a partir da multidão das partes.[50]

<Além disso, soube do meu senhor Leibniz que o preceptor do delfim de França, chamado Huet,[51] um senhor de notável erudição, escreverá sobre a verdade da religião humana e refutará teu *Tratado teológico-político*.[52] Passa bem.>

2 de maio de 1676.

Epistola LXXXI.

Nobilissimo, atque Doctissimo Viro,
EHRENFR. WALTH. de TSCHIRNHAUS
B. D. S.
Responsio ad Praecedentem.

Nobilissime Vir,
Quod in Epistola de Infinito dixi, quòd partium infinitatem ex earum multitudine non concludant, hinc patet, quòd, si ea ex earum multitudine concluderetur, non possemus majorem partium multitudinem concipere; sed earum multitudo, quâvis datâ, deberet esse major, quod falsum est: nam in toto spatio, inter duos circulos, diversa centra habentes, duplo majorem partium multitudinem concipimus, quàm in ejusdem dimidio, et tamen partium numerus, tam dimidii, quàm totius spatii omni assignabili numero major est. Porrò ex Extensione, ut eam Cartesius concipit, molem scilicet quiescentem, corporum existentiam demonstrare non tantùm difficile; ut ais; sed omninò impossibile est. Materia enim quiescens, quantum in se est, in suâ quiete perseverabit, nec ad motum concitabitur, nisi à causâ potentiori externâ; et hâc de causâ non dubitavi olim affirmare; rerum naturalium principia Cartesiana inutilia esse, me dicam absurda.

Hagae 5 Maji, 1676

Carta LXXXI[53]

Ao nobilíssimo e doutíssimo senhor
EHRENFR. WALTH. von TSCHIRNHAUS
B. D. S.
Resposta à precedente

Nobilíssimo senhor,
O que eu disse na carta sobre o infinito, que não concluem a infinidade das partes a partir da multidão delas, é patente do fato de que, se fosse concluída a partir da multidão delas, não poderíamos conceber uma maior multidão de partes, mas a multidão delas deveria ser maior que qualquer [multidão] dada, o que é falso; pois, no espaço todo entre os dois círculos que têm centros diversos, concebemos uma multidão de partes duas vezes maior que na metade dele, e, todavia, o número de partes, tanto da metade do espaço quanto do todo, é maior que todo número assinalável. Além disso, a partir da extensão, como Descartes a concebe – a saber, como uma massa em repouso –, não apenas é difícil, como dizes, demonstrar a existência dos corpos, mas totalmente impossível. Com efeito, a matéria em repouso perseverará em seu repouso o quanto está em suas forças, e não será excitada ao movimento senão por uma causa externa mais potente; e por esse motivo não tive dúvida em outrora afirmar que os princípios cartesianos das coisas naturais são inúteis, para não dizer absurdos.

Haia, 5 de maio de 1676.

Epistola LXXXII.

Acutissimo, Doctossimoque Philosopho,
B. D. S.
EHRENFR. WALTH. de TSCHIRNHAUS.

Doctissime Vir,

Velim, ut hâc in re mihi gratificeris, indicando, quî ex conceptu Extensionis secundum tuas meditationes varietas rerum à priori possit ostendi, quandoquidem meministi opinionis Cartesii, in quâ Cartesius statuit, se eam ex Extensione nullo alio modo deducere posse, quàm supponendo motu à Deo excitato hoc effectum fuisse in Extensione: deducit ergo juxta meam opinionem corporum existentiam non ex quiescente materia, nisi fortè suppositionem motoris Dei pro nihilo haberes; quandoquidem, quî illud ex essentiâ Dei à priori necessariò sequi debeat, abs te non sit ostensum; id quod Cartesius ostensurus captum humanum superare credebat. Quare à te hanc rem requiro, sciens bene, te alias cogitationes habere, nisi alia sontica subsit fortè causa, quare illud hactenus manifestum facere nolueris; et si hoc, de quo non dubito, non opus fuisset, non tale quid obscurè indicares. Sed certò tibi persuasum habeas, quòd sive candidè mihi aliquid indices, sive celes, meus tamen erga te affectus immutatus maneat.

Rationes tamen, cur illud specialiter desiderem, hae sunt, quòd in Mathematicis semper observarim, quòd nos ex quâvis re in se consideratâ, hoc est, ex definitione cujusque rei, unicam saltem proprietatem deducere valeamus; quòd si autem plures proprietates desideremus, necesse est, ut rem definitam ad alia referamus: tunc siquidem ex conjunctione definitiorum harum rerum novae proprietates resultant. Ex. gr. Si circuli peripheriam considerem solam, nihil aliud concludere potero, quàm quòd ubique sibi similis, sive uniformis existat, quâ quidem proprietate ab omnibus aliis curvis essentialiter

Carta LXXXII[54]

Ao agudíssimo e doutíssimo filósofo
B. D. S.
EHRENFR. WALTH. von TSCHIRNHAUS

Doutíssimo senhor,
Gostaria que nesse assunto me desses a graça de indicar, segundo as tuas meditações, como a variedade das coisas pode ser mostrada *a priori* a partir do conceito da extensão, já que lembraste a opinião de Descartes, na qual ele sustenta que ela não pode ser deduzida da extensão de nenhuma outra maneira a não ser supondo que isso foi um efeito, na extensão, de um movimento excitado por Deus; logo, na minha opinião, ele não deduz a existência dos corpos a partir da matéria em repouso, a menos que talvez desprezes a suposição do Deus motor, já que não mostraste como aquilo deve necessariamente seguir-se *a priori* da essência de Deus, coisa que Descartes, tendo de mostrar, acreditava superar a compreensão humana. Portanto, requeiro que trates desse assunto, sabendo bem que tens outros pensamentos, a não ser que talvez subsista um motivo grave pelo qual até agora não tenhas querido tornar aquilo manifesto; pois, se isso não tivesse sido necessário, do que não duvido, não terias indicado algo assim obscuramente. Mas, decerto, quer me indiques candidamente algo, quer te cales, persuade-te, contudo, de que meu afeto por ti permanecerá imutável.

As razões, todavia, por que desejo aquilo são especialmente estas: que sempre observei na matemática que, a partir de qualquer coisa considerada em si, isto é, a partir da definição de cada coisa, ao menos somos capazes de deduzir uma única propriedade; mas que, se desejamos mais propriedades, é necessário referirmos a coisa definida a outras, pois então, da conjunção das definições dessas coisas, resultam novas propriedades. Por ex., se considero só a periferia do círculo, nada outro poderei concluir senão que por toda parte ele existe semelhante a si, ou seja, uniforme, propriedade pela qual ele difere essencialmente de todas as outras curvas, e nunca poderei deduzir

differt, nec ullas alias unquam potero deducere. Verùm si ad alia referam, nimirum ad radios ex centro deductos, ad duas lineas sese intersecantes, aut plures quoque, plures utique hinc proprietates deducere valebo; quae quidem aliquo modo videntur adversari Prop. 16. Ethices, quae praecipua ferè est 1 lib. tui Tractatus: In quâ tanquam notum assumitur, posse ex datâ cujuscunque rei definitione plures proprietates deduci, quod mihi videtur impossibile, si non ad alia referamus rem definitam; et quod porrò effecit, ut non possim videre, quâ ratione ex Attributo aliquo solo considerato, ex. gr. Extensione infinita corporum varietas exsurgere possit; vel si existimas hoc quoque non posse concludi ex unico solo considerato; sed omnibus simul sumptis, vellem hoc edoceri abs te, et quâ ratione hoc concipiendum foret. Vale etc.

Parisiis, 23 Jun. 1676.

nenhuma outra propriedade. Mas, se refiro a outras coisas, a saber, aos raios traçados a partir do centro, a duas retas secantes entre si, ou também a outras mais, certamente serei capaz de deduzir daí várias propriedades; e isso parece de algum modo contrariar a prop. 16 da *Ética* – que é quase a principal do livro 1 do teu tratado –, na qual se assume como conhecido que várias propriedades podem ser deduzidas da definição dada de uma coisa qualquer, o que me parece impossível se não referimos a coisa definida a outras; e isso, ademais, fez com que eu não pudesse ver de que maneira pode surgir, a partir de algum atributo considerado sozinho – por ex., da extensão –, uma infinita variedade de corpos; ora, se estimas que isso também não possa ser concluído a partir de um único [atributo] considerado sozinho, mas de todos tomados em simultâneo, gostaria que me ensinasses sobre isso e de que maneira isso haveria de ser concebido. Passa bem etc.

Paris, 23 de junho de 1676.

Epistola LXXXIII.

Nobilissimo, atque Doctissimo Viro,
EHRENFR. WALTH. de TSCHIRNHAUS
B. D. S.
Responsio ad Praecedentem.

Nobilissime Vir,
Quòd petis, an ex solo Extensionis conceptu rerum varietas à priori possit demonstrari, credo me jam satis clarè ostendisse, id impossibile esse; ideoque materiam à Cartesio malè definiri per Extensionem; sed eam necessariò debere explicari per attributum, quod aeternam, et infinitam essentiam exprimat. Sed de his forsan aliquando, si vita suppetit, clariùs tecum agam. Nam huc usque nihil de his ordine disponere mihi licuit.

Quòd autem addis, nos ex definitione cujusque rei, in se consideratae, unicam tantùm proprietatem deducere valere, locum forsan habet in rebus simplicissimis, vel entibus rationis, (ad quae figuras etiam refero) at non in realibus. Nam ex hoc solo, quòd Deum definio esse Ens ad cujus essentiam pertinet existentia, plures ejus proprietates concludo: nempe quòd necessariò existit, quòd sit unicus, immutabilis, infinitus, etc. et ad hunc modum plura alia exempla adferre possem, quae impraesentiarum omitto. Denique rogo, ut inquiras, an Tractatus D. Huet, (nempe contra Tractatum Theologico-Politicum) de quo antea scripsisti, lucem jam viderit, et an mihi exemplar transmittere poteris, deinde an jam noveris, quaenam ea sint, quae de Refractione noviter inventa sint. Hisce vale, Nobilissime Vir, et amare perge, etc.

<d'Vwe B. D. S.>

Hagae Com. 15 Julii. 1676.

Carta LXXXIII[55]

Ao nobilíssimo e doutíssimo senhor
EHRENFR. WALTH. von TSCHIRNHAUS
B. D. S.
Resposta à precedente

Nobilíssimo senhor,
O que perguntas, se a variedade das coisas pode ser demonstrada *a priori* a partir só do conceito de extensão, creio já ter mostrado com suficiente clareza que isso é impossível; e por isso a matéria é mal definida por Descartes por meio da extensão; mas ela deve ser explicada necessariamente por um atributo que exprima uma essência eterna e infinita. Mas talvez um dia, se tiver vida suficiente,[56] eu trate mais claramente dessas coisas. Pois até aqui nada sobre elas me foi permitido dispor ordenadamente.

Já o que acrescentas, que somos capazes de deduzir apenas uma única propriedade a partir da definição de cada coisa considerada em si, talvez tenha lugar nas coisas muito simples ou nos entes de razão (nos quais também incluo as figuras), mas não nas reais. Pois, só do fato de eu definir que Deus é um ente a cuja essência pertence a existência, concluo muitas propriedades dele, a saber, que ele existe necessariamente, que é único, imutável, infinito etc.; e poderia aduzir muitos outros exemplos desse tipo, os quais omito no presente momento. Por fim, rogo que investigues se já veio a lume o tratado do Sr. Huet (a saber, contra o *Tratado teológico-político*) sobre o qual escreveste antes e se podes transmitir-me um exemplar; ademais, pergunto se já conheces quais são as coisas que recentemente foram descobertas sobre a refração. Com isso, passa bem, nobilíssimo senhor, e continua a apreciar-me etc.

<*do teu* B. D. S.>

Haia, 15 de julho de 1676.

Notas de tradução

Correspondência completa entre Espinosa, Tschirnhaus e Schuller

1. O original latino desta carta se perdeu, restando apenas o texto das *Opera Posthuma* (Epistola LXI). Nesta e em todas as demais cartas do conjunto Tschirnhaus/Schuller, a identidade do correspondente, autor ou endereçado, permaneceu incógnita e substituída por asteriscos até 1884, quando da edição de Van Vloten & Land, que enfim imprime os nomes "Ehrenfr. Walth. de Tschirnhaus" e "G. H. Schuller".
2. A referência remete possivelmente aos três tomos das *Brieven* (1661), tradução holandesa das *Lettres de Mr. Descartes* (1657), devida a Jan Hendriksz Glazemaker. No tomo I, as cartas 8 e 9, respectivamente de 6 de outubro e 3 de novembro de 1645, são de Descartes à princesa Elisabeth da Boêmia. Sobre a "p. 4" do tomo II, não pudemos fazer a conferência. Dizemos tratar-se da versão holandesa, e não da edição original francesa, pois, tal como Espinosa, Tschirnhaus não sabia francês (Schuller conta na *Carta LXX*); ademais, a edição traduzida por Glazemaker consta no inventário oficial da biblioteca de Espinosa.
3. "N.N." é a forma abreviada do latim *"nomen nescio"* ("não sei o nome"), usada para indicar alguém anônimo. Embora não conheçamos o original desta carta, é provável que a omissão tenha sido feita pelos editores das *Opera Posthuma*, tal como omitiram os nomes de Schuller e Tschirnhaus nos cabeçalhos de todas as outras cartas do conjunto referente as eles.
4. O original latino desta carta se perdeu, restando apenas o texto das *Opera Posthuma* (Epistola LXII). Embora sem data, é provável que tenha sido escrita em outubro de 1674.
5. Georg Hermann Schuller (1651-1679), nascido em Wesel (Alemanha), é a figura mais controversa entre os mais próximos de Espinosa. Segundo Piet Steenbakkers (1994, p. 51-63), estudou Medicina em Leiden (a partir de 1671), com Tschirnhaus, de quem também foi colega de moradia. Até onde se sabe, Schuller não escreveu nenhum livro, e não há vestígios sobre ele além do seu próprio epistolário e das menções a ele, não raro negativas, em cartas de terceiros. Também se correspondeu com Leibniz – por vezes de maneira contraditória e obscura –, a quem transmitia livros e informava, à guisa de infiltrado, sobre publicações e eventos na Holanda, particularmente a respeito de Espinosa. Schuller tinha grande interesse em

experimentos alquímicos, gosto pela esperança de enriquecimento que possivelmente lhe trouxe, ao contrário, muitas dívidas (a venda de receitas alquímicas envolvia muito dinheiro), com as quais arcou sua viúva. Teve participação marginal na publicação das *Opera Posthuma* e, após a morte de Espinosa, tentou vender para Leibniz um suposto manuscrito da *Ética*, ao preço de 150 florins, mas retirou a oferta logo depois.

6   Jan Rieuwertsz.
7   Ehrenfried Walther von Tschirnhaus.
8   Documento desconhecido.
9   Espinosa define coisa livre e coisa coagida na definição VII da *Ética* I.
10 Wim Klever (2000), tomando como apoio o texto da edição de Bruder (ESPINOSA, 1844, II), aponta a existência de uma *"vírgula enganosa"* nesta sentença (*"Lapis à causâ externâ, ipsum impellente, certam motûs quantitatem accipit, quâ postea, cessante causae externae impulsu, moveri necessariô perget"*). Segundo o estudioso, seria preciso suprimir a vírgula entre *"postea"* e *"cessante"*, de maneira a tornar a asserção de Espinosa rigorosamente compatível com a sua própria física. Assim, sem tal vírgula, a tradução passaria a ser: "Por ex., uma pedra recebe de uma causa externa que a impele uma certa quantidade de movimento; e, depois de cessar essa causa, continua a mover-se necessariamente pelo impulso de uma causa externa". Aqui não seguimos a proposta de Klever, por não reconhecermos nenhum problema teórico causado pela pontuação trazida nas *Opera Posthuma* e na edição de Gebhardt (ESPINOSA, 1925, IV). Decerto, Espinosa remete ao "princípio da conservação da quantidade de movimento", segundo o qual: se a resultante das forças externas que atuam em um sistema for nula, então a quantidade de movimento é conservada, ou seja, em um sistema isolado, a quantidade de movimento é constante. Esse princípio já era corrente em sua época, sobretudo pelos avanços em física devidos a Huygens – com quem, sabemos, o filósofo dialogava pessoalmente – e a personagens proeminentes da Royal Society, especialmente Isaac Newton. De fato, a alteração feita por Klever leva a uma incorreção física da explicação, pois forçosamente imputa o movimento da pedra, após o impulso inicial, a um impulso subsequente, aplicado por outra força externa, mas que não faz sentido na realidade. A explicação correta é que, após o impulso de uma força externa (por ex., uma mão arremessadora), o movimento da pedra no ar é devido não a uma força, mas à conservação da quantidade de movimento da pedra. Pelo "teorema do impulso", o impulso da força externa (I) é dado pela variação (Δ) da quantidade de movimento (Q), isto é, $I = \Delta Q$; por sua vez, a variação ΔQ é a diferença de quantidades de movimento em dois instantes distintos t_1 e t_2 ($\Delta Q = Q_2 - Q_1$); assim, considerando como instante inicial t_1 aquele em que a pedra está parada na mão, antes do movimento de arremesso, então a quantidade de movimento inicial

Q_1 é nula ($Q_1 = 0$); em seguida, considerando como instante t_2 aquele em que a mão, arremessando a pedra, deixa de tocá-la, então a quantidade de movimento Q_2 será positiva ($Q_2 = Q$, em que $Q > 0$); logo, entre t_1 e t_2, $\Delta Q = Q - 0 = Q$; ora, dado que a partir de t_2 o impulso deixa de existir ($I = 0$), e que é nula a soma das forças externas sobre a pedra, isto é, daquelas aplicadas por todas as partículas de ar sobre a sua superfície (supondo a inexistência de forças de atrito/resistência no ar, para certa força aplicada por uma partícula sempre haverá outra de mesma magnitude, em sentido contrário, aplicada por outra partícula), então podemos considerar, idealmente, que o sistema compreendido pela pedra e pelo ar é um sistema isolado, e que, por isso, a quantidade de movimento se conserva; logo, dado que a quantidade de movimento em t_2 é Q, em qualquer instante posterior se conservará essa mesma quantidade de movimento Q, à qual se deve, efetivamente, a continuação do movimento da pedra no ar.

[11] O exemplo do lançamento de uma pedra não é casual e explicita uma contraposição de Espinosa a Santo Agostinho. No livro III, 1, 2, de *O livre-arbítrio*, o Doutor da Graça utiliza a queda de uma pedra no ar para distinguir dois tipos de movimento: o natural e o voluntário. Segundo ele, o movimento que arrasta a pedra para baixo é atribuído à sua própria natureza (involuntário), não havendo por isso nenhuma culpa pelo seu direcionamento às coisas inferiores. Com a alma, porém, não se dá o mesmo: o movimento para baixo não lhe é próprio; ela só cai quando se submete à paixão, e isso ocorre somente com a permissão de sua própria vontade – pois nenhum agente, seja ele superior ou inferior, pode coagi-la a se submeter-se dessa maneira. Por conseguinte, se a alma se volta voluntariamente para os bens inferiores em prejuízo dos superiores, é plenamente cabível que ela seja condenada e repreendida (AGOSTINHO, 2006, p. 149-150).

[12] Aproximando-se muito desse exemplo de Espinosa, Albert Einstein declarou, em um pequeno texto intitulado "Sobre o livre-arbítrio" (1931, p. 11-12), o seguinte: "Se a lua fosse dotada de consciência ao percorrer seu caminho eterno ao redor da Terra, ela estaria completamente convencida de que segue seu caminho por livre-arbítrio, com base em uma decisão tomada de uma vez por todas. Assim, um ser dotado de maior discernimento e percepção mais perfeita veria o homem e suas ações e riria da sua ilusão de agir por livre-arbítrio".

[13] Essa explicação consta também na *Ética* III, prop. II, escólio: "Mas, na verdade, se não houvessem experimentado que fazemos muitas coisas das quais depois nos arrependemos, e que frequentemente, a saber, quando enfrentamos afetos contrários, vemos o melhor e seguimos o pior, nada os impediria de crer que fazemos tudo livremente". E de novo na *Ética* IV, prop. XVII, escólio: "Com isso creio ter mostrado por que os homens se comovem mais pela opinião do que pela razão, e por que o conhecimento

verdadeiro do bem e do mal excita comoções do ânimo, e frequentemente cede a todo gênero de prazer lascivo; donde aquele filho do poeta: vejo e aprovo o melhor, sigo o pior". Tal situação é conhecida como "akrasia", termo transliterado do grego "ἀκρασία", que pode ser traduzido por "falta de comando" e que se constitui no fato de que, dos atos de alguém, segue-se algo diferente daquilo que ele sabia ser o melhor a seguir. Ao longo da história da filosofia, a "akrasia" foi uma questão discutida com frequência. O primeiro a tratar dela é Sócrates, que, sob a voz de Platão, no diálogo *Górgias*, estabelece o seguinte paradoxo: "ninguém comete injustiça por vontade, todos os que praticam o mal procedem sem o querer" (PLATÃO, 2007, p. 141). Para ele, como todas as ações têm em vista o bem, é impossível dizer coisas como "vejo e aprovo o melhor, sigo o pior" (Ovídio, *Metamorfoses*, livro VII, v. 20-21: "*video meliora proboque,/deteriora sequor*") ou "Com efeito, não faço o bem que quero, mas pratico o mal que não quero" (São Paulo em *Epístola aos romanos*, 7, 19). Quem vê o melhor necessariamente também o faz, e quando faz o mal, isto é, age injustamente, é por um erro da razão, ignorância do verdadeiro bem. Na *Ética a Nicômaco* (III, 2, 1112a), Aristóteles, discute o mesmo assunto ao refutar a concepção de escolha como exercício da opinião. Segundo o estagirita, "nós elegemos (escolhemos) somente as coisas que sabemos absolutamente serem boas, ao passo que opinamos sobre coisas que de modo algum conhecemos com certeza" (ARISTÓTELES, 2009, p. 93-94). Assim, quando um homem escolhe o pior, não é, na verdade, uma escolha o que ele faz, mas sim a formação de opiniões que ele acredita serem as melhores. Diferentemente, a solução de Santo Agostinho para o paradoxo socrático consiste em imputar à vontade, e não à razão, a possibilidade da escolha: não obstante sejam faculdades disjuntas do espírito humano, razão e vontade estão ligadas de forma que a primeira conhece e a última escolhe, podendo escolher até aquilo que foge à razão. Da mesma maneira, Descartes concebe a vontade como poder de escolha ou indiferença positiva e afirma que é justamente porque há um poder absoluto de escolher que o homem, mesmo vendo o melhor, pode fazer o pior, ou seja, negar aquilo que o intelecto lhe propõe.

[14] Trata-se dos *Pensamentos metafísicos*, publicados como apêndice aos *Princípios da filosofia cartesiana*, em 1663. O capítulo VIII tem o título *Da vontade de Deus*.

[15] O original latino desta carta se perdeu, restando apenas o texto das *Opera Posthuma* (Epistola LXIII). Do conteúdo desta carta ("Na minha presença, indicaste o método [...]"), depreendemos que, no intervalo entre ela e a última carta (*Carta* LVIII), isto é, entre outubro e dezembro de 1674, Tschirnhaus encontrou Espinosa pelo menos uma vez; nesse período também conseguiu obter, certamente autorizado pelo autor, um manuscrito da *Ética*.

[16] As "generalidades da física", como corroborado na frase subsequente, referem-se ao conjunto de axiomas e lemas elencados na prop. XIII da *Ética* II, conhecido como "pequena física" ou "opúsculo de física" de Espinosa. Quanto ao "método" pedido, o interesse não é à toa: no fim de 1675, ou seja, alguns meses depois desta carta, Tschirnhaus começa a escrever seu próprio tratado sobre o método, como é declarado em uma carta sua, de 30 de agosto de 1683, para Huygens; contudo, a publicação só viria em 1687, sob o título de *Medicina mentis etc.*, obra que o leitor encontra traduzida e apresentada parcialmente neste volume. Segundo Lærke (2018), o texto de Tschirnhaus expõe um conteúdo tão permeado pela filosofia espinosana que deveria ser considerado um plágio, já que Espinosa nunca é citado pelo autor.

[17] Cumpre notar que optamos por manter a tradução mais literal possível, mesmo que ela implique certa ambiguidade. Cabe advertir o leitor a entendê-la no sentido não de que as coisas possuem uma autoconsciência de si, mas de que elas são objetos de uma ideia adequada.

[18] Tschirnhaus alude ao mesmo exemplo geométrico tomado por Espinosa no escólio da prop. XXVIII da *Ética* II. Embora soe estranho, aqui não se deve entender, pelo menos não diretamente, o retângulo no sentido habitual de quadrilátero com quatro ângulos retos. De fato, os retângulos no interior do círculo, segundo a terminologia empregada por Euclides nos *Elementos*, correspondem ao produto dos dois segmentos resultantes de uma reta ao seccionar outra, considerando o ponto de cruzamento entre elas. Assim, para duas retas secantes quaisquer, diz-se que há dois retângulos e, mais ainda, que estes são idênticos, ou seja, que o produto dos dois segmentos resultantes de cada reta tem o mesmo resultado (pela prop. 35, III, dos *Elementos*). Como em um círculo há infinitas retas secantes, há também infinitos retângulos em seu interior.

[19] Durante os estudos em Leiden, Tschirnhaus se tornou muito hábil na matemática moderna, isto é, aquela inaugurada por Descartes, até 1660 ensinada por Frans van Schooten (que foi professor de Christiaan Huygens, Johannes Hudde e Jan de Witt), e depois pelo irmão Pieter van Schooten (1634-1679). Tschirnhaus contribuiu notavelmente para o desenvolvimento da teoria das curvas com sua descoberta e discussão sobre a catacáustica de um espelho esférico (KRACHT; KREYSZIG, 1990, p. 20). Mencionou seus resultados pela primeira vez em uma curta carta de 7 de abril de 1681 a Leibniz, e, em 1682, apresentou seus resultados à Académie des Sciences, da qual se tornou membro no mesmo ano. Em 1683, publicou o artigo "Methodus datae figurae, rectis lineis & Curva Geometrica terminatae, aut Quadraturam, aut impossibilitatem ejusdem Quadraturae determinandi" (*Acta Eruditorum*, Leipzig, p. 433-437), pelo qual Leibniz o acusou de plágio.

20 O original latino desta carta se perdeu, restando apenas o texto das *Opera Posthuma* (Epistola LXIV). Embora sem data, é provável que tenha sido escrita em janeiro de 1675.

21 O original latino desta carta pertence ao orfanato menonita De Oranjeappel (Weeshuis der Doopsgezinde Collegianten de Oranjeappel, Amsterdã), junto a outras 12 cartas, autógrafas ou cópias. Uma versão editada, encurtada e com modificações de estilo, consta nas *Opera Posthuma* como Epistola LXV. Uma transcrição do original foi publicada parcialmente, pela primeira vez, por Van Vloten, em 1862, em *Ad Benedicti de Spinoza opera quae supersunt omnia supplementum*, e depois, em 1884, por Van Vloten & Land, no segundo volume da edição *Benedicti de Spinoza opera, quotquot reperta sunt*. Gebhardt, em sua edição crítica (ESPINOSA, 1925, IV), apresenta em simultâneo o texto das *Opera Posthuma* e a transcrição do original. De nossa parte, apresentamos e traduzimos somente o texto original.

22 Em maio de 1675, em um longo itinerário para estudos e promoção de conexões com personalidades importantes, Tschirnhaus viaja inicialmente para a Inglaterra, onde permanece alguns meses e tem a oportunidade de se encontrar com Robert Boyle e Oldenburg. Frisemos aqui que Tschirnhaus levou consigo o manuscrito da *Ética* recebido de Espinosa, continuando a estudá-lo e a inquirir seu autor por cartas.

23 Nos *Primeiros analíticos* (II, 14, 62b29-35), Aristóteles compara a demonstração indireta à direta: "A demonstração que conduz ao impossível distingue-se da demonstração ostensiva, porque aquela põe como premissa aquilo que pretende rejeitar e redu-lo a uma falsidade reconhecida, enquanto a demonstração ostensiva parte de posições reconhecidas. Ambas as demonstrações tomam duas premissas reconhecidas, mas uma toma as premissas de que o silogismo parte, enquanto a outra toma uma destas premissas e, como segunda premissa, toma a contraditória da conclusão" (Tradução, ainda no prelo, de Ricardo Santos, que gentilmente nos foi cedida e autorizada).

24 Ao que parece, não fosse a defesa de Espinosa empreendida por Tschirnhaus em Londres, Oldenburg jamais teria voltado a se aproximar do autor do *Tratado teológico-político*, retomando, ainda em 1675, uma correspondência interrompida por muitos anos.

25 Esta frase de fato carece de sentido, e nós, mesmo consultando as demais traduções disponíveis, não obtivemos um resultado melhor. Talvez seja fruto da própria inabilidade de Schuller com o latim, como aponta Atilano Domínguez em sua tradução.

26 Pieter van Gent (1640-1695), amigo em comum de Espinosa, Schuller e Tschirnhaus (com os dois últimos manteve intensas relações e compartilhou o interesse na filosofia de Espinosa). O trabalho de copista, tradutor e redator editorial rendeu a Van Gent papel decisivo na edição das *Opera*

Posthuma, e provavelmente dos *Nagelate Schriften*, tendo copiado a maioria dos escritos não publicados para enviar aos amigos. Além disso, preparou, entre 1681 e 1686, a edição latina da obra de Tschirnhaus *Medicina mentis et corporis* (1687). Curiosamente, o manuscrito da *Ética* encontrado em 2010, na biblioteca do Vaticano, é uma cópia feita por Van Gent, adquirida por Tschirnhaus no fim de 1674.

[27] Jan Rieuwertsz.

[28] O original latino desta carta se perdeu, restando apenas o texto das *Opera Posthuma* (Epistola LXVI).

[29] A "*facies totius universi*" ou "*facies totius naturae*" (*Carta* LXIII) é uma expressão usada por Espinosa, aparentemente, para referir-se ao modo infinito mediato do atributo extensão, isto é, conforme prop. XXII da *Ética* I, um modo que se segue do atributo extensão, enquanto é modificado por uma modificação tal que, pela extensão, existe necessariamente e infinita. O escólio do lema VII aduzido na explicação reforça a conjectura de que a poética expressão de Espinosa, bem apontada por Proietti (1985), tem influência de Ovídio (que nosso filósofo conhecia e tinha em sua biblioteca), nos versos 252-257 do livro XV das *Metamorfoses*, que aqui traduzimos: "Nem o aspecto de cada coisa sua permanece; renovadora das coisas,/a natureza repara figuras a partir de outras;/e nada no mundo todo, acredite em mim, perece,/mas varia e renova a face; e chama-se nascer/começar a ser diferente do que foi antes; e morrer,/deixar de ser o mesmo. Embora talvez sejam aquelas transladadas para cá, e estas para lá, na soma, porém, todas as coisas são constantes" ("*Nec species sua cuique manet, rerumque novatrix/ex aliis alias reparat natura figuras:/nec perit in toto quicquam, mihi credite, mundo,/sed variat faciemque novat, nascique vocatur/incipere esse aliud, quam quod fuit ante, morique/desinere illud idem. cum sint huc forsitan illa,/haec translata illuc, summa tamen omnia constant*"). Por fim, vale mencionar que "a face toda do universo" é tratada por Bernard Rousset (*La perspective finale de l'Éthique et le problème de la cohérence du spinozisme*. Paris: Vrin, 1968. p. 84-88) como um modo infinito mediato não só do atributo extensão, mas também do pensamento, interpretação que é retomada por Marilena Chaui nas últimas páginas da *Nervura* I (1999, p. 938-941).

[30] O original latino desta carta se perdeu, restando apenas o texto das *Opera Posthuma* (Epistola LXVII).

[31] O original latino desta carta se perdeu, restando apenas o texto das *Opera Posthuma* (Epistola LXVIII).

[32] Esta carta se mostra incompleta.

[33] Esta carta não consta nas *Opera Posthuma*. Uma transcrição do original foi publicada pela primeira vez em 1862, por Van Vloten, em *Ad Benedicti de Spinoza opera quae supersunt omnia supplementum*, e depois, em 1884, na edição de Van Vloten & Land, *Benedicti de Spinoza opera, quotquot*

reperta sunt. Seu original pertence ao orfanato menonita De Oranjeappel (Weeshuis der Doopsgezinde Collegianten de Oranjeappel, Amsterdã), junto a outras 12 cartas, autógrafas ou cópias. Em específico, esta carta destoa negativamente devido à sua má redação, ou porque Schuller, como ele próprio confessa ao final, tinha um estilo rude e a escrevera às pressas, ou porque ele de fato tinha um latim "torpe", como acusa Atilano Domínguez em sua tradução (ESPINOSA, 1988b, p. 380, nota 394) e "medíocre", como acusa Piet Steenbakers (1994, p. 51). Certamente, a maior dificuldade está em identificar, a todo momento, a quem Schuller se refere: se a Tschirnhaus, se a Huygens, se a Leibniz, se a Espinosa. Em relação a esse último, por exemplo, podemos encontrar, sem regra nem ordem, os pronomes "tu", "vossa senhoria", "vossa pessoa", "senhor", "tua senhoria", além de outros pronomes pessoais. Assim, em benefício da compreensão, havendo ambiguidade, vimos imperioso incluir no texto traduzido, entre colchetes, o nome da pessoa a quem o pronome, pelo contexto, parece referir-se.

[34] "Med. Dr.", ou simplesmente "M. D.", é a forma abreviada do termo latino *"Medicinae Doctor"*. À época, era o título dado, na Holanda e em outros países, aos bacharéis em Medicina.

[35] Da resposta de Espinosa na *Carta* LXXII extraímos que o *Processus Anonymi* pertencia a algum parente de Schuller, e tinha como conteúdo algum processo químico para transformação de ouro a partir de antimônio. Shirley (ESPINOSA, 2002, p. 937) interpreta como se tratando de um livro. Domínguez (ESPINOSA, 1988b, p. 380), possivelmente acatando a suspeita aduzida por Meijer (1903), considera a palavra *"Anonymi"* como uma gralha no texto original (*"parece que la palavra está borrosa"*) e decide alterá-la para *"Antimonii"* ("do antimônio"). Nós, todavia, na esteira de Gebhardt (ESPINOSA, 1925, IV, p. 426), conferimos o fac-símile e – mesmo nos parecendo interessante e possível a suspeita de gralha – a palavra *"Anonymi"* está bem nítida, donde preferimos manter a passagem como está no original, mas fazendo esta nota.

[36] Após a estada na Inglaterra, Tschirnhaus chega a Paris, em setembro de 1675, onde encontra Huygens e Leibniz. Este estava ali desde 1672, a mando do eleitor de Mainz, com o propósito de submeter à França seu *Consilium Aegypticum* – um plano no qual Luís XIV empreenderia uma cruzada ao Egito antes de conceder a paz na Europa. Em 28 de dezembro de 1675, Leibniz escreve para Oldenburg: "Ao nos ter enviado Tschirnhaus, fizeste-o a favor de um amigo; com efeito, deleito-me em sua companhia, e reconheço neste jovem uma inteligência notável e que, prometendo grandes descobertas, mostra-me não poucas coisas, analíticas e geométricas, certamente muito elegantes. Donde julgo facilmente o que se pode esperar dele" (LEIBNIZ, 1899, I, p. 143).

[37] Christiaan Huygens (1629-1695) foi um proeminente matemático, astrônomo e físico holandês. Em 1663 foi eleito membro da Royal Society de Londres, e, em 1666, membro eminente da Académie des Sciences, fundada no mesmo ano em Paris. Entre 1664 e 1666, Espinosa visita Huygens em várias ocasiões, ou na mansão Hofwijck, em Voorburg, ou na residência de Haia, para discutir questões de física, principalmente aquelas relacionadas à cinemática e à óptica.

[38] Jean-Baptiste Colbert (1619-1683), célebre político francês. Exerceu o cargo de controlador-geral das Finanças de Luís XIV (a partir de 1665) e foi secretário de Estado da Marinha (a partir de 1668). Levou a cabo um programa econômico mercantilista que fez da França um dos mais poderosos países da Europa. Também foi entusiasta da ciência, tanto que foi por sua sugestão que Luís XIV fundou a Académie des Sciences, em 1666. Nesse mesmo ano, Colbert conseguiu recrutar Huygens, que se mudou para Paris, ocupando uma posição assalariada na recém-fundada academia francesa de ciências. Tschirnhaus teve uma boa oportunidade de se familiarizar com as ideias mercantilistas de Colbert para o desenvolvimento da indústria e do comércio da França, ideias que ele mais tarde praticou, em uma escala muito menor, na Saxônia (KRACHT; KREYSZIG, 1990, p. 31).

[39] Possivelmente, o filho mais novo Jean-Jules-Armand Colbert (1663-1704).

[40] A partir deste ponto, Schuller inadvertidamente toma a fala de Tschirnhaus usando a primeira pessoa do singular. Como solução à legibilidade, demos as devidas aspas ao discurso direto.

[41] Provavelmente uma carta perdida, já que, na única carta conhecida que Leibniz endereçou a Espinosa (*Carta* XLV), não há qualquer menção ao *Tratado teológico-político*. De todo modo, a alegação de que Leibniz teria essa obra em "grande estima" é especiosa. Leibniz já havia lido o *Tratado teológico-político*, enviado por Johann Georg Graevius (1632-1703), então professor da Universidade de Utrecht. A este, em carta de 5 de maio de 1671, Leibniz responde em *post scriptum*: "Li o livro de Espinosa. Lamento que um homem douto, como transparece, tenha colapsado a esse ponto. O *Leviatã* de Hobbes lançou os fundamentos da crítica que ele exerce contra os livros sagrados, mas que frequentemente pode mostrar-se claudicante aos olhos. Essas coisas tendem a derrubar a religião cristã, que foi estabelecida pelo precioso sangue dos mártires e por tantos suores e vigílias. Se apenas alguém com a erudição de Espinosa pudesse ser estimulado a algo igual, mas (?) à questão cristã, que refute seus numerosos paralogismos e abuso de letras orientais" (LEIBNIZ, 1923, 1, 1, p. 148).

[42] Em nota de tradução, Shirley (ESPINOSA, 2002, p. 939) indica ser "possivelmente Jan Bresser, que é incorretamente tido por alguns como autor do poema que precede os *Princípios da filosofia cartesiana*". Cumpre esclarecer que esses "alguns" são, nomeadamente, Van Vloten & Land, em cuja

edição de 1884 propuseram (p. 380) que a inscrição "I.B.M.D", ao fim do poema, remete a "J. Bresser Medicinae Doctor", que também indicam como o destinatário das *Cartas* XXVIII e XXXVII, e que é mencionado nas *Cartas* LXX e LXXII. A conjectura vem, sem prova alguma e seguida de um "*ut videtur*" ("como parece"), talvez da associação de "I.B.M.D" com as iniciais "J.B.", que aparecem no cabeçalho da Epístola XLII das *Opera Posthuma* (*Carta* XXXVII, na numeração de Van Vloten & Land). A partir de então, "J. Bresser" (ora "Johannes", ora "Jan", ora "John") passou a ser citado por vários autores – ao lado de personagens de peso, como Simon de Vries e Lodewijk Meyer – como pertencente ao círculo de amigos de Espinosa. Hoje, todavia, as iniciais "I.B.M.D" e "J.B." são ordinariamente atribuídas a Johannes Bouwmeester, grande amigo de Meyer, ao lado de quem estudou Medicina em Leiden e se aproximou de Espinosa na década de 1650. De nossa recolha bibliográfica, "J. Bresser" é um nome que surge unicamente com Van Vloten & Land, sem explicações e sem qualquer outro registro dissociado da conjectura de tais editores. Assim, não há como dizer, com Shirley, que o "Sr. Bresser" citado nas cartas LXX e LXXII seja "possivelmente Jan Bresser". Nesse ponto, Atilano Domínguez é mais cuidadoso e prefere anotar (ESPINOSA, 1988b, p. 383) que "não se sabe quem foi tal personagem". De nossa parte, aventamos o nome "Hendrick Bresser", alemão nascido por volta de 1640 em Kalkar, perto de Cleves, e que, ao menos desde 1666, vivia em Amsterdã. Aliás, Kalkar e Cleves estavam a poucos quilômetros de Wesel, cidade natal de Schuller, donde podemos sugerir ainda que foi através deste que Espinosa conheceu Bresser.

[43] Esta carta não consta nas *Opera Posthuma*. Segundo Gebhardt (ESPINOSA, 1925, IV, p. 425-426), o original pertencia à coleção de um certo J. J. van Voorst, mas teria sido leiloado em 1860, em Amsterdã, para um comprador de Leipzig. Desde então, passou por vários donos alemães até ser comprado por um anônimo. Na ocasião do primeiro leilão, Van Vloten conseguiu uma cópia do leiloeiro e publicou uma transcrição pela primeira vez em 1862, em *Ad Benedicti de Spinoza opera quae supersunt omnia supplementum*, e depois, em 1884, com Land, no segundo volume da edição *Benedicti de Spinoza opera, quotquot reperta sunt*. Um fac-símile também foi publicado por Willem Meijer, em 1903, na edição *Nachbildung der im Jahre 1902 noch erhaltenen eigenhändigen Briefe des Benedictus Despinoza*.

[44] Neste ponto, vale uma pequena e importante digressão para então notarmos o que se deve. No fim de 1676, Tschirnhaus deixa a França e segue para a Itália. Depois de uma passagem por Florença, ele chega a Roma, em 1677, onde acaba conhecendo e se aproximando de Niels Stensen, ordenado padre em 1675 e recém ou prestes a ser ordenado bispo. Aqui, não bastasse esse estranho intercurso de Tschirnhaus, deparamo-nos com algo ainda mais misterioso: antes de deixar a Itália, no fim de 1677, o saxão

deixa seu próprio manuscrito da *Ética* nas mãos de Stensen. Este, por conseguinte, começa então a redigir a acusação que, em 1679, levaria ao índex a *opus magnum* de Espinosa. Curiosamente, na carta que denunciaria Espinosa ao Santo Ofício, datada de 4 de setembro de 1677, Stensen dá mais detalhes sobre a origem do seu manuscrito: "Eu sabia bem que havia manuscritos semelhantes seus, mas nunca os tivera nas mãos até que, há poucas semanas, com a ocasião de tratar de religião com um estrangeiro luterano, este, depois de algumas conversas sobre a questão da religião, trouxe-me um manuscrito sem me dizer de quem era, mas me implorando para não o mostrar a outros, muito menos contar a outros que ele tinha opiniões semelhantes; o que fiz então, sem imaginar o mal daquela gravidade que observava conforme o ia lendo, e depois disso entendi, graças a ele, quando confessou ser Espinosa o autor" (ESPINOSA, 2011, p. 69. A tradução dessa passagem contou com a revisão de Homero Santiago). Esse havia sido o último vestígio do manuscrito de Tschirnhaus, até que, em 2010, foi encontrado na biblioteca do Vaticano e, em seguida, publicado sob o título *The Vatican Manuscript of Spinoza's Ethica* (Leiden, 2011). Ora, valendo-nos dessa recente descoberta, pudemos felizmente cotejar a redação da prop. V da parte II, tal como aparece na cópia de Tschirnhaus, e, não encontrando problema algum no texto, eliminamos a hipótese de que este estivesse corrompido.

[45] Ao que parece, Tschirnhaus respeitou a negativa de Espinosa quanto a fornecer a Leibniz seus escritos; porém, não deixou de transmitir-lhe, em conversa, o conteúdo do manuscrito da *Ética* que tinha em mãos. Sobre isso o próprio Leibniz relata, em fevereiro de 1676: "O Sr. Tschirnhaus me contou muita coisa do livro manuscrito de Espinosa. [...] O livro de Espinosa será sobre Deus, a mente, a beatitude, ou seja, a ideia do homem perfeito, sobre a medicina da mente, sobre a medicina do corpo" ("*Mons. Tschirnhaus m'a conté beaucoup de choses du livre ms. de Spinoza. [...] Le livre de Spinosa sera de Deo, mente, beatitudine seu perfecti hominis idea, de medicina mentis, de medicina corporis*") (LEIBNIZ, 1980, III, 6, p. 348).

[46] Este último parágrafo remete a uma passagem omitida pelos editores das *Opera Posthuma* na *Carta* LXX.

[47] O antimônio adquiriu bastante importância entre os alquimistas, por seu uso na purificação de ouro.

[48] O original latino desta carta se perdeu, restando apenas o texto das *Opera Posthuma* (Epistola LXIX).

[49] Trata-se da *Carta* XII, de 20 de abril de 1663, dirigida a Lodewijk Meyer.

[50] A crítica é semelhante àquela feita por Leibniz em nota a sua cópia da *Carta* XII: "Ele se encarregava de provar que isso não se conclui a partir da multidão de partes, mas aqui mostrou apenas que não se conclui a partir da magnitude do todo, o que é muito diferente". Diante disso, é bem

possível que Tschirnhaus e Leibniz tenham discutido juntos a carta sobre o infinito.

51 Pierre-Daniel Huet (1630-1721), respeitado pensador francês, bispo de Soissons, de 1685 a 1689, e depois bispo de Avranches. Foi crítico de Descartes, contra quem escreveu alguns tratados, e amigo e correspondente de Leibniz, com quem desfrutava de grande respeito mútuo; sobre isso, ver o artigo de Mogens Lærke "Ignorantia inflat: Leibniz, Huet, and the Critique of the Cartesian Spirit" (2013).

52 Ao que parece, trata-se da obra *Demonstratio Evangelica* (Paris, 1679). Nesse tratado, Huet tentou refutar, entre outros, o autor do *Tratado teológico-político* e estabelecer a verdade da religião cristã e a autoridade da Escritura sob novos fundamentos. Em 1690, Huet publica as *Alnetanae quaestiones de concordia rationis et fidei* (Paris), obra que retoma as críticas ao *Tratado teológico-político*.

53 O original latino desta carta se perdeu, restando apenas o texto das *Opera Posthuma* (Epistola LXX).

54 O original latino desta carta se perdeu, restando apenas o texto das *Opera Posthuma* (Epistola LXXI).

55 O original latino desta carta se perdeu, restando apenas o texto das *Opera Posthuma* (Epistola LXXII).

56 Espinosa morre em 21 de fevereiro de 1677, ou seja, sete meses após esta carta. Ao que parece, na ocasião desta carta, a tuberculose já se agravava.

OUTRAS CARTAS CONEXAS

Carta VIII, de 24 de fevereiro de 1663, de Simon de Vries a Espinosa
Carta IX, de março de 1663, de Espinosa a De Vries
Carta X, de março ou abril de 1663, de Espinosa a De Vries
Carta XXXIV, de 7 de janeiro de 1666, de Espinosa a Johannes Hudde
Carta XXXVII, de 10 de junho de 1666, de Espinosa a Johannes Bouwmeester

Epistola VIII.

Clarissimo Viro
B. D. S.
SIMON DE VRIES

Amice Integerrime,
Jamdudum exoptavi tibi semel adesse, sed tempus, magnaque hyems non satis mihi propitia fuerunt. Aliquando de sorte mea queror, quod nobis intercedit spatium, quod nos ab invicem tam longe dividit. Felix, imo Felicissimus tuus socius Casuarius sub eodem tecto remorans, qui inter prandendum, coenandum, ambulandumque tecum optimis de rebus sermones habere potest. Quamvis autem corpora ab invicem tam longe divisa sint, animo tamen saepissime praesens adfuisti meo, praesertim tuis in scriptis cum versor, manibusque tracto. Sed cum nobis collegis non omnia satis clara appareant, (ideoque iterum colegii initium fecimus) neque me tui immemorem esse putes, animum ad hasce litteras scribendas appuli.

Collegium quod attinet, eo instituitur modo: Unus (sed suae cuique vices) perlegit, pro suo conceptu explicat, porroque omnia demonstrat, secundum tuarum propositionum seriem, ac ordinem; tum si accidat, ut alter alteri satisfacere non possit, operae pretium esse duximus, illud annotare, atque ad te scribere, ut, si possibile, nobis clarius reddatur, et duce te contra superstitiose religiosos, Christianosque veritatem defendere, tum totius impetum mundi stare possimus. Quare, cum prius perlegentibus, explicantibusque, definitiones, non omnes nobis clarae videbantur, non idem de natura definitionis judicium tulimus. Interim te absente authorem quendam, mathematicum scil., qui Borellus vocatur, consuluimus; ille dum definitionis naturae, axiomatis, et postulati mentionem facit, atque aliorum de ea re sententias adfert. Ipsius vero sententia sic sonat: *Definitiones adhibentur in demonstratione,*

Carta VIII[1]

Ao claríssimo senhor
B. D. S.
SIMON DE VRIES[2]

Mui íntegro amigo,

Já há muito anseio estar contigo, mas o tempo e o longo inverno não me foram propícios. Às vezes, queixo-me da minha sorte, que nos interpõe um espaço que tanto nos separa um do outro. Feliz, ou melhor, felicíssimo é teu companheiro Casearius,[3] que pode, morando sob o mesmo teto, conversar contigo sobre os melhores assuntos durante o almoço, o jantar e as caminhadas. Porém, ainda que nossos corpos estejam tão largamente separados um do outro, tens estado com muita frequência em meu ânimo, especialmente quando me volto aos teus escritos e os tenho nas mãos. Mas, como nem todas as coisas aparecem suficientemente claras a nós, colegas (e por isso demos início de novo ao colégio[4]), e para que não julgues que me esqueci de ti, empenhei-me em escrever esta carta.

No que atina ao colégio,[5] está instituído desta maneira: um lê tudo (mas cada um na sua vez), explica conforme o concebeu e, em seguida, demonstra tudo segundo a série e a ordem de tuas proposições; então, se acontece de um não poder satisfazer ao outro, consideramos que vale a pena anotar aquilo e escrever-te para, se possível, torná-lo mais claro a nós, e para podermos, sob a tua condução, defender a verdade contra os supersticiosamente religiosos e cristãos, e nos manter firmes diante do ataque de todo mundo. Por isso, como as definições, quando primeiro as lemos e explicamos, não nos pareciam todas claras, não chegamos a um mesmo juízo sobre a natureza da definição. Nesse ínterim, na tua ausência, consultamos certo autor, a saber, um matemático que se chama Borelli;[6] ele, ao mencionar a natureza da definição, do axioma e do postulado, também aduz as opiniões de outros sobre o assunto. Porém, a opinião dele próprio soa assim: *As definições são aplicadas na demonstração como premissas. Por isso, é necessário*

ut praemissae. Quare necesse est, ut sint evidenter cognitae, alias cognitio scientifica, seu evidentissima ex eis acquiri non potest. Alio loco: *Non temere, sed maxima cautione eligi debet ratio structurae, aut essentialis passio prima, et notissima alicujus subjecti. Nam si constructio, et passio nominata sit impossibilis, tunc non efficietur definitio scientifica, ut si quis diceret: Duae rectae lineae spatium comprehendentes, vocentur figurales, essent definitiones non entium, et impossibiles; et propterea potius ignorantia, quam scientia ex iis deduceretur. Deinde si constructio, aut passio nominata sit quidem possibilis et vera, sed nobis ignota, aut dubia; tunc bona definitio non erit: Nam conclusiones ab ignoto, et dubio ortae, incertae quoque, et dubiae erunt; et ideo suspicionem, aut opinionem; non autem scientiam certam afferent.* A cujus opinione dissentire videtur Tacquet, qui autumat ex falso pronuntiato directe ad veram conclusionem procedi posse, uti tibi notum. Clavius vero, cujus etiam sententiam introducit, sic sentit: *Definitiones sunt artis vocabula, neque opus est, ut ratio afferatur, cur res aliqua hoc aut illo definiatur modo; sed satis esse, ut nunquam res definita asseratur alicui convenire, nisi prius definitionem traditam eidem convenire demonstretur.* Ita ut Borellus velit, quod definitio alicujus subjecti debeat constare ex passione sive structura prima, essentiali, nobis notissima, et vera; Clavius non ita, sive prima, sive notissima, sive vera nec ne, nihil refert, modo ne definitionem, quam tradidimus, alicui convenire asseratur, nisi prius definitionem traditam eidem convenire demonstretur. Nos potius pedibus in sententiam Borelli iremus; utri Dominus, an neutri horum concinnat, non bene scimus: Igitur, cum tales de definitionis naturâ, quae inter principia demonstrationis numeratur, disceptationes variae moventur, et, si animus non vindicatus est ab ejus difficultatibus, etiam non de iis, quae de ea deducuntur; magnum nobis esset desiderium, ut dominatio vestra ad nos, multum nimis negotium tibi si non facessamus, perque otium tuum liceat, scriberet, quid ipsa de ea re sentiat, etiam quae est distinctio inter axiomata et definitiones; Borellus vero nullam veram admittit, nisi quoad nomen, sed te aliam ponere credo.

que sejam conhecidas com evidência, do contrário não se pode a partir delas adquirir um conhecimento científico, ou seja, evidentíssimo. Em outro lugar: *A razão da estrutura, ou a paixão[7] essencial, primeira e mais conhecida de um sujeito, não deve ser escolhida de maneira temerária, mas com a máxima cautela. Com efeito, se a construção e a nomeada paixão são impossíveis, então não se fará uma definição científica; como se alguém dissesse: chamem-se "figurais" duas linhas retas que compreendem um espaço; as definições seriam de não-entes e impossíveis; e por isso delas se deduziria antes ignorância do que conhecimento. Ademais, se a construção ou a nomeada paixão é sim possível e verdadeira, mas nos é desconhecida ou duvidosa, então a definição não será boa; pois as conclusões originadas do desconhecido e do duvidoso serão também incertas e duvidosas; e por conseguinte aduzirão a suspeita ou a opinião, e não a ciência certa.* Dessa opinião parece dissentir Tacquet,[8] que diz, como sabes, poder-se proceder diretamente de um enunciado falso para uma conclusão verdadeira. Porém, Clavius,[9] cuja opinião [Borelli] também introduz, pensa assim: *As definições são palavras artificiais, e não é preciso alegar-se a razão por que uma coisa é definida deste ou daquele modo; mas é suficiente nunca se asserir que a coisa definida convém com algo a não ser que primeiro se demonstre que a definição dada convém com ele.* Dessa maneira, Borelli quer que a definição de um sujeito deva consistir na paixão, ou seja, na estrutura primeira, essencial, a mais conhecida para nós e verdadeira; diferentemente, para Clavius, nada importa se ela é ou não primeira, ou a mais conhecida, ou verdadeira, desde que não seja asserido que a definição que demos convém com algo a não ser que primeiro se demonstre que a definição dada convém com ele. Seguiríamos antes a opinião de Borelli, mas não sabemos bem com qual deles o senhor concorda, ou se com nenhum. Portanto, como se movem essas variadas discussões sobre a natureza da definição, que é enumerada entre os princípios da demonstração, e como o ânimo, se não estiver livre das dificuldades desse assunto, também não o estará das que dele se deduzem, desejaríamos muitíssimo que vossa senhoria – se não te déssemos muito trabalho e se teu tempo permitisse – escrevesse-nos o que pensa sobre esse assunto e também qual é a distinção entre axiomas e definições; Borelli, porém, não admite nenhuma distinção verdadeira a não ser quanto ao nome, mas creio que tu ponhas outra.

Porro Definitio 3^{tia} nobis non satis constat, in exemplum attuli, quod Dominus mihi dixit Hagaecomitis, scil.: quod Res duobus modis potest considerari, vel prout in se est, vel prout respectum habet ad aliud, uti intellectus, vel enim potest considerari sub cogitatione, vel ut constans ideis. Sed, quaenam hic esset distinctio, non bene videmus; nam existimamus, quod nos, si cogitationem recte concipiamus, oporteat comprehendere sub ideis, quia remotis ab ea omnibus ideis cogitationem destrueremus. Qua de re, cum exemplum nobis satis clarum non est, manet adhuc res ipsa aliquo modo obscura, et ulteriore explicatione indigemus. Novissime, in scholio 3^{tio} prop. 8. habetur ab initio, sic scl: *Ex his apparet, quod quamvis duo attributa, realiter distincta concipiantur (hoc est unum sine alterius ope) neque ideo ipsa duo entia sive duas diversas substantias constituunt; Ratio est, quia de natura substantiae est, ut omnia ejus attributa, unumquodque inquam, per se concipiatur, quandoquidem simul in ipsa fuerunt.* Sic Dominus videtur supponere, substantiae naturam ita esse constitutam, ut plura possit habere attributa, quod nondum demonstravit, nisi quintam definitionem substantiae absolute infinitae, sive Dei respiceret; alias, si dicam, unamquamque substantiam tantum habere unum attributum, et mihi esset idea duorum attributorum, recte concludere possem, quod ubi duo diversa attributa, ibi duae diversae sint substantiae: in quod etiam clariorem explicationem te rogemus.

Porro gratias ago maximas pro tuis scriptis, mihi a P. Balling communicatis; quae magno me gaudio affecerunt. Sed potissimum scholium prop. 19.; Si hic et tibi, in aliquo, quod in mea potestate sit, servire possim, ibi tibi sum, tantum opus, ut me scientem facias.

Ego collegium annotomiae inivi, medium fere absolvi, absoluto, incipiam chimicum, sicque suasore te percurram totam Medicinam. Desino, et exspecto responsionem, et a me sis salutatus, qui sum,

Tibi Addictissimus
S. J. D'Vries.

Ademais, a 3ª definição[10] não nos consta suficientemente. Aduzi como exemplo o que o senhor me disse em Haia, a saber, que uma coisa pode ser considerada de duas maneiras: ou conforme é em si ou conforme a relação que ela tem com outra coisa, como no caso do intelecto, pois ele pode ser considerado ou sob o pensamento ou como constando de ideias. Mas não vemos bem que distinção seria essa; com efeito, se concebemos o pensamento corretamente, estimamos que importa compreendê-lo sob as ideias, porque destruiríamos o pensamento se dele todas as ideias fossem removidas. Por isso, como o exemplo não nos é suficientemente claro, o próprio assunto ainda permanece de algum modo obscuro, e precisamos de uma explicação ulterior. Por último, no escólio 3º da prop. 8, tem-se desde o início o seguinte: *A partir disso aparece que, embora dois atributos sejam concebidos realmente distintos (isto é, um sem o auxílio do outro), eles nem por isso constituem dois entes, ou seja, duas substâncias diversas; a razão é que é da natureza da substância que todos os seus atributos, digo, que cada um deles seja concebido por si, posto que foram simultaneamente nela.*[11] Assim o senhor parece supor que a natureza da substância seja de tal maneira constituída que pode ter muitos atributos, o que ainda não demonstrou, a não ser que se referisse à quinta[12] definição, da substância absolutamente infinita, ou seja, de Deus; do contrário, se digo que cada substância tem somente um atributo, e se houvesse em mim a ideia de dois atributos, eu poderia concluir corretamente que onde há dois atributos diversos, há ali duas substâncias diversas; para isso também te rogamos uma explicação mais clara.

Ademais, dou-te os maiores agradecimentos pelos teus escritos, a mim comunicados por P. Balling,[13] os quais me deram grande alegria. Mas principalmente o escólio da prop. 19.[14] Se aqui eu puder servir-te em algo que esteja em meu poder, nisso estarei ao teu dispor, sendo apenas preciso que me faças sabê-lo.

Iniciei o colégio de anatomia e acabei quase a metade; terminado, começarei o de química, e assim, sob teu conselho, percorrerei a medicina toda. Termino e espero uma resposta, e te saúdo, pois sou

teu devotadíssimo

S. J. D'Vries

1663. Datum Amstelodami
Die 24 februarii.

Sr. Benedictus Spinosa
Tot
Rijnsburgh.
1663.

Amsterdã,
24 de fevereiro de 1663.

Sr. Bento de Espinosa
Para
Rijnsburg
1663.

Epistola IX.

Doctissimo Juveni
SIMONI DE VRIES
B. D. S.
Responsio ad praecedentem.
<*Van de Natuur der Bepaling, en gemene Kundigheit.*>

Amice colende,
tuas mihi dudum desideratas literas accepi. pro quibus, tuoque erga me affectu maximas habeo gratias. non minus mihi quam tibi diuturna tua absentia molesta fuit, interim tamen gaudeo quod meae lucubratiunculae tibi nostrisque amicis usui sint. sic enim dum abestis absens vobis loquor. Nec est quod Caseario invideas. Nullus nempe mihi magis odiosus, nec a quo magis cavere curavi quam ab ipso quamobrem te omnesque notos monitos vellem ne ipsi meas opiniones communicetis nisi ubi ad maturiorem aetatem pervenerit. nimis adhuc est puer. parumque sibi constans. et magis novitatis quam veritatis studiosus. Verum puerilia haec vitia ipsum paucis post annis emendaturum spero. imo, quantum ex ipsius ingenio judicare possum, fere pro certo habeo. quare ejus indoles me eum amare monet.

quod ad quaestiones in collegio vestro, (satis sapienter instituto), propositas attinet. Video vos iis haerere, propterea quod non distinguitis inter genera definitionum. Nempe inter definitionem, quae inservit ad rem cujus essentia tantum quaeritur, et de qua sola dubitatur, explicandam. et inter definitionem quae ut solum examinetur, proponitur illa enim quia determinatum habet objectum vera debet esse. haec vero non refert. ex. gr. Si quis templi Salomonis descriptionem me roget. ipsi veram templi descriptionem tradere debeo, nisi cupiam cum ipso garrire. Sed si ego templum aliquod in mente concinnavi. quod aedificare cupio ex cujus descriptione

Carta IX[15]

Ao doutíssimo jovem
SIMON DE VRIES
B. D. S.
Resposta à precedente
<Da natureza da definição e do axioma comum>

Estimado amigo,
Recebi tua carta, há muito desejada, e dou-te os maiores agradecimentos por ela e por teu afeto por mim. Tua diuturna ausência não me foi menos molesta do que a ti; contudo, nesse ínterim, alegro-me de que minhas pequenas elucubrações sejam úteis a ti e aos nossos amigos. Com efeito, assim ausente, falo convosco enquanto estais ausentes. E não hás de invejar Casearius.[16] De fato, ninguém me é mais odioso, e não há pessoa de quem eu mais tenha procurado precaver-me do que ele; por isso, gostaria que tu e todos os conhecidos estivessem advertidos para que não lhe comuniqueis minhas opiniões a não ser quando ele chegar a uma idade mais madura. É ainda demasiado menino[17] e pouco constante consigo mesmo, e mais interessado pela novidade do que pela verdade. Porém, espero que ele venha a emendar-se desses vícios pueris dentro de poucos anos; mais ainda, o quanto posso julgar de seu engenho, tenho isso quase por certo. Por isso, sua índole me leva a amá-lo.

No que atina às questões propostas em vosso colégio (muito sabiamente instituído), vejo que vos embaraçais nelas porque não distinguis entre os gêneros de definições, a saber, entre a definição que serve para explicar uma coisa da qual se procura apenas a essência e somente sobre a qual se tem dúvida, e a definição que se propõe só para ser examinada. Com efeito, aquela, porque tem um objeto determinado, deve ser verdadeira, ao passo que para esta isso não importa. Por exemplo, se alguém me pedir uma descrição do templo de Salomão, devo dar-lhe uma descrição verdadeira do templo, a não ser que eu deseje palrar com ele. Mas, se compus na

concludo me talem fundum totque aliorumque materialium millia lapidum emere debere. an aliquis sanae mentis mihi dicet me male conclusisse, ex eo quod forte falsam adhibui definitionem? vel aliquis a me exigat ut meam definitionem probem? is sane nihil aliud mihi dicit quam quod id quod conceperim non conceperim. vel a me exiget ut id quod conceperim probem me concepisse. quod plane est nugari.

quare definitio vel explicat rem prout est extra intellectum. et tum, vera debet esse. et a propositione vel axiomate non differt nisi quod illa tantum circa rerum essentias rerumve affectionum versatur. hae vero latius, nempe ad aeternas veritates etiam se extendat: vel rem prout a nobis concipitur. vel concipi potest. tumque in eo etiam differt ab axiomate et propositione quod non exigit nisi ut concipiatur absolute non ut axioma sub ratione veri quare mala definitio illa est quae non concipitur quod ut intelligatis Borelli exemplum capiam; nempe si quis diceret duae rectae lineae spatium comprehendentes vocentur figurales.

Si is per lineam rectam intelligit id, quod omnes per lineam curvam tum bona est definitio. (per illam vero definitionem intelligeretur figura ut ⓐ aut similes) modo quadrata et alia postea non intelligat figuras. Verum si per lineam rectam intelligat id quod communiter intelligimus, res est plane inconceptibilis. ideoque nulla est definitio. quae omnia a Borellio, in cujus sententia amplectenda proni estis, plane confunduntur. aliud exemplum addo id nempe quod vos in fine adfertis. Si dicam unamquamque substantiam unum tantum habere attributum. mera est propositio et eget demonstratione. Si vero dicam per substantiam intelligo id quod uno tantum attributo constat. bona erit definitio modo postea entia pluribus attributis constantia alio nomine a substantia diverso insigniantur. quod autem dicitis me non demonstrasse substantiam (sive ens) plura habere posse attributa: forte ad demonstrationes noluistis attendere. duas enim adhibui. 1ª quod nihil nobis evidentius quam quod unumquodque ens sub aliquo attributo a nobis concipiatur, et quo plus realitatis

mente um templo que desejo edificar, a partir de cuja descrição concluo que devo comprar tal terreno e tantos milhares de pedras e outros materiais, acaso alguém com uma mente sã dirá que concluí mal por eu ter dado talvez uma definição falsa? Ou alguém exigirá que eu prove minha definição? Certamente, ele nada outro me diz senão que não concebi o que concebi, ou exigirá que eu prove que concebi o que concebi, o que é dizer completas frivolidades.

Portanto, ou bem a definição explica a coisa conforme é fora do intelecto – e então deve ser verdadeira e não difere da proposição ou do axioma, senão porque a definição versa apenas acerca das essências das coisas ou das afecções das coisas, ao passo que este é mais amplo, a saber, estende-se também às verdades eternas –, ou bem ela explica a coisa conforme é concebida ou pode ser concebida por nós – e então também difere do axioma e da proposição, por não exigir senão que seja concebida absolutamente, e não, como é o caso do axioma, sob a razão do verdadeiro. Por isso, uma má definição é aquela que não é concebida. E, para entenderdes isso, tomarei o exemplo de Borelli, a saber, se alguém dissesse que se chamam "figurais" duas linhas retas que compreendem um espaço.

Se ele entende por linha reta o que todos entendem por linha curva, então é uma boa definição (de fato, entender-se-ia por essa definição uma figura como ⓐ ou outras semelhantes), desde que depois ele não entenda como figuras quadrados e outros semelhantes. Porém, se por linha reta ele entende o que comumente entendemos, a coisa é totalmente inconcebível, e por isso não há nenhuma definição. Todas essas coisas são completamente confundidas por Borelli, cuja opinião estais inclinados a abraçar. Acrescento outro exemplo, a saber, aquele que trazes no fim. Se digo que cada substância tem apenas um atributo, trata-se de uma mera proposição e precisa de demonstração. Mas, se digo que entendo por substância aquilo que consta apenas de um único atributo, a definição será boa, contanto que depois os entes que constam de muitos atributos sejam designados com outro nome diverso do de substância. Quanto a dizerdes que não demonstrei que a substância (ou seja, o ente) pode ter muitos atributos, talvez não tenhais querido atentar às demonstrações. Com efeito, dei duas. A 1ª é que nada nos é mais evidente do que cada ente ser concebido por

aut esse aliquod ens habet eo plura attributa ei sunt tribuenda unde ens absolute infinitum definiendum ett[a]. 2[a] et quan ego palmariam judico. est quod quo plura attributa alicui enti tribuo eo magis cogor ipsi existentiam tribuere. hoc est eo magis sub ratione veri ipsum concipio quod plane contrarium esset si ego Chymaeram aut quid simile finxissem. quod autem dicitis vos non concipere cogitationem nisi sub ideis. quia remotis ideis cogitationem destruitis. credo id vobis contingere propterea quod dum vos res sc. cogitantes, id facitis omnes vestras cogitationes, et conceptus seponitis quare non mirum est quod ubi omnes vestras cogitationes seposuistis nihil postea vobis cogitandum maneat. quod autem ad rem attinet puto me satis clare et evidenter demonstrasse intellectum quamvis infinitum ad naturam naturatam non vero ad naturantem pertinere. porro quid hoc ad 3[am] definitionem intelligendum faciat nondum video. nec etiam cur ea moram iniciat. ipsa enim definitio ut ipsa ni fallor vobis tradidi sic sonat: *per substantiam intelligo id quod in se est et per se concipitur: hoc est cujus concetus non involvit conceptum alterius rej. idem per attributum intelligo. nisi quod attributum dicatur respectu intellectus. substantiae certam talem naturam tribuentis.* haec inquam definitio satis clare explicat quid per substantiam sive attributum intelligere volo. vultis tamen, quod minime opus est, ut exemplo explicem quomodo una, eademque res duobus nominibus insigniri possit. sed ne parcus videar duo adhibeam. 1[m] dico per israelem intelligo 3[um] patriarcham. idem per Jacobum intelligo. quod nomen Jacobi ipsi imponebatur propterea quod calcem fratris apprehenderat. 2[m]. per planum intelligere volo id quod omnes radios lucis sine ulla mutatione reflectit. idem per album intelligo nisi quod album dicatur respectu hominis planum intuentis.

<Ik acht dat ik hier meê op uw vragen voldaan heb. Onderstusschen zal ik wachten uw oordeel te horen; en indien 'er noch iet is, van 't welk gy oordeelt dat het niet wel, of klarelijk genoech betoogt is, schroom niet om my dit aan te wijzen, enz.

nós sob algum atributo, e que, quanto mais realidade ou ser tem um ente, tanto mais atributos cumpre atribuir-lhe; donde o ente absolutamente infinito etc. A 2ª, e que julgo a mais elegante, é que, quanto mais atributos atribuo a um ente, tanto mais existência sou forçado a atribuir-lhe, isto é, tanto mais o concebo sob a razão do verdadeiro, o que seria totalmente o contrário se eu houvesse forjado uma quimera ou algo semelhante. Quanto a dizerdes que não concebeis o pensamento senão sob ideias, já que, removidas as ideias, destruís o pensamento, creio que isso vos acontece porque vós, coisas pensantes, enquanto o fazeis, pondes de lado todos os vossos pensamentos e conceitos. Portanto, não admira que, quando pusestes de lado todos os vossos pensamentos, não vos tenha restado nada para pensar depois. No que atina ao assunto principal, julgo ter demonstrado com suficiente clareza e evidência que o intelecto, ainda que infinito, pertence à natureza naturada, e não à naturante. Ademais, ainda não vejo de que isso serve para entender a 3ª definição, nem mesmo por que ela vos detém. Com efeito, a própria definição, tal como vo-la dei, se não me engano, soa assim: *Por substância entendo aquilo que é em si e é concebido por si, isto é, aquilo cujo conceito não envolve o conceito de outra coisa. Por atributo entendo o mesmo, exceto que se diz atributo com respeito ao intelecto que atribui à substância tal natureza certa.*[18] Essa definição, digo, explica assaz claramente o que quero entender por substância ou atributo. Todavia, quereis que eu explique com um exemplo – o que de jeito nenhum é preciso – como uma só e mesma coisa pode ser designada com dois nomes. Mas, para não parecer pouco generoso, darei dois. 1º, digo que por Israel entendo o terceiro patriarca, e o mesmo entendo por Jacó, porque o nome foi imposto ao próprio Jacó por ter agarrado o calcanhar do irmão.[19] 2º, quero entender por plano aquilo que reflete todos os raios de luz sem mudança alguma, e o mesmo entendo por branco, exceto que se diz branco com respeito ao homem que vê o plano.[20]

<Penso que aqui satisfiz a vossas perguntas. Nesse ínterim, esperarei ouvir vosso juízo; e se ainda há algo que julgais não estar bem demonstrado nem com clareza suficiente, não receeis em indicá-lo a mim etc.>

Epistola X.

Doctissimo Juveni
SIMON DE VRIES
B. D. S.

Amice colende,
Petis à me, an egeamus experientiâ ad sciendum, utrum Definitio alicujus Attributi sit vera? Ad hoc respondeo, nos nunquam egere experientiâ, nisi ad illa, quae ex rei definitione non possunt concludi, ut, ex. gr. existentia Modorum: haec enim à rei definitione non potest concludi. Non verò ad illa, quorum existentia ab eorundem essentia non distinguitur, ac proinde ab eorum definitione concluditur. Imò nulla experientia id unquam nos edocere poterit: nam experientia nullas rerum essentias docet; sed summum, quod efficere potest, est mentem nostram determinare, ut circa certas tantùm rerum essentias cogitet. Quare, cùm existentia attributorum ab eorum essentiâ non differat, eam nullâ experientiâ poterimus assequi.

Quòd porrò petis, anne res etiam, rerumve affectiones sint aeternae veritates? Dico omninò. Si regeris, cur eas aeternas veritates non voco? respondeo, ut eas distinguam, uti omnes solent, ab iis, quae nullam rem, reive affectionem explicant, ut, ex. gr. à nihilo nihil fit; haec, inquam, similesque Propositiones vocantur absolutè aeternae veritates, sub quo nihil aliud significare volunt, quàm quòd talia nullam sedem habent extra mentem etc.

Carta X[21]

Ao doutíssimo jovem
SIMON DE VRIES
B. D. S.

Estimado amigo,
Perguntas-me se precisamos da experiência para saber se a definição de um atributo é verdadeira. A isso respondo que nunca precisamos da experiência, a não ser para aquelas coisas que não podem ser concluídas a partir da definição da coisa, como, por ex., a existência dos modos; esta, com efeito, não pode ser concluída a partir da definição da coisa. Mas não para aquelas coisas cuja existência não se distingue da essência delas e por conseguinte se conclui a partir da definição delas. Mais ainda, nenhuma experiência poderá alguma vez ensiná-lo a nós, pois a experiência não ensina nenhuma essência das coisas, mas o máximo que ela pode fazer é determinar nossa mente a pensar apenas acerca de essências certas das coisas. Por isso, como a existência dos atributos não difere da essência deles, não poderemos alcançá-la com nenhuma experiência.

Ademais, o que perguntas: acaso as coisas ou as afecções das coisas também são verdades eternas? Digo: totalmente. Se replicas: por que não as chamo de verdades eternas? Respondo: para distingui-las, como todos estão acostumados, daquelas que não explicam nenhuma coisa ou afecção de coisa, como, por ex., *que nada se faz do nada.*[22] Esta e outras proposições semelhantes, digo, são chamadas absolutamente de verdades eternas, sob o que não querem significar nada outro senão que tais coisas não têm nenhuma sede fora da mente etc.

Epistola XXXIV.

Viro Amplissimo, ac Prudentissimo,
JOHANNI HUDDE
B. D. S.
Versio.

Amplissime vir,
Demonstrationem Unitatis Dei, hinc nimirùm, quòd ejus Natura necessariam involvit existentiam, quam postulabas, et ego in me recipiebam, ante hoc tempus ob quasdam occupationes mittere non potui. Ut ergo eò deveniam, praesupponam

I°. Veram uniuscujusque rei definitionem nihil aliud, quàm rei definitae simplicem naturam includere. Et hinc sequitur

II°. Nullam definitionem aliquam multitudinem, vel certum aliquem individuorum numerum involvere, vel exprimere; quandoquidem nil aliud, quam rei naturam, prout ea in se est, involvit, et exprimit. Ex. gr. Definitio trianguli nihil aliud includit, quàm simplicem naturam trianguli; at non certum aliquem triangulorum numerum: quemadmodum Mentis definitio, quòd ea sit res cogitans, vel Dei definitio, quòd is sit Ens perfectum, nihil aliud, quàm Mentis, et Dei naturam includit; at non certum Mentium, vel Deorum numerum.

III°. Uniuscujusque rei existentis causam positivam, per quam existit, necessariò dari debere.

IV°. Hauc causam vel in naturâ, et in ipsius rei definitione (quia scilicet ad ipsius naturam existentia pertinet, vel eam necessariò includit) vel extra rem ponendam esse.

Ex his praesuppositis sequitur, quòd si in naturâ certus aliquis individuorum numerus existat, una, pluresve causae dari debeant, quae illum justè ne majorem, nec minorem Individuorum numerum producere potuerunt. Si, exempli gratiâ, in rerum naturâ viginti homines existant, (quos, omnis confusionis vitandae causâ, simul, ac primos in naturâ esse supponam)

Carta XXXIV[23]

Ao grandíssimo e prudentíssimo senhor
JOHANNES HUDDE[24]
B. D. S.
Versão

Grandíssimo senhor,
Devido a algumas ocupações, não pude enviar antes deste momento a demonstração da unidade de Deus que exigias e que aceitei para mim, a saber, a partir de sua natureza envolver a existência necessária. Logo, para chegar a ela, pressuponho que[25]:

I°. A definição verdadeira de cada coisa nada outro inclui senão a natureza simples da coisa definida. E daí se segue que:

II°. Nenhuma definição envolve ou exprime uma multidão ou um número certo de indivíduos, uma vez que ela nada outro envolve e exprime senão a natureza da coisa tal como ela é em si mesma. Por ex., a definição de triângulo nada outro inclui senão a natureza simples do triângulo, e não um número certo de triângulos; da mesma maneira, a definição de mente, de que é uma coisa pensante, ou a definição de Deus, de que é o ente perfeito, não incluem nada outro senão a natureza da mente e de Deus, e não um número certo de mentes ou de deuses.

III°. De cada coisa existente deve dar-se necessariamente uma causa positiva pela qual ela existe.

IV°. Essa causa há de ser posta ou na natureza e definição da própria coisa (a saber, porque a existência pertence à natureza dela ou necessariamente a inclui) ou fora da coisa.

A partir desses pressupostos, segue-se que, se existe na natureza um número certo de indivíduos, devem dar-se uma ou várias causas que puderam produzir justamente aquele número de indivíduos, nem maior nem menor. Se, por exemplo, existem na natureza vinte homens (os quais, para evitar toda causa de confusão, suporei serem em simultâneo e os primeiros na natureza), não basta investigar a

non satis est, causam humanae naturae in genere investigare, ut rationem, cur viginti existant, reddamus; sed etiam ratio investiganda est, cur nec plures, nec pauciores, quàm viginti homines existant: Nam (juxta tertiam hypothesin) de quovis homine ratio, et causa, cur existat, reddenda est. At haec causa (juxta secundam et tertiam hypothesin) nequit in ipsius hominis naturâ contineri: vera enim hominis definitio numerum viginti hominum non involvit. Ideoque, (juxta quartam hypothesin) necessaria existentiae horum viginti hominum, et consequenter uniuscujusque sigillatim, extra eos dari debet. Proinde absolutè concludendum est, ea omnia, quae concipiuntur numero multiplicia existere, necessariò ab externis causis; non verò propriae suae naturae vi produci. Quoniam verò (secundum hypothesin) necessaria existentia ad Dei Naturam pertinet, ejus vera definitio necessariam quoque existentiam ut includat, necessum est: et propterea ex verâ ejus definitione necessaria ejus existentia concludenda est. At ex verâ ejus definitione (ut jam ante ex secundâ et tertiâ hypothesi demonstravi) necessaria multorum Deorum existentia non potest concludi. Sequitur ergo unici Dei solummodò existentia. Q.E.D.

Haec, Amplissime Vir, mihi hoc tempore optima visa fuit Methodus ad propositum demonstrandum. Hoc ipsum antehac aliter demonstravi, distinctionem Essentiae, et Existentiae adhibendo: quia verò ad id, quod mihi indicasti, attendo, hanc demonstrationem tibi libentiùs mittere volui. Spero tibi faciet satis, tuumque super eâ judicium praestolabor, et interea temporis manebo, etc.

Voorburgi, 7. Januar 1666

causa da natureza humana em geral para fornecermos a razão por que existem vinte, mas há que investigar também a razão por que não existem nem mais nem menos que vinte homens. Com efeito (conforme a terceira hipótese), cumpre fornecer a razão e a causa por que cada homem existe. Mas essa causa (conforme a segunda e a terceira hipóteses) não pode estar contida na natureza do próprio homem, pois a definição verdadeira de homem não envolve o número de vinte homens. E por isso (conforme a quarta hipótese) a causa da existência desses vinte homens, e consequentemente de cada um isoladamente, deve dar-se fora deles.[26] Por conseguinte, há de se concluir absolutamente que tudo aquilo que se concebe existir múltiplo em número é produzido necessariamente por causas externas, e não pela força de sua própria natureza. Mas, porquanto (pela segunda hipótese) a existência necessária pertence à natureza de Deus, também é necessário que sua definição verdadeira inclua a existência necessária; e, por causa disso, a partir de sua definição verdadeira há de se concluir sua existência necessária. Porém, a partir de sua definição verdadeira (como já demonstrei antes a partir da segunda e terceira hipóteses) não se pode concluir a existência necessária de muitos deuses. Logo, segue-se a existência de somente um único Deus. C. Q. D.

Esse método, grandíssimo senhor, pareceu-me neste momento o melhor para demonstrar o proposto. Isso demonstrei anteriormente de outra maneira, aplicando a distinção entre essência e existência,[27] mas, atentando ao que me indicaste, preferi enviar-te essa demonstração. Espero que ela te satisfaça e aguardo teu juízo a seu respeito, e nesse ínterim permanecerei etc.

Voorburg, 7 de janeiro de 1666.

Epistola XXXVII.

Doctissimo, Expertissimoque Viro,
JOHANNI BOUWMEESTER
B. D. S.

Doctissime Vir, Amice Singularis,
Ad ultimas tuas literas, dudum à me acceptas, antehac respondere non potui, ità variis occupationibus, et sollicitudinibus impeditus fui, ut vix tandem me expedire potuerim, nolo tamen quandoquidem animum aliquantisper recipere licet, meo officio deesse; sed tibi quamprimùm maximas agere gratias volo pro amore, atque officio erga me tuo, quod saepius opere, jam verò literis etiam satis superque testatus es, etc. Transeo ad tuam quaestionem, quae sic se habet, nempe *an aliqua detur, aut dari possit Methodus talis, quâ inoffenso pede in praestantissimarum rerum cogitatione sine taedio pergere possimus? an verò, quemadmodum corpora nostra, sic etiam mentes casibus obnoxiae sint, et fortunâ magis, quàm arte cogitationes nostrae regantur?* quibus me satisfacturum puto, si ostendam, quòd necessariò debeat dari Methodus, quâ nostras claras, et distinctas perceptiones dirigere, et concatenare possumus, et quòd intellectus non sit, veluti corpus, casibus obnoxius. Quod quidem ex hoc solo constat, quòd una clara, et distincta perceptio, aut plures simul possunt absolutè esse causa alterius clarae et distinctae perceptionis. Imò omnes clarae et distinctae perceptiones, quas formamus, non possunt oriri nisi ab aliis claris et distinctis perceptionibus, quae in nobis sunt, nec ullam aliam causam extra nos agnoscunt. Unde sequitur, quas claras et distinctas perceptiones formamus, à solâ nostrâ naturâ, ejusque certis, et fixis legibus pendere, hoc est, ab absolutâ nostrâ potentiâ, non verò à fortunâ, hoc est, à causis quamvis certis etiam, et fixis legibus agentibus, nobis tamen ignotis, et à nostrâ naturâ, et potentiâ alienis. Quod ad reliquas perceptiones attinet, eas

Carta XXXVII[28]

Ao doutíssimo e expertíssimo senhor
JOHANNES BOUWMEESTER[29]
B. D. S.

Doutíssimo senhor, amigo singular,
 Não pude responder antes à tua última carta,[30] há algum tempo recebida por mim, pois fui de tal maneira impedido por várias ocupações e inquietações que mal pude enfim livrar-me delas; todavia, já que consegui retornar a mim por algum tempo, não quero faltar com meu dever; mas quero, antes de tudo, dar-te os maiores agradecimentos por teu amor e tua cortesia em relação a mim, o que muito frequentemente atestas por atos, mas agora também mais que suficientemente por tua carta. Passo a tua pergunta, que se porta assim: *dá-se ou pode dar-se um tal método com o qual possamos avançar, sem tédio e sem tropeços, no conhecimento das coisas mais excelentes? Ou, na verdade, nossas mentes, tal como nossos corpos, também estão submetidas ao acaso, e nossos pensamentos são regidos mais pela fortuna do que pela arte?*[31] A estas coisas julgo que satisfarei se eu mostrar que deve dar-se necessariamente um método com o qual possamos dirigir e concatenar nossas percepções claras e distintas, e que o intelecto não está, como o corpo, submetido ao acaso. Isso consta só do fato de que uma percepção clara e distinta, ou várias em simultâneo, podem ser absolutamente causa de outra percepção clara e distinta. Mais ainda, todas as percepções claras e distintas que formamos não podem originar-se senão de outras percepções claras e distintas que estão em nós, e não reconhecem nenhuma outra causa fora de nós. Donde se segue que as percepções claras e distintas que formamos dependem da nossa natureza sozinha e de suas leis certas e fixas, isto é, de nossa potência absoluta, e não da fortuna, isto é, de causas que, embora também ajam segundo leis certas e fixas, são ignoradas por nós e alheias à nossa natureza e potência. No que atina às demais percepções, confesso que dependem ao máximo da fortuna. Disso,

à fortunâ quàm maximè pendere fateor. Ex his igitur clarè apparet, qualis esse debeat vera Methodus, et in quo potissimùm consistat, nempe in solâ puri intellectus cognitione, ejusque naturae, et legum, quae ut acquiratur, necesse est ante omnia distinguere inter intellectum, et imaginationem, sive inter veras ideas, et reliquas, nempe fictas, falsas, dubias, et absolutè omnes, quae à solâ memoriâ dependent. Ad haec intelligendum, saltem quoàd Methodus exigit, non est opus naturam mentis per primam ejus causam cognoscere, sed sufficit mentis, sive perceptionum historiolam concinnare modo illo, quo Verulamius docet. Et his paucis puto me veram Methodum explicuisse, et demonstrasse, simulque Viam ostendisse, quâ ad eam perveniamus. Superest tamen te monere, ad haec omnia assiduam meditationem, et animum, propositumque constantissimum requiri, quae ut habeantur, apprimè necesse est, certum vivendi modum, et rationem statuere, et certum aliquem finem praescribere: sed de his impraesentiarum satis. <Vale et ama, qui te animus diligit,

             Bened. de Spinosa.>

Voorburgi, 10 Jun. 1666.

portanto, aparece claramente qual deve ser o verdadeiro método e no que ele consiste principalmente, a saber: só no conhecimento do puro intelecto, de sua natureza e de suas leis; e, para adquirir esse conhecimento, é necessário, antes de tudo, distinguir entre o intelecto e a imaginação, ou seja, entre as ideias verdadeiras e as demais, a saber, as fictícias, as falsas, as duvidosas e absolutamente todas as que dependem só da memória.[32] Para entender essas coisas, ao menos até onde o método o exige, não é preciso conhecer a natureza da mente por meio de sua causa primeira, mas basta compor uma pequena história[33] da mente, ou seja, das percepções, tal como ensina Verulâmio.[34] E, nestas poucas palavras, julgo ter explicado e demonstrado o método verdadeiro, e ter mostrado em simultâneo a via pela qual chegamos a ele. Resta, porém, advertir-te que para tudo isso requer-se uma meditação assídua e um ânimo e um propósito constantíssimos, e que, para obtê-los, é necessário antes de tudo estabelecer um modo e uma razão de viver certos, e prescrever um fim certo;[35] mas, no presente momento, basta sobre isso. <Passa bem, e ama quem de coração te preza,

Bento de Espinosa>

Voorburg, 10 de junho de 1666.

Notas de tradução
Outras cartas conexas

1. O original latino desta carta pertence ao orfanato menonita De Oranjeappel (Weeshuis der Doopsgezinde Collegianten de Oranjeappel, Amsterdã), junto a outras 12 cartas, autógrafas ou cópias. Uma versão editada, com cortes e modificações, consta nas *Opera Posthuma* como Epistola XXVI. Gebhardt, em sua edição crítica (ESPINOSA, 1925, IV), apresenta somente a transcrição do original, única que também apresentamos e traduzimos.
2. Simon Joosten de Vries (*c.* 1633-1667) pertenceu a uma rica família de comerciantes de Amsterdã. Embora tenhamos disponíveis apenas três cartas entre ele e Espinosa, dada a grande amizade e intimidade entre ambos, muitas cartas devem ter sido excluídas pelos editores das *Opera Posthuma*, possivelmente por tratarem apenas de assuntos pessoais e não filosóficos. A profunda relação de amizade entre De Vries e Espinosa também é reportada pelos primeiros biógrafos de Espinosa. Os biógrafos Colerus e Lucas narram (o último, sem dar o nome) que De Vries chegou a oferecer a Espinosa uma pensão anual de dois mil florins para que ele pudesse viver com mais conforto, o que o filósofo recusou. Em outra ocasião, De Vries, que era solteiro, quis fazer de Espinosa seu herdeiro, mas este novamente negou a oferta, tendo-o convencido a deixar a herança para um irmão que morava em Schiedam (arredores de Roterdã). Mesmo assim, insistente, De Vries estipulou que esse irmão pagasse a Espinosa uma anuidade de 500 florins, ao que Espinosa acedeu reduzindo para não mais do que 300. Mas sobre essa história nada há de comprovação a não ser o próprio relato. O curioso é que, segundo Nadler (1999, p. 304-305), nenhum irmão de De Vries viveu em Schiedam, e, na ocasião de sua morte, em 26 de setembro de 1667, nenhum dos seus irmãos estava vivo. Por outro lado, viveu nessa cidade sua irmã Trijntje de Vries, em cuja casa Espinosa ficou hospedado entre o final de dezembro de 1664 e meados de fevereiro de 1665, possivelmente buscando escapar da peste que varria os grandes centros urbanos da Holanda.
3. Segundo Meinsma (1896, p. 182-183), Johannes Casearius (1642-1677) estudou na escola de latim de Frans van den Enden, em Amsterdã, onde presumimos que tenha conhecido Espinosa – já que este também a frequentava. Possivelmente, "Casuarius" (Casearius) seja o mesmo "Johannes Cassarius" que se matriculou no curso de Filosofia da Universidade de Leiden em 1659; e também parece

ser o mesmo "Johannes Casear" que estudou Teologia, na mesma universidade, em 1661. Após seus estudos, em 1668, Casearius foi nomeado pela Companhia Holandesa das Índias Orientais como pastor reformado em Cochin (Índia). Na companhia de Hendrik Adriaan van Reede tot Drakenstein (1636-1691), editou a enciclopédia de botânica *Hortus indicus malabaricus* (1678-1703). Foi homenageado com o nome de um gênero de plantas, a *Casearia*, com ocorrência nas ilhas oceânicas da Polinésia.

4   O leitor não deve associar "colégio" ao sentido de estabelecimento de ensino fundamental e/ou médio. Aqui, trata-se de um pequeno grupo de estudiosos em interação, que com frequência se encontram e discutem um ou mais assuntos específicos.

5   Segundo Meinsma (1896, p. 203), o colégio era formado por um círculo de amigos de Espinosa em Amsterdã, ao qual pertenciam, além do próprio De Vries, Lodewijk Meyer, Pieter Balling (?-1664), Johannes Bouwmeester, Jarig Jelles, Adriaan Koerbagh (1633-1669) e Jan Hendriksz Glazemaker. De todos esses, com exceção dos dois últimos, restam uma ou mais cartas trocadas com Espinosa.

6   Giovanni Alfonso Borelli (1608-1679) foi um físico e matemático italiano. Como Descartes, passou seus últimos dias de vida sob proteção da rainha Cristina da Suécia. Publicou o livro *Euclides restitutus* em 1658 (Pisa), do qual citam-se os dois excertos adiante nesta carta, contidos nas páginas 15 e 17 da obra.

7   Na segunda página da carta dedicatória de *Euclides restitutus*, tem-se a primeira ocorrência de "*passio*": "[…] que se empenharam em corrigir duas principais passagens de Euclides: uma no primeiro livro, onde se mostram as paixões das paralelas; outra no quinto, sobre as proporções" ("[…] *qui duo praecipua Euclidis loca corrigere studuerint; alterum in primo libro, ubi parallelarum passiones ostenduntur; alterum in quinto de proportionibus*"). O uso do termo, porém, remete aos antigos gregos, como encontramos, por exemplo, na *Metafísica*, de Aristóteles 985b23 – 986a6: "[…] determinada paixão dos números era a justiça" ("[…] τὸ μὲν τοιονδὶ τῶν ἀριθμῶν πάθος δικαιοσύνη"). Portanto, nesta carta o leitor deve tomar o termo "paixão" ("πάθος") como "propriedade".

8   Andreas Tacquet (1612-1660) foi um jesuíta e matemático belga. Publicou o livro *Elementa geometriae planae ac solidae*, em 1654, para uso em escolas, que contou com um grande número de edições até o final do século XVIII.

9   Christoph Clau (1537-1612), mais conhecido pelo sobrenome alatinado Clavius, foi um jesuíta e matemático alemão. Publicou em 1574 uma edição comentada dos *Elementos*, de Euclides, de cuja página 27 cita-se o excerto adiante nesta carta.

10 O que, então, era só a definição III dividiu-se nas definições III e VI da *Ética* I, tal como a obra foi publicada em 1677. Embora De Vries não o faça, essa definição é transcrita por Espinosa na *Carta* IX.

¹¹ O que, então, era o escólio III da prop. VIII tornou-se o escólio da prop. X da *Ética* I, tal como a obra foi publicada em 1677. Aqui notamos apenas que, ao final da passagem, acrescentou-se depois um *"semper"* antes de *"fuerunt"* ("sempre foram simultaneamente nela"). Esta e outras passagens da correspondência com De Vries revelam um estágio embrionário da *Ética* já em 1663, com uma primeira versão da primeira parte já circulando entre os amigos de Espinosa.

¹² O que, então, era a definição V tornou-se a definição VI da *Ética* I, tal como a obra foi publicada em 1677.

¹³ Pieter Balling, menonita holandês, comerciante de grãos, que residia em Amsterdã. Um dos amigos mais próximos de Espinosa, foi responsável pelo tráfego epistolar, entre 1663 e 1664, entre Rijnsburg, onde então residia Espinosa, e o círculo espinosano formado em Amsterdã, como mostram as cartas trocadas com Simon de Vries. Todavia, no epistolário espinosano disponível consta apenas uma carta de Espinosa para Balling, a *Carta* XVII.

¹⁴ Não é possível saber qual o conteúdo desse escólio, tampouco de que passagem se trata na *Ética* publicada em 1677.

¹⁵ O original (ou cópia do original) latino desta carta pertence ao orfanato menonita De Oranjeappel (Weeshuis der Doopsgezinde Collegianten de Oranjeappel, Amsterdã), junto a outras 12 cartas, autógrafas ou cópias. Uma versão editada, com cortes e modificações (por exemplo, trocaram a segunda pessoa do plural pela segunda do singular), consta nas *Opera Posthuma* como Epistola XXVII. O primeiro parágrafo do texto original, omitido nas *Opera Posthuma*, foi publicado, pela primeira vez, em 1862, por Van Vloten, em *Ad Benedicti de Spinoza opera quae supersunt omnia supplementum*. Um fac-símile do original foi publicado por Willem Meijer, em 1903, na edição *Nachbildung der im Jahre 1902 noch erhaltenen eigenhändigen Briefe des Benedictus Despinoza*. Gebhardt, em sua edição crítica (ESPINOSA, 1925, IV), apresenta em simultâneo o texto das *Opera Posthuma* e a transcrição do original. De nossa parte, apresentamos e traduzimos somente o texto original. Embora sem data, é provável que esta carta tenha sido escrita em março de 1663.

¹⁶ Ver nota de tradução 3 precedente.

¹⁷ Notemos que Casearius tinha então 21 anos, 10 anos a menos que Espinosa.

¹⁸ O que, então, era só a definição III dividiu-se nas definições III e VI da *Ética* I, tal como a obra foi publicada em 1677. Embora De Vries não o faça, essa definição é transcrita por Espinosa na *Carta* IX.

¹⁹ *Gênesis*, cap. 25, v. 26; e cap. 35, v. 10.

²⁰ Alusão de Espinosa ao "Discurso I" ("De la lumière") da *Dióptrica*, de Descartes: "e há outros que os fazem refletir, uns na mesma ordem que os recebem, ou seja, aqueles que, tendo sua superfície toda polida, podem servir de espelhos, tanto planos quanto curvos, e outros confusamente em direção a vários lados. Mais uma vez, entre estes, alguns fazem refletir esses raios

sem provocar nenhuma outra mudança em sua ação, a saber, aqueles que nós denominamos brancos [...]" (DESCARTES, 2010).

21 O original latino desta carta se perdeu, restando apenas o texto das *Opera Posthuma* (Epistola XXVIII). Embora sem data, foi escrita em março/abril de 1663. Trata-se de uma resposta a uma carta de De Vries que se perdeu.

22 A origem da tese de que nada se faz do nada é atribuída a Parmênides de Eleia (c. 530-c. 460 a.C.). Como princípio epicurista, é também reproduzida por Lucrécio em *De rerum natura*, I, 150 e 155-158: "*nullam rem e nihilo gigni divinitus umquam*" ("nenhuma coisa é gerada do nada alguma vez por ação divina"); "*quas ob res ubi viderimus nil posse creari/de nihilo, tum quod sequimur iam rectius inde/perspiciemus, et unde queat res quaeque creari/et quo quaeque modo fiant opera sine divom*" ("Por isso, quando virmos que nada pode ser criado/do nada, então daí perceberemos aquilo que seguimos agora mais/corretamente: donde qualquer coisa possa ser criada/e de qualquer modo as obras se façam sem os deuses"). Por fim, citemos a ocorrência do enunciado em Descartes, *Segundas respostas*, AT VII, p. 135: "Com efeito, que *nada há no efeito que não tenha pré-existido de um modo ou similar ou mais eminente na causa* é uma primeira noção, da qual nenhuma mais clara se tem; e este vulgar *nada se faz a partir do nada* não difere dele [...]".

23 O original desta carta se perdeu. Traduzimos da versão latina das *Opera Posthuma* (Epistola XXXIX). Gebhardt (ESPINOSA, 1925, IV, p. 406), na esteira de Van Vloten & Land (ESPINOSA, 1884, II, p. 135), assume que o texto original é holandês, que Espinosa o teria traduzido para o latim com a finalidade de publicação, e que o texto dos *Nagelate Schriften* seria uma versão holandesa da versão latina. Shirley, em sua tradução (ESPINOSA, 1995, p. 272), alega que o original desta carta existe e pertence à Royal Society, e que a versão de Espinosa teria diferenças desconsideráveis. Sobre isso nenhuma evidência pudemos encontrar; e, até onde encontramos, o documento que a Royal Society tem em sua posse é uma cópia manuscrita do pequeno tratado *Specilla circularia*, escrito por Hudde e publicado em 1656.

24 O nome do endereçado não aparece nas *Opera Posthuma*. Na edição de Van Vloten & Land, *Benedicti de Spinoza opera, quotquot reperta sunt* (ESPINOSA, 1884, II), está incorretamente indicado como sendo Christiaan Huygens, ainda que Leibniz já tivesse anotado, em seu exemplar das *Opera Posthuma*, que as cartas se dirigiam a Hudde. Essa identidade só foi corrigida na edição crítica de Carl Gebhardt (ESPINOSA, 1925, IV). Johannes Hudde (1628-1704) foi um exímio matemático e político holandês. Embora tenha ingressado no curso de Direito na Universidade de Leiden, dedicou-se ativamente à matemática, por influência de seu professor Frans van Schooten (1615-1660). Trabalhou, então, de 1654 a 1663, com Van Schooten e outras figuras proeminentes de seu círculo – entre eles, Jan de Witt (1625-1672) e Adriaan Koerbagh – na tradução para o latim da *Géométrie*, de Descartes.

Nessa ocasião, Hudde contribuiu com um trabalho sobre máximos e mínimos e com uma teoria das equações. A óptica também foi área de grande interesse para Hudde, que se ocupou, junto à geometria, do estudo e da produção de microscópios e lentes para a construção de telescópios. Em 1656, chegou a publicar um pequeno tratado de óptica, intitulado *Specilla circularia*. Espinosa certamente teve acesso a esse trabalho, tanto que, no fim da *Carta* XXXVI, faz referência a ele ("*parva tua Dioptrica*"), no contexto de suas observações sobre a superioridade das lentes plano-convexas em relação às convexo-côncavas (Espinosa teria usado a mesma análise matemática de refração que Hudde usa em seu pequeno *Specilla circularia*). A partir de 1663, Hudde se envolveu em vários cargos administrativos e políticos de Amsterdã, até que, em setembro de 1702, foi indicado como um dos quatro burgomestres da cidade, cargo semelhante ao de prefeito, que ele exerceu, tão frequentemente a lei permitisse, até sua morte. Segundo Nadler (1999, p. 222-223), "um relacionamento amigável com Hudde tinha o potencial de ser de valor prático de longa duração, uma vez que Espinosa encontrava-se constantemente à procura de alguma proteção contra os pastores ortodoxos da elite política, à qual Hudde certamente pertencia".

25 Esses quatro pressupostos reaparecem reformulados e igualmente enumerados na *Ética* I, prop. VIII, escólio II. Juntos, compõem a teoria da definição verdadeira e alteram a teoria da definição perfeita presente nos §§ 96 e 97 do *Tratado da emenda do intelecto*: desaparece a ideia de coisa incriada, e toda definição deve oferecer a causa (CHAUI, 1999, p. 127n).

26 Esse mesmo exemplo dos "vinte homens" consta ampliado na parte da *Ética* I, prop. VIII, escólio II.

27 *Ética* I, prop. VII, dem. é também uma demonstração desse tipo.

28 O original desta carta se perdeu, restando apenas o texto das *Opera Posthuma* (Epistola XLII) e uma cópia encurtada da carta pertencente ao orfanato menonita De Oranjeappel (Weeshuis der Doopsgezinde Collegianten de Oranjeappel, Amsterdã), junto a outras 12 cartas, autógrafas ou cópias.

29 Johannes Bouwmeester foi um médico, filósofo e artista de Amsterdã. Matriculou-se, em março de 1651, como estudante de Filosofia em Leiden e obteve o título de doutor em Medicina em maio de 1658, com a tese *Disputatio medica inauguralis de pleuritide* (MEINSMA, 1896, p. 105-151). É possível que tenha conhecido Espinosa em Leiden, por conta própria ou por intermédio de Lodewijk Meyer. De fato, Bouwmeester e Meyer foram grandes amigos, estudaram juntos em Leiden e integraram a sociedade literária Nil Volentibus Arduum de 1669 a 1680, e do teatro de Amsterdã após 1677. A única publicação conhecida de Bouwmeester foi uma tradução para o holandês – a partir da versão latina *Philosophus Autodidactus*, do inglês Edward Pococke (1604-1691), publicada em 1671 – do romance filosófico *Hayy ibn Yaqzan*, do mouro Ibn Tufayl (*c.* 1100-*c.* 1185); tal versão holandesa foi publicada em 1672 por Jan Rieuwertsz. Embora Bouwmeester fosse um talentoso latinista, não há prova

de que tenha participado como editor das *Opera Posthuma*. A única afirmação que se pode fazer a respeito disso é que Bouwmeester esteve entre aqueles que entregaram manuscritos de Espinosa para publicação. A *Carta* XXXVII foi impressa nas *Opera Posthuma* a partir do original enviado por Espinosa a Bouwmeester, não de um rascunho encontrado entre os papéis que o filósofo deixou para trás (STEENBAKKERS, 1994, p. 16-17). A autoria do poema dedicatório "Ad librum", que precede os *Princípios da filosofia cartesiana*, é atribuída a Bouwmeester, conforme sugestão de Meinsma (1896, p. 210) para o desdobramento das iniciais indicadas ao fim: "I.B.M.D.", ou seja, "Johannes Bouwmeester, Medicinae Doctor".

[30] Carta perdida.

[31] Aqui, a palavra "arte" não deve ser tomada no sentido estético, tal como estamos acostumados, mas no sentido mais amplo, manual e intelectual, de indústria e capacidade de produção de coisas.

[32] Ver §51 do *Tratado da emenda do intelecto*.

[33] O leitor não deve aderir ao sentido usual do termo "história", mas àquele da modernidade (como quando Bacon fala de uma "história da natureza"), isto é, aduzindo o significado mais fundamental do verbo grego "ιστορειν" ("*historein*"), que designa tanto "testemunhar" como "investigar".

[34] Trata-se de Francis Bacon (1561-1626), que, em 1618, ganhou o título nobiliárquico de barão de Verulam, ou Verulâmio.

[35] Ver §§ 6-7 do *Tratado da emenda do intelecto*.

Posfácio
Emenda do intelecto, revolução metafísica
Cristiano Novaes de Rezende

O *Tratado da emenda do intelecto* é certamente um dos textos mais cativantes de Espinosa. Como não se envolver com essa narrativa de origem,[1] na qual se explica de que maneira *alguém*, como o jovem Bento, na Holanda do século XVII, depois de muito meditar sobre sua maneira de viver, renuncia aos negócios da família e a outras comodidades da vida que levava, para abraçar plenamente a filosofia e tornar-se Espinosa, pensador – virtuoso e maldito – cujas ideias, desde o início da modernidade, repensam e sublevam alguns dos mais profundos pressupostos da civilização ocidental? Como não se envolver? Pois esse *alguém* é Bento, mas também todo aquele que descobre, em seu próprio século e em seu próprio país, que fazer filosofia é, acima de tudo, um modo de existir, uma singular instituição da vida, que é justamente a instituição de uma vida singular.

Por outro lado, trata-se também de um dos escritos mais desafiadores de Espinosa. Seu inacabamento, suas diversas camadas de redação, o desnível entre sua composição como projeto e sua efetiva realização como texto, seus diferentes graus de polimento estilístico e conceitual, sua coesão pouco perceptível à primeira vista etc. conferem ao opúsculo um caráter desconcertante e, por vezes, até mesmo frustrante. Em certas passagens, Espinosa chega inclusive a pedir a quem o lê para que não rejeite como se fossem falsas certas opiniões ou posições que ele sabe estarem totalmente fora do esperado (que é o sentido da palavra "*paradoxa*" no § 46[2]).

---

[1] Bernard Pautrat *in* Espinosa (1999, p. 7).

[2] "[…] respondo-lhe e em simultâneo o advirto a não querer rejeitar essas coisas como falsas por causa dos paradoxos que talvez ocorrerão aqui e ali" (§ 46). Veja-se, a propósito, o comentário de B. Rousset sobre essa frase: "'paradoxos', quer dizer,

E mesmo com toda a boa vontade que os primeiros editores solicitam ao "benévolo leitor", este último não raro termina a leitura como que a se perguntar: "Mas o que é mesmo que a suprema felicidade humana tem a ver com a maneira de se definir um círculo?".

A depender de como alguém se achegue ao texto, predominará o enlevo ou a perplexidade. É como se o texto precisasse de uma relação figura-fundo propícia à visualização de seu perfil. Ora, quando se publica o *Tratado da emenda do intelecto* ao lado de obras como a *Ética* ou o *Breve tratado* (ainda que este último texto também tenha lá suas próprias obscuridades), dá-se uma *gestalt* pouco favorável, e muitos de seus traços mais importantes acabam por ficar ofuscados. Nesses casos, nosso opúsculo tende a aparecer como um texto quase exclusivamente epistemológico ou metodológico, em razão do contraste com a pujança ética e metafísica dessas outras obras. Pior ainda: situando-se aparentemente aquém daquela que seria a tomada de posição constitutiva do espinosismo – instalar-se, desde o início, no nível ontológico da realidade suprema –, a reflexão metodológica careceria do fundamento metafísico sem o qual, em última análise, sua articulação com a reflexão ética afigurar-se-ia como uma justaposição precária.[3]

Agora, porém, que quem nos lê já percorreu o conjunto dos textos reunidos no presente volume, finalmente se faz possível

---

verdades contrárias à opinião corrente, a qual, por sua vez, é tributária de preconceitos" (ESPINOSA, 1992, p. 259).

[3] Nessa *gestalt* desfavorável, parece faltar ao *Tratado da emenda do intelecto*, por exemplo, o conceito de *conatus*, esforço ontológico de afirmação e conservação no ser, que na *Ética* Espinosa identifica à própria essência de cada coisa. Cf. *Ética* III, prop. 6: "Cada coisa, o quanto está em suas forças, esforça-se [*conatur*] para perseverar em seu ser" e prop. 7: "O esforço [*conatus*] pelo qual cada coisa se esforça [*conatur*] para perseverar em seu ser não é nada além da essência atual da própria coisa". No contraste com formulações tão fortes, certas expressões mais discretas do *Tratado da emenda do intelecto* – tais como "remédio para *conservar nosso ser* [*remedium ad nostrum esse conservandum*]" no § 7, ou "*esforçar-me* [*conari*] para que muitos a adquiram [*sc.* uma natureza humana muito mais firme] comigo" no § 14 – costumam passar despercebidas ou ser tratadas como irrelevantes para a doutrina espinosana do *conatus*. Entretanto, como veremos logo mais, na seção "Matemática do trabalho e matemática da propriedade", o *Tratado da emenda do intelecto* desenvolve uma concepção da essência que se mostra já à altura das exigências da noção de *conatus* apresentada na *Ética*. Cf., no presente Posfácio, a nota 50.

delinear, no contexto de apreciação aqui proposto, um arranjo ou circuito conceitual que devolve ao *Tratado da emenda do intelecto* sua dimensão metafísica, na qual se consolidam não só os vínculos fortes entre a temática ética dos primeiros 18 parágrafos e a temática metodológica do restante do texto, como também certos liames teóricos que conectam essa obra de juventude às obras políticas escritas por Espinosa mais ao final de sua vida.

A fim de – como num passeio em um museu – percorrer tal circuito intertextual e evidenciar tais vínculos e liames conceituais, cumpre, mais uma vez, trazer aos olhos a paradigmática articulação de temas condensada no título completo da *Medicina da mente* de Tschirnhaus: *Medicina da mente ou Ensaio de uma Lógica genuína, na qual se disserta sobre o método de revelar verdades desconhecidas*, ou seja, sobre os *preceitos gerais da arte de descobrir*. De uma parte, vê-se aí a assimilação entre lógica e medicina, que foi comentada na Introdução. De outra, constata-se a orientação dessa lógica à descoberta de verdades desconhecidas. Ora, é esse segundo aspecto – o aspecto heurístico[4] – que permitirá que se perceba a dimensão metafísica do *Tratado da emenda do intelecto*.

Comecemos, assim, à semelhança do que foi feito na Introdução, por situar, desta vez, a orientação heurística da *Medicina da mente*, de Tschirnhaus, no contexto histórico mais amplo da *reforma da lógica* dos séculos XVI e XVII. Em seguida, poderemos perceber, sob diversos ângulos complementares, como a publicação da correspondência entre Espinosa, Tschirnhaus e Schuller e de outras cartas conexas junto ao *Tratado da emenda do intelecto* restitui a este último sua dimensão metafísica. Mais ainda: uma dimensão metafísica da qual a própria *Ética*, num certo sentido, depende.

---

[4] O adjetivo "heurístico" deriva do verbo grego "*heuriskô*", que significa justamente descobrir (eu descubro). No pretérito perfeito ele se diz "*heureka*", expressão que se popularizou através da anedota acerca da *descoberta* do empuxo por Arquimedes, enquanto este último tomava um banho de imersão. Sua lembrança aqui é oportuna porque Arquimedes teria exclamado "*heureka*" precisamente por haver chegado à solução de um problema cuja resposta de fato não era conhecida (não se tratava de adquiri-la pelo ensinamento de um livro ou de um professor, munidos de uma lógica pensada para fins pedagógicos, isto é, para a transmissão de verdades já estabelecidas).

Reforma da lógica

Desde o século XVI,[5] na cultura filosófica europeia, despontam sinais de um significativo descontentamento com a lógica aristotélica adotada no sistema escolástico de formação, difundido em diversos países. O filósofo humanista francês Pierre de La Ramée, também conhecido pelo nome latino Petrus Ramus (1515-1572), autor de uma *Dialética* (*Dialectique*, 1555) em que criticava e pretendia corrigir a lógica aristotélica, representa bastante bem uma primeira geração de pensadores que professaram abertamente tal descontentamento. As críticas iniciais faziam contrastar, de um lado, a lógica escolástica como instrumento de transmissão de um saber já adquirido e estabelecido e, de outro, como defendia Ramus, a lógica como instrumento de uma arte de debater ou discutir. É claro que a lógica aristotélica está, desde a origem, vinculada a práticas de disputas argumentativas, que a tradição medieval das *quaestiones* assume para si e transforma. Mas, para Ramus, não são os púlpitos e tablados das instituições escolásticas, em que as disputas ocorriam sob a guarida da palavra final das autoridades, dos cânones e dos códices, que configuram o terreno esperado de aplicação da nova lógica, mas sim os salões e as cortes, nas quais discutiam os *gentils hommes* sob o ideal renascentista do livre pensador.

A partir da *Dialética* de Ramus, os tratados de lógica passam a conter uma parte adicional, que vem somar-se às três partes tradicionais até então adotadas como padrão, que espelhavam, em sua tripartição, os três atos cognitivos do espírito humano segundo o aristotelismo escolástico: uma parte sobre os conceitos, correspondendo à apreensão do simples e tendo como correlato bibliográfico no *Organon* aristotélico o tratado sobre as *Categorias*; uma parte sobre a proposição, correspondendo à composição dos conceitos no juízo, tendo como referência o tratado aristotélico da *Interpretação*; e uma parte sobre o silogismo, correspondendo à articulação das proposições

---

[5] Nesta seção faz-se um resumo de informações colhidas em três manuais de história da lógica bastante lidos no século XX: Kneale & Kneale (1991); Bochenski (1970); Blanché (1985).

em uma dedução, tendo como referência os *Primeiros analíticos*. Ora, nesse quadro das obras de Aristóteles, as demandas do reformismo lógico quinhentista passam a valorizar a *Retórica*, a *Poética*, os *Tópicos*, as *Refutações sofísticas* e os *Segundos analíticos*, exigindo a inclusão de uma quarta parte em que pudesse espraiar-se a apresentação dos caminhos argumentativos nos quais finalmente são empregados, no contexto dialógico de um debate cultivado, os elementos das três partes anteriores. Essa quarta parte, marca editorial de todo tratado de lógica moderna reformada, é justamente dedicada ao *m*étodo.

E é interessante notar que a própria escolástica seiscentista, conquanto ainda conservadora dos moldes tradicionais em seus tratados de lógica, também reconhecia, a seu modo, uma semelhante divisão interna no *Organon* aristotélico. Parece estar presente, por exemplo, nas obras do teólogo e filósofo dominicano João de São Tomás (1589-1644), a designação do conjunto das obras de Aristóteles formado por *Categorias, Da intepretação* e *Primeiros analíticos* como "Lógica formal" ou "Lógica menor", ficando reservada a alcunha complementar de "Lógica material" ou "Lógica maior" para todo o conjunto formado não só por *Tópicos, Refutações sofísticas* e *Segundos analíticos*, dentro do *Organon,* mas também por vários outros textos aristotélicos relevantes quanto às noções de verdade e de conhecimento científico. Essa designação também sugere, para além da ideia de uma ampliação na abrangência epistêmica do campo da lógica, um juízo de valor a estabelecer a superioridade da *verdade* sobre a mera *validade*, e da *demonstração* (própria ao conhecimento científico) sobre a mera *dedução* (puramente formal).[6]

Assim, quando Descartes, ao longo de sua obra, desqualifica a lógica escolástica, que ele designa preferencialmente como *dialética*, ele o faz sobre um solo já bem sedimentado de inovações

---

[6] João de São Tomás expande o território da *lógica material* para além do tradicional conjunto formado por *Segundos analíticos, Tópicos* e *Refutações sofísticas*, dando à materialidade lógica o estatuto, antes, de um *nível*, âmbito ou *aspecto* das obras do *Organon* e de outras a ele associadas: "A lógica material, também chamada de lógica maior, epistemologia ou criteriologia, pode ser tomada em um sentido mais amplo, abrangendo o lado material de todas as partes da lógica, não apenas da demonstração; esta ampliação do escopo da lógica material se origina com João de São Tomás" (GRANSTRÖM, 2011, p. 6).

(embora muitos dos traços da lógica ramista, tais como seu pendor retorizante, certamente não sejam compatíveis com a atitude geral de Descartes, matematizante, quanto ao que poderia vir a ser uma lógica reformada). Entre os cartesianos que o sucederam nessa linha,[7] houve aqueles que entenderam que o cartesianismo exigia a recusa da própria noção geral de lógica e sua completa substituição pela de método e, mais especificamente, pelo método matemático cartesiano. Mas houve também aqueles que – levando a sério a distinção de Descartes entre *dialética*, como lógica das Escolas, e *lógica*, como arte atinente ao bom uso das faculdades cognitivas do espírito humano – entenderam que o já conhecido ímpeto reformista anterior deveria ser redirecionado no sentido da construção de uma lógica cartesiana, na qual estariam organizados elementos vindos das *Regras*, do *Discurso do método*, das *Meditações* e de várias outras obras de Descartes que continham diretrizes metodológicas, inclusive em suas formas aplicadas nos ensaios científicos. Agora não se trata mais de opor a lógica de exposição de uma doutrina à arte de bem discutir, mas sim de contrastar estas duas com uma lógica a serviço do cientista em seu esforço para descobrir conhecimentos novos.

Nesse contexto, num hibridismo conhecido como *logica novantiqua*, houve também tentativas de harmonização entre as reconstruções do que seria uma lógica cartesiana e a lógica aristotélico-escolástica tradicional, tomada especialmente em suas teses de teor mais epistemológico, advindas diretamente dos *Segundos analíticos*, de Aristóteles, ou de seus comentadores. Embora possuam diferenças nada negligenciáveis entre si, podem ser consideradas como representativas dessa atitude as já mencionadas *Lógica antiga & nova* (1658), de Clauberg, e a *Lógica de Port-Royal* (1662), de Arnauld e Nicole. Esses dois manuais constavam no inventário da biblioteca de Espinosa, feito depois de sua morte. Junto a eles, completa a lista dos três manuais de lógica *novantiqua* registrados na biblioteca de Espinosa o *Sistema de lógica* (1611), do filósofo polímata polonês Bartholomäus Keckermann (1572-1609).[8] E, embora não estivesse arrolada nesse

---

[7] ARIEW, 2006.
[8] VULLIAUD, 1934.

inventário, é possível garantir que Espinosa teve algum contato com a *Hermenêutica lógica* ou explicação sinóptica da *lógica burgersdiquiana* (1670), também de talhe *novantiquo*, escrita pelo filósofo e lógico holandês Adriaan Heereboord (1613-1661), que é uma edição comentada dos dois volumes das *Instruções de lógica* (*Institutionum logicarum*, 1626), de seu professor, o também holandês Franco Burgersdijk (1590-1635). Assim como este último, Heereboord foi docente na Universidade de Leiden, onde, fervorosamente defendendo o ensino do cartesianismo nas universidades holandesas, lecionou durante a juventude de Espinosa, havendo inclusive a possibilidade de que Espinosa tenha assistido às suas aulas.[9] Seja como for, é certo que Espinosa conhecia seus escritos, havendo citado abertamente sua obra *Exercícios filosóficos* (*Meletemata philosophica*, 1654) nos *Pensamentos metafísicos*, para criticá-la a propósito de sua teoria da vontade,[10] mas havendo também se valido positivamente, no *Breve tratado*, da teoria da causa eficiente de Burgersdijk e Heereboord, contida na *Hermenêutica lógica*.[11]

E que tenha sido através de um manual de lógica que o conceito de causalidade eficiente imanente primeiro se manifestou na produção textual do jovem Espinosa é algo, desde já, bastante útil para a compreensão de que, em nosso filósofo e em tantos outros no início da modernidade, a lógica não se limita a um cânone que apenas expõe minuciosamente e demonstra rigorosamente as regras formais de todo o pensamento, abstração feita não só de todo e qualquer objeto, mas também das condições ontológicas da atividade de pensar. Por exemplo, o filósofo, matemático e lógico alemão Joachim Jungius (1587-1657) – autor da *Lógica hamburguense* (1638), que à época disputava em prestígio com a *Lógica de Port-Royal* – não hesita em defender a *identidade* entre o conceito e o ato mental de formação (*efformationem*) do conceito, entre o juízo e o ato mental de efetuação (*effectuationem*) do juízo e entre o argumento e o ato

---

[9] Curley – secundando Revah (*Spinoza et Juan de Prado*. Paris: Mouton, 1959) – no "Prefácio editorial" a Espinosa (1985, p. 225).

[10] ESPINOSA, 2015, p. 257. Apêndice, II, 12.

[11] ESPINOSA, 2012, p. 97. I, III, §§ 1-2.

mental de construção (*constructionem*) do argumento, dizendo que essas ações mentais (formação, efetuação e construção) e seus efeitos (conceito, juízo, argumento) são *o mesmo* precisamente "porque são ações *imanentes* [*Sunt enim actiones imanentes*], as quais não deixam obra [*quae opus non relinquunt*]".[12]

Espinosa estava, portanto, bem munido bibliograficamente e bem informado sobre essa perspectiva, e chegou inclusive a dar testemunho – mais uma vez no *Breve tratado* – de seu conhecimento de que o estudo dessa estrutura ontológica dos atos mentais (especialmente do ato intelectual de formação dos conceitos), da alçada da lógica moderna, é um contexto natural para a tematização da causalidade eficiente imanente:

> [a causa imanente] não produz em absoluto algo fora dela. Por exemplo, o intelecto é causa de seus conceitos e, por isso, também *eu o chamo causa* (na medida dos, ou em relação aos seus conceitos, que dependem dele); e, por outro lado, o chamo de todo, enquanto consiste em seus conceitos. Portanto, tampouco Deus é, em relação a seus efeitos ou criaturas, outra coisa que uma causa imanente e, ademais, no que diz respeito à segunda consideração, é um todo.[13]

E, seguindo na mesma linha, *não se deve esquecer* jamais a afirmação de Espinosa, nos §§ 33-34 do *Tratado da emenda do intelecto*, de que uma ideia, considerada em si mesma, é algo real e inteligível (*quid reale & intelligibile*), tanto quanto o indivíduo singular concreto Pedro, de sorte que, assim como este último pode ser objeto de uma ideia, assim também uma ideia pode ser objeto de outra ideia. Evita-se, com isso, a esparrela em que cai todo aquele que julga que o *Tratado da emenda do intelecto*, por tratar preponderantemente de ideias, e até mesmo de ideias de ideias, situar-se-ia num nível abstrato de investigação lógica e epistemológica, aquém da investigação metafísica sobre a natureza de entes reais e de suas relações causais. Bem ao contrário, a metodologia espinosana está

---

[12] JUNGIUS, 1638, p. 1-3. Prolegomena, §§ 1-9.

[13] ESPINOSA, 2012, p. 63. Parte I, 1º Diálogo, § 12.

imbricada com uma ontologia das ideias, pois, para Espinosa, o ato mental de formar uma ideia *é um evento* na natureza, tão real quanto a ocorr*ência do amor e da ira, do trovão e da tempestade*. O fato de que o acontecimento da ideia se dê no âmbito do pensamento e o acontecimento da tempestade se dê no âmbito da extensão não subtrai em nada a realidade das ideias.

*

Frente a todo esse cenário, a expressão "ensaio de uma Lógica genuína", contida no título da obra de Tschirnhaus, funciona como uma senha a indicar que o autor não defende a supressão da ideia mais geral de lógica, mas sim sua correção ou reforma. Ora, o jovem Espinosa também já havia empregado essa mesma senha quando, muitos anos antes de Tschirnhaus, na redação do *Breve tratado*, afirmara ser necessário admitirmos "outras leis da definição, conformes à *verdadeira lógica*".[14] O *Breve tratado* não se aprofunda nessas outras leis da definição, mas o *Tratado da emenda do intelecto* o faz. E ele o faz justamente articulando o exame das leis da verdadeira definição – a definição pela *gênese* intelectual do que se quer definir – com a parte de seu método dedicada a fazer com que coisas desconhecidas nos sejam entendidas adequadamente (§ 29 e § 49). E, uma vez que as ideias são, para Espinosa, entes reais, essa *ampliação* do conhecimento também há de ser uma sorte de *produção* de ideias, ontologicamente referenciada. Como se dá, então, quanto à sua ontologia, a *descoberta*?

Para que se possa perceber como o contexto de apreciação proposto no presente volume da Autêntica Editora contribui para que o *Tratado da emenda do intelecto* seja entendido em sua própria imbricação entre lógica e metafísica, será proveitoso, a seguir, tentar responder à questão que acaba de ser formulada, através do exame de alguns momentos decisivos da correspondência entre Espinosa e Tschirnhaus, aqui integralmente disponibilizada.

---

[14] *Breve tratado*, I, 7, § 9: "*zullen wy volgens de waare Logicam, andere wetten van beschryvinge voortbrengen*".

Lógica da descoberta, metafísica da potência: contribuições da correspondência com Tschirnhaus

Instanciam essa problemática, acerca de uma lógica da ampliação do conhecimento, especialmente as últimas cartas da correspondência entre Espinosa e Tschirnhaus, que orbitam ao redor de temas centrais do *Tratado da emenda do intelecto*. Na *Carta* LIX, Tschirnhaus solicita a Espinosa duas definições. Por um lado, solicita a verdadeira definição do movimento e a razão que permitiria deduzir, *a priori*, a partir da só extensão, tantas e tão numerosas variedades de corpos com suas configurações e seus movimentos, já que na extensão concebida *per se* – ao menos tal como definida por Descartes – nada disso está contido. Por outro lado, Tschirnhaus também solicita a verdadeira definição da ideia adequada, verdadeira, fictícia, falsa e dúbia, pedindo especialmente que Espinosa trace a distinção entre a ideia verdadeira e a ideia adequada. Ora, não se trata aí de mera justaposição temática, mas sim de uma perfeita simetria. Tanto no pedido de dedução da multiplicidade física apenas a partir da extensão em si mesma considerada, quanto no pedido da verdadeira definição da ideia adequada, Tschirnhaus pede que se explique como algo pode ser apto a funcionar, por si mesmo, como fonte de uma multiplicidade. É nesse sentido que, a propósito da ideia adequada, deve ser lida, na mesma *Carta* LIX, a consideração de Tschirnhaus, correta, mas incompleta, de que tal ideia deve caracterizar-se justamente por ser capaz de funcionar – de alguma forma, restando saber exatamente qual – como princípio de dedução total das propriedades necessárias da coisa definida.

Que ambas as solicitações – em física e em lógica – exprimem uma mesma problemática é algo que o próprio Tschirnhaus acaba por explicitar, na *Carta* LXXXII, ao confessar o que estava por trás de seu interesse nesses dois problemas de dedutibilidade. Sendo exímio conhecedor das matemáticas, ele observa que, nessas ciências, a partir de uma coisa qualquer em si mesma considerada, isto é, considerada exclusivamente em sua definição, não somos capazes de deduzir nada além do que na definição já havia sido posto e que, portanto, já era conhecido. De modo que, se a definição de algo for apenas o

conjunto de suas propriedades necessárias, conjunto suficientemente exclusivo para que não seja atribuído a nada mais, então não seremos capazes de deduzir sobre esse algo nada senão *essas mesmas propriedades*, sem qualquer aumento no conhecimento (como nos chamados juízos analíticos kantianos[15]). Se quisermos mais propriedades, diz Tschirnhaus, será necessário referir a coisa definida a outra ou outras mais, já que, então, da conjunção das definições dessas várias coisas resultam novas propriedades da primeira e uma real ampliação do conhecimento a seu respeito. E, como muito sensivelmente observa o matemático, esse problema impacta diretamente o coração da metafísica madura de Espinosa:

> isso parece de algum modo contrariar a prop. 16 da *Ética* – que é quase a principal do livro 1 do teu tratado –, na qual se assume como conhecido que várias propriedades podem ser deduzidas da definição dada de uma coisa qualquer, o que me parece impossível se não referimos a coisa definida a outras; e isso, ademais, fez com que eu não pudesse ver de que maneira pode surgir, a partir de algum atributo considerado sozinho – por ex., da extensão –, uma infinita variedade de corpos.

Na dúplice pergunta de Tschirnhaus, que a citação revela como duas faces da mesma problemática, ressoam os ecos de um debate quinhentista, mas que atravessa também o século XVII, conhecido como Questão (ou Querela) sobre a Certeza das Matemáticas (*Quaestio de Certitudine Mathematicarum*),[16] que Tschirnhaus sinaliza aqui conhecer. Tal querela consistia, basicamente, na indagação sobre se as demonstrações matemáticas obedeciam às exigências de

---

[15] *Juízos analíticos*, em acepção kantiana, são proposições em que o termo predicado já está contido no conceito do termo sujeito, do qual ele é afirmado. Por exemplo: "o triângulo é figura" é um juízo analítico, uma vez que o conceito de "triângulo" *já* contém e pressupõe em si a informação "figura", pois quem pensa "triângulo" já está a pensar "figura fechada com três lados". Trata-se, portanto, de mera explicitação de uma parte do que já se sabia, como fica claro através da substituição do termo sujeito pelo enunciado de seu conceito, isto é, por sua definição: "a '*figura* fechada com três lados' é '*figura*'". Um juízo analítico divide o conceito do termo sujeito e explicita uma de suas partes no termo predicado e, por isso, é sempre verdadeiro, muito embora, em contrapartida, nunca amplie o conhecimento.

[16] MANCOSU, 1996.

uma robusta demonstração científica, estipuladas por Aristóteles nos *Segundos analíticos*, pertencendo, pois, à *Lógica maior* ou *material*, ou se não passariam de meras deduções cogentes, admissíveis apenas no contexto dos *Primeiros analíticos*, isto é, da *Lógica menor* ou *formal*. Os que negavam que as demonstrações matemáticas fossem estritamente científicas elencavam inúmeros procedimentos demonstrativos empregados amiúde nas práticas matemáticas, mas que, a seu juízo, burlavam as exigências da epistemologia aristotélica, dentre as quais se destacava a exigência de que a demonstração fosse *causal*, isto é, capaz de explicar o "porquê" do que se demonstra. Assim, os adversários da cientificidade das matemáticas elaboraram importantes críticas a expedientes demonstrativos adotados nas práticas dos matemáticos, tais como, entre outros, as demonstrações recíprocas (demonstrações da proposição A pela proposição B e, depois, de B por A), uma vez que isso seria incompatível com o caráter "direcionado" da relação causal; as demonstrações por redução ao absurdo, que apenas provam que seria inaceitável que a coisa demonstrada fosse diferente, mas não provam positivamente por que ela é o que ela é; e, finalmente, as demonstrações geométricas que invocam segmentos adicionais e outros elementos que não fazem parte da essência das figuras de que trata a demonstração, já que, valendo-se de adições que não pertencem ao demonstrado em si mesmo considerado, não seriam demonstrações essenciais, mas sim acidentais.

É esse último "defeito" que agora interessa.[17] Ele é recorrentemente examinado na *Quaestio* e exemplificado pela proposição 32 do livro I dos *Elementos*, de Euclides: a soma dos ângulos internos de qualquer triângulo é igual a dois retos (*i.e.* 180°). Euclides faz a demonstração *adicionando* um prolongamento na base do triângulo

---

[17] Logo mais, na seção "Análise e redução ao absurdo: formas válidas do inadequado", será o caso de retomar tanto as razões da inclusão da *redução ao absurdo* nessa lista de demonstrações *deficientes*, quanto a possibilidade de emenda de tais deficiências. Na mesma seção, o defeito das demonstrações recíprocas, ou, mais amplamente, de toda demonstração que desrespeite o caráter "direcionado" da relação causal, será tratado através do tema da *análise*, uma vez que ela se caracteriza como uma demonstração ao revés. Não obstante, a questão do direcionamento ou da orientação do processo demonstrativo também será tangenciada, dispersamente, em todos os momentos em que veremos Espinosa e Arnauld criticando o desrespeito à *ordem natural* do demonstrar.

e *adicionando*, sobre esse prolongamento, mais uma linha, paralela ao lado oposto. Ora, se a prova de Euclides for paradigmática, então há de ser impossível conhecer essa propriedade do triângulo se, como diz Tschirnhaus, não "referimos a coisa definida" (o triângulo) a outras coisas que não são ele (o prolongamento da base e a adição da linha paralela ao lado oposto). Nessa perspectiva, quem só possuísse a definição do triângulo e estivesse proibido de evadir-se para além dela permaneceria, pois, eternamente ignorante dessa propriedade. E quem a conhecesse por meio dessas adições extrínsecas ficaria eternamente sem saber se a propriedade dos dois retos de fato pertenceria, real e necessariamente, ao próprio triângulo enquanto tal. Portanto, ao não se basear puramente na essência do triângulo, expressa pela definição, o conhecimento dessa sua propriedade ficaria eivado de contingência.

Ora, ao se considerar que é exatamente por uma *identificação* com a maneira como a propriedade dos dois retos *necessariamente* se segue ou flui da essência do triângulo que Espinosa pretende elucidar a maneira como, na proposição 16 da parte I da *Ética*, os modos *necessariamente* se seguem ou fluem da essência de Deus,[18] não há como não reconhecer que, deixados sem resposta, os problemas levantados pela *Quaestio*, subjacentes às perguntas de Tschirnhaus, incidiriam sobre a metafísica de Espinosa de forma nada menos do que devastadora.

A proposição 16 – "Da necessidade da natureza divina devem seguir infinitas coisas em infinitos modos (isto é, tudo que pode cair sob o intelecto infinito)"[19] – é perspicazmente considerada por Tschirnhaus como talvez a mais importante da Parte I da *Ética*.

---

[18] Veja-se como em *Ética* I, prop. 17, escólio, Espinosa comenta o que acabara de demonstrar na proposição 16: "De minha parte julgo ter mostrado assaz claramente (ver prop. 16) que da suma potência, ou seja, da infinita natureza de Deus, *fluíram* necessariamente ou sempre *seguem* com a mesma necessidade infinitas coisas em infinitos modos, isto é, tudo, *assim como da natureza do triângulo, desde toda a eternidade e pela eternidade, segue que seus três ângulos igualam dois retos*. Por isso a onipotência de Deus desde toda a eternidade tem sido em ato e pela eternidade permanecerá na mesma atualidade" (grifos nossos).

[19] *Ética* I, prop. 16: "*Ex necessitate divinæ naturæ, infinita infinitis modis (hoc est, omnia, quæ sub intellectum infinitum cadere possunt) sequi debent*".

É com ela que se marca a virada da abordagem de Deus como *coisa* e de sua *essência* para a abordagem de Deus como *causa* e de sua *potência*. Através dela, tudo aquilo que a proposição 15 demonstrara ser *em Deus* (*in est*)[20] passa a ser tomado como *seguindo-se* (*sequi*) de Deus, unindo a relação "X *tem* Y" e "Y *pertence* ou *compete* a X" – como na proposição 9[21] – com a relação "X *causa* Y" ou "Y *se segue de* X", própria à proposição 16 e seus corolários. Espinosa reconhece esse marco na cadeia argumentativa, por exemplo, quando pede ao leitor que, para compreender especificamente o conceito de potência empregado na *Ética*, confira o que foi dito na parte I, "a partir da proposição 16 até o final".[22] E, nessa segunda metade da parte I, também serão abordados os efeitos de Deus, seus modos, tomados eles próprios enquanto causas, como na proposição 36, última da primeira parte, onde se demonstra que "Nada existe de cuja natureza não siga algum efeito".[23] É justamente sobre essas bases que se fundará a doutrina da identificação da essência e da potência em Deus e, consequentemente, do *conatus* como essência de todas as coisas.[24] Assim, em última instância, é sobre a proposição 16 da parte I que se fundará a ontologia espinosana do necessário: admitir que Deus não age necessariamente – como se Ele guardasse consigo Sua potência à maneira de algo cujo exercício fosse meramente facultativo – é tão absurdo quanto admitir que Ele não existe necessariamente.[25]

---

[20] *Ética* I, prop. 15: "Tudo que é, é em Deus [*quicquid est, in Deo est*], e nada sem Deus pode ser nem ser concebido".

[21] *Ética* I, prop. 9: "Quanto mais realidade ou ser cada coisa tem [*habet*], tanto mais atributos lhe competem [*competunt*]".

[22] *Ética* II, prop. 3, escólio: "*ex propositione 16 usque ad finem*".

[23] *Ética* I, prop. 36: "*Nihil existit, ex cujus naturâ aliquis effectus non sequatur*". A demonstração depende diretamente da proposição 16. Depende também da proposição 25 da mesma parte – em cujo escólio Espinosa afirma que tal proposição se segue "ainda mais claramente da proposição 16" – e da proposição 34, cuja demonstração, mais uma vez, depende de forma patente da proposição 16.

[24] A já citada proposição 7 da *Ética* III – "O esforço [*conatus*] pelo qual cada coisa se esforça para perseverar em seu ser não é nada além da essência atual da própria coisa" – é demonstrada apoiando-se justamente na proposição 36 da parte I e, portanto, por meio dela, na proposição 16 da mesma parte.

[25] Veja-se também *Ética* I, prop. 33: "As coisas não puderam ser produzidas por Deus de nenhuma outra maneira e em nenhuma outra ordem do que aquelas em que

E até mesmo as demais coisas, cujas essências não envolvem a existência necessária, também exprimirão sua essência sob a forma de um necessário esforço para, tanto quanto forem capazes – cada uma perante todas as outras –, perseverar na existência e produzir efeitos que as confirmem e conservem.

Destarte, se tudo que se segue da só essência de algo se segue disso exatamente como a propriedade dos dois retos se segue da essência do triângulo; mas, se essa propriedade se segue dessa essência por *vias extrínsecas* e, portanto, contingentemente; então, dissolve-se a metafísica espinosana. Dar-se-ia, antes, uma metafísica quiçá semelhante à de Descartes, na qual, por exemplo, acerca da extensão, para que dela se seguisse o mundo físico, seria necessário apelar a algo externo à sua essência, isto é, no caso, a um movimento excitado por Deus, que estaria para a essência da extensão como os seguimentos adicionais estão para a essência do triângulo. Da perspectiva de Espinosa, porém, como ele próprio explica a Tschirnhaus nas *Cartas* LXXXI e LXXXIII, a suposição cartesiana de Deus como motor externo decorre de Descartes haver concebido mal a matéria por meio da extensão, isto é, como uma massa tridimensional em repouso. Por isso, assevera Espinosa, "os princípios cartesianos das coisas naturais são inúteis, para não dizer absurdos" (*Carta* LXXXI). Numa resposta muitíssimo compacta, qual seja, que a extensão "deve ser explicada necessariamente por um atributo que exprima uma essência eterna e infinita", Espinosa parece sugerir uma definição de extensão da qual o movimento e o repouso seguem-se *imediatamente*. Isso, aliás, era o que ele já havia esclarecido a Schuller, na *Carta* LXIV, uma vez que este último, na missiva anterior, sintomaticamente colocara – numa espécie de ato falho cartesiano – o movimento entre os modos *mediatos* da substância. E, embora não caiba aqui decifrar por completo a compacta resposta de Espinosa, talvez baste conjecturar que, definida como um *atributo* que exprima essência eterna e infinita, e não como uma *substância* extensa criada,

---

foram produzidas", cuja demonstração também depende abertamente da proposição 16. A crítica do finalismo, no Apêndice da parte I, também menciona de maneira explícita a proposição 16.

como faz Descartes, a extensão tenha necessariamente de passar a ser constitutiva do ente do qual nada de real se nega; com o que ela deixa de situar-se fora de Deus e de ficar ao aguardo de que Ele, como princípio motor externo, tome a livre decisão de excitar na extensão o movimento. Absorvida pela essência da substância única, Deus ou natureza, a extensão como atributo comungaria *per se* da atividade essencial divina.

O que, porém, mais importa notar aqui é que – numa simetria tão perfeita quanto a que havia nas perguntas de Tschirnhaus – a resposta espinosana quanto à teoria geral da definição da essência igualmente recusa que ela seja pensada à maneira de um mero conjunto exclusivo de propriedades necessárias. É indiscutível que a definição de algo – do triângulo, do círculo ou da extensão – nada outro exprime senão a só natureza desse algo. Mas a expressão definicional dessa natureza é agora entendida como a narrativa inteligível da história causal constitutiva desse algo, como um enredo dinâmico de uma complexidade de elementos que – ainda quando considerado só em si mesmo – é apto a ser fonte fecunda de todas as propriedades que se seguem do definido, numa crase ontológica entre propriedades e efeitos, como a pressuposta pela proposição 16 da *Ética* I. Trata-se justamente da teoria da *definição genética*, contida na teoria espinosana da ideia adequada.

Para Tschirnhaus, na *Carta* LXIX, de 5 de janeiro de 1675, é uma ideia adequada de um círculo aquela que o define pela propriedade da igualdade dos raios, como também aquela que o define pela propriedade de conter infinitos retângulos iguais uns aos outros, feitos por segmentos de duas retas. Mas, para Espinosa, em resposta na *Carta* LX, são necessárias outras leis da definição, conformes à *verdadeira lógica*:

> Agora, para que eu possa saber a partir de qual ideia da coisa, dentre muitas, podem ser deduzidas todas as propriedades do sujeito, observo apenas este único ponto: que essa ideia ou definição da coisa exprima a causa eficiente. Por exemplo, para investigar as propriedades do círculo, inquiro se posso, a partir dessa ideia do círculo, a saber, que ele consta de infinitos retângulos, deduzir todas as suas propriedades; quero dizer, inquiro se essa ideia envolve a causa eficiente do círculo;

como isso não ocorre, busco outra, a saber, que o círculo é o espaço descrito por uma reta, da qual um ponto é fixo e o outro é móvel; como essa definição agora exprime a causa eficiente, sei que posso deduzir daí todas as propriedades do círculo etc.

É por não haver ainda compreendido, na já citada *Carta* LXXXII, de junho de 1676, a mudança de paradigma implicada pela lógica da definição genética, que Tschirnhaus considera que a proposição 16 simplesmente "assume como conhecido" que várias propriedades podem ser deduzidas da definição dada de uma coisa qualquer. Isso não lhe parecia nada evidente, antes de ler o *Tratado da emenda do intelecto*, que ele tanto insistira para obter, mesmo já havendo lido a *Ética* e a resposta de Espinosa na *Carta* LX, anteriormente citada. Mas, ao publicar sua *Medicina da mente*, em 1687, 10 anos após a publicação das *Obras póstumas* de Espinosa, sua compreensão do tema recebeu considerável aprimoramento. Isso pode ser verificado numa passagem da *Medicina da mente* que, por encontrar-se na parte não traduzida dessa obra no presente volume, deve ser trazida aqui e citada integralmente:

> Agora que encontramos todas as *definições autênticas*, que são como que os elementos ou princípios de tudo aquilo cuja verdade nos propusemos a indagar, a primeira coisa a ser tida em conta para *mais e mais aumentar nossa ciência* é: que consideremos as próprias definições *em si mesmas*, isto é, que consideremos corretamente todas as relações que podem ser tidas entre todos os elementos de uma definição, isto é entre *os fixos, os móveis e o movimento*, quer eles sejam exibidos sós, quer comparados entre si; e em seguida, que sempre vejamos em cada um, com uma relação diversa, quais *novas* [coisas] a partir dela se seguem. As verdades daí deduzidas chamarei *Axiomas*. [...] O que, portanto, foi tão buscado por tantos [outros homens], isso, a partir dessa mesma definição de axioma, nós já aprendemos, a saber: que está em nosso poder adquirir com certeza não só tais [conhecimentos], mas também todos que nos são necessários, se, acerca de todas as que podem se dar *entre os próprios elementos de uma definição*, considerarmos quantas e quais *novas* [coisas] sempre resultam, *outras e mais outras, imediatamente da própria geração*.[26]

---

[26] TSCHIRNHAUS, 1980, p. 281, grifos nossos.

De fato, uma das coisas mais inquietantes no percurso demonstrativo da parte I da *Ética* é que a demonstração daquela que é talvez a proposição mais importante dessa parte – a proposição 16 – se inicie da seguinte maneira: "Esta proposição deve ser manifesta a qualquer um, contanto que preste atenção a que da definição dada de uma coisa qualquer o intelecto conclui várias propriedades, que realmente dela (isto é, da própria essência da coisa) seguem necessariamente, e tantas mais quanto mais realidade a definição da coisa exprime, isto é, quanto mais realidade a essência da coisa definida envolve".

Tschirnhaus estava longe de considerar essa proposição manifesta. E por que, afinal, haveria de fazê-lo? Ao se observar essa primeira parte da demonstração, nota-se que – e eis aí o motivo de inquietação – ela fragorosamente não faz apelo a qualquer elemento anterior disponibilizado na cadeia demonstrativa da *Ética*. E, quando ela o faz, apenas na segunda parte da demonstração, trata-se meramente de uma aplicação da parte anterior ao caso particular de Deus: como, pela definição 6,[27] a natureza divina tem absolutamente infinitos atributos infinitos, logo, da necessidade dela devem seguir necessariamente infinitas coisas em infinitos modos. Todavia, se essa proposição não é manifesta a absolutamente qualquer um, ela o será, porém, a qualquer um que tenha, como o Tschirnhaus de 1687, lido o *Tratado da emenda do intelecto* e, nesse texto, aprendido sobre a fecundidade das definições genéticas.[28] Ou seja, a dificuldade de nosso matemático acerca da demonstração da proposição 16 não era – ou não era apenas – uma dificuldade pessoal,

---

[27] *Ética* I, def. 6: "Por Deus entendo o ente absolutamente infinito, isto é, a substância que consiste em infinitos atributos, cada um dos quais exprime uma essência eterna e infinita".

[28] Tschirnhaus era tão ávido em obter o "tratado metodológico" de Espinosa, que conseguiu, junto a Schuller, uma cópia manuscrita do texto (STEENBAKKERS, 1994, p. 70), mas, como nota LÆRKE (2018, p. 196-197), sem uma antecedência significativa relativamente à publicação das *Obras póstumas*, em 1677. Em carta a Leibniz de 10 de abril de 1678, Tschirnhaus menciona sua posse do manuscrito do *Tratado da emenda do intelecto*, obtido de Schuller após a morte de Espinosa; ao que Leibniz responde, com alguma surpresa: "Você está ciente, sem dúvida, de que as *Obras póstumas* de Espinosa acabaram de ser publicadas. Nelas há um fragmento sobre A Emenda do Entendimento" (LÆRKE, 2018, p. 196-197). O ponto que aqui importa é que, se em 1675 e 1676 – período da troca epistolar ora em exame – Tschirnhaus ainda não possuía o manuscrito do *Tratado da emenda do intelecto*, em 1687, porém, ele indiscutivelmente já o possuía.

pois tal demonstração não decorre de qualquer definição, axioma, proposição, corolário ou escólio contido nos passos antecedentes do *De Deo*. A dificuldade parece ser, nessa medida, intrínseca. Mas Espinosa é claríssimo quanto àquilo de que a demonstração realmente depende. Cabe repetir com vagar: essa proposição deve ser manifesta (*manifesta esse debet*) a qualquer um (*unicuique*) contanto que (*si modò*) preste atenção (*attendat*) ao seguinte (*ad hoc*), que da definição dada de uma coisa qualquer (*quòd ex datâ cujuscunque rei definitione*) o intelecto conclui (*intellectus concludit*) várias propriedades (*plures proprietates*) etc. A condição de aceitabilidade da proposição mais importante da *Ética* – ou, pelo menos, de toda a teoria espinosana da potência causal de Deus e das coisas – é, portanto, segundo o pensamento maduro de Espinosa, *certa atenção à relação entre o intelecto e as definições que ele produz* como suas obras intelectuais, definições que são as ideias simultaneamente *adequadas* (em sua estrutura interna, complexa e dinâmica) e *verdadeiras* (em sua correspondência com o que real e necessariamente está no ideado).[29] E esse não é senão o núcleo do método do *Tratado da emenda do intelecto*: entender o que é a adequação de uma ideia verdadeira, distinguindo-a das demais percepções e investigando sua natureza, para daí conhecermos nossa potência intelectual.

O nome, o definido e o definidor: contribuições da *Carta* IX a Simon de Vries

O cerne da *emendatio* é corrigir o entendimento do que seja, em geral, a definição que explica a essência de algo. Ora, para que se possam acompanhar com máxima clareza as posições de Espinosa a esse respeito, é importante conhecer e distinguir os tipos de definição que ele reconhece (as meramente concebíveis e as verdadeiras) e, no interior

---

[29] Veja-se o início da *Carta* LX, de Espinosa a Tschirnhaus: "Entre a ideia verdadeira e a adequada, nenhuma outra diferença reconheço senão que o nome *verdadeiro* diz respeito tão somente à conveniência da ideia com seu ideado, e o nome *adequado*, à natureza da ideia em si mesma; de tal maneira que nenhuma diferença se dá, realmente, entre a ideia verdadeira e a adequada além dessa relação extrínseca. Agora, para que eu possa saber a partir de qual ideia da coisa, dentre muitas, podem ser deduzidas todas as propriedades do sujeito, observo apenas este único ponto: que essa ideia ou definição da coisa exprima a causa eficiente".

de ambas, distinguir quais componentes são de natureza linguística (sendo a linguagem, para Espinosa, algo da ordem da imaginação) e quais são de natureza propriamente conceitual e intelectual. E, mais uma vez, explicações contidas no presente volume – dessa vez entre as cartas conexas – serão de grande valia para dar a conhecer esses aspectos das definições. Tome-se, para esse caso, a *Carta* IX de Espinosa a Simon de Vries, provavelmente de março de 1663.

Uma boa definição, diz Espinosa nessa carta, não é a mera estipulação arbitrária de um nome diretamente a uma coisa, à qual o nome ficaria aderido como uma etiqueta. Ao contrário, em contexto definicional, o nome, mesmo sendo usado de modo arbitrário ou até idiossincrático, deve permanecer atrelado de maneira estável ou a uma *definição concebível* (que explica um conceito autonomamente elaborado pelo intelecto, por exemplo, um projeto arquitetônico original, que ainda não foi edificado e talvez nem venha a sê-lo) ou a uma *definição verdadeira* (que explica um objeto determinado, conforme ele está ou esteve real e efetivamente dado fora do intelecto, por exemplo, a planta arquitetônica do templo de Salomão[30]). A *Carta* IX concentra-se especialmente na relação entre o *nome* e a *definição*. Uma *definição completa*, do tipo "*por N entendo D*", tem claramente duas partes principais: *N*, que é o nome a ser aplicado àquilo que é a definir, chamada em latim de *definiendum*, e *D*, a parte *definidora*, que se apresenta não sob a forma de um nome, mas sim de um enunciado complexo, chamado em latim de *definiens*. É este último que constitui o conteúdo inteligível que a pessoa que faz a definição propõe que seja atrelado dali em diante ao nome *N*. E, por ser o enunciado que diz o que é aquilo que se define, o próprio *definiens*, sozinho, às vezes é chamado de definição, embora *incompleta*. Nesses termos, a *Carta* IX se concentra, mais precisamente, na

---

[30] O exemplo não é gratuito. O templo de Salomão, inspirado no antigo Tabernáculo, seria como que uma tradução arquitetônica de princípios da religião judaica. Nas escrituras, ele é *minuciosamente descrito* (tal parte com tantos côvados, tal outra com tantos outros, disposta de tal e tal modo em relação à primeira etc.), sendo, portanto, um exemplo culturalmente denso e particularmente ilustrativo de que, no caso da definição verdadeira de um objeto já dado, o intelecto tem de atender a especificações altamente determinadas para não se afastar do que torna esse objeto tão único.

relação entre *N* e *D*. Quanto ao *definiens*, *D*, a carta apenas exige, por um lado, que ele não seja autocontraditório, como a chamada *quimera*, que não pode ser concebida nem muito menos existir; por outro lado, inversamente, a carta afirma que quanto mais atributos interconsistentes se integrarem no *definiens*, tanto mais o intelecto será forçado a reconhecer o *definiendum* como designando um ente existente e tanto mais a definição será verdadeira. Mas isso ainda se coloca no mesmo nível da proposição 9 da *Ética* – "quanto mais realidade ou ser cada coisa *tem*, tanto mais atributos lhe *competem*" – e, portanto, ainda aquém da identificação da relação *ter/pertencer* com a relação *causar/seguir-se de*, que só se estabelece na proposição 16.

Já o *Tratado da emenda do intelecto* se concentra mais intensamente na estrutura interna do *definiens*, elucidando, primeiramente, que este não pode ser um amálgama empírico, decantado na memória, de imagens que foram se associando segundo os particulares e variáveis encontros fortuitos dos corpos, sem uma ordem racional ou propriamente intelectual. Aliás, a desordem interna desses amálgamas pode, inclusive, acolher contradições latentes, pois as propriedades incompatíveis entre si podem estar separadas por lacunas ou outras propriedades desarticuladas interpostas, truncantes, não deixando a contradição patente.[31] Tais são as obras da imaginação, intrinsecamente suscetíveis ao erro, ainda que eventualmente possam, por acaso, corresponder a algo na realidade. Mas, em segundo lugar, o *Tratado da emenda do intelecto* também insiste que o *definiens* não deve ser confundido – numa distinção mais difícil de traçar – com um conjunto racional de propriedades interconsistentes que, uma a uma ou em grupo, sejam *próprias*[32] ao que se define, isto é, necessárias, exclusivas e coextensivas ao referente do *definiendum*, produzindo, por isso mesmo, uma definição imune ao erro. Mais exigente do que isso e nunca aquém disso, a definição da essência é aquela que, concebendo a essência como atividade (o círculo como atividade rotacional do seguimento de reta), *eleva as meras propriedades interconsistentes e próprias em efeitos imanentes*, dando a causa não só delas

---

[31] Cf., neste volume, nota de tradução 89 ao *Tratado da emenda do intelecto*.

[32] Cf., neste volume, nota de tradução 36 ao *Tratado da emenda do intelecto*.

como também de todas as outras que dessa atividade necessariamente se seguem.

Emenda das matemáticas:
Hobbes e Arnauld, referências obrigatórias

Finalmente, em vista de completar o pano de fundo diante do qual se dá o diálogo de Espinosa com Tschirnhaus, é preciso apresentar, ao lado da ideia de reforma da lógica, a ideia de uma reforma das matemáticas, nascida das pressões advindas da *Quaestio de Certitudine Mathematicarum*. E, dentre os filósofos seiscentistas que, engajados na reforma da lógica, também se empenharam em restituir a dignidade científica das demonstrações matemáticas (mais especificamente, das demonstrações geométricas), dois são referências particularmente importantes para Espinosa: o já mencionado Antoine Arnauld e, principalmente, Thomas Hobbes.

Arnauld, por exemplo, no capítulo IX da quarta parte da *Lógica de Port-Royal*, isto é, sintomaticamente na parte sobre o método, que marca a configuração reformada dos novos tratados de lógica nos Quinhentos e nos Seiscentos, discute com minúcia "[a]lguns defeitos que normalmente se encontram no método dos geômetras". Dentre tais defeitos, é assinalada a obtenção de um conhecimento sem ser "por razões tomadas da natureza da própria coisa", de maneira que, para que se soubesse que um atributo ou propriedade estava incluído na sua ideia, tenha sido necessário "misturar-lhe outras" ("*mêler d'autres*"), resultando em demonstrações por vias "demasiado afastadas", ou melhor, "estrangeiras" ("*étrangères*") à natureza da coisa. E, para sanar esse e outros defeitos, Arnauld se propôs a escrever nada menos que *Novos elementos de geometria*. Arnauld não se vale de expedientes genéticos ou cinéticos como estratégia principal de sua reformulação de Euclides, mas evidencia exemplarmente como, em sintonia com a reforma seiscentista da lógica, o século XVII também empreendeu, de muitas maneiras, um *exame e uma emenda das matemáticas de então*.

Examinatio et emendatio Mathematicae hodiernae, de 1660, é exatamente o título de uma obra de Hobbes, que pode haver sido lida por Espinosa, influenciado a redação e talvez até mesmo o título

do *Tratado da emenda do intelecto*.³³ Trata-se de uma resposta polêmica, na forma de seis diálogos entre as personagens A e B, contra a obra *Matemática universal* (*Mathesis universalis*, 1657), de John Wallis. Nesta última, Wallis havia defendido a admissão de uma variedade de níveis de certeza que considerava legítimos nas demonstrações matemáticas: o nível superior, das demonstrações que vão da causa ao efeito (*demonstratio propter quid*); o intermediário, das demonstrações que vão do efeito à causa (*demonstratio quia*); e o nível mais baixo, das reduções ao absurdo (*reductio ad absurdum*).³⁴ Hobbes, mais radical, responde defendendo uma matemática integralmente causal. E, para garantir isso, ele embute a causalidade já no nível lógico das próprias definições, entendidas como princípios das demonstrações, como se pode ver numa passagem de grande afinidade com o *Tratado da emenda do intelecto*. Como não há tradução da *Examinatio et emendatio Mathematicae hodiernae* para o português e como a passagem é de referência obrigatória nos debates sobre as origens da teoria espinosana da definição contida no *Tractatus de intellectus emendatione*, é lícito fazer, mais uma vez, uma longa citação, no intuito de tornar ainda mais completo o presente volume:

> A: – As definições não são os princípios das ciências?
> B: – Com certeza.
> A: – E não deve toda ciência derivar do pensamento das causas?
> B: – Seguramente.
> A: – Portanto, o princípio da ciência é conhecimento da causa.
> B: – Sim.
> A: – Donde se segue, portanto, que o conhecimento da causa deve estar contido nas definições.
> B: – Concordo.
> A: – É por isso que melhor definem aqueles que explicam a geração da coisa na definição.
> B: – Também concedo. E nas definições de Euclides da esfera, do cone e do cilindro vejo as gerações desses corpos, embora ele não tenha definido o círculo de modo semelhante.

---

³³ GUEROULT, 1968, p. 33.
³⁴ MANCOSU, 1992, p. 255 ss.

A: – Mas ele assumiu gratuitamente entre seus postulados, como coisa conhecida, que o Círculo pode ser *descrito/desenhado*,³⁵ o qual não pode ser *descrito/desenhado* senão pelo movimento.

B: – Entretanto, Euclides deveria ter dito que a esfera é o sólido *tal qual* se faz a partir da rotação do semicírculo ao invés de *que* se faz [a partir da rotação do semicírculo]. Pois não há esfera alguma feita pela natureza por rotação.³⁶

A: – Aqueles que definem as figuras consideram as Ideias que estão no ânimo, não os corpos eles mesmos, e a partir daquilo que imaginam ser feito, eles deduzem as propriedades das coisas semelhantemente feitas não importando a partir do que nem de que modo [realmente] são feitas.³⁷

As dúvidas quanto a haver Espinosa lido ou não esse texto de Hobbes ligam-se principalmente a outro âmbito de discussão, sobre a data de redação do *Tratado da emenda do intelecto*. É nesse tratado que se encontram os mais fortes indícios da presença da *Emenda das matemáticas* hobbesiana. Se, como pensava uma primeira geração de pesquisadores, a redação do *Tratado da emenda do intelecto* ocorreu entre 1660 e 1662, então a influência é historicamente admissível. Todavia, se, como supõem pesquisas mais recentes,³⁸ a redação houver ocorrido entre 1657 e 1658, então tal influência será obviamente impossível, e as afinidades entre essas duas obras teriam de remontar a alguma fonte comum anterior. Contudo, cabe notar que ambas as

---

[35] No original: "*Circulum describi posse qui describi non potest nisi per motum*". É importante observar aqui os termos latinos, porque o verbo "*describio*" poderia produzir equívoco se fosse traduzido por "descrever", sugerindo "listar predicados", quando, na verdade, o verbo aqui significa – de modo crucial para que Hobbes possa introduzir a ideia de movimento em sua argumentação – o *ato* de *desenhar* um círculo. O uso desse sentido mais técnico do verbo "descrever" remanesce em português justa e oportunamente no jargão *físico*, como quando se diz, por exemplo, que um corpo em movimento *descreve* uma trajetória circular.

[36] No original: "*Nulla enim est sphaera quae facta est a natura per Circumductionem*". Mais uma vez é importante observar a frase latina nesse ponto, porque se trata de um dos trechos de maior semelhança com o texto do *Tratado da emenda do intelecto*. Em tempo: embora a tradução mais literal de "*circumductionem*" seja "circundução", nós a traduzimos por "rotação" para facilitar a percepção das ressonâncias intertextuais entre a *Emendatio*, de Hobbes, e o *De emendatione*, de Espinosa. Cf. abaixo a nota 72.

[37] HOBBES, 1660, p. 54-55.

[38] STEENBAKKERS, 1994, p. 170 ss, referindo-se a Mignini.

posições partem da premissa de que a redação do texto ocorreu em um intervalo bem definido de tempo, o que talvez não seja o caso, como já foi considerado na Introdução.

Quanto ao título, investigações lexicais bastante completas[39] mostram, por um lado, que o termo *"emendatio"* é extremamente frequente nos textos de Bacon, que ele eventualmente comparece nos textos de Descartes (nas *Regras*, nas *Meditações* e nos *Princípios*) e que ele também ocorre dispersamente em um vasto conjunto de obras filosóficas, desde o final do século XVI até meados do XVIII, não sendo, portanto, indicador seguro da influência de Hobbes. Não obstante, por outro lado, é inegável que a emenda espinosana do intelecto, exatamente como a emenda hobbesiana das matemáticas, caracteriza-se por traduzir a tese tradicional de que "a verdadeira ciência procede da causa para os efeitos"[40] especificamente como uma exigência de reformatação das definições em termos genéticos ou causais, por contraste com a modelagem meramente classificatória das definições aristotélico-escolásticas por gênero e diferença específica.[41]

*

Seja como for, nem Bacon, nem Descartes, nem Hobbes, nem Arnauld levaram tão longe essa *emendatio* como Espinosa, que fez da mudança do paradigma definicional o fundamento da proposição 16 da *Ética* I, isto é, a base lógica de toda uma metafísica da causalidade imanente. Para além de um novo *organon* apto a permitir o aumento das ciências, de uma correção dos erros dos sentidos e dos

---

[39] CANONE; TOTARO, 2005, p. 73-75.

[40] "Mas mostramos que a ideia verdadeira é simples ou composta de simples, e que ela mostra como e por que algo é ou foi feito; e que seus efeitos objetivos na alma procedem conforme a razão de formalidade do seu objeto; o que é o mesmo que os antigos disseram, a saber, que a verdadeira ciência procede da causa para os efeitos, senão pelo fato de que nunca, que eu saiba, conceberam, como nós aqui, que a alma age segundo leis certas e é como que um autômato espiritual" (§ 85).

[41] Há, porém, um antecedente aristotélico para as próprias definições genéticas: a definição triádica, que inclui a causa, é como uma demonstração compactada e diz simultaneamente "o que é" e "por que é", apresentada em *Segundos analíticos*, II, 8-10. Cf. Rezende (2012).

preconceitos da infância pelo intelecto, de uma proposta de novos elementos de geometria ou de uma emenda genética das matemáticas de então, a *emendatio intellectus* de Espinosa é, em última análise, uma revolução metafísica.

Fabrica contra *fabrica*: emenda do intelecto e filosofia política

A conjunção de textos aqui proposta, ao colocar a *emendatio* como uma revolução metafísica, coloca o *Tratado da emenda do intelecto* também em uma notável e intensa sintonia com o Apêndice da parte I da *Ética*. Isso não apenas reforça, na mesma linha do que já foi sugerido na Introdução, a longevidade de aspectos centrais do opúsculo de juventude no desenvolvimento da filosofia madura de Espinosa, como também evidencia os liames do *Tratado* com algumas das páginas mais célebres de nosso filósofo sobre o que se poderia chamar não somente de filosofia política, mas também, com algum anacronismo, de psicologia social e antropologia.

A bem dizer, em última análise, a presença da correspondência com Tschirnhaus ao lado desse que talvez seja o primeiro texto escrito por Espinosa acabará por contribuir para a recusa de qualquer descrição da trajetória do pensamento de Espinosa que suponha uma primeira fase *idealista*, matematizante, um tanto neoplatônica e um tanto cartesiana, na juventude, e uma fase que se poderia qualificar como *materialista*, na maturidade, suscitada pelas crises políticas holandesas que o levaram à redação do *Tratado teológico-político* e a uma conexão muito mais forte com a concretude histórica e com autores como Maquiavel, para quem, em vez de um método de inspiração matemática, prepondera a *virtù*, isto é, a força viril e feroz que enfrenta a Fortuna e obtém sucesso mesmo sem um conhecimento claro e distinto.[42] Ao contrário, justo por ser possivelmente a primeira obra de Espinosa, o *Tratado da emenda do intelecto* dá

---

[42] Para uma leitura atual e arguta que contrapõe a maturidade maquiaveliana de Espinosa à suposta juventude idealista do *Tratado da emenda do intelecto*, veja-se, por exemplo, Morfino (2021, p. 35). Para uma caracterização sumária da *virtù* em Maquiavel, veja-se o verbete correspondente em Ménissier (2012).

testemunho de uma profunda coerência na trajetória espinosana, em certo sentido *radicalizando a leitura materialista* ao estendê-la inclusive para o âmbito da lógica e da matemática pensadas por nosso filósofo em sua juventude.

A correspondência com Tschirnhaus mostra como, sem a emenda do intelecto, o erro na própria compreensão do que seja explicar a essência de algo – isto é, um erro na definição de definição, no conceito de conceito – acabaria fazendo, por exemplo, com que a definição de Deus, confundida com um mero conjunto de propriedades necessárias, tornasse incompreensível como o mundo haveria de se *seguir* de Sua essência. Por isso mesmo, sem a *emendatio*, fica aberto o espaço para que, então, o mundo seja suposto como efeito de um ato da livre vontade divina, a qual passaria contingentemente a causar, por puro beneplácito. Nesse caso, concebe-se a causa do mundo não na *base* de uma ação essencial ou essência actuosa – da qual, como de uma fonte, seguem-se infinitos efeitos imanentes necessários –, mas sim no *horizonte* de um fim insondável, sob o abrigo do qual a ignorância humana correria a asilar-se justificadamente. Ao existir, então, "por favor" de Deus, o mundo se tornaria, por assim dizer, "muito obrigado", ontologicamente endividado para com Ele, que sempre poderia, por consequência, exigir uma impagável restituição mediante infindáveis tributos, cultos, penitências e obediências, à imagem de um voluntarioso monarca humano.

Esse preconceito, explica Espinosa no Apêndice da parte I da *Ética*, tem sua origem na maneira como os seres humanos compreendem suas próprias ações. Nascendo ignorantes das causas das coisas, eles ignoram também as causas que os fazem agir; têm consciência de suas volições e apetites, mas nem em sonhos cogitam das causas que os dispõem a apetecer e a querer. A proposição 36, situada imediatamente antes do Apêndice, explicara que, a partir de absolutamente tudo que existe, devem seguir-se efeitos, porque tudo exprime a essência ou natureza de Deus, a qual é indistinta de Sua potência ativa infinita. Assim, as ações dos seres humanos – os quais nada são senão modos finitos da substância divina – são expressões finitas da potência infinita de Deus, que é a causa imanente delas. Ora, é justamente isso que os seres humanos descritos no Apêndice

ignoram, ou seja, a relação entre suas essências e suas ações, supondo erroneamente que estas últimas não são necessariamente *propelidas* por aquelas primeiras, que são suas causas eficientes, mas sim *atraídas* por um bem, ao qual (*ad-*), sob a chancela do livre-arbítrio, tais ações tenderiam (-*petunt*) como a uma causa final. É verdade que as ações dos seres humanos não se seguem somente de suas próprias essências, pois isso seria supô-los causas livres, e "só Deus é causa livre".[43] Diversamente, a existência e as ações do que é finito se seguem de Deus através de uma serie infinita de outros modos finitos.[44] Mas justamente por isso – ou seja, porque as ações dos seres humanos emergem de suas essências actuosas finitas, atravessadas por uma rede infinita de inter-relações causais, no seio da qual tais essências existem – é que os seres humanos, sem um método que lhes permita habitar essa infinitude,[45] estão fadados a não compreender como e por que eles mesmos agem. E a lacuna desse "como" e desse "porquê",

---

[43] *Ética* I, def. 7: "É dita livre essa coisa que existe a partir da só necessidade de sua natureza e determina-se por si só a agir. Porém, necessária, ou antes coagida, aquela que é determinada por outro a existir e a operar de maneira certa e determinada"; e prop. 17, corolário 2: "só Deus [é] causa livre. Com efeito, só Deus existe pela só necessidade de sua natureza (pela prop. 11 e corol. 1 da prop. 14) e age pela só necessidade de sua natureza (pela prop. 16). E por isso (pela def. 7) só ele é causa livre. C.Q.D.".

[44] *Ética* I, prop. 28: "Qualquer singular, ou seja, qualquer coisa que é finita e tem existência determinada, não pode existir nem ser determinado a operar, a não ser que seja determinado a existir e operar por outra causa, que também seja finita e tenha existência determinada, e por sua vez essa causa também não pode existir nem ser determinada a operar a não ser que seja determinada a existir e operar por outra que também seja finita e tenha existência determinada, e assim ao infinito".

[45] Veja-se, acerca do que aqui está sendo chamado de "habitar a infinitude", a *Carta* XXXVII, de 1666, contida no presente volume. Que esse habitar seja atribulado e demande um método é justamente o que o médico Bouwmeester salienta na pergunta que fizera a Espinosa e que este último reescreve no início de sua resposta: "*dá-se ou pode dar-se um tal método com o qual possamos avançar, sem tédio e sem tropeços, no conhecimento das coisas mais excelentes? Ou, na verdade, nossas mentes, tal como nossos corpos, também estão submetidas ao acaso, e nossos pensamentos são regidos mais pela fortuna do que pela arte?* A estas coisas julgo que satisfarei se eu mostrar que deve dar-se necessariamente um método com o qual possamos dirigir e concatenar nossas percepções claras e distintas, e que o intelecto não está, como o corpo, submetido ao acaso. Isso consta só do fato de que uma percepção clara e distinta, ou várias em simultâneo, podem ser absolutamente causa de outra percepção clara e distinta". Veremos, mais adiante, na análise do exemplo da definição genética da esfera, como duas percepções claras e distintas são *absolutamente* causa de outra percepção clara e distinta.

correspondente à causa eficiente, eles saturam com o "para que" da causa final. Em seguida, "julgando pelo seu o engenho alheio", projetam esse mesmo esquema sobre Deus, procurando mostrar que também Ele sempre age em vista de um fim.

E qual seria esse fim? Ora, como os seres humanos *encontraram*, sem haverem eles mesmos *produzido*, muitos meios sem os quais não poderiam sobreviver (que Espinosa chama de *commoda*: olhos para ver, dentes para mastigar, ervas e animais para alimentar-se, sol para iluminar etc.), consideraram, num primeiro passo, que Deus os fez para eles, e acreditaram, por consequência, que o fim da criação divina era o uso dos homens e toda aquela sorte de tributos e cultos que estes Lhe deveriam render em troca. Porém, num segundo passo, ao se depararem também com muitas outras coisas naturais que lhes eram nocivas (que Espinosa chama de *incommoda*: tempestades, terremotos, doenças etc.), os homens supuseram-nas, então, como castigos contra os equivalentes invertidos dos tributos e cultos, os chamados pecados, de maneira a tentar preservar seu esquema antropomórfico e finalista de explicação do mundo. Porém, uma vez que a experiência cotidianamente colocava à prova esse esquema, mostrando que o útil e o nocivo — *commoda atque incommoda* — abatiam-se tanto sobre os pios quanto sobre os pecadores, os homens, num terceiro passo, colocaram tais acontecimentos entre as coisas desconhecidas e derradeiramente afirmaram que os desígnios divinos estão para além da compreensão humana.

É notável nessa genealogia teórica da superstição — que ombreia em sensibilidade psicológica e antropológica com a *Genealogia da moral*, de Nietzsche, ou com *Totem e tabu* e *O futuro de uma ilusão*, de Freud — a insistência de Espinosa no que se poderia chamar de "inércia estrutural do sistema de crenças" e que se manifesta exemplarmente no terceiro e último passo que acaba de ser descrito. A esse respeito, é preciso atentar para as exatas palavras empregadas por Espinosa, ao descrever que, diante dos cotidianos contraexemplos da experiência,

> nem por isso [os homens] largaram o arraigado preconceito: com efeito, foi-lhes mais fácil pôr esses acontecimentos entre as outras coisas incógnitas, cujo uso ignoravam, e assim manter seu estado [*retinere statum*] presente e inato de ignorância, em vez de destruir

toda essa estrutura [*totam illam fabricam*] e excogitar uma nova. Donde darem por assentado que os juízos dos Deuses de longe ultrapassam a compreensão humana, o que, decerto, seria a causa única para que a verdade escapasse ao gênero humano para sempre, não fosse a Matemática, que não se volta para fins, mas somente para essências e propriedades de figuras [*sed tantùm circa figurarum essentias, & proprietates*], ter mostrado aos homens outra norma da verdade [*aliam veritatis normam*]; e além da Matemática, também outras causas podem ser apontadas [*aliæ etiam adsignari possunt causæ*] (que aqui é supérfluo enumerar), as quais puderam fazer que os homens abrissem os olhos para esses preconceitos comuns e se dirigissem ao verdadeiro conhecimento das coisas [*& in veram rerum cognitionem ducerentur*].

Desistir do inveterado, desassentar o já estabelecido, desacomodar-se – atitudes cruciais nas páginas iniciais do *Tratado da emenda do intelecto* – não são exatamente escolhas, decisões, são efeitos. O sistema de crenças antropomórfico e finalista tende a permanecer em seu estado. E, mesmo que esse estado seja internamente instável e que nele sempre haja constantes inconstâncias, sendo fácil, dentro dele, mudar de uma superstição para outra, é extremamente difícil, porém, mudar-se dele, para fora da superstição.[46] É uma tarefa ingente desconstruir e reconstruir, desde os alicerces, o edifício das opiniões, erigido ao longo da vida; mormente se não for possível – como propusera Descartes, no início das *Meditações* – retirar-se dele para um repouso seguro em uma pacífica solidão, isto é, se não for possível desabitá-lo para reconstruí-lo. A situação descrita por Espinosa no Apêndice – apresentando os "homens" [*homines*] sempre no plural e profundamente envolvidos com os cuidados da vida – nada tem desse retiro individual cartesiano, protegido das crenças pragmáticas requeridas pelas urgências do agir e da intersubjetividade. Para evidenciar a dramaticidade peculiar à situação descrita por Espinosa, a metáfora da reforma de um edifício no

---

[46] Ao redor do tema da *Fortuna* orbitam vários textos de Espinosa, devendo aqui ser destacados, além da *Carta* XXXVII, de Espinosa a Bouwmeester, do Apêndice da *Ética* I, e do proêmio do *Tratado da emenda do intelecto*, também o prefácio do *Tratado teológico-político*.

qual se continua a morar durante o processo pode ser amplificada na metáfora da troca das rodas de uma carruagem enquanto ela está em movimento, ou do conserto do casco de um navio enquanto ele ainda está em alto-mar. É, pois, desde dentro da vida que está dada que se há de transformá-la, apesar de seus mecanismos de defesa psíquica que fazem resistência à mudança e que afiguram como desatinada uma troca do que não vai muito bem pelo que pode ir ainda pior: parecia insensato, diz Espinosa no § 2 do *Tratado da emenda do intelecto*, querer deixar uma coisa certa por outra então incerta, pois eram visíveis as comodidades (*commoda*) próprias à vida comum, assim como era visível a necessidade de deixar de tê-las como fins "se quisesse trabalhar sério para uma outra coisa nova". O Apêndice comenta essa tendência reacionária explicando que, sem a presença de alguma causa mais forte, com poder de instituir outra organização desde o interior da vida que está dada, será mais fácil, mais factível (*facilius*), arranjar cabimento (*ponere*) aos elementos discrepantes do que destruir toda essa *estrutura* (*totam illam fabricam*) e excogitar uma nova. Sim, a imaginação supersticiosa se organiza como estrutura, e é nisso que primeiramente reside seu poder. A palavra "*fabrica*", significando o que hoje chamaríamos de estrutura, é recorrente nos textos de Espinosa e é empregada para designar a estrutura anatômica do corpo humano, estruturas arquitetônicas – como templos ou outros edifícios – ou, ainda, como no Apêndice, uma estrutura mental, uma visão de mundo, bem como suas correlatas formas de estruturação da vida. Nesses termos, só se faz possível uma emenda que vença a *fabrica* da superstição mediante a identificação e o fortalecimento de outra *fabrica*, capaz de desencadear uma reestruturação do pensamento e da vida.

Espinosa fala de algumas *causas* que foram capazes de fazer com que os homens enxergassem esses preconceitos comuns e "se conduzissem ao verdadeiro conhecimento das coisas" ("*& in veram rerum cognitionem ducerentur*"). É possível conjecturar quais seriam essas causas, que Espinosa considerou supérfluo enumerar. Mas, sejam quais forem, a parte final da frase as conduz, todas, ao caminho aludido no subtítulo do *Tratado da emenda do intelecto*: *e da via pela qual ele é mais bem dirigido ao verdadeiro conhecimento das coisas* (*Et de viâ, quâ*

optimè in veram rerum Cognitionem dirigitur), reforçando a aproximação entre os dois contextos; aproximação que a menção à matemática só vem confirmar. E a expressão "outra norma da verdade" – usada para discernir o que na matemática foi relevante para abalar a inércia estrutural do sistema imaginário da superstição – também faz ecoar aqui a caracterização do método no *Tratado da emenda do intelecto*, tal como ela aparece, por exemplo, no § 70, em que se diz que:

> se dá nas ideias algo real [*in ideis dari aliquid reale*] pelo qual as verdadeiras se distinguem das falsas; o que decerto haverá de ser agora investigado para termos a melhor norma da verdade [*ut optimam veritatis normam habeamus*][47] (com efeito, dissemos que devemos determinar nossos pensamentos a partir da norma da ideia verdadeira dada [*ex datae verae ideae normâ*], e que o método é o conhecimento reflexivo) e conhecermos as propriedades do intelecto.

Esse parágrafo faz parte do conjunto que vai do § 69 ao § 73, em que se dá a mais forte convergência entre a norma da verdade rapidamente mencionada no contexto do Apêndice e a norma da verdade minuciosa e reiteradamente comentada no contexto do *Tratado da emenda do intelecto*, pois esse conjunto de parágrafos em particular trabalha justamente com o conceito de *fabrica* e o faz de maneira a elucidar a adequação das ideias verdadeiras exemplificadas por definições genéticas de figuras geométricas. Antes, porém, de comentar a *fabrica* da verdade que se faz presente nesses parágrafos, é preciso tecer algumas considerações – e desmanchar alguns preconceitos – sobre a natureza da causa emancipadora que Espinosa *não* considerou supérfluo nomear no Apêndice, qual seja, precisamente a matemática.

Matemática do trabalho e **matemática da propriedade**

É bem conhecida a relativa ambiguidade do lugar da matemática na filosofia espinosana: por um lado, ela é o paradigma das

---

[47] Condizente com a afirmação espinosana de que, além da matemática, também outras causas podem ser apontadas para a criação de frestas emancipatórias no sistema da superstição, esse parágrafo também sugere uma multiplicidade de normas da verdade, das quais, porém, só se cuidará daquela plenamente talhada para a missão do nosso *Tratado*.

ideias adequadas, portadora da norma da verdade, fornecedora da ordem em que a *Ética* se organiza, etc.; por outro, é seara de entes de razão, território perigoso das abstrações, onde se dá azo à ficção imaginativa do descontínuo (como os números, na aritmética) e se corre o risco de dar realidade ao que não é senão negação (como as figuras, na geometria). Mas a relativa ambiguidade está longe de ser uma inconsistência, especialmente para quem tem à sua disposição o contexto de apreciação proposto no presente volume das obras de Espinosa. Tomar só a versão heroica da matemática, salvadora da consciência humana contra os grilhões do mito, é, com paradoxal ironia, subscrever um mito positivista. Todavia, tomar a versão da matemática como vilã, que dissolve a causalidade do ser bruto na idealidade abstrata de uma causalidade lógica, é, mais uma vez com paradoxal ironia, empreender uma dicotomia típica do pensamento abstrato. O maniqueísmo que *separa* a abstração de todo e qualquer uso potencializador que dela possa ser feito, que lhe recusa toda e qualquer utilidade, recai, ele próprio, numa abstração, mais perigosa e menos aproveitável na medida mesma em que não se percebe como tal. Continua vítima da superstição que hipostasia bondade e maldade como qualidades na natureza das coisas aquele que não se dispôs a tirar – radicalmente – as consequências de que "todas as coisas pelas quais e as quais eu temia não tinham em si nada de bom nem de mau senão enquanto o ânimo era movido por elas" (§ 1).

A referência à matemática é importante no Apêndice, sem dúvida, na medida em que traz consigo certo modelo de causalidade. Mas, à luz de tudo que já foi dito anteriormente, seria errôneo supor que tal modelo corresponderia de imediato, só por ser matemático, a uma causalidade puramente formal, como se não houvesse outro tipo de relação causal possível para essa ciência.[48] Afinal, Espinosa pode estar – e tudo indica que está – falando justamente daquela matemática hobbesiana, causal, cinética, genética e quase mecânica, a única que Hobbes considerava compatível com seu próprio materialismo.[49] E, mesmo levando isso em conta, deve-se acrescentar

---

[48] CHAUI, 1998.
[49] JESSEPH, 2000, p. 204.

que, a bem dizer, a natureza matemática da outra norma da verdade só importa aqui na medida em que ela oferece, em primeiríssimo plano, certa relação que o intelecto estabelece entre as essências e as propriedades (*essentias, & proprietates*) como um modelo de causalidade alternativo ao modelo teleológico. É muito mais a maneira de perceber as *relações causais* entre essências e propriedades o que aqui interessa, e não tanto a natureza matemática dos elementos em relação. Ou melhor, o caráter abstrato das figuras geométricas, em vez de uma imperfeição do exemplo escolhido, interessa, antes, precisamente porque ele coloca o objeto em segundo plano e dá todo o destaque à estrutura da ideia e à potência do intelecto.

No § 94 do *Tratado da emenda do intelecto*, ao iniciar a chamada segunda parte do método, que consiste justamente em apresentar "a via correta de descobrir" (*"recta inveniendi via"*), ou seja, a via para a ampliação do conhecimento, Espinosa afirma que tal via consiste em "formar os pensamentos a partir de alguma definição dada, o que procederá tanto mais feliz e facilmente quanto melhor definirmos alguma coisa". Consequentemente, diz Espinosa, será crucial conhecer as condições de uma boa definição, sendo a primeira delas "cuidar para que não usemos em seu lugar alguns próprios". Ora, para explicar isso, Espinosa dará o emblemático exemplo geométrico da definição genética do círculo (aquela que faltava nos *Elementos*, de Euclides): se o círculo for definido apenas pelo *proprium* dos raios iguais, como Euclides o definira, tal definição, por não incluir a causa eficiente próxima, nunca explicará a essência do círculo como uma essência actuosa, tornando-se incapaz de fornecer o padrão definicional necessário a uma lógica da descoberta e a uma metafísica da potência. Diversamente, se o círculo for definido como "a figura que se descreve por uma linha qualquer, da qual uma extremidade é fixa e a outra é móvel", a definição conterá a causa próxima e, sozinha – sem que tenha sido necessário "misturar-lhe outras" (*"mêler d'autres"*), como dizia Arnauld, ou, como efetivamente aí diz Espinosa: "considerada sozinha e não conjugada com outras" (*"spectatur sola, non autem cum aliis conjuncta"*) – fará com que "todas as propriedades da coisa possam ser concluídas a partir dela". Mas o que diz Espinosa sobre a própria natureza matemática desse Exemplo? Ele diz, no § 95, que,

> a fim de deixar de lado outros exemplos para que eu não pareça querer revelar os erros dos outros, aduzirei apenas um exemplo de alguma coisa abstrata – a qual é indiferente por qualquer modo que seja definida [*quae perinde est, quomodocunque definiatur*] –, [...], a saber, o do círculo [...] E embora, como eu disse, isso pouco importe acerca de figuras e demais entes de razão, importa muito acerca de entes físicos e reais; a saber, porque as propriedades das coisas não são entendidas enquanto suas essências são ignoradas; todavia, se deixarmos estas de lado, necessariamente perverteremos [*pervertemus*] a concatenação do intelecto [*concatenationem intellectûs*], a qual deve reproduzir a concatenação da Natureza [*Naturae concatenationem*].

A escolha de um exemplo matemático é primeiramente útil porque evita que se desvie a atenção para questões polêmicas relativas ao *definiendum*, posto que é a estrutura interna do *definiens* que se quer exibir. Além disso, o objeto matemático, sendo um ente de razão, é especialmente complacente com a variação da estrutura interna de seu *definiens*, permitindo que sejam comparadas duas estruturas distintas e compreendidos seus respectivos vícios e virtudes, sem que seja mudado o *definiendum*, o que tornaria a comparação menos clara, já que o leitor poderia suspeitar que os vícios e as virtudes teriam variado em função do que se define, e não da maneira de definir. Aliás, como se vê, Espinosa está plenamente consciente de que essa variação não é bem aceita por entes físicos reais. Para estes últimos, a definição como um conjunto exclusivo e coextensivo de propriedades necessárias é extremamente perigosa, já que, sendo a coisa um ente físico real, não pode ser reduzida a um vago *proprietário anônimo*, um *aliquid* (um algo), do qual só são conhecidas as propriedades que ele *tem*, mas não sua identidade, o que ele é. Com isso inverte-se a relação de dependência real, já que as propriedades ficam sem ter ao que pertencer, posto que isso permanece indeterminado, e soçobram colocando em sua dependência aquilo de que elas mesmas dependiam para sustentar-se. Descompassando a ordem do conhecer e a ordem do ser, o que é deveras posterior tenta sustentar-se como anterior, e o que é realmente efeito e propriedade tenta prevalecer sobre o que é causa e essência.

Mais ainda (e com desejáveis conotações econômico-políticas): as propriedades não são entendidas enquanto for ignorado o trabalho de seu proprietário, isto é, a natureza ou operação constitutiva da identidade da coisa que as possui. Pois é só porque a linha trabalha rodando que há um círculo capaz de justificar sua propriedade de ter todos os pontos equidistantes do centro. Nesse sentido, o *Tratado da emenda do intelecto* inaugura na filosofia espinosana a concepção da essência de algo como um trabalho constitutivo do ser desse algo, ou seja, um trabalho pelo qual cada coisa faz aquilo que a realiza e a torna concebível.[50] Nada no conceito de linha exige que ela necessariamente rode ao redor de uma de suas extremidades. Nada no conceito de movimento exige que ele seja a rotação de uma linha ao redor de uma de suas extremidades. Mas, se uma linha rodar ao redor de uma extremidade, é necessário que aí exista um círculo com a propriedade da igualdade dos raios, de modo que tal essência não pode ser nem ser concebida sem que a própria coisa de que ela é essência também seja e seja concebida (e o círculo perseverará existindo enquanto esse trabalho continuar sendo realizado). Sem essa concepção da essência como trabalho, que é o que as definições genéticas do *Tratado da emenda do intelecto* vêm exemplificar, as propriedades se limitam a uma superfície sem fundamento, ao revestimento externo de um conteúdo vago, a uma casca ou escudo, em cujo interior, mais uma vez, abriga-se e se asila a ignorância.

Portanto, a matemática que Espinosa sempre tem em mente quando a toma como portadora da norma da verdade só pode ser aquela – matemática do trabalho e não apenas das propriedades – que vem se formando, desde o início da *Quaestio de Certitudine*, no século XVI, através de uma reforma bastante semelhante à reforma da lógica empreendida no mesmo período, estando ambas – matemática e lógica reformadas – em oposição crítica ao formalismo da lógica menor escolástica e aos algoritmos da matemática meramente instrumental. E, para que se possa entender o que significa

---

[50] Por outras palavras, uma vez entendida a real envergadura ontológica da lógica espinosana das definições genéticas, as linhas mestras da doutrina do *conatus* já não mais parecem estar ausentes do *Tratado da emenda do intelecto*.

esse caráter instrumental, nada é mais ilustrativo do que o dito por Galileu Galilei, em sua *Primeira carta sobre as manchas solares*, de 1612. Nela, Galileu opunha os "astrônomos filósofos" aos "astrônomos matemáticos", explicando que estes últimos se valem de qualquer instrumento geométrico que possa facilitar seus cálculos, ao passo que "os astrônomos filósofos [são aqueles] que, indo além da exigência de salvar os fenômenos, procuram investigar a verdadeira constituição do universo".[51] Espinosa, na esteira de Hobbes e Arnauld, está em perfeitas condições para discernir, analogamente, entre os "matemáticos filósofos", preocupados com a forma do verdadeiro, e os matemáticos meramente calculadores, instrumentalistas, preocupados em "salvar as propriedades", sem se engajar em definir adequadamente as essências causais suficientes para que destas aquelas fluam. Em suma, assim como Espinosa aponta, por exemplo, as limitações de uma experiência errante e espontânea, mas admite uma experiência determinada pelo intelecto, assim também ele insinua, como na citação *supra*, certa crítica a uma matemática instrumental – como, por vezes, é a de Euclides, de acordo com o que já dissera Arnauld na quarta parte da *Lógica de Port-Royal* –, mas admite uma matemática determinada pelo intelecto. No desenvolvimento da ciência moderna, Espinosa e Hobbes talvez possam ser caracterizados por uma posição teórica segundo a qual a *matematização da natureza* – para não se reduzir à manipulação externa de entes físicos reais pela aplicação de uma linguagem estranha à matéria e ao movimento – depende de uma complementar *fisicalização da matemática*. Para Espinosa, seria na língua dessa matemática fisicalizada, genética ou construtivista *avant la lettre*, que o livro da natureza estaria escrito. Galileu enfatiza a língua matemática em que o livro da natureza está escrito; Espinosa enfatiza o caráter físico do livro da natureza em que a matemática está inscrita. Tanto é assim que insiste em que são em *entes físicos reais* que as leis dessa matemática construtivista estariam inscritas como em seus *verdadeiros códices* (que é a expressão efetivamente usada por Espinosa, no § 101, para falar do livro da natureza no *Tratado da emenda do intelecto*).

---

[51] GALILEU *apud* FRIEDMAN, 2011, p. 82.

Ora, a norma da ideia verdadeira, encarnada exemplarmente em tais construções mentais dinâmicas, é o que, entre os §§ 69 e 73, será comentado através do conceito de *fabrica*. Nesse contexto, Espinosa oferecerá como exemplo a definição genética da esfera, sintomaticamente o mesmo dado por Hobbes em sua *Emenda das matemáticas*. Ao fazê-lo, advertirá que esse objeto foi escolhido porque "sabemos com a máxima certeza que depende de nossa força de pensar". Isso confirma, mais uma vez, que a precariedade ontológica do ente de razão, que não existe senão como um modo de pensar, é consentânea com o deslocamento reflexivo do foco da investigação para o polo da potência de pensar e da estrutura da ideia. São essa potência e essa estrutura que acima de tudo importa conhecer, pois, como foi possível compreender a partir do Apêndice da obra magna, protagonizando a gênese da superstição está uma ignorância que os homens têm de si mesmos, particularmente quanto à causalidade constitutiva de suas ações. Porém, a maneira como, ontologicamente falando, *o ato de pensar* a rotação da linha necessariamente causa *o ato de pensar* a igualdade dos raios ou a maneira como *o ato de pensar* a revolução do semicírculo no eixo do diâmetro causa *o ato de pensar* a esfera exibem uma poderosa estrutura alternativa para a causalidade da ação. A começar por certa união entre necessidade e liberdade que aí se instancia, pois quem pensa que o círculo, geneticamente definido, tem todos os raios iguais não está assujeitado por uma normatividade externa. E isso não ocorre em qualquer raciocínio formalmente necessário. Afinal, como bem lembrava Arnauld, até mesmo na geometria há *vias demonstrativas estrangeiras* e *instrumentos exógenos* à natureza da coisa e que, embora cogentes e capazes de conquistar o assentimento de quem as acompanha, não esclarecem o espírito deste último e não têm o caráter da evidência. Aquele que acompanha a demonstração se vê, nessa medida, como que *"forçado"* a consentir, como quem, não inteiramente satisfeito, dá o braço a torcer, pois o meio de prova, conquanto formalmente válido, dotado de força de necessidade, não incluiu *o real porquê* do que se prova.[52] Ao contrário, dizia Espinosa

---

[52] O primeiro defeito que Arnauld atribui ao método praticado pelos geômetras tradicionais, exemplificado por vários procedimentos demonstrativos de Euclides, é "estar

anteriormente, quanto melhor definirmos alguma coisa, mais experimentaremos facilidade e felicidade ao necessariamente formarmos pensamentos que disso se seguem. Na experiência intelectual da *evidência* e do *esclarecimento* o homem frui exemplarmente da união entre liberdade e necessidade, longe da heteronomia a que o conteúdo da demonstração e o intelecto estão submetidos em uma demonstração meramente formal e puramente instrumental.

E, uma vez que se tem aqui em conta o Apêndice da parte I da *Ética*, é indispensável que se explicite também a existência de certa teleologia residual – uma vontade dominadora de provar, de conquistar o assentimento da "vítima" a qualquer custo – orientando essa vertente instrumental que se faz presente amiúde na geometria de Euclides. Essa peculiar intencionalidade da geometria tradicional foi argutamente percebida por Arnauld e exposta numa longa passagem – plausivelmente lida por Espinosa em seu exemplar da *Lógica de Port-Royal* – que, mais uma vez, também deve ser aqui integralmente disponibilizada, a fim de tornar o presente volume tão completo quanto a adequada compreensão dos textos nele contidos requer:

> Os geômetras admitem que não é preciso perder tempo a querer provar aquilo que é claro em si mesmo. E, todavia, fazem-no abundantemente, na medida em que, estando *mais preocupados em convencer o espírito do que em esclarecê-lo*, como acabámos de dizer, eles creem que nos convencerão melhor se encontrarem uma *qualquer prova* das coisas, mesmo das mais evidentes, em vez de as propor simplesmente e de deixar ao espírito o reconhecimento do seu *caráter evidente*. [...] Foi ainda isso que levou Euclides, não a postular mas, antes, a fazer disso um problema que precisa ser demonstrado, a

---

mais preocupado com a certeza do que com a *evidência* tal como em convencer o espírito do que em *esclarecê-lo*" (ARNAULD; NICOLE, 2016, p. 551, grifos nossos). Tal defeito seria a origem de quase todos os outros que podem ser apontados no método geométrico tradicional: "não tiveram suficientemente em atenção que não basta, para ter um conhecimento perfeito de qualquer verdade, estar convencido de que isso é verdadeiro, se, para além disso, não o tivermos atingido *por meio de razões tomadas da natureza da própria coisa, pela qual isso é verdadeiro*. Pois, até que tenhamos chegado a esse ponto, o *nosso espírito não pode ficar plenamente satisfeito* e procurará um conhecimento ainda maior do que aquele que já possui. Isto é um sinal de que ele *não atingiu ainda o verdadeiro conhecimento*" (ARNAULD; NICOLE, 2016, p. 551-552, grifos nossos).

saber, "desenhar uma linha igual a uma linha dada"; não obstante isso ser tão fácil e até mesmo mais fácil do que fazer um círculo com um raio dado [...] Este defeito teve, sem dúvida, origem no facto de Euclides não ter considerado que, nas ciências naturais, toda a certeza e evidência dos nossos conhecimentos provém do seguinte princípio: *"Podemos ter por seguro relativamente a uma coisa tudo aquilo que estiver contido na sua ideia clara e distinta"*. De onde se segue que, se, para saber que um atributo está incluído numa determinada ideia, tivermos necessidade apenas da mera consideração dessa ideia, *sem lhe misturar outras*, isso deverá passar por claro e evidente, como já dissemos anteriormente. Sei bem que há certos atributos que se *intuem* nas ideias mais facilmente do que outros. Mas creio que basta que aí possam ser *intuídos claramente*, com *alguma atenção*, e que nenhum homem *que tenha o espírito são*, não possa deles duvidar seriamente, para considerar as proposições, que se deduzem assim da simples consideração das ideias, como sendo *princípios que* não carecem de provas, ou, quando muito, *apenas de explicação e de alguma discussão* [...] Admito que este defeito que consiste em provar aquilo que não necessita de prova não parece muito grave e que, na verdade, não o é em si mesmo, contudo ele acaba por se revelar grave nas suas consequências, na medida em que é daí que nasce, normalmente, a *inversão da ordem natural* de que falaremos adiante. Esta *vontade de provar* aquilo que devemos supor como claro e evidente por si mesmo obrigou frequentemente os geômetras a tratar de coisas – para servirem de prova àquilo que não precisavam provar – que apenas deveriam ser tratadas depois disso, segundo a *ordem natural*.[53]

Esse *furor probandi* – essa "vontade de provar" – decorre de uma vontade de persuasão, e finalmente de dominação, que rouba ao espírito do leitor do geômetra a oportunidade da execução efetiva do ato mental em que se consubstanciaria a evidência, a saber, o ato intuitivo, primeira operação do espírito, correspondente à formação do conceito. Ora, o conceber é – segundo a ordem *novantiqua* da *Lógica de Port-Royal*[54] – logicamente anterior à composição dos

---

[53] ARNAULD; NICOLE, 2016, p. 555, grifos nossos.

[54] "Chamamos *conceber* à simples visão que temos das coisas que se apresentam ao nosso espírito, como quando representamos mentalmente um sol, uma terra, uma árvore, um círculo, um quadrado, o pensamento, o ser, sem disso formar um juízo expresso.

conceitos no juízo, que é o segundo ato lógico do espírito, bem como ao raciocínio (como sinônimo de dedução ou inferência por composição de proposições), que é o terceiro ato lógico do espírito. Assim, a primeira inversão da ordem natural, decorrente do vício da geometria clássica de provar o que não necessita de uma demonstração, já se dá na ordem dos atos mentais, que também são eventos reais (modos da substância pensante, em sotaque cartesiano), caracterizando uma desordem não apenas no nível das *relações lógicas*, mas também no nível da *ontologia dos atos lógicos*. A segunda inversão de ordem – como Arnauld se comprometera a explicar mais adiante – se dá nas relações entre os próprios elementos geométricos dentro das provas de Euclides, tal como nas demonstrações em que propriedades de linhas simples são provadas, porém, a partir de figuras complexas. E esse mesmo tipo de desordem, interno às demonstrações, também se verifica, segundo Arnauld, num embaralhamento tanto da disposição das proposições, dentro de cada livro dos *Elementos*, quanto da própria disposição geral dos livros entre si, dentro da obra como um todo. Assim, por haverem pensado que não existia uma *ordem real* a respeitar na geometria, tanto nas partes quanto no todo, e que bastava que as provas não cometessem erros formais na dedução e fossem cogentes, os geômetras não seguiram "as regras do verdadeiro método, que consiste em começar sempre pelas coisas mais simples e mais gerais, para passar depois para as mais compostas e mais particulares".[55] E isso se fez tão onipresente em Euclides que, no sentir de Arnauld, seria preciso transcrever os *Elementos* inteiros para fornecer todos os exemplos de tais inversões e desordens "que desfiguram esta bela ciência".[56] Compreende-se, pois, o desejo do jansenista de escrever *Novos elementos de geometria*.

Aparentemente inofensivo, podendo até passar-se por generosidade para com o leitor ou por rigorosa obediência do próprio geômetra ao ideal de nada deixar sem demonstração, esse defeito

---

E a forma pela qual nós representamos as coisas chama-se *ideia*" (ARNAULD; NICOLE, 2016, p. 43).

[55] ARNAULD; NICOLE, 2016, p. 558.
[56] ARNAULD; NICOLE, 2016, p. 558.

das práticas geométricas produz, isso sim, heteronomia e desordem. E a causa desse defeito, explicava Arnauld, num singelo anacronismo, é que Euclides não leu Descartes e não aprendeu as regras do verdadeiro método.

A norma e a forma do verdadeiro: Espinosa construtivista

Havendo sido, assim, explicado em que sentido a matemática é portadora da norma da verdade e em que sentido ela não o é, é preciso, agora, dar início a um comentário mais detalhado sobre a *fabrica* que encarna essa norma, tal como ela se apresenta no *Tratado da emenda do intelecto* por meio da definição genética da esfera, entre os §§ 69 e 73. Com isso, avançaremos em nosso passeio pelo circuito conceitual engenhosamente proporcionado pela Autêntica Editora, evidenciando, mais um pouco, a dimensão metafísica desse opúsculo de juventude e consolidando ainda mais os liames teóricos que, mais ao final deste Posfácio, conectarão a doutrina espinosana das definições genéticas, por exemplo, ao nexo interno próprio da formação política democrática.

Para tanto, é oportuno começar pelo reconhecimento – no presente contexto lógico-epistêmico – de que a *adequação*, norma espinosana da verdade, e a clareza e a distinção, a *regra cartesiana da verdade* (*regula veritatis*, como diz Descartes no final da *Quinta meditação*), são, por um lado, semelhantes, embora, por outro, bastante diferentes.

A começar pelas semelhanças, é útil notar que o princípio cartesiano que acaba de ser aludido por Arnauld na citação *supra* – "Podemos ter por seguro relativamente a uma coisa tudo aquilo que estiver contido na sua ideia clara e distinta" – também está presente na teoria espinosana da ideia adequada, ideia que é simultaneamente verdadeira e certa: "as ideias que são claras e distintas nunca podem ser falsas" (§ 68); "ideias certíssimas, isto é, claras e distintas" (§ 80). E deve-se reconhecer, sobretudo, que o corolário que Arnauld adicionara a esse princípio – "sei bem que há certos atributos que se intuem nas ideias mais facilmente do que outros" – ecoa também nas palavras que Espinosa escreve a Tschirnhaus na *Carta* LX, de 1675:

> E sustento absolutamente que, a partir de certas propriedades de uma coisa [*ex quibusdam proprietatibus alicujus rei*] (qualquer que seja a ideia dada), umas podem ser descobertas mais facilmente, e outras, mais dificilmente (todas elas, contudo, dizem respeito à natureza daquela coisa); mas estimo que se haja de observar apenas isto: cumpre inquirir uma ideia tal que dela todas as propriedades possam ser eliciadas, como dito antes. Com efeito, havendo de deduzir todas as [propriedades] possíveis da coisa, segue-se necessariamente que as últimas serão mais difíceis que as primeiras etc.

Ademais, é correto dizer que a adequação ou denominação intrínseca da ideia verdadeira desempenha no sistema espinosano um papel semelhante ao que o critério da clareza e da distinção desempenha no sistema cartesiano: ambas são características ínsitas nas ideias e que permitem à mente saber, sem "sair" das ideias, que elas correspondem verdadeiramente ao ideado. Com efeito, embora a refutação do ceticismo não seja a linha mestra da teoria espinosana do conhecimento, Espinosa herda de Descartes algo da estratégia deste último para superar os conhecidos paradoxos *céticos* sobre o *critério* de verdade. Interessa aqui o paradoxo que decorre da confusão da *definição* da verdade como sendo a correspondência da ideia ao objeto com *o critério* para a certificação da verdade, isto é, com o que permite saber se uma ideia é verdadeira e não falsa. Se o critério for a correspondência,[57] o paradoxo se instala: como comparar uma ideia com o objeto no intuito de julgar se ela é verdadeira se, sem que se tenha alguma ideia do objeto, não é possível trazê-lo à comparação na mente, sendo preciso, portanto, para decidir o julgamento, lançar mão daquilo mesmo – a ideia – que está sendo julgado? Dito de

---

[57] Mas a relação de correspondência, conquanto retirada da condição de critério, não pode ser simplesmente eliminada da natureza da verdade, podendo ser mantida, por exemplo, como faz Espinosa, justamente na condição de *propriedade* da ideia verdadeira. Sintomaticamente, Espinosa o faz em um axioma da parte I da *Ética* – "a ideia verdadeira deve convir com seu ideado" ("*Idea vera debet cum suo ideato convenire*") – e não em uma definição. Pois em uma definição deveria estar expresso aquilo que faz algo ser o que é e que explica todas as suas propriedades decorrentes, que é a natureza do que se define, não sendo a correspondência – ou *convenientia*, como prefere dizer Espinosa – a *natureza* da ideia verdadeira, mas justamente apenas uma propriedade decorrente.

outro modo⁵⁸: se *o que torna a ideia verdadeira* é o seu objeto, então é preciso conhecê-lo para saber se a ideia é verdadeira; mas, se *o que torna o objeto conhecido* é a ideia, então se estabelece uma circularidade (*dialelo*), pois será preciso que a ideia seja verdadeira para dar a conhecer corretamente o objeto; só que é essa mesma ideia que era necessário comparar com o objeto, para avaliá-la como verdadeira ou falsa. E, caso se quisesse apelar a outra ideia que não essa inicial, isso de nada adiantaria, pois, fugindo da circularidade, cair-se-ia num regresso infinito, já que, para saber se a segunda ideia do objeto é verdadeira, não se poderia, sob a mesma pena de circularidade, apelar ao objeto, nem tampouco à primeira ideia, que está em juízo, logo, a uma terceira e, depois, a uma quarta etc.⁵⁹

Em razão do intuito cartesiano de superação do ceticismo, em vista de uma refundamentação mais firme da ciência, e do consequente método dubitativo que o leva a recuar provisoriamente a um patamar solipsista, Descartes necessita de um critério de verdade que seja uma característica ínsita nas ideias, que permita à mente saber se elas são verdadeiras ou falsas sem apelar a essa problemática comparação com o que quer que esteja "fora" delas.

É falso que Espinosa, por seu turno, nunca tenha se preocupado com a questão cética. Justamente no *Tratado da emenda do intelecto*, ele dedica dois parágrafos (§§ 47-48) a uma breve refutação do ceticismo, de jaez um tanto cartesiano, embora já com uma tonalidade própria (os céticos são caracterizados como "autômatos desprovidos de mente", num claro contraste com a original noção espinosana de

---

⁵⁸ Cf. LANDIM, 1989.

⁵⁹ Veja-se, por exemplo, Sexto Empírico (1993), nas *Hipotiposes*, livro I, capítulos XIV e XV; livro II, capítulos III-IX, especialmente VI e VII, em que ocorre o famoso exemplo da imagem (pintura/escultura) de Sócrates, que não poderia ser sabida como sendo "*de* Sócrates" sem que antes se houvesse visto Sócrates. O mesmo ponto, ou ao menos semelhante, aparece também nos Academica, de Cícero (2006), no contexto da crítica dos acadêmicos ao critério de verdade proposto pelos estoicos como uma sorte de clareza e distinção sensoriais. Tal critério não permite determinar se as representações são idênticas às próprias coisas, sem que se tenha acesso às próprias coisas de modo independente. Cf. FREDE, M. Estoicos e céticos sobre impressões claras e distintas. *Sképsis*, ano IX, n. 13, p. 175-201. Na modernidade, Kant, na chamada *Lógica de Jäsche*, I, 7, AK50, retoma o problema em termos justamente de confusão entre a definição e o critério da verdade.

um "autômato espiritual", no § 85). Mas talvez se quisesse ver nessa preocupação de Espinosa com o ceticismo justamente a marca de um cartesianismo a ser superado pelo desenvolvimento de sua filosofia madura, um vestígio obsoleto no *Tratado da emenda do intelecto*, texto que, aliás, supostamente não passaria de um esboço juvenil, abandonado a si mesmo sem ser terminado. Ora, mesmo que isso estivesse correto, teses da filosofia madura de Espinosa também exigem que sua norma da verdade seja algo imanente à própria ideia adequada e que ela seja, desde dentro desta última, capaz de dar a saber o suficiente sobre sua denominação extrínseca de correspondência. Tais teses, profundamente anticartesianas, são as que, na *Ética*, ligam-se à recusa da interação causal entre os modos dos atributos pensamento e extensão e, consequentemente, à recusa da ação causal dos corpos sobre a mente por intermédio da glândula pineal. Assim, enquanto, para Descartes, as ideias são como paixões na mente, para Espinosa, elas são ações,[60] não sendo possível, pois, apelar a uma relação causal direta do objeto sobre a mente como esteio ontológico da relação de correspondência. Por isso, tanto para Descartes quanto para Espinosa, "é certo que o pensamento verdadeiro se distingue do falso não apenas por uma denominação extrínseca, mas maximamente por uma intrínseca" (§ 69). Só que o critério cartesiano da clareza e distinção recebe, em Espinosa, desde o *Tratado da emenda do intelecto*, uma importante inflexão hobbesiana. Pois, como já foi dito, a ideia ou definição a partir da qual podem ser deduzidas todas as propriedades da coisa *não* pode ser uma definição que apenas contivesse certas propriedades necessárias, mesmo que cada propriedade em separado e todas no conjunto dessa ideia fossem clara e distintamente percebidas por um espírito atento. Para além dessa clareza e dessa distinção, a ideia que é manancial de todas as suas propriedades é a definição que exprime a causa eficiente. O que se traduz, primeiramente, em termos de uma causalidade estruturante:

---

[60] *Ética* II, def. III: "Por ideia entendo o conceito da mente, que a mente forma por ser coisa pensante. Digo conceito de preferência a percepção, porque o nome percepção parece indicar que a mente padece o objeto [*ab objeto pati*]. Já conceito exprime a ação da mente [*actionem Mentis*]".

> Pois, se algum construtor [*faber*] concebeu uma construção [*fabrica*] ordenadamente, embora tal construção [*fabrica*] nunca tenha existido nem mesmo venha a existir, não obstante seu pensamento é verdadeiro, e é o mesmo pensamento, quer a construção [*fabrica*] exista, quer não; e, ao contrário, se alguém diz, por ex., que Pedro existe, e todavia não sabe que Pedro existe, esse pensamento é falso [*falsa*] a respeito daquele [que diz], ou, se preferes, não é verdadeiro [*non est vera*], ainda que Pedro exista realmente. Nem este enunciado, "Pedro existe", é verdadeiro, a não ser a respeito daquele que sabe com certeza [*qui certò scit*] que Pedro existe.

Aqui se comenta principalmente o caráter intrínseco da norma da verdade. É no parágrafo seguinte que Espinosa se colocará a investigar o que seja esse algo real nas ideias, pelo qual as verdadeiras se distinguem das falsas. Mas, desde já, esse algo real nas ideias começa a ganhar algumas determinações que vão compondo seus traços espinosanos. Uma ideia como aquela que a *Carta* IX chamava de "definição concebível", tal qual um projeto arquitetônico original, que é da ordem das essências, tem como norma de verdade certa ordem na concepção. É de notar que Espinosa escreva "concebeu [*concepit*] uma construção [*fabrica*] ordenadamente [*ordine*]", pois "ordenadamente" é advérbio e qualifica o verbo "concebeu"; o que significa que a estrutura *da ideia* que concebe a construção é, ela própria, "bem ordenada". Dessa maneira, quando Espinosa escreve que "o construtor [*faber*] concebeu uma *fabrica*", esse último termo significa simultaneamente a estrutura arquitetônica que é o conteúdo daquele ato mental – o que se pensa: um templo, uma casa, uma universidade, como *essência objetiva* na ideia – e a estrutura do próprio ato mental executado, *essência formal* da ideia mesma, tomada enquanto modo do pensamento. As ideias são estruturas causais internamente articuladas, que também concebem estruturas causais internamente articuladas, as quais, por sua vez, podem ser corpos ou outras ideias. Ideias são *fabricae* que concebem *fabricae*. A *fabrica*, estrutura ou forma da própria ideia como ato mental de conceber (essência formal da ideia), é aqui a de uma construção bem ordenada, que explica, em si mesma, o como e o porquê da estrutura por ela concebida (essência objetiva da ideia).

E algo de semelhante se passa quando se trata de uma ideia que versa sobre um objeto determinado, conforme ele está dado fora do intelecto, indo além do *concebível* e se comprometendo com o *verdadeiro* (para usar o vocabulário da *Carta* IX, citada anteriormente). Por exemplo, quando alguém enuncia a existência de Pedro, a norma espinosana da verdade também passa a exigir muito mais do que a mera correspondência externa entre o pensamento expresso pelo enunciado e um estado espaço-temporal de coisas no mundo. Pois, se Pedro existe realmente, e alguém diz (*dicit*): "Pedro existe", mas o faz sem saber que Pedro existe, então esse enunciado corresponderá por mero acaso ao que nele está sendo pensado. Sem algum tipo de saber, correspondente a um compromisso epistêmico por parte do realizador do ato ilocutório (*enunciatio*), correr-se-ia o risco de tomar por norma de verdade o pensamento que está na mente de quem, por exemplo, estivesse falando por falar, combinando palavras ao léu ou lendo o símbolo "Pedro", seguido do símbolo "existe", pintados nos muros da cidade, ao mesmo tempo que alguém chamado Pedro existe algures. Não é o que está na mente de quem assim procede que permite conhecer a natureza, as propriedades e a potência do intelecto, isto é, sua força de pensar ideias que efetivamente tenham, "dentro" de si mesmas, a presença positiva de algo real que as torna verdadeiras, independentemente de qualquer eventual coincidência ou não coincidência com um estado de coisas no mundo. Só que, para isso, tal engajamento epistêmico se mostra ainda mais exigente: não basta um saber qualquer; é preciso que o realizador da enunciação tenha um saber *certo*. Ou seja, aquele que faz a enunciação pode até mesmo fazê-la com uma real pretensão de verdade e ser, inclusive, perfeitamente capaz de justificá-la (*sc.* eu penso que Pedro existe porque etc.), comprometendo-se, assim, com a *possibilidade, em princípio,* de que deve haver alguma demonstração capaz de provar que Pedro exista (quem justifica sua pretensão de verdade admite que a proposição seja, em princípio, demonstrável). E isso certamente é mais do que falar por falar. Mas a exigência forte de Espinosa – a enunciação é verdadeira só para quem sabe *com certeza* que Pedro existe – vai além das exigências para a introdução de uma "verdadeira *asserção*": só faz uma "asserção *verdadeira*" quem já é atualmente

capaz de *justificar a verdade* de sua asserção (*sc.* Pedro existe porque etc.). A exigência "saber com certeza" há que significar, portanto, a posse "em mãos" de uma demonstração da verdade da existência afirmada (quem justifica a verdade de sua pretensão admite que a proposição já esteja demonstrada).

Por isso mesmo, quem afirma *com certeza* que Pedro existe tampouco pode empregar uma concepção genérica e abstrata de existência. Trata-se, aqui, de uma fortíssima implicação metafísica sobre a *natureza da existência*, que emerge desde o interior da discussão lógico-epistêmica sobre o critério da verdade! Espinosa afirma – primeiramente no § 26 – que "não se conhece a existência singular [*singularis existentia*] de uma coisa a não ser que seja conhecida a essência, como depois se verá", referindo-se ao § 55, em que se explica que a existência não é uma pura factualidade indistinta, uma neutra "ativação" ontológica que apenas atualiza indiferentemente não importa quais essências. Ao contrário, "aquela diferença que há entre a essência de uma coisa e a essência de outra é aquela mesma que há entre a atualidade ou existência dessa coisa e a atualidade ou existência de outra coisa" § 55). Diante dessa concepção de existência singular, seria tão insatisfatório conceber a existência de Pedro ou de Adão "apenas pela existência geral [*generalem existentiam*]" quanto é insatisfatório, para conceber a essência deles, definirmos que "Adão é ente" e "Pedro é ente".[61] "Portanto, quanto mais geralmente a existência é concebida, tanto

---

[61] O *ato* de existir de Pedro é tão diferente do *ato* de existir de Adão quanto, por exemplo, o *trabalho* necessário para fazer certa quantidade de linho é qualitativamente diferente do *trabalho* necessário para fazer outra quantidade de graxa. Só há comensurabilidade possível entre esses dois trabalhos se eles forem reduzidos a certas quantidades de "tempo indiferenciado" (isto é, um tempo submetido à abstração, pois um dia fazendo linho difere concretamente de um dia fazendo graxa tanto quanto o próprio linho difere da própria graxa). É um preconceito reativo à palavra *"essência"* a imputação de um "idealismo" à frase do § 26: "não se conhece a existência singular de uma coisa a não ser que seja conhecida a essência". Pois não é propriamente a subordinação da existência à essência o que nela se afirma, mas sim a concretude de ambas. E, assim como o *Tratado da emenda do intelecto* faz uma crítica da existência indiferenciada, ele também faz a crítica da essência indiferenciada, falando, antes, de *essência íntima* (§§ 95, 101, 103) e *essência particular* (§§ 19 III nota *f*, 93, 98). Desde o proêmio ético do *Tratado da emenda do intelecto*, Espinosa combate o encobrimento da existência concreta do indivíduo singular no mundo pela capa imaginária – ideológica? – de essencialidades abstratas, propondo, na parte

mais confusamente ela também é concebida, e mais facilmente pode ser fingida em cada coisa; ao contrário, quando ela é concebida mais particularmente, então é entendida mais claramente, e é fingida mais dificilmente em algo que não seja a própria coisa, quando não atentamos à ordem da Natureza. Isso é digno de ser notado."

Confundir "existência singular" e "existência geral" leva a aceitar que, para asserir a existência de algo, bastaria admitir, por vias indiretas, a sua mera não-inexistência em determinado contexto demonstrativo. Provar a absurdidade da inexistência de algo sem oferecer um conteúdo determinado para isso que, então, há de existir é provar uma existência conceitualmente mais fraca do que a que se prova através de uma demonstração positiva e ostensiva. Ora, essa noção frouxa de existência indiferenciada é a que corresponde ao quantificador existencial para certa tradição que, na história da lógica, por contraste com o *"construtivismo"*, poderia-se-ia chamar de *"clássica"* e que se sustenta – exatamente como as provas por redução ao absurdo – na admissão da validade irrestrita do princípio do terceiro excluído, ou seja, em última instância, na admissão de que a dupla negação seja sempre equivalente à afirmação: $\neg(\neg p) \equiv p$.[62] O texto do § 69 sugere fortemente uma recusa desse esquema ao admitir que, mesmo que Pedro exista, a proposição existencial "Pedro existe", sem conhecimento de causa, ou seja, sem a posse atual de uma justificação positiva *dessa* existência singular de Pedro, não é verdadeira, muito embora tampouco seja propriamente falsa. E se Espinosa admite um não-verdadeiro que ao mesmo tempo não é o falso, então, a lógica de Espinosa não pode ser *"clássica"*, no sentido indicado.[63] Mais ainda: a primeira parte do

---

lógico-metafísica do texto, essa corajosa noção de *essência concreta*, que ele comenta pelas noções de intimidade e particularidade.

[62] Lê-se: "a negação da negação de *p* equivale à afirmação de *p*". Essa equivalência significa que só haveria duas posições possíveis: se se *nega p*, cai-se em *não-p*, e se se *nega não-p*, então se recai necessariamente de volta em *p*, e não em uma terceira posição. Recusar a validade irrestrita do princípio do terceiro excluído é *recusar* que um raciocínio não poderá ser válido sem obedecer a essa dicotomia exaustiva entre *p* e *não-p*.

[63] Como nota Gleizer (1999, p. 90, nota 16, grifos nossos) a propósito do § 69: "Nessa passagem, Espinosa procura estabelecer uma distinção entre a ideia falsa e a ideia não-verdadeira, distinção essa que o leva a romper com a dicotomia tradicional do

parágrafo põe o executor dos atos lógicos como um *faber*, um construtor, e seu pensamento como uma *fabrica*, uma construção, o que, mais uma vez, sugere que o exigido conhecimento de causa – aquele "saber com certeza" o que se assere – inspira-se em construtivismo geométrico ao gosto de Hobbes, por contraposição a um formalismo algébrico, mais ao gosto de Descartes.

Análise e redução ao absurdo: formas válidas do inadequado

Desde o início deste Posfácio, vêm sendo discernidos *um método de transmitir* e um *método de descobrir* a verdade. O primeiro cabe mais propriamente ao *professor*; o segundo, mais propriamente ao cientista ou – para atenuar o anacronismo do termo – ao *investigador*. E a esses dois métodos corresponderiam, segundo a matriz cartesiana, duas ordens respectivamente: a ordem *sintética ou construtiva*, para o professor, e a ordem *analítica ou resolutiva*, para o investigador. Ora, para a tradição em que se inserem Hobbes e Espinosa, a descoberta ocorre, diversamente, através da *gênese*, na ordem sintética; donde a necessidade de se garantir a fecundidade das definições. Já quanto à análise, essa segunda tradição guarda significativas ressalvas. E uma das razões para tais ressalvas *é que é* justamente nesse regime de "existência geral" ou "existência abstrata" que perdura o conteúdo da incógnita durante a análise algébrica. Pois a análise consiste justamente em assumir o que se procura *como se já houvesse sido encontrado*

---

verdadeiro e do falso, e que pode ser interpretada como uma ruptura implícita com o princípio de bivalência [...] Assim, há no seu pensamento três valores de verdade: o verdadeiro, o não-verdadeiro e o falso. A linha essencial de demarcação ocorre entre o verdadeiro e o não-verdadeiro, essa distinção sendo coextensiva àquela existente entre o adequado e o inadequado. Dessa forma, todo conhecimento adequado é verdadeiro, mas *nem todo conhecimento inadequado é falso*, embora jamais seja verdadeiro. Neste caso, o fato de uma ideia não ser verdadeira não implica que ela seja falsa". Ademais, também cabe observar que a recusa desse tipo de dicotomia é pervasiva no pensamento de Espinosa, desde as obras de juventude, como o *Tratado da emenda do intelecto*, até as obras da maturidade: a paz não é a mera ausência de guerra (como se diz no *Tratado político*, VI, § 4) e a certeza não é a mera ausência de dúvidas (como se diz no escólio da proposição 49 da *Ética* II), havendo, pois, a guerra, a não-guerra e um terceiro estado *positivo* de paz; assim como há a dúvida, a não-dúvida e um terceiro estado positivo de certeza.

– "como ente [*hôs ón*] e verdadeiro [*alêthes*]", diz o matemático grego Pappus[64] – e em impor um nome, ou melhor, uma letra ou símbolo ao que se concebe de maneira assim abstrata, como se ele não fosse anônimo como de fato é. Tal sorte de existência seria, por exemplo, aquela que comparece em expressões tais como: *existe* um x tal que $2x + 7 = 13$. Assim, conhecido o "efeito", que é 13, busca-se o que há de incógnito no âmbito da causa (exatamente como o que foi dito anteriormente sobre um conhecimento que, invertendo a ordem da natureza, deixa efeitos e propriedades suspensos sobre o anonimato da essência e da causa). Que a análise seja um tal movimento *reverso*[65] é o que diz explicitamente Pappus, uma das principais fontes para Descartes – e para toda a modernidade – quanto ao tema:

> Análise é o caminho [*hodos*] a partir do que é procurado – considerado como se fosse admitido – através de suas implicações, até algo admitido na síntese. Pois na análise supomos [*hypotémenoi*] o que é procurado como já tendo sido gerado [*gegenòs*] e investigamos aquilo a partir do qual esse algo resulta, e de novo qual é o antecedente deste último, até que, no nosso caminhar para trás [*anapodizontes*], alcancemos algo que já é conhecido e é o primeiro na ordem. Chamamos isso de análise [*análysin*], por ser como uma solução [*lysin*] de trás para diante [*anápalin*]. Na síntese [*synthesei*], de maneira reversa, supomos já gerado [*gegenòs*] aquilo que na análise foi por último conseguido e, ordenando segundo a natureza [*kata physin táxantes*], isto é, colocando como consequentes os que antes eram antecedentes e ligando-os uns aos outros [*allêlois episynthentes*], chegamos no final à construção [*tês kataskeuês*] daquilo que é procurado. E a isso chamamos síntese.[66]

E Pappus segue discernindo dois tipos de análise, a teorética e a problemática, que concluem, por procedimentos iguais, a verdade

---

[64] PAPPUS DE ALEXANDRIA, 1986, p. 83.

[65] O vocabulário ligado à ideia de *verter* havia aparecido no § 96 do *Tratado da emenda do intelecto*, em que Espinosa escreve que, quando partimos das propriedades em direção às essências, ou dos efeitos em direção às causas, pervertemos (*pervertemus*) a concatenação do intelecto, a qual deve reproduzir a concatenação da Natureza (*Naturae concatenationem*). Do ponto de vista etimológico, essa *per-versão* é "virar completamente" o sentido do fluxo, donde *reverter* ou *inverter* serem conotados.

[66] PAPPUS DE ALEXANDRIA, 1986, p. 83.

ou a falsidade do buscado, na primeira, e a possibilidade ou a impossibilidade do buscado, na segunda. Se a conclusão for pela falsidade ou pela impossibilidade, a análise terá a mesma estrutura da redução ao absurdo, pois concluirá a negação do que foi assumido como verdadeiro ou possível a partir da falsidade ou da impossibilidade das consequências necessárias da assunção. A análise e a redução ao absurdo são, pois, duas faces da mesma moeda, de tal forma que se poderia caracterizar a análise como uma re-dução – uma condução à ré – não ao absurdo, mas a algo que já é conhecido e é o primeiro na ordem sintética. A síntese, em sua ordem construtiva, é, assim, o fiel da balança para a análise (já que esta há de terminar justamente quando chegar a algo admitido na síntese), e é na síntese que a relação entre antecedentes e consequentes – condições e condicionados, essência e propriedades, causa e efeitos – apresenta-se, como diz Pappus, na *ordem natural* (*kata physin*).

Mas será que o fato de que a análise inverte a ordem natural implica que Espinosa, de sua parte, não aceite, em hipótese alguma, a álgebra e o método analítico? Bem, é possível começar a responder negativamente a isso a partir da consideração do que Espinosa e Arnauld – afetados pela pressão histórica vinda das exigências da *Quaestio de Certitudine* – dizem sobre o uso de provas indiretas, como a redução ao absurdo, irmã do método analítico. Nesse ponto, das duas referências obrigatórias anteriormente adicionadas a este volume, Hobbes e Arnauld, encontramos, dessa vez, uma afinidade de Espinosa maior com o segundo do que com o primeiro. Veja-se, a propósito, o que Espinosa diz a Schuller na *Carta* LXIV sobre tais demonstrações e, em seguida, o que diz Arnauld na *Lógica de Port-Royal*:

> Quanto ao que acrescentas depois, se logo hão de se constituir tantos mundos quantos atributos se dão, vê o esc., prop. 7 da parte 2 da *Ética*. Essa proposição, além disso, poderia ser demonstrada mais facilmente reduzindo a coisa ao absurdo; *de fato, quando a proposição é negativa, costumo preferir esse gênero de demonstrar ao outro, porque convém mais à natureza de proposições semelhantes.* Mas, como pedes tão somente uma demonstração positiva, passo à outra dúvida.[67]

---

[67] Neste volume, p. 291; grifos nossos.

Não significa isto que tais demonstrações [por absurdo] devam ser simplesmente rejeitadas, pois *delas nos podemos servir algumas vezes para provar negativas* que não são propriamente senão corolários de outras proposições, que são claras por si mesmas ou que foram demonstradas anteriormente por outra via. E, então, este tipo de demonstração, por redução ao absurdo, tem mais cabimento como explicação do que como uma nova demonstração. Finalmente, podemos dizer que estas demonstrações não são aceitáveis senão quando não podemos apresentar outras diferentes e que será um erro servirmo-nos delas para provar algo que poderia ser provado positivamente.[68]

Espinosa e Arnauld parecem, portanto, aceitar esses expedientes indiretos e não ostensivos, desde que não sejam tomados como paradigmas de uma *demonstração* propriamente dita (do âmbito da lógica material), limitando-os ao campo das *deduções* (no âmbito da lógica formal), tomando, aliás, o cuidado de só usá-las preferencialmente para concluir $\neg p$ a partir dos absurdos que se seguem da assunção de p (o que prescinde do passo em que se pressupõe a dicotomia necessária para que $\neg(\neg p) \equiv p$). Isso impacta a norma espinosana da verdade justamente porque, então, deve-se dizer que uma ideia só é verdadeira a justo título para aquele que está atualmente de posse de uma prova paradigmática do que se assere nessa ideia, ou seja, de uma prova positiva, ostensiva, direta, como são as provas por construção. E só uma tal ideia pode, assim, servir de norma da verdade. Mas – o que é importantíssimo! – aquele que tem uma prova não paradigmática, muito embora não tenha uma ideia propriamente verdadeira, tampouco tem uma ideia falsa. Por um lado, ele não pode pretender fazer de sua reles não-falsidade a norma da verdade que o método de Espinosa demanda, por outro, provas não adequadas não estão irremediável e irrecuperavelmente lançadas no território do falso. Espinosa não incorre na dicotomia maniqueísta que separa a abstração de todo e qualquer uso potencializador que dela possa ser feito, que lhe recusa toda e qualquer utilidade. Um "matemático filósofo" não confunde a matemática do trabalho

---

[68] ARNAULD; NICOLE, 2016, p. 555, IV, 9.

(adequada) com a matemática das propriedades (inadequada), mas sabe perfeitamente que – como o inadequado não é idêntico ao falso – essa matemática, mais abstrata dentro da própria matemática, instancia uma racionalidade que pode ser bem usada, sob determinadas condições, por aquele que, *já tendo a adequação como norma da verdade*, não se deixa cair na desordem e na heteronomia.

O *Tratado da emenda do intelecto* discerne quatro tipos fundamentais de conhecimento, ou, nos termos que Espinosa então emprega, quatro modos de percepção (*modi percipiendi*): (I) percepção por ouvir dizer ou por qualquer outro signo arbitrário; (II) percepção por experiência vaga, isto é, que não é determinada pelo intelecto; (III) percepção que infere (*colligit*) ou deduz (*concludit*) a causa a partir do efeito ou a essência a partir das propriedades; (IV) percepção em que a coisa é percebida através de sua essência sozinha ou através do conhecimento de sua causa próxima. Os dois primeiros correspondem à chamada *imaginação*, o terceiro, à *razão*, e o quarto, ao conhecimento propriamente *intelectual*. E as restrições acerca do método analítico ligam-se justamente às limitações do terceiro modo de perceber, a razão, a qual, embora certeira, possui um caráter abstrato que a torna suscetível à interferência dos modos imaginativos, efetivamente incertos. Como se diz em uma nota ao § 21, o uso das inferências racionais – do efeito para a causa ou das propriedades para a essência – só é seguro para os maximamente cautelosos (*nisi máxime caventibus*), já que, se não se acautelarem da melhor maneira possível, incidirão imediatamente em erro. Porque, quando concebem as coisas tão abstratamente, e não pela verdadeira essência (*per veram essentiam*), são imediatamente confundidos pela imaginação. Ora, para não ser assim confundido, é preciso saber que, quando se impõe um nome ao desconhecido e se torna possível operar sobre ele, nem por isso tal desconhecido perde seu efetivo anonimato, isto é, sua identidade puramente abstrata; que, quando a seu respeito foi provada uma existência genérica, não se provou, só por isso, também sua real existência singular; e que, quando sua essência foi delineada como uma lacuna bem cercada de propriedades por todos os lados, nem por isso foi conhecida, como se dizia anteriormente, sua verdadeira essência, ou seja, a essência adequada

da coisa,[69] também chamada de essência íntima da coisa[70] ou essência particular afirmativa da coisa.[71] A razão não é incondicionalmente boa nem incondicionalmente má, mas apenas condicionalmente isto ou aquilo. O conhecimento racional conclui sem perigo de erro (*absque periculo erroris*) e fornece uma ideia da coisa (*ideam rei*), mas por si só (*per se*) não é um meio que exerça e exercite o intelecto e, portanto, não conduz, sozinho, quem dele se vale à suma perfeição humana. Bem ao contrário, sozinha, sem a tutela do intelecto, a razão sempre pode degenerar-se em mera *racionalidade instrumental*, que é a forma como a razão continua a funcionar até mesmo quando posta a serviço da irracionalidade e do obscurantismo: reduzida a um mero instrumento de resolução de problemas pontuais, controlado pelos interesses de quem o opera.

Afirmação conjunta, intimidade coletiva: lógica, metafísica, física e política

À diferença das obras da razão, terceiro modo de percepção, as definições genéticas, obras do intelecto, quarto modo de percepção, contêm em si a estrutura dinâmica que constitui a *fábrica do verdadeiro*, isto é, "a forma do pensamento verdadeiro" ("*forma verae cogitationis*"), a qual "deve situar-se nesse próprio pensamento, sem relação com outros [*sine relatione ad alias*], e não reconhece o objeto como causa, mas deve depender da própria potência e natureza do intelecto" (§ 71). É ela que dá a conhecer a essência íntima da coisa e sua afirmatividade concreta. E é isso que a definição da esfera vem exemplificar no § 72, em que, inclusive, fica claro em que sentido a *fabrica* da verdade tem relação com outros pensamentos e em que sentido não é necessário referir a coisa definida a outras coisas, as quais seriam como adições extrínsecas ao definido apenas em si mesmo considerado. Destarte, para exemplificar o que seja esse algo real que está nas ideias, pelo qual as ideias verdadeiras se distinguem das

---

[69] "*essentiam rei adaequatam*", § 29.
[70] "*intimam essentiam rei*", § 95 e § 101.
[71] "*rei essentia particularis*", § 19; "*essentiâ aliquâ particulari afirmativa*", § 98.

falsas, Espinosa põe diante de nossos olhos alguma ideia verdadeira cujo objeto sabemos com a máxima certeza que depende de nossa força de pensar, e não tem objeto algum na Natureza:

> para formar o conceito de esfera, finjo a meu bel-prazer uma causa, a saber, que um semicírculo seja rodado ao redor do centro, e dessa rotação como que se origina uma esfera. Certamente, essa ideia é verdadeira, e, embora saibamos que nenhuma esfera nunca se originou assim na Natureza,[72] essa percepção é verdadeira e é o modo mais fácil de formar o conceito de esfera. Agora, é de notar que essa percepção afirma que um semicírculo é rodado, afirmação que seria falsa se não fosse juntada [*si affirmatio non esset juncta*] ao conceito de esfera ou à causa que determina tal movimento, ou seja, absolutamente, se essa afirmação estivesse nua [*si haec affirmatio nuda esset*]. Pois então a mente tenderia apenas a afirmar o movimento sozinho [*solum*] do semicírculo, o qual não está contido no conceito de semicírculo, nem se origina do conceito da causa que determina o movimento. Por isso, a falsidade consiste nisto só: afirmar-se sobre alguma coisa algo que não está contido [*continetur*] no conceito dela que formamos [*quem formavimus*], como [se afirma sobre] o movimento ou o repouso sobre o semicírculo.

A primeira coisa a notar é a semelhança extrema entre essa passagem e o já citado trecho da *Emendatio mathematicae* hobbesiana, especialmente na frase em que diz que "nenhuma esfera nunca se originou assim na natureza", que parece verossimilmente retomar a frase de Hobbes: "Pois não há esfera alguma feita pela natureza por rotação". Só que isso que para Hobbes era uma advertência a ser cobrada a Euclides é para Espinosa a própria virtude do exemplo, pois que, assim, o exemplo cumpre a tarefa reflexiva pela qual os seres humanos vão conhecendo as suas próprias forças e encontrando nas ações de seus intelectos a estrutura da causalidade eficiente imanente, que é a mesma estrutura da causalidade pela qual Deus gera todas as coisas.

Importa notar também que, embora haja múltiplos elementos simultaneamente aglutinados dentro da ideia (o semicírculo, seu

---

[72] "*quamvis sciamus nullum in Naturâ globum sic unquam ortum fuisse*"; cf. *supra* a nota 36.

diâmetro, o movimento e a esfera), não se trata aqui dos aglomerados associativos da imaginação – amálgamas fusionais, justaposições heteróclitas, incompletudes fragmentárias – formados passiva e desordenadamente pela errância dos encontros fortuitos com certos estados de coisas ou pelas cadeias mnemônicas dos significantes linguísticos, sedimentadas ao longo da vida. Todavia, o exemplo também explica que, mesmo assim, sem a força ou a potência do intelecto, essa ideia também poderia ter justamente a forma do falso, qual seja, aquela em que se afirma de alguma coisa algo que não está contido no conceito que dela formamos, pois nesse exemplo se afirma o movimento do semicírculo, muito embora esse "movimento do semicírculo" não esteja contido nem no conceito de semicírculo nem no conceito de movimento. Por um lado, a só vinculação do movimento ao semicírculo é, nas exatas palavras de Espinosa, na sequência do trecho citado, um pensamento como que mutilado e truncado ("*mutilatas quasi et truncatas cogitationes*", § 73). Entretanto, por outro lado, Espinosa afirma de modo enfático que essa é obviamente uma ideia verdadeira e o modo mais fácil de formar o conceito de esfera, desde que... a afirmação do movimento do semicírculo não seja considerada "nua" (*affirmatio nuda*), isto é, sem nada mais, sozinha, separada, mas sim "junta" (*affirmatio juncta*) ao conceito de esfera ou à causa que determina tal movimento. Portanto, essa ideia – um semicírculo a girar no eixo do diâmetro – não tem, imediata e isoladamente, a forma bem formada do verdadeiro ou a forma mutilada, truncada ou confusa do falso, do fictício e do duvidoso, pois isso depende de outras junções, com o efeito esférico e com a força nativa do intelecto, que forma a esfera movendo mentalmente o semicírculo.

A força para estabelecer pelo pensamento essa tripla junção – (i) do movimento com o semicírculo e de ambos (ii) com o conceito de alguma causa que determina tal movimento e (iii) com o conceito de esfera que daí se segue – é uma força capaz de reunir certa multiplicidade que, de outra forma, resultaria em mera aglomeração, na qual as partes justapostas permaneceriam externas entre si. Trata-se aqui, explicitamente, da concepção de uma essência como conjunção de elementos que não se exigem reciprocamente, mas

que se integram na medida em que todos tomam parte no mesmo trabalho de geração da esfera. O que se descreve é, portanto, um encontro no pensamento entre o conceito de movimento e o conceito de semicírculo, encontro que, em si mesmo, é totalmente fortuito, ao menos no sentido de que nem o movimento pressupõe o semicírculo nem o semicírculo pressupõe o movimento. Mas, com sua força nativa, o intelecto se apodera de tal encontro para formar o conceito de esfera. E esse conceito de esfera durará na mente enquanto se estender a força intelectual para manter tal conjunção (a potência de nossa mente para formar ideias adequadas não se estende ao infinito, como bem lembra o § 73). O intelecto dispunha, no movimento e no semicírculo, apenas da não contraditoriedade ou compatibilidade entre eles, a qual nada constituiria sem a – por assim dizer – *virtù* do intelecto, que os conjuga para pensar a esfera.[73] Sem essa compatibilidade entre semicírculo e movimento, que eles possuem como modos da extensão,[74] essa potência do intelecto de

---

[73] "Mas, para vir àqueles que, pela própria *virtù* e não por fortuna, deveriam príncipes, digo que os mais excelentes são Moisés, Ciro, Rómulo, Teseu e similares [...] E examinando suas ações e vidas, não se vê que eles tivessem outro da fortuna senão a *ocasião*; a qual lhes deu matéria para poder introduzi-la dentro daquela forma que lhes pareceu; sem aquela *ocasião*, a *virtù* do ânimo deles teria sido extinguida, e sem aquela *virtù*, a *ocasião* teria vindo em vão" (MACHIAVELLI, N. *Il Principe*. In: *Tutte le opere*. VI. Firenze: Sansoni, 1993, p. 264 apud MORFINO, 2021, p. 35-36).

[74] O fato de que o movimento seja um modo *infinito e imediato* do atributo extensão não significa que um modo extenso *finito* (como o que se representa pelo semicírculo) não dependa, para estar em movimento ou em repouso, da interação com outros modos finitos do mesmo atributo, como causas que determinam tal movimento. Confira-se o lema III, após a proposição 13 da parte II da *Ética*, na chamada *Pequena física*. Ou seja, o fato de que aqui, no *Tratado da emenda do intelecto*, o movimento do semicírculo necessite de uma causa que o faça mover-se *de uma forma precisa* (ao redor do eixo do diâmetro, que permanece fixo), estabelecendo uma proporção regrada de movimento e repouso que forma a esfera, não contradiz o que já foi anteriormente explicado, a saber, que o movimento não é uma adição extrínseca à natureza da extensão infinita, como Espinosa responde a Schuller, na *Carta* LXIV, de 1675 ou nas *Cartas* LXXXI e LXXXIII, a Tschirnhaus, de 1676. O que se defende nessas cartas é, mais precisamente, a não necessidade de um motor externo à extensão (uma causa supranatural) para a existência de movimentos e repousos na extensão: todo corpo está em movimento ou em repouso. Na extensão cartesiana, essa disjunção é descabida. Assim, o que aqui se afirma é apenas que *a passagem* do movimento para o repouso, e vice-versa, no interior da extensão, necessita, pois, de uma causa determinada.

nada valeria; mas, sem essa potência, a copresença do movimento e do semicírculo na extensão não bastaria para formar tal conceito de esfera (nenhuma esfera se originou assim na Natureza). Um evento ontológico como a execução efetiva do ato mental de pensar a esfera dessa maneira é o resultado de um encontro complexo, sem apoio em qualquer teleologia, entre a força do intelecto e a natureza da extensão, encontro que pode fazer nascer ou pôr fim a certa *fabrica*, a certa visão de mundo e suas formas correlatas de estruturação da vida.

Para bom entendedor, o exemplo da definição genética da esfera, descrito nos termos precisos em que ele se encontra no *Tratado da emenda do intelecto*, basta para demonstrar que, desde muito cedo, Espinosa já estava de posse das bases de sua mereologia causal, depois desenvolvida pormenorizadamente na *Ética*. O exemplo da esfera já antecipa a definição 7 da parte II da obra magna, que apresenta uma concepção causal do que sejam as *coisas singulares*, bem como a teoria espinosana do *indivíduo*, exposta na pequena física, isto é, nos axiomas, lemas, definições etc., apresentados depois da proposição 13 da parte II.

Na definição 7 da parte II da *Ética*, Espinosa se refere às coisas que são finitas e têm existência determinada, o que é bem o caso do *definiendum*, que, no *Tratado da emenda do intelecto*, Espinosa chama de coisa criada, cujo *definiens* deve, como foi dito, compreender a causa próxima. Ora, nesse passo da *Ética*, Espinosa explica que considera como uma única coisa singular até mesmo uma *multiplicidade* de indivíduos (*plura individua*), desde que (*si*) eles concorram para uma única ação de tal maneira (*itá*) que todos sejam *simultaneamente* (*ut omnia simul sint*) causa de um único efeito (*unius effectûs causa*). E é exatamente isso que significa a afirmação do movimento do semicírculo como afirmação "junta" (*affirmatio juncta*) ao conceito de esfera. Pois o semicírculo e o movimento concorrem para a atividade rotacional esférica de tal maneira que ambos são simultaneamente causa da esfera como de um só e mesmo efeito.[75] O que quer que, então,

---

[75] Essa aproximação entre o exemplo da esfera e a definição 7 da *Ética* II, já havia sido realizada por Gleizer (1999, p. 105): "a alteridade dos elementos constitutivos da definição genética é suprimida pela unidade do resultado de sua conjunção. A síntese sendo uma gênese, uma construção, a alteridade dos seus múltiplos elementos constitutivos é como que suprimida em proveito de uma identidade dinâmica oriunda de

se deduza *dessa esfera* por meio do movimento ou do semicírculo ou de ambos conjuntamente não será obtido mediante a referência da coisa definida a *outras* coisas, pois tais afirmações, então, seguir-se-ão apenas do que no conceito foi suficientemente posto.

E o que aí foi posto não tem a forma de um conjunto de propriedades necessárias (conjunto do qual, como já dito, só seria possível afirmar, em juízos analíticos, essas *mesmas* propriedades), mas sim a forma de uma atividade geratriz, da qual *todas* as propriedades – das primeiras, mais fáceis, às últimas, mais difíceis, por pressuporem as anteriores – vão sendo *descobertas* à medida que fluem dessa essência, em si mesma considerada, sem adições extrínsecas. É claro que Espinosa considera que a forma do verdadeiro exige *certa* analiticidade, ao menos no sentido de que não se pode afirmar sobre alguma coisa, em si mesma considerada, algo que não esteja *contido* no conceito dela que formamos (*formavimus*). Mas tal analiticidade não parece ser aquela em que, em um juízo, o predicado é um subconjunto do conjunto de propriedades já efetivamente pensadas e conhecidas em ato no conceito do sujeito. Talvez seja melhor pensar tal analiticidade nos termos do princípio de razão suficiente: não pode haver no efeito mais do que há na causa, deslocando a questão posta no campo das relações entre o sujeito e seus predicados no juízo (segundo ato lógico do espírito, na tradição *novantiqua*) para o campo das relações entre a causa e seus efeitos na definição (primeiro ato do espírito, condicionante do segundo). Ou seja, se não se pode afirmar sobre alguma coisa, considerada em si mesma, algo que não está contido no conceito que dela formamos [*quem formavimus*], então a chave da lógica da descoberta só pode estar no próprio *ato de formação* do conceito e de como se concebe o que está *contido* dentro dele.[76]

---

sua comunidade de ação. A relação sintética entre o conceito de movimento e o de semicírculo é englobada por sua mútua inclusão analítica no conceito do resultado imanente de sua síntese". Em nota a essa frase, Gleizer ainda acrescenta: "A forma da verdade desse pensamento reside nesse mesmo pensamento, sem nenhuma relação com outros pensamentos, pois, por definição, um *outro* pensamento é sempre uma ideia que não faz parte (não é um elemento) da série convergente em questão" (nota 28, grifo do autor).

[76] Isso, como já visto, é precisamente o que diz o § 94: "a via correta de descobrir é formar os pensamentos a partir de alguma definição dada". Veja-se também a

Nessa medida, pode-se dizer que o *Tratado da emenda do intelecto* convida a repensar o que, afinal, poderia ser a "interioridade" em que um conceito "*contém*" seus elementos constitutivos. Quando Espinosa escreve, no § 71, que "a forma do pensamento verdadeiro deve situar-se nesse próprio pensamento, *sem relação com outros*", ou quando, mais à frente, no § 96, escreve que o conceito ou definição da coisa deve ser tal que, a partir dela "enquanto é considerada sozinha e *não conjugada com outras*", possam ser concluídas todas as propriedades da coisa, isso não significa que a essência íntima que aí se configura seja uma identidade homogênea, sem relação com alteridades internas ou externas. Tal intimidade não é a segregação de uma interioridade recuada, retirada de uma rede de relações. Bem ao contrário, o que se vê pelo exemplo da esfera é a essência estruturando-se, ela própria, como uma rede de relações determinadas, na qual se dá o acolhimento recíproco de alteridades (o movimento e o semicírculo) em uma *comunidade de trabalho*. Tendo como pano de fundo a *Quaestio de Certitudine Mathematicarum*, pode-se dizer, então, que a noção espinosana de essência íntima se contrapõe, isso sim, à racionalidade instrumental, que procede por manipulações estrangeiras à natureza da coisa. A *emendatio*, ao contrário, é a incorporação do que só permaneceria estrangeiro (o movimento) se não se reunisse a outro elemento (o semicírculo) no *trabalho cooperativo* que os integra como indivíduo de segunda ordem (a esfera). A intimidade da essência adequada expressa, assim, uma *intimidade coletiva*, própria aos que tomam parte da concrescência de um indivíduo multitudinário que, só então, passa a ter – em razão das relações determinadas que o formam – suas leis próprias de funcionamento, sua natureza, ainda que se trate de um indivíduo

---

seguinte frase do § 36: "o verdadeiro método não é buscar o signo da verdade depois da aquisição das ideias, mas [...] é a via para que a própria verdade, ou as essências objetivas das coisas, ou as ideias (todas essas significam o mesmo) sejam buscadas na devida ordem". E Espinosa adiciona uma nota a essa frase precisamente para dizer que "buscar na alma [*quarere in animâ*]" é expressão que exige explicação a ser dada em sua *Filosofia*, na qual a formação das ideias adequadas será demonstrada a partir da natureza da mente humana, sugerindo que esse *buscar* é, a bem dizer, antes um *formar ideias* do que um encontrá-las prontas, ou, se assim as encontra, é, pelo menos, um desconstruí-las e reconstruí-las.

relativamente simples, como o indivíduo esfera. A essência íntima não corresponde a uma individualidade blindada contra o movimento e contra outros modos da extensão, pois corresponde, desde sua gênese e através dela, ao *trabalho de uma equipe* que será tão mais forte e perene quanto mais complexa e dinâmica ela puder ser: na esfera há um semicírculo em revolução tridimensional, no semicírculo há uma linha em rotação bidimensional de 180°, na linha há um ponto deslocando-se em uma única direção.

E se isso é o que o *Tratado da emenda do intelecto* ensina sobre a essência de um reles ente de razão como a esfera, então, *a fortiori* – ou seja, com tanto mais necessidade – é preciso pensar uma estruturação proporcionalmente mais complexa "internamente" e mais agregadora "externamente", quanto mais realidade possuir o ente definido, como são os entes físicos reais. Ora, não é outra coisa o que se verifica na mencionada *Pequena física* da *Ética*. Com efeito, no escólio do lema 7 dessa seção da *Ética* II, Espinosa resume e generaliza o que demonstrara do lema 4 ao 7 acerca das muitas maneiras como um corpo pode ser afetado sem, contudo, ter alterada sua natureza (*natura*) e sua forma (*forma*). A aptidão para afetar e ser afetado sem prejuízo da estabilidade ontológica do indivíduo total, válida para indivíduos compostos de corpos simplíssimos, vale *proporcionalmente mais* para os indivíduos de ordens superiores, que são compostos desses primeiros, e *tanto mais* para os terceiros que são compostos desses segundos, de maneira que: "se continuarmos assim ao infinito facilmente conceberemos a natureza inteira ser um único indivíduo cujas partes, isto é, todos os corpos, variam de infinitos modos [*infinitis modis variant*] sem nenhuma mudança do todo do indivíduo [*absque ulla totius Individui mutatione*]".[77]

O aumento da multiplicidade e da variabilidade das partes está em *proporção direta* com o aumento da estabilidade do todo inclusivo. A instância paradigmática dessa proporção é o indivíduo

---

[77] É exatamente isso que Espinosa diz a Schuller ao caracterizar a "face do universo todo" ("*facies totius Universi*"), a qual (*quae*), ainda que varie de infinitos modos (*quamvis infinitis modis variet*), permanece sempre a mesma (*manet tamen semper eadem*); sobre isso, cf. o escólio do lema 7, antes da proposição 14 da parte II.

infinitamente inclusivo, pois ele é, ao mesmo tempo, *o mais* imutável (*absque ulla mutatione*) e *o mais* internamente complexo e variável (*infinitis modis variant*). Caso a proporção fosse inversa, como talvez fosse mais esperado, então, quanto mais unidade e imutabilidade do todo, menos multiplicidade e variabilidade das partes. E, se assim fosse, o caso superlativo, a natureza infinita, seria um oceano de indiferença, que é como Hegel qualifica a substância única de Espinosa,[78] caracterizado, então, como um acosmista: *quanto mais Deus, menos mundo*. E vice-versa, que é como Bayle interpreta a metafísica espinosana: *quanto mais mundo, menos Deus*, o que faria de Espinosa um ateu.[79] Mas as leituras de Hegel e de Bayle são abstratas e unilaterais, pois a proporcionalidade é textualmente direta, e o todo inclusivo não é estável e idêntico *apesar* de suas modificações parciais internas, mas precisamente *através* delas, pois ele próprio é

---

[78] "A substância, tal como é compreendida por Espinosa, imediatamente, sem mediação dialética anterior, é, enquanto a potência universal negativa, algo somente como esse abismo sombrio, informe, que engole para dentro de si todo o conteúdo determinado como sendo originalmente nulo, e que nada produz que tenha em si uma consistência positiva" (HEGEL, 1995, p. 281-282. *A ciência da lógica*, § 151, adendo). O célebre filósofo alemão Georg Wilhelm Friedrich Hegel (1770-1831) desempenhou papel importante na recepção e na difusão da filosofia espinosana na Alemanha durante a virada do século XVIII para o XIX. Ao contrário do filósofo e escritor francês Pierre Bayle (1647-1706), propagador da interpretação do espinosismo como um ateísmo sistematizado, Hegel não interpreta o bordão espinosano "*Deus, ou seja, a natureza*" (*Deus sive Natura*) como a redução de Deus à natureza, mas sim, ao contrário, como a redução da natureza a Deus: "como chamar de ateu Espinosa, para quem Deus, *e somente Deus*, é?". Assim, Hegel defende Espinosa da acusação de ateísmo (negação da realidade de Deus), mas ao preço de acusá-lo, então, de *acosmismo* (negação da realidade do *cosmos*, isto é, do mundo, que ficaria reduzido a mero epifenômeno de Deus).

[79] Para Pierre Bayle (Cf. nota *supra*), o fato de Espinosa considerar a extensão como um atributo divino implicaria a introdução da divisibilidade em Deus, cobrando, com isso, o preço de identificá-Lo ao "teatro de todas as sortes de mudanças, ao campo de batalha de causas contrárias, ao sujeito de todas as corrupções e de todas as gerações" (BAYLE, 1983, p. 63). "As consequências últimas que, no plano lógico, desprendem-se da ontologia espinosana são, conforme se considere a interpretação de Bayle ou a de Hegel, exatamente opostas. Bayle aponta que Espinosa, por sustentar o absurdo da existência de uma única substância, acaba com o princípio de não-contradição, a lei do pensamento mais firmemente assentada, o mais certo e incontestável entre os conhecimentos humanos. Hegel, por sua vez, considera que o respeito clássico de Espinosa, um filósofo do Entendimento, pela não-contradição é o que impede o advento do movimento efetivo" (GAINZA, 2007, p. 19).

uma *fabrica* infinitamente complexa e não uma totalidade homogênea, inimiga das diferenças e das individualidades. Assim como, reciprocamente, os indivíduos que a integram também não são partículas últimas, isoladas num vazio primevo imaginário, que se uniriam desde fora desse todo para, só então, formá-lo. Ao contrário, não há indivíduo que não esteja sempre dentro de alguma comunidade (o indivíduo infinito estando dentro de si mesmo), como também não há indivíduo que não contenha, dentro de si, uma comunidade *dinâmica*[80] de integrantes.

Nem metafísica totalitária nem metafísica liberal; o que emerge da teoria da definição genética, apresentada no *Tratado da emenda do intelecto*, entendida como lógica de base da imanência, é uma metafísica da democracia. Para um bom entendedor desse opúsculo de juventude, meio círculo em revolução basta para dar a conhecer o modelo teórico subjacente, por exemplo, as teses caras ao *Tratado político*, última obra de Espinosa, em que a agitada e trabalhosa paz democrática é terceiro incluído entre a guerra e a mera não-guerra:

---

[80] Na mereologia do segundo diálogo do *Breve tratado*, Espinosa caracteriza a relação entre as partes que compõem um todo como sendo de tal natureza que a essência das partes componentes fica *preservada* quando de sua união na formação do todo. Não há aí qualquer totalização fusional, na qual se apagam as identidades das partes. E é importante mencionar o uso que Espinosa faz precisamente de Euclides, I, 32, para exemplificar isso. Há duas ideias: (a) = *ideia do triângulo* e (b) = *ideia do prolongamento da base*; das duas juntas se produz uma terceira ideia: (c) = *ideia de que a soma dos ângulos internos do triângulo é 180°*. Ora, (c) depende de (a) de tal maneira que não pode existir nem ser concebida sem (a). E (c) pode estar para alguma outra ideia (d) assim como inicialmente (a) estava para (b), formando um novo todo (e), análogo a – mas mais complexo do que – o anterior (c) etc., de modo que seria possível formar, com todas as ideias que cada um tem, "um todo chamado intelecto". Esse todo não é *nada além* desse mesmo sistema de partes, não tem independência ontológica em relação a elas. E em seu interior o ser das partes continua preservado. Em tempo: embora essa estrutura mereológica esteja basicamente de acordo com o exemplo da definição genética da esfera, é preciso reconhecer que, ao colocar como uma das partes justamente *o movimento*, o *Tratado da emenda do intelecto* parece mais sofisticado, com seus exemplos menos *composicionais* e mais propriamente *genéticos*, vocacionados para o contínuo. Aliás, se (a) = *ideia do triângulo* e (b) = *ideia do movimento*, então será possível deslizar o triângulo sobre a linha da base e gerar a mesma ideia (c) dos 180°, ideia que, no modelo do *Breve tratado*, produzia-se ao preço da *adição* de segmentos *sobre* o triângulo, num método construtivo, por assim dizer, mais eivado de descontinuidade. Estritamente desse ponto de vista, o *Tratado da emenda do intelecto* é mais maduro do que o *Breve tratado*.

Mas a experiência parece, ao contrário, ensinar ser do interesse da paz e da concórdia conferir todo o poder a um só. Com efeito, nenhum estado persistiu tanto tempo sem qualquer mudança notável [*absque ulla notabili mutatione*] como o dos Turcos e, pelo contrário, não houve menos duradouros do que os populares ou democráticos, nem onde se tenham movido [*moverentur*] tantas revoltas. Mas, se a paz há de ser chamada de servidão, barbárie e solidão, então nada há de mais miserável para os homens do que a paz. Entre pais e filhos costumam dar-se [*moveri solent*], sem dúvida, mais e mais acerbas contendas que entre senhores e escravos. Não é, contudo, do interesse do governo da casa transformar o direito paternal em domínio [*ius paternum in dominium mutare*] e ter os filhos como escravos. É, portanto, do interesse da servidão, não da paz, transferir todo o poder para um só: porque a paz, como já dissemos, não consiste na ausência de guerra [*non in belli privatione consistit*], mas na união ou concórdia dos ânimos [*sed in animorum unione sive concordia*].[81]

Simplicidade complexa: a consistência de um oximoro

É muito impactante a percepção de que a definição genética da esfera introduz a mereologia causal subjacente tanto à individuação física quanto à concórdia democrática, no sistema de Espinosa. Há aqui uma peculiar maneira como nosso filósofo recoloca o clássico problema – desde sempre lógico & metafísico – do Uno e do Múltiplo, fazendo com que a relação parte-todo seja atravessada pela relação causa-efeito, sintetizando-as na causalidade eficiente imanente (que conjugará também as relações de inerência e de consequência, como demanda a proposição 16 da *Ética* I).

Resta, porém, para tirar todo o proveito do arranjo editorial conseguido neste volume, comentar ainda a peculiar noção de simplicidade com a qual trabalha Espinosa no *Tratado da emenda do intelecto*, bem como – uma das maiores dificuldades do texto – o que seja a formação absoluta de ideias simples, que caracteriza uma das propriedades cruciais do intelecto, a qual aponta para a definição

---

[81] Tradução parcial nossa da seção 4 do capítulo VI do *Tratado político*. Para uma tradução integral publicada, cf. Espinosa (2009, p. 48).

deste último (definição que o tratado infelizmente não nos entrega antes de se interromper).

Comecemos, então, reconhecendo que, na *Pequena física*, Espinosa fala de *corpos simplíssimos*. Mas onde ele os menciona, aí mesmo ele explica que a expressão significa estritamente "corpos que se distinguem entre si [*corporibus quae inter se distinguuntur*] apenas pelo movimento e repouso, pela rapidez e lentidão [*solo motu et quiete, celeritate et tarditate*]". Os corpos complexos possuem dentro de si múltiplos movimentos e múltiplos repousos, de sorte que, mesmo quando em repouso relativamente a algum sistema de referência, suas partes continuam possuindo movimentos locais diversificados. Já os corpos simplíssimos não são ditos simples por serem destituídos de alguma complexidade interna, mas porque todas as suas partes estão com o mesmo movimento ou com o mesmo repouso, em grupo.[82] Daí sua menor versatilidade e sua maior suscetibilidade, porque o que os afeta terá o mesmo efeito homogeneamente sobre o grupo inteiro, sem margem para respostas diferenciadas dos subsistemas de movimento e repouso que possuem os corpos complexos. Ademais, no lema 1, Espinosa demonstrara que "os corpos se distinguem um do outro em razão do movimento e do repouso, da rapidez e lentidão, e não em razão da substância [*et non ratione substantiae*]". Primeiramente, isso significa que tudo que tenha o mesmo movimento e a mesma velocidade ou o mesmo repouso deve ser considerado, enquanto corpo, como sendo um só e o mesmo, independentemente de sua massa ou tamanho. E, em segundo lugar, isso também impede que a individuação seja pensada como a formação de substâncias finitas discretas, resultantes da divisão da extensão em porções de matéria assinaladas segundo a quantidade – "este *quantum* de matéria aqui" –, como na tradição aristotélico-tomista. Simples ou complexos, os indivíduos são articulações dinâmicas da multiplicidade no contínuo.

---

[82] Essa perspectiva interpretativa guia-se por debates desenvolvidos entre os membros do Grupo de Estudos Espinosanos da Universidade de Brasília (UnB), coordenado pela Profa. Éricka Marie Itokazu, e estudantes do grupo Fabricando Fit Faber, da Universidade Federal de Goiás (UFG), também dedicado ao estudo da filosofia de Espinosa, coordenado pelo Prof. Cristiano Novaes de Rezende.

Ademais, também é certo que Espinosa, por diversas vezes no *Tratado da emenda do intelecto*, fala das ideias verdadeiras como *ideias simples*. Assim, por exemplo, no § 63, a propósito das ficções, lê-se que "se a ideia é de alguma coisa simplíssima, ela não poderá ser senão clara e distinta; pois essa coisa não deverá fazer-se conhecida em parte, mas toda ou nada dela". Donde se segue que, "se a coisa que é composta de muitas for dividida pelo pensamento em todas as suas partes simplíssimas, e se se atentar a cada uma separadamente, então desvanecerá toda confusão". Por essa razão, as ficções, compósitos heteróclitos, são sempre confusas; e, se forem claras e distintas, já não serão propriamente ficções, mas ideias verdadeiras, (como a ideia bem construída do templo não construído). Destarte, como se diz no § 65, uma coisa composta não será uma ficção – como tal, confusa – desde que se atente às partes simplíssimas de que ela se compõe. Mais ainda, ao proceder segundo essa criteriosa anatomia desconstrutiva e reconstrutiva, nem sequer poderemos, a partir das partes simplíssimas, fingir alguma ação – como a ação de rodar compondo-se com o semicírculo – que não seja verdadeira, "pois em simultâneo somos forçados a contemplar como e por que algo assim ocorre". Isso torna a atribuição de movimento ao semicírculo algo muito diverso, por exemplo, da atribuição de ações como falar, andar ou raciocinar a um cadáver. Portanto, como se diz no § 68, logo antes da introdução da discussão sobre a forma do verdadeiro, "as ideias das coisas que são concebidas clara e distintamente são ou simplíssimas ou compostas de ideias simplíssimas". E, finalmente, no próprio § 72, logo depois de dar o exemplo da esfera, Espinosa afirma que os pensamentos simples, como a ideia simples de semicírculo, de movimento, de quantidade etc. (*ut simplex idea semicirculi, motûs, quantitatis, etc.*), têm a forma do verdadeiro, já que "[t]udo o que estas contêm de afirmação adéqua-se ao conceito delas e não se estende além". E por isso, conclui Espinosa, "é-nos lícito formar ideias simples [*nobis licet ideas simplices formare*] a nosso bel-prazer, sem receio algum de erro".

Ora, como nota muito bem Lívio Teixeira, há algo de surpreendente nesse uso espinosano da noção de simplicidade: "Na verdade, 'simples', para Espinosa, não pode significar 'sem elementos' ou sem

composição. As ideias de um semicírculo ou de movimento, que cita como simples, dependem de outras. Aliás, é o próprio Espinosa que nos diz que, uma vez que saibamos o que é uma ideia verdadeira, podemos *formá-las* sem temor de errar".[83]

Entretanto, Lívio Teixeira continua a frase dizendo algo que pode soar problemático, tanto à luz do uso habitual do verbo "formar" na lógica seiscentista, quanto à luz da letra do texto espinosano: "Ora" – diz Teixeira – "não se pode *formar* uma ideia senão com outras".[84] Com efeito, quanto ao uso do verbo "*formo*" e seus derivados, ele não é incompatível, no reformismo lógico seiscentista, com a noção de simplicidade, como se pode ver na caracterização do primeiro ato lógico na já citada *Lógica hamburguense*, de Jungius. O primeiro ato lógico do espírito é responsável pela *Noção* ou *Conceito* e é caracterizado como uma apreensão do simples (*simplicium apprehensio*), sem que isso impeça Jungius de imediatamente em seguida falar de *formação* da noção (*Notionis efformationem*). Ademais, quanto ao texto espinosano, no § 108, ao reunir oito propriedades do intelecto, exercidas nos exercícios reflexivos, Espinosa enumera dois tipos de formação de ideias realizadas pelo intelecto: ele "percebe algumas coisas, ou seja, forma algumas ideias absolutamente [*quasdam formet ideas absolutè*] e algumas a partir de outras [*quasdam ex aliis*]". As que são formadas a partir de outras exprimem determinações; as que são formadas sem outras exprimem infinidade. Logo, é possível *formar* uma ideia sem outras.

Mas, em defesa do espírito "complexista" da leitura que Teixeira faz dessa curiosa noção espinosana de simplicidade, há que notar, primeiro, que o exemplo de Espinosa para uma ideia formada de maneira absoluta é surpreendentemente o exemplo da ideia da quantidade infinita, a qual, por si só, de imediato pressupõe alguma sorte de diferenciação interna, ainda que se trate da quantidade contínua (magnitude, não número), pois até mesmo o contínuo não é uma tautologia. Em uma tautologia só há o mesmo, o que nem de longe é causa ou razão suficiente para um ponto, em um movimento

---

[83] ESPINOSA, 2004, p. XXXIV-XXXV, grifo de Teixeira.
[84] ESPINOSA, 2004, p. XXXV.

infinito, formar uma reta infinita, a reta em movimento formar o plano infinito e o plano em movimento formar o corpo infinito. É claro que, quando formamos essas definições genéticas, não *definimos* a própria quantidade, definimos, isso sim, a linha infinita, o plano infinito e o corpo infinito, e, com isso, apenas damos *determinações* ulteriores à compreensão do que era a ideia de quantidade aí já pressuposta. Isso quer dizer, em termos causais, que a ideia da quantidade percebida *a partir da atuação de uma causa* – como seria, por exemplo, um corpo tridimensional infinito – é apenas a ideia da *quantidade determinada como corpo* e não serve para entender a própria quantidade. Pois o movimento supõe a quantidade e, portanto, não pode defini-la. Definir a quantidade usando qualquer um desses elementos – movimento, ponto, linha, plano, corpo – implicaria circularidade viciosa na definição, já que o *definiendum* (quantidade) estaria pressuposto nos elementos *definientes*, como alguém que dissesse "por N entendo D" num contexto em que D é, pressupõe ou inclui um *determinado N*. Mas, justamente por ser mais fundamental do que essas determinações cinéticas, a quantidade – e aqui está sua complexidade – deve, ela própria, conter em si tudo que é preciso para a geração das múltiplas figuras em movimento. Trata-se, pois, do que Espinosa exigia, analogamente, em contraste com o conceito cartesiano de extensão, em suas últimas cartas trocadas com Tschirnhaus. A quantidade infinita – num sentido que logo a seguir será explicado – não *tem* causa, mas isso não pode significar que ela não tenha *causalidade*, isto é, que ela não *seja* uma causa.

Em segundo lugar, é preciso admitir que, se for deslocada a ênfase da noção de *formação* para a noção de *alteridade*, torna-se possível, no caso da ideia de quantidade (e de todas que, como ela, exprimem o infinito), formar uma ideia sem *outras* e, mesmo assim, garantir que o todo que se forma não seja destituído "de elementos ou de composição", como dizia Teixeira. A quantidade infinita não tem causa, não é *causada* – na voz passiva –, no sentido de que não depende de algo que não esteja contido nela, e é isso que significa que o intelecto forma a ideia dela sem atentar a *outros* pensamentos (*nec ad alias attendit cogitationes*), que supostamente versariam sobre quaisquer coisas de natureza quantitativa que existissem *fora* da

quantidade infinita (o que seria absurdo, pois uma *quantidade infinita* separada de qualquer *outra* coisa de natureza *quantitativa* não é a quantidade infinita). Toda ideia que exprima a infinidade será dita não ter causa, ser incausada, incriada, não porque ela não seja habitada por atividade causal e complexidade interna, mas porque ela não resulta, como dependente, de quaisquer coisas que já estivessem previamente constituídas *antes* ou *fora* dela, isto é, de alguma maneira, *sem* ela. Para esse todo, não faz sentido perguntar se, como ou por que suas partes *vieram a se unir* (pois elas nunca puderam estar desunidas fora do todo infinito que integram). Nessa medida, ele é um todo por sua essência, desde sempre já composto em ato: não há *antes* da composição da quantidade e, a bem dizer, não cabe falar de "composi-ção", no sentido de "ação de compor"; mas isso nada tem a ver com ausência de elementos, isto é, falta de diferenciação ou complexidade internas (muitíssimo pelo contrário, pois é necessário que esse todo tenha absolutamente todos os movimentos e todos os elementos). É isso que, nesse contexto, quer dizer que esse todo é "sem causa"; o que nada tem a ver com a ausência de causalidade constitutiva interna (muitíssimo pelo contrário, pois ele é causa ou razão suficiente da multiplicidade dinâmica expressa pelas definições genéticas de todas as quantidades determinadas).

Para esse todo, não faz sentido perguntar se, como ou por que suas partes *vieram a se unir*; mas isso nada tem a ver com uma postulação dogmática, como se esse todo fosse uma região metafísica misteriosa, imune ao princípio de razão suficiente e ao seu correlato epistêmico: o direito de a tudo perguntar *"por quê?"* (princípio da inteligibilidade integral do real). É verdade que, dada a definição de um todo como a quantidade infinita, não há lugar para a questão *"se ele é"*. E é claro que, para a sua explicação (*ad sui explicationem*), ele não precisa de nada além de seu próprio ser. Mas isso nada tem a ver com tomá-lo como algo sem explicação. Ao contrário, trata-se da exigência de que sua própria definição já seja, de algum modo, um processo explicativo. As coisas criadas se explicam segundo a norma da definição da esfera, e as coisas incriadas se explicam segundo a norma da definição da quantidade, que se

explica, isto é, ao pé da letra, *desdobra*-se infinitamente dentro de si. E não deixa de ser esclarecedor, acerca do que possa ser a *explicação interna* das ideias adequadas, pensar que talvez fosse disso que falava Arnauld sobre o trabalho da evidência, que o *furor probandi* dos geômetras rouba ao espírito de quem os segue por vias exógenas à natureza íntima do que se demonstra.

A ideia da esfera e a ideia da quantidade não se formam da mesma maneira, mas cada uma a seu modo oferece a causa positiva de seu ideado. Entretanto, a despeito de tal positividade, Espinosa usa uma linguagem negativa. Fala de "coisa incriada" ("*res increata*") e diz que sua definição "exclui toda causa" ("*omnem causam secludat*"). Por que ele o faz? Ora, termos como "incriado" ou "incausado" não são usados acriticamente por Espinosa no *Tratado da emenda do intelecto*. Nos §§ 88-89 desse mesmo opúsculo, Espinosa os enumera entre nomes que soem ser expressos negativamente, muito embora se refiram a coisas afirmativas, fenômeno que se explica porque vulgarmente imaginamos muito mais facilmente os contrários delas. Portanto, aquilo que, para o vulgo, aparece como ausência – no caso, ausência de causa – é, na verdade, uma presença: a presença de uma causa interna. E se o *Tratado da emenda* fala a contento da imaginação do vulgo, isso parece bem proporcionado à intenção de dirigir-se a quem precisa ser emendado. Sob a guarida de um plano bem elaborado no proêmio do texto, trata-se de uma estratégia retórica, pedagógica e política necessária a todo discurso que não queira dirigir-se a quem dele já não precisa: falar conforme a compreensão do vulgo; fazer concessões à sua compreensão, de tal modo que os ouvidos – especialmente ou ouvidos cartesianos, mais abertos do que os escolásticos – façam-se amigos para ouvir a verdade.

Goiânia, Páscoa de 2022.

Bibliografia

TEXTOS ORIGINAIS (em ordem cronológica de publicação)

Do *Tratado da emenda do intelecto*

Tractatus de intellectus emendatione. *In: Opera Posthuma. Quorum series post Phaefationem exhibetur.* Amsterdam: J. Rieuwertsz, 1677.

Handeling van de Verbetering van 't Verstand. *In: De Nagelate Schriften van B. D. S. Als Zedekunst, Staatkunde, Verbetering van 't Verstant, Brieven en Antwoorden.* Amsterdam: J. Rieuwertsz, 1677.

Tractatus de intellectus emendatione. *In: Benedicti de Spinoza Opera quae supersunt omnia.* Hrsg. von H. E. G. Paulus. Jena: In Bibliopolio Academico, 1803, v. I.

Tractatus de intellectus emendatione. *In: Benedicti de Spinoza Opera quae supersunt omnia.* Ex editionibus principibus denuo edidit et praefatus est Carolus Hermannus Bruder. Leipzig: Bernh. Tauchnitz Jun, 1844. v. II.

Tractatus de intellectus emendatione. *In: Benedicti de Spinoza Opera quotquot reperta sunt.* Recognoverunt J. van Vloten et J. P. N. Land. Den Hage: M. Nijhoff, 1883. v. I.

Tractatus de intellectus emendatione. *In: Spinoza Opera.* Im Auftrag der Heidelberger Akademie der Wissenschaften. Hrsg. von C. Gebhardt. Heildelberg: Carl Winter, 1925. v. II.

Tractatus de intellectus emendatione. *In: Premiers écrits.* Introduction générale à la nouvelle édition des Œuvres Complètes par Pierre-François Moreau. Texte établi et notes par Filippo Mignini. Traduction et notes par Michelle Beyssade (*Traité de la réforme de l'entendement*) e Joël Ganault (*Court traité*). Paris: Presses Universitaires de France, 2009. (Œuvres, I).

Do *Medicina da mente*

Medicina mentis, sive, Tentamen genuinae logicae, in qua disseritur de methodo detegendi incognitas veritates. Amsterdam: A. Magnum & J. Rieuwerts Jr, 1687.

Medicina mentis: sive, Artis inveniendi praecepta generalia. *In: Medicina mentis et corporis*. Leipzig: Thomas Fritsch, 1695.

Das cartas selecionadas

Epistolae Doctorum Quorundam Virorum ad B. D. S. cum Auctoris Responsionibus. *In: Opera Posthuma. Quorum series post Phaefationem exhibetur*. Amsterdam: J. Rieuwertsz, 1677.

Brieven van verfcheide geleerde Mannen, aan B. D. S. met des zelfs Antwoort. *In: De Nagelate Schriften van B. D. S. Als Zedekunst, Staatkunde, Verbetering van 't Verstant, Brieven en Antwoorden*. Amsterdam: J. Rieuwertsz, 1677.

Benedicti de Spinoza opera quotquot reperta sunt. Recognoverunt J. van Vloten et J. P. N. Land. Den Haag: M. Nijhoff, 1884. v. II.

Spinoza opera. Im Auftrag der Heidelberger Akademie der Wissenschaften. Hrsg. von C. Gebhardt. Heildelberg: Carl Winter, 1925. v. IV.

Traduções para o português

Do *Tratado da emenda do intelecto*

Tratado da reforma da inteligência. Tradução, introdução e notas de Lívio Teixeira. São Paulo: Cia Editora Nacional, 1966.

Tratado da reforma do entendimento. Tradução de Abílio Queirós. Prefácio e notas de Alexandre Koyré. Lisboa: Edições 70, 1969.

Tratado sobre a reforma do entendimento. Tradução, prefácio e notas de António Borges Coelho. Lisboa: Livros Horizonte, 1971.

Tratado da correção do intelecto. Tradução e notas de Carlos Lopes de Mattos. *In: Pensamentos metafísicos, Tratado da correção do intelecto, Ética, Tratado político, Correspondência*. Seleção de textos de Marilena de Souza Chaui. Vários tradutores. São Paulo: Abril Cultural, 1973. p. 49-76. (Os Pensadores).

Tratado da reforma do entendimento. Tradução de Ciro Mioranza. São Paulo: Scala, 2007.

Tratado da correção do intelecto. *In: Obras completas*. Organização de J. Guinsburg, N. Cunha e R. Romano. São Paulo: Perspectiva, 2014. v. I. p. 323-365.

Tratado da emenda do intelecto. Tradução e nota introdutória de Cristiano Novaes de Rezende. Campinas: Editora da Unicamp, 2015a.

Demais traduções consultadas

Do *Tratado da emenda do intelecto*

Traité de l'amendement de l'intelect. Traduit par Bernard Pautrat. Paris: Allia, 1992.

Traité de la réforme de l'entendement. *In: Œuvres complètes.* Traduction, présentation et notes par R. Caillois, M. Francès et R. Misrahi. Paris: Gallimard, 1954. p. 153-197. (Bibliothèque de la Pléiade).

Traité de la réforme de l'entendement. *In: Œuvres de Spinoza.* Présentation, traduction et notes par Charles Appuhn. Paris: Flammarion, 1964. v. I. p. 167-219.

Treatise on the Emendation of the Intellect. *In: The Collected Works of Spinoza.* Edited and translated by Edwin Curley. New Jersey: Princeton University Press, 1988a. v. I. p. 3-45.

Traité de la reforme de l'entendement. Établissement du texte, traduction, introduction et commentaire par Bernard Rousset. Paris: Vrin, 1992a.

Treatise on the Emendation of the Intellect. *In: Ethics, Treatise on the Emendation of the Intellect, and Selected Letters.* Translated by Samuel Shirley. Edited, with Introductions, by Seymour Feldman. Indianapolis: Hackett, 1992b. p. 233-262.

Traité de la réforme de l'entendement. Texte, traduction et notes par Alexandre Koyré. Paris: Vrin, 1994.

Abhandlung über *die Verbesserung des Verstandes.* Neu übersetzt, herausgegeben, mit Einleitung und Anmerkungen versehen von Wolfgang Bartuschat. 2. Aufl. Hamburg: Felix Meiner Verlag, 2003a. (Sämtliche Werke, 5.1).

Traité de la réforme de l'entendement. Introduction, traduction et notes par André Lécrivain. Paris: Flammarion, 2003b.

Tratado de la reforma del entendimiento. *In: Tratado de la reforma del entendimiento. Principios de la filosofía de Descartes. Pensamientos metafísicos.* Traducción, introducción e notas de Atilano Domínguez. Madrid: Alianza, 2006. p. 73-123.

Trattato sull'emendazione dell'intelletto. *In: Tutte le opere.* Saggio introduttivo, presentazioni, note e apparati di Andrea Sangiacomo. Milano: Bompiani, 2010. p. 103-184.

Do *Medicina da mente*

Médecine de l'esprit ou préceptes généraux de l'art de découvrir. Introduction, traduction, notes et appendices par Jean-Paul Wurtz. Paris: Éditions Ophrys, 1980.

Medicina mentis. A cura di Lucio Pepe. Traduzione e note di Manuela Sanna. Napoli: Guida Editori, 1987.

Das cartas selecionadas

Spinoza: correspondencia. Traducción, introducción, notas e índice de Atilano Domínguez. Madrid: Alianza, 1988b.

The Letters. Translated by Samuel Shirley. Introduction and notes by Steven Barbone, Lee Rice and Jacob Adler. Indianapolis: Hackett, 1995.

The Letters. *In: Complete Works*. Translated by Samuel Shirley. Introduction and notes by M. L. Morgan. Indianapolis: Hackett, 2002. p. 1-30.

Correspondance. Traduction, présentation, notes, dossier, bibliographie et chronologie par Maxime Rovere. Paris: GF Flammarion, 2010.

Lettere di alcuni dotti a B. d. S. e risposte dell'autore. *In: Tutte le opere*. Saggio introduttivo, presentazioni, note e apparati di Andrea Sangiacomo. Milano: Bompiani, 2010. p. 1793-2210.

Letters. *In: The Collected Works of Spinoza*. Edited and translated by Edwin Curley. Princeton: Princeton University Press, 1985-2016. v. I-II. passim.

De outras obras de Espinosa

Breve tratado de Deus, do homem e do seu bem-estar. Tradução de Emanuel Angelo da Rocha Fragoso e Luís César Guimarães Oliva. Belo Horizonte: Autêntica, 2012.

Correspondência entre Espinosa e Oldenburg. Tradução, apresentação, estudo, preparação do texto latino e notas de Samuel Thimounier. Belo Horizonte: Autêntica, 2021.

Ética. Tradução de Tomaz Tadeu. Belo Horizonte: Autêntica, 2009.

Nachbildung der im Jahre 1902 noch erhaltenen eigenhändigen Briefe des Benedictus Despinoza. Edited by W. Meijer 1903.

Premiers écrits. Introduction générale à la nouvelle édition des Œuvres Complètes par Pierre-François Moreau. Texte établi et notes par Filippo Mignini. Traduction et notes par Michelle Beyssade (*Traité de la réforme*

de l'entendement) e Joël Ganault (*Court traité*). Paris: Presses Universitaires de France, 2009b. (Œuvres, I).

Princípios da filosofia cartesiana e Pensamentos metafísicos. Tradução de Homero Santiago e Luís César Guimarães Oliva. Belo Horizonte: Autêntica, 2015b.

The Collected Works of Spinoza. Vol. I. Edited and translated by Edwin Curley. New Jersey: Princeton University Press, 1985.

The Vatican Manuscript of Spinoza's Ethica. Edited by Leen Spruit and Pina Totaro. Leiden: Brill, 2011.

Tratado da reforma da inteligência. Tradução, introdução e notas de Lívio Teixeira. São Paulo: Martins Fontes, 2004.

Tratado Político. Tradução, introdução e notas de Diogo Pires Aurélio. São Paulo: Martins Fontes, 2009.

Tratado teológico-político. Tradução, introdução e notas de Diogo Pires Aurélio. 4. ed. Lisboa: Imprensa Nacional, 2019.

Demais referências

AGOSTINHO. *O livre-arbítrio*. Tradução de Nair de Assis Oliveira. São Paulo: Paulus, 2006. (Patrística, VIII).

AKKERMAN, F. *Studies in the Posthumous Works of Spinoza: On Style, Earliest Translation and Reception, Earliest and Modern Edition of Some Texts*. 1980. Thesis (Doctorate in Philosophy) – Groningen University, Groningen, 1980.

ALQUIÉ, F. *Le rationalisme de Spinoza*. Paris: PUF, 1998.

ARIEW, R. Descartes, the First Cartesians, and Logic. *In*: GARBER, D.; NADLER, S. (eds.). *Oxford Studies in Early Modern Philosophy*. Oxford University Press, 2006. v. III. p. 241-260.

ARISTÓTELES. *De anima: livros I, II e III*. Apresentação, tradução e notas de Maria Cecília Gomes dos Reis. São Paulo: Editora 34, 2006.

ARISTÓTELES. *Ética a Nicômaco*. Tradução e notas de Edson Bini. Bauru: Edipro, 2009.

ARISTÓTELES. *Tópicos*. Tradução, introdução e notas de J. A. Segurado e Campos. Lisboa: Imprensa Nacional-Casa da Moeda, 2007.

ARNAULD, A.; NICOLE, P. *A lógica ou a arte de pensar*. Tradução de Nuno Fonseca. Lisboa: Calouste Gulbenkian, 2016.

BACON, F. *De dignitate et augmentis scientiarum, libri IX.* Editio nova, cum indice rerum ac verborum locupletissimo. Leiden: Moyaerd und Wyngaerden, 1645.

BACON, F. *Novum organum scientiarum.* Venezia: Typis G. Giradi, 1762.

BAYLE, P. *Écrits sur Spinoza.* Textes choisis et presents par Françoise Charles-Daubert et Pierre-François Moreau. Paris: Berg International Éditeurs, 1983.

BIDNEY, D. Joachim on Spinoza's Tractatus de intellectus emendatione. *The Philosophical Review*, v. 51, n. 1, p. 47-65, 1942.

BLANCHÉ, R. *História da lógica de Aristóteles a Bertrand Russel.* Lisboa: Edições 70, 1985.

BLUTEAU, R. *Vocabulario portuguez & latino.* Coimbra: Collegio das Artes da Companhia de Jesu, 1712-1728. 8 v.

BOCHENSKI, I. M. *A History of Formal Logic.* New York: Chelsea, 1970.

CANONE, E.; TOTARO, P. Index locorum du Tractatus de intellectus emendatione. *In*: AKKERMAN, F.; STEENBAKKERS, P. (eds.). *Spinoza to the Letter. Studies in Words, Texts and Books.* Leiden; Boston: Brill, 2005. p. 69-106.

CHAUI, M. *A nervura do real: imanência e liberdade em Espinosa.* São Paulo: Companhia das Letras, 1999.

CHAUI, M. Anatomia e terapia da mente humana: o *De intellectus emendatione* de Espinosa. *Discurso*, v. 50, n. 2, p. 239-250, 2020.

CHAUI, M. Causa eficiente e causa formal na matemática: a posição de Espinosa no Tratado da Emenda do Intelecto. *Kriterion*, n. 97, p. 102-136, 1998.

CÍCERO, M. T. *Discussões tusculanas.* Tradução de Bruno Fregni Bassetto. Uberlândia: Editora da Universidade Federal de Uberlândia, 2014.

CICERO, M. T. *On Academic Scepticism.* Translated, with introduction and notes, by Charles Brittain. Indianapolis; Cambridge: Hackett, 2006.

CICERO, M. T. *On the Emotions: Tusculan Disputations 3 and 4.* Translated by Margaret Graver. Chicago; London: Chicago University Press, 2002.

CLAUBERG, J. *Logica vetus & nova, modum inveniendae ac tradendae veritatis in genesi simul et analysi facili methodo exhibens.* Amsterdam: Officina Elzeviriana, 1658.

CLAUBERG, J. *Logique ancienne et nouvelle.* Paris: Vrin, 2007.

DELEUZE, G. *Spinoza et le probléme de l'expression*. Paris: Les Éditions de Minuit, 2013.

DESCARTES, R. A dióptrica (Discursos I, II, III, IV e VIII). Tradução de José Portugal dos Santos Ramos. *Scientiae Studia*, São Paulo, v. 8, n. 3, 2010.

DESCARTES, R. *Discurso do método & ensaios*. Organização de P. R. Mariconda. São Paulo: Editora Unesp, 2018.

DESCARTES, R. *Obras escolhidas*. Organização: J. Guinsburg, N. Cunha e R. Romano. São Paulo: Perspectiva, 2010.

DESCARTES, R. *Œuvres de Descartes*. Édition par Charles Adam et Paul Tannery . Paris: Vrin, 1996. 11 v.

EINSTEIN, A. Über den freien Willen. *In*: CHATTERJEE, R. (ed.). *The Golden Book of Tagore*. Kolkata: The Golden Book Committee, 1931. p. 11-12.

EUCLIDES. *Os elementos*. Tradução e introdução de Irineu Bicudo. São Paulo: Editora Unesp, 2009.

FRIEDMAN, G. *Leibniz et Spinoza*. Paris: Gallimard, 1962.

FRIEDMAN, M. Descartes e Galileu: copernicanismo e o fundamento metafísico da física. *In*: BROUGHTON, J.; CARRIERO, J. (orgs.). *Descartes*. Porto Alegre: Penso, 2011. p. 80-94.

GAINZA, M. A negatividade interrogada: Espinosa entre Bayle e Hegel. *Cadernos Espinosanos*, v. 16, p. 9-40, 2007.

GLEIZER, M. A. *Verdade e certeza em Espinosa*. Porto Alegre: L&PM, 1999.

GRANSTRÖM, J. G. *Treatise on Intuitionistic Type Theory*. Dordrecht; Heidelberg; London; New York: Springer, 2011.

GUEROULT, M. *Descartes segundo a ordem das razões*. São Paulo: Discurso Editorial, 2016.

GUEROULT, M. *Spinoza I: Dieu*. Paris: Aubier, 1968.

GUEROULT, M. *Spinoza II: L'Âme*. Paris: Aubier, 1974.

HEGEL, G. W. F. *A ciência da lógica*. Tradução de Paulo Menezes. São Paulo: Loyola, 1995. (Enciclopédia das Ciências Filosóficas em Compêndio (1930), I).

HOBBES, T. *Elementorum Philosophiae – section prima: De Corpore*. London: Andrew Crooke, 1655.

HOBBES, T. *Examinatio et emendatio mathematicae hodiernae*. London, 1660.

HUYGENS, C. *Œuvres complètes de Christiaan Huygens*. La Haye: M. Nijhoff, 1888-1950. 22 v.

JAEGER, W. *Paideia*. São Paulo: Martins Fontes, 2013.

JESSEPH, D. *Squaring the Circle: The War Between Hobbes and Wallis*. Chicago: Chicago University Press, 2000.

JUNGIUS, J. *Logica Hamburgensis hoc est institutiones logicae in usum scholae Hamburgenssis conscriptae et sex libris comprehensae*. Hamburg: Offermann, 1638.

KAJANTO, L. Spinoza's Latinity. *In*: AKKERMAN, F.; STEENBAKKERS, P. (eds.). *Spinoza to the Letter. Studies in Words, Texts and Books*. Leiden; Boston: Brill, 2005. p. 35-54.

KLEVER, W. N. A. *Conditioned Inertia in the Physics of Spinoza and His Followers*. 2000. Disponível em: www.fogliospinoziano.it/articolispinoza/ Conditioned%20inertia.pdf. Acesso em: 29 nov. 2022.

KNEALE, W.; KNEALE, M. *O desenvolvimento da lógica*. Lisboa: Calouste Gulbenkian, 1991.

KRACHT, M.; KREYSZIG, E. W. von Tschirnhaus: His Role in Early Calculus and His Work and Impact on Algebra. *Historia Mathematica*, v. 17, p. 16-35, 1990.

LAÉRCIO, D. *Vidas e doutrinas dos filósofos ilustres*. Tradução de Mário da Gama Kury. Brasília: Editora Universidade de Brasília, 2008.

LÆRKE, M. O spinozismo de Tschirnhaus: da teoria das noções comuns à verdadeira física. Tradução de Pedro H. G. Muniz. *O que Nos Faz Pensar*, v. 26, n. 41, p. 191-210, 2018.

LANDIM, R. F. La Notion de vérité dans l'Ethique de Spinoza. *In*: MOREAU, J. (org.). *Méthode et métaphysique chez Spinoza*. Paris: PUF, 1989. p. 121-142.

LEIBNIZ, G. W. *Der Briefwechsel von Gottfried Wilhelm Leibniz mit Mathematikern*. Band 1. Gerhardt C. J. (ed.). Berlin: Mayer & Müller, 1899.

LEIBNIZ, G. W. *Mathematische Schriften*. Band 4. Gerhardt, C. J. (ed.). Hildesheim: Georg Olms Verlag, 1971.

LEIBNIZ, G. W. *Sämtliche Schriften und Briefe*. Reihe 1, Band 1. Darmstadt: Otto Reichl; Berlin: Akademie-Verlag, 1923.

LEIBNIZ, G. W. *Sämtliche Schriften und Briefe*. Reihe 4, Band 3. Berlin: Akademie-Verlag, 1980.

LEVY, L. O Autômato espiritual: a subjetividade moderna segundo a Ética de Espinosa. Porto Alegre: L&PM, 1998.

MACHADO-FILHO, M. *Historiola animi: a experiência intelectual no prólogo do prólogo do* Tractatus de Intellectus Emendatione *de Baruch Espinosa*. 2002. Dissertação (Mestrado em Filosofia) – Faculdade de Filosofia, Letras e Ciências Humanas, Universidade de São Paulo, São Paulo, 2002.

MACHEREY, P. *Introduction à L'Ethique de Spinoza: la seconde partie*. Paris: PUF, 1997.

MANCOSU, P. Aristotelian Logic and Eucledian Mathematics: Seventeenth-century Developments of the *quaestio de certitudine mathematicarum*. *Studies in History and Philosophy of Science*, v. 23, p. 241-265, 1992.

MANCOSU, P. *Philosophy of Mathematics and Mathematical Practice in the Seventeenth Century*. Oxford: Oxford University Press, 1996.

MATHERON, A. Pourquoi le *Tractatus de intellectus emendatione* est-il resté inachevé? *Revue des Sciences Philosophiques et Théologiques*, n. 1, t. 71, p. 45-53, 1987.

MEINSMA, K. O. *Spinoza en zijn kring: historisch-kritische studiën over Hollandsche vrijgeesten*. Den Haag: M. Nijhoff, 1896.

MÉNISSIER, T. *Vocabulário de Maquiavel*. São Paulo: Martins Fontes, 2012.

MIGNINI, F. (ed.). *Dio, l'uomo, la liberta. Studi sul Breve trattato di Spinoza*. L'Aquila: Japadre, 1990.

MIGNINI, F. *Introduzione a Spinoza*. Roma; Bari: Laterza, 1983.

MORFINO, V. *A ciência das conexões singulares*. São Paulo: Contracorrente, 2021.

MÜNCHOW, C. Z. Os limites da Razão: Sobre o inacabamento do *Tractatus de Intellectus Emendatione*. *Revista Conatus*, v. 1, n. 2, p. 17-22, 2007.

NADLER, S. *Espinosa: Vida e Obra*. Sintra: Publicações Europa-América, 2003.

NADLER, S. *Spinoza: A Life*. Cambridge: Cambridge University Press, 1999.

NEGRI, A. *A anomalia selvagem: poder e potência em Espinosa*. 2. ed. São Paulo: Editora 34, 2018.

OLIVEIRA, F. B. *Coerência e comunidade em Espinosa*. 2015. 267 f. Tese (Doutorado em Filosofia) – Faculdade de Filosofia, Letras e Ciências Humanas, Universidade de São Paulo, São Paulo, 2015.

PAPPUS DE ALEXANDRIA. *Book 7 of the Collection*. Introduction, translation and notes by Alexander Jones. Vancouver: Springer, 1986.

PEURSEN, C. A. E. W. von Tschirnhaus and the Ars Inveniendi. *Journal of the History of Ideas*, v. 54, n. 2, p. 395-410, 1993.

PLATÃO. *Diálogos II: Górgias (ou da retórica), Eutidemo (ou da disputa), Hípias maior (ou do belo), Hípias menor (ou do falso)*. Bauru: Edipro, 2007.

PLATÃO. *Parmênides: Filebo*. Belém: Universidade Federal do Pará, 1974. (Amazônica).

PLATÃO. Sofista. Tradução de Jorge Paleikat e João Cruz Costa. *In: Diálogos*. São Paulo: Abril Cultural, 1979. (Os Pensadores).

PLATO. *Theaetetus – Sophist*. Translated by Harold North Fowler. Edinburgh: Harvard University Press, 1996.

PROIETTI, O. "Adulescens luxu perditus": classici latini nell'opera di Spinoza. *Rivista di Filosofia Neo-Scolastica*, v. 77, n. 2, p. 210-257, 1985.

REZENDE, C. N. A ira, o trovão e o círculo: aspectos aristotélicos da definição explicativa da essência no *De Emendatione* de Espinosa. *Analytica*, v. 16, n. 1-2, p. 85-118, 2012.

REZENDE, C. N. A teoria espinosana da definição e a crítica à concepção cartesiana de extensão. *Cadernos de História e Filosofia da. Ciência C.L.E.-Unicamp*, Campinas, Série 3, v. 21, n. 2, p. 353-371, jul./dez. 2011.

REZENDE, C. N. Do manual dos cursos de lógica geral, de Kant, ao tratado da emenda do intelecto, de Espinosa. *In: Modernos & Contemporâneos, Revista de Filosofia do IFCH da Universidade Estadual de Campinas*, v. 2, n. 4., jul./dez., p. 165-202, 2018.

REZENDE, C. N. Espinosa e a *Medicina mentis*: algumas notas históricas sobre as matrizes médicas da lógica espinosana e uma discussão sobre a crítica de Espinosa ao dualismo cartesiano. *In*: ÉVORA, F. R. R.; MARQUES, T. (orgs.) *Do mundo hierarquicamente ordenado à uniformidade material*. Campinas: IFCH-Unicamp, 2019. p. 29-76. (Estudos sobre a História da Filosofia da Natureza, 3).

REZENDE, C. N. *Intellectus fabrica*: um ensaio sobre a teoria da definição *no* Tractatus de intellectus emendatione *de Espinosa*. 2010. 208 f. Tese (Doutorado em Filosofia) – Faculdade de Filosofia, Letras e Ciências Humanas, Universidade de São Paulo, São Paulo, 2010.

REZENDE, C. N. O papel do movimento na teoria espinosana da essentia actuosa. *Perspectiva Filosófica*, Recife, v. II, n. 34, p. 43-59, jul./dez. 2010.

ROUSSET, B. *La perspective final de l'Éthique et le problème de la cohérence du spinozisme*. Paris: Vrin, 1968.

SAVINI, M. La Medicina mentis de Ehrenfried Walther von Tschirnhaus en tant que "Philosophie première". *Les Cahiers Philosophiques de Strasbourg*, v. 32, p. 147-172, 2012.

SEXTO EMPÍRICO. *Esbozos pirrónicos*. Traduction de Antonio Gallego Cao y Teresa Muñoz Diego. Madrid: Gredos, 1993.

STEENBAKKERS, P. *Spinoza's Ethica from Manuscript to Print. Studies on Text, Form and Related Topics*. Assen: Van Gorcum; Utrecht: Universiteit Utrecht, 1994.

STROUP, A. Royal Funding of the Parisian Académie Royale des Sciences During the 1690s. *Transactions of the American Philosophical Society*, v. 77, n. 4, p. i-x, 1-167, 1987.

VERBEEK, T. Clauberg et les *Principes* de Descartes. *In*: VERBEEK, T. (ed.). *Johannes Clauberg (1622-1665) and Cartesian Philosophy in the Seventeenth Century*. Dordrecht; Boston; London: Kluwer, 1999. p. 113-122.

VIEIRA, A. *Sermões*. Reprodução facsimilada da edição de 1679. São Paulo: Anchieta Limitada, 1944.

VULLIAUD. P. *Spinoza d'après les livres de sa bibliothèque*. Paris: Bibliothèque Chacornac, 1934.

ZYLSTRA, S. J. *Immanent Causation in Spinoza and Scholasticism*. 2018. Thesis (Doctorate in Philosophy) – Department of Philosophy, University of Toronto, Toronto, 2018.

Este livro foi composto com tipografia Bembo Std e
impresso em papel Off-White 70g na Formato Artes Gráficas..